# FLORE

## COMPLÈTE DE L'ARRONDISSEMENT D'HAZEBROUCK,

ou

Description élémentaire, méthodique, historique et médicale des Plantes du **NORD**, du **PAS-DE-CALAIS** et de la **BELGIQUE**.

1850 — 1854 — 1860.

# SOMMAIRE DE L'OUVRAGE ENTIER.

## I<sup>re</sup> PARTIE (1850).

| | |
|---|---|
| Avis au lecteur. . . . . . . . . . . . . . . page | IV |
| Notions préliminaires. . . . . . . . . . . . . | V |
| Abréviations. . . . . . . . . . . . . . . . . | IX |
| Auteurs cités dans ce livre. . . . . . . . . . | X |
| Signes de la durée des plantes . . . . . . . . | X |
| Préface (première). . . . . . . . . . . . . . | 5 |
| *Système de Linné* . . . . . . . . . . . . . . | 9 |
| Supplément au système . . . . . . . . . . . . | 178 |
| Additions et corrections . . . . . . . . . . . | 197 |
| *Table alphabétique des noms latins.* . . . . . | 198 |

## 2<sup>me</sup> PARTIE (1854).

| | |
|---|---|
| *Appendice.* . . . . . . . . . . . . . . . . . | 203 |
| Préface (2<sup>me</sup>) contenant l'histoire des botanistes célèbres. . . | 205 |
| Vocabulaire explicatif des termes techniques. . . . . . | 207 |
| *Prière de Linné !* . . . . . . . . . . . . . . | 216 |
| Vocabulaire additionnel. . . . . . . . . . . . | 251 |
| *Table générale des noms français.* . . . . . . | 259 |

## 3<sup>me</sup> PARTIE (1860).

| | |
|---|---|
| Préface (troisième). . . . . . . . . . . . . . | 273 |
| Dernières découvertes . . . . . . . . . . . . | 307 |
| Herborisations. . . . . . . . . . . . . . . . | 313 |
| Manière de se servir du système de Linné. . . . | 315 |
| Horloge de flore. . . . . . . . . . . . . . . | 316 |
| Exposition de la méthode naturelle de Jussieu. . | 318 |
| Tableau des familles naturelles. . . . . . . . | 320 |
| *Table alphabétique des noms flamands.* . . . . | 323 |

NOTA. — Toutes les plantes marquées de ce signe † dans l'appendice ainsi que dans la 3<sup>e</sup> partie de cet ouvrage sont celles dont les localités n'ont pas été indiquées dans la 1<sup>re</sup> partie.

# FLORE
## DE L'ARRONDISSEMENT D'HAZEBROUCK.

(DÉPARTEMENT DU NORD.)

Ouvrage contenant les notions élémentaires sur les organes des végétaux, les noms latins, français et flamands, avec la description des caractères, le lieu propre, le temps de la floraison et l'indication des vertus de toutes les plantes qui croissent naturellement dans le pays ou que l'on y cultive communément, pour l'usage de la médecine et de l'économie domestique.

TRAVAIL DISPOSÉ SELON LE SYSTÈME DE LINNÉ,

Avec la concordance des familles naturelles de Jussieu;

### PAR VANDAMME (Henri),

PHARMACIEN A HAZEBROUCK,

*Secrétaire du Conseil central d'hygiène publique et de salubrité, Membre de la Société d'agriculture, Correspondant des Sociétés de physique, de chimie et de pharmacie de Paris, Lauréat du Jardin des plantes.*

*ex rerum cognitione nascitur ordo.*

## A PARIS,

Chez J.-B. BAILLIÈRE, libraire de l'Académie nationale de médecine, rue Haute-Feuille, N.° 19.
A LILLE, chez BÉGHIN, libraire, rue Esquermoise, N.°
A DOUAI, chez la veuve LE MALE, libraire à la Bible d'Or, Place St.-Pierre, N.° 1.
A HAZEBROUCK, chez l'auteur, Grande Place, N.° 9.

**1850.**

# AVIS AU LECTEUR.

Quelques observations non relatées dans la préface rendent indispensable l'addition de plusieurs notes que je prie le lecteur de vouloir bien examiner :

La première sur l'*Auteur du système sexuel des végétaux*, Voir page 178; la deuxième sur l'*Herbier de mon père, résultat de ses excursions botaniques dans le pays que nous habitons*, V. p. 33; la troisième sur une *liste de plantes indigènes, liste envoyée par un collègue et compatriote*, V. p. 35; la quatrième sur le *pistil* et le *style*, V. p. 26, et ainsi successivement jusqu'à la fin du livre, qui est terminé par un supplément suivi de la table alphabétique des noms latins des genres.

Parmi les personnes qui ont bien voulu me transmettre leurs découvertes, je dois citer M. J. Cussac, de Lille, botaniste et herboriseur zélé, lequel m'a communiqué plusieurs espèces qui avaient échappé à mes investigations.

Les signes représentant la durée des plantes sont remplacés dans cet ouvrage par des lettres initiales dont le tableau est en regard de la préface.

La lettre O précédée du nom d'un organe a pour objet d'indiquer que l'organe est nul.

Le terme dont je me sers pour marquer la hauteur d'une plante, est celui de *décimètre*, dixième partie du mètre, qui est l'équivalent de quatre pouces ou le tiers de l'ancien pied.

Je dis, page 21, par un *nota*, que toutes les espèces de *Bromus* indigènes de l'arrondissement d'Hazebrouck ont leurs barbes au-dessous du sommet des bâles.

Les *B. sterilis*, *pinnatus* et *sylvestris*, dont les barbes terminent les bâles, font exception à la règle établie par l'article indiqué.

Une autre exception, page 45, est applicable à l'article *poirée* et *betterave*, deux variétés du *Beta vulgaris*, L., dont les racines de la première sont ligneuses, dures et sans propriétés reconnues, tandis que celles de la seconde variété sont charnues, succulentes, propres à l'extraction du sucre indigène et cultivées surtout pour la nourriture des bestiaux.

Quant aux *plantes exotiques*, dont je ne décris qu'un petit nombre parmi les principales, me bornant quelquefois à la simple dénomination de l'espèce à la suite du genre, le lecteur peut consulter le *Spicies plantarum*, L., la *Flore française*, la *Botanographie Belgique* et l'*Almanach du bon Jardinier* pour celles qui sont omises. (H. V.)

# NOTIONS PRÉLIMINAIRES.

Un végétal dans son dernier degré de développement et de perfection offre à considérer les organes suivans :

I. La RACINE. — *Radix*. — *Wortel*. On donne ce nom à la partie d'un végétal, qui, occupant son extrêmité inférieure, et cachée le plus souvent dans la terre, se dirige et croît constamment en sens inverse de la tige, c'est-à-dire s'enfonce perpendiculairement dans la terre, tandis que celle-ci s'élève vers le ciel.

La *racine* ou plutôt les *racines* fixent le végétal à la terre ou au corps sur lequel il doit vivre et y puisent les matériaux nécessaires à son accroissement.

Suivant leur forme et leur structure, les *racines* sont divisées en *bulbeuses*, *tubéreuses*, *fibreuses* et *pivotantes* (1).

II. La TIGE. — *Caulis*. — *Steel of Struik*. Partie de la plante qui cherche l'air et la lumière et sert de support aux feuilles, aux fleurs et aux fruits, lorsque la plante en est pourvue.

On distingue ordinairement le *tronc*, le *stipe*, le *chaume*, la *hampe*, le *rhizome* et la *tige* proprement dite, dont les divisions forment les *branches* et les *rameaux*.

III. Les FEUILLES. — *Folia*. — *Bladeren*. Expansions membraneuses, le plus souvent planes, verdâtres, horizontales, naissant sur la tige et les rameaux, ou partant immédiatement du collet de la racine. De même que les racines, les feuilles contribuent à la nutrition de la plante; par les pores nombreux qu'elles présentent à leur surface, ces dernières servent à l'absorption et à l'exhalation des gaz, propres ou devenus inutiles à la nutrition du végétal.

Les feuilles sont distinguées en simples et en composées.

On appelle *feuilles simples*, celles dont le limbe est entièrement continu, ou divisé en lobes qui tiennent au pétiole commun par leur

---

(1) Les caractères tirés des *racines* étant moins importans que ceux des autres organes, je ne m'en suis servi que dans les cas indispensables.

partie foliacée (V. XII); et *feuilles composées*, celles qui sont formées de parties entièrement distinctes, appelées *folioles*, et qui ne tiennent au pétiole commun que par leur nervure médiane.

IV. Les **FLEURS**. — *Flores*. — *Bloemen*. Parties très-complexes renfermant les organes de la reproduction dans deux enveloppes particulières, destinées à les contenir et à les protéger; ces organes de la reproduction sont le *pistil* et l'*étamine*. Les enveloppes florales sont la *corolle* et le *calice*.

Les enveloppes florales, qui tiennent lieu de corolle et de calice dans les graminées, portent le nom de *Bâles* ou *Glumes* et ne diffèrent que très-peu des *Écailles*. (V. ce mot.)

On distingue les *fleurs en simples et en composées* :

Les *fleurs simples* sont celles qui ne contiennent qu'un centre de fructification. Les *fleurs composées* sont des fleurs aggrégées dont les étamines ou les pistils forment une *syngénésie* (1). Par rapport à leur situation et leur disposition, les fleurs sont *terminales* ou *latérales*, *solitaires* ou *ramassées*. Elles sont *verticillées*, *en tête*, en *corymbe*, en *ombelle* ou en *sertule*, en *thyrse*, en *grappe*, en *panicule*, en *épi*, en *chaton* ou en *spadice*.

V. Le **PISTIL**. — *Pistillus*. — *Stamperje*. Organe sexuel femelle, simple ou multiple, occupant presque toujours le centre de la fleur, se compose d'une partie inférieure creuse, propre à contenir les rudimens des graines, c'est-à-dire les *ovules*, on l'appelle *ovaire*; d'une partie glanduleuse située ordinairement au sommet de l'ovaire, destinée à recevoir l'impression de l'organe mâle, on l'appelle *stigmate*; quelquefois d'un *style*, sorte de prolongement filiforme du sommet de l'ovaire, qui supporte alors le *stigmate*.

VI. Les **ÉTAMINES**. — *Stamina*. — *Meeldraedjes*, *Helmsltyljes*. Organes sexuels mâles, composés essentiellement d'une *anthère*, espèce de petite poche membraneuse, le plus souvent à 2 loges, renfermant dans son intérieur la substance propre à déterminer la fécondation ou le *pollen*. Le plus ordinairement l'anthère est portée sur un *filet* plus ou moins long; dans ce cas l'étamine se trouve formée d'une *anthère* ou partie essentielle, d'un *filet*, ou partie accessoire.

VII. La **COROLLE**. — *Corolla*. — *Bloem-krans*. Enveloppe la plus intérieure de la fleur, presque toujours colorée, quelquefois d'une seule pièce

---

(1) On nomme *syngénésie* la réunion des étamines par leurs anthères ou de deux pistils par leurs ovaires.

et appelée *corolle monopétale*; d'autres fois composée d'un nombre plus ou moins considérable de pièces distinctes, dites *pétales* et portant le nom de *corolle polypétale*. Dans le premier cas, la corolle est considérée comme étant formée de trois parties : la supérieure appelée *limbe*; l'inférieure appelée *tube* ; et la moyenne nommée *gorge*. Dans le second cas, chaque pièce se distingue en deux parties : une supérieure plus large, appelée *lame*, et une inférieure plus étroite, nommée *onglet*.

VIII. Le CALICE. — *Calyx*. — *Bloem-kelk*. Enveloppe la plus extérieure de la fleur, de nature foliacée, ordinairement verte, composée d'une seule pièce et dite *calice monosépale* (*C. monophylle*), ou formée de plusieurs pièces distinctes, qui sont nommées *sépales* et appelée alors *calice polysépale* (*C. polyphylle*).

IX. Le FRUIT. — *Fructus*. — *Vrucht*. Cet organe est l'ovaire développé et renfermant les graines fécondées ; il est formé par le péricarpe et la graine.

Le fruit considéré en général, sous le rapport des diverses modifications qu'il peut offrir, a été divisé de plusieurs manières, et a reçu des noms particuliers. Ceux auxquels je me suis attaché dans le cours de cet ouvrage sont : 1.° La *silique* et la *silicule*, fr. secs, déhiscens, à deux valves; 2.° la *gousse* ou *légume*, fr. sec, bivalve, qui souvent ne s'ouvre pas ; 3.° la *capsule*, fr. sec et déhiscent, qui ne rentre pas dans les espèces ci-dessus ; 4.° la *drupe*, fr. charnu, contenant au centre un noyau; 5.° la *noix* qui diffère de la drupe par sa chair plus consistante, nommée *brou*; 6.° la *baie*, fr. charnu qui ne peut entrer dans les espèces déjà mentionnées ; 7.° le *cône* ou *strobile*, fr. d'une forme particulière, composé d'un grand nombre d'utricules membraneuses, cachées dans l'aisselle de bractées ligneuses ; enfin, j'ai conservé à tous les autres le nom général de fruit.

X. Le PÉRICARPE. — *Pericarpium*. — *Zaed-huisje, Zaedvlies*. Partie de l'ovaire développé et accru, dans laquelle étaient contenus les ovules, qui sont devenus les graines. Cette partie se compose de trois autres, savoir : de l'*épicarpe* ou membrane extérieure qui définit la forme du fruit ; de l'*endocarpe* ou membrane qui revêt sa cavité intérieure, simple ou multiple ; enfin, d'une partie parenchymateuse, située et contenue entre ces deux membranes, et qu'on nomme *sarcocarpe*. Les fruits charnus comme ceux du *Prunier* et du *Pêcher* offrent des exemples frappans de cette dernière partie.

XI. La GRAINE ou SEMENCE. — *Semen*. — *Zaed*. Partie d'un fruit parfait, qui se trouve dans la cavité intérieure du péricarpe, et qui renferme le corps qui doit reproduire un nouveau végétal. Les *graines* contenues dans un *péricarpe* y sont attachées au moyen d'un support particulier, formé des vaisseaux qui leur apportent la nourriture, ce support est le *trophosperme*. Le point de la surface de la graine où s'attache le trophosperme se nomme le *hile* ou *ombilic*. Quelquefois le trophosperme, au lieu de cesser au pourtour du hile, se prolonge plus ou moins sur la graine, au point de la recouvrir, même entièrement, c'est à ce prolongement particulier qu'on a donné le nom d'*arille*.

La graine se compose essentiellement de deux parties distinctes : l'*épisperme* et l'*amande*.

L'*Épisperme* est la membrane ou le tégument propre de la graine.

L'*Amande* est le corps contenu dans l'épisperme. Ce corps est composé essentiellement de l'*embryon*, c'est-à-dire de cette partie qui, mise dans des circonstances convenables, tend à se développer et à produire un végétal parfaitement semblable à celui dont il est émané.

XII. Les SUPPORTS (*Organes accessoires.*) Sont : 1.° le *pétiole*, c'est-à-dire la queue de la feuille ; 2.° le *pédoncule* ou queue de la fleur, dont les ramifications portent le nom de *pédicelles* ; 3.° la *vrille* ou production filamenteuse, ordinairement roulée en spirale, au moyen de laquelle les plantes s'attachent aux corps voisins ; 4.° les *stipules* ou petites feuilles qui naissent de chaque côté de la base des feuilles ou de leur pétiole ; 5.° les *bractées* ou feuilles qui accompagnent les fleurs ; elles sont souvent différentes des autres feuilles par leur forme et par leur couleur ; 6.° les *écailles* ou membranes qui, par leur petitesse, leur figure raccourcie, leur substance plus ou moins sèche, leur application sur l'organe qui les porte ou les accompagne, paraissent s'éloigner de la nature ordinaire des feuilles ; 7.° les *épines* ou productions dures, ligneuses, très-aiguës, qui naissent du corps même du végétal et de sa partie ligneuse ; 8.° les *aiguillons* ou productions dures, cassantes, très-pointues, adhérentes simplement à la superficie des différentes parties des plantes ; 9.° les *poils* ou organes épidermiques qui se présentent sous la forme de filamens très-fins et qui paraissent servir à l'absorption et à l'exhalation des végétaux ; 10.° les *glandes* ou organes particuliers qu'on observe sur presque toutes les parties des plantes, et qui sont destinés à séparer de la masse générale des humeurs, un fluide quelconque. Leur forme et leur structure sont très-variées.

Pour plus amples détails sur cette matière, voir le *Cours d'histoire naturelle* de Jussieu, les *Élémens de botanique et de physiologie végétale* d'Achille Richard, et la *Botanographie élémentaire* de M. Thémistocle Lestiboudois.

# ABRÉVIATIONS.

Anth.     Anthères.
Cal.     Calice.
Caps.     Capsule.
Cor.     Corolle.
Écail.     Écaille.
Feuil.     Feuille.
Fl.     Fleur.
Fr.     Fruit.
Gr.     Graine.
Invol.     Involucre.
Label.     Labelle.
Ov.     Ovaire.
Panic.     Panicule.
Pédonc.     Pédoncule.
Péric.     Péricarpe.
Pétal.     Pétale.
Pétiol.     Pétiole.
Rac.     Racine.
Sem.     Semence.
Sépal.     Sépale.
Stigm.     Stigmate.
Stipul.     Stipule.
Styl.     Style.

## NOMS DES AUTEURS CITÉS DANS CE LIVRE.

| | |
|---|---|
| B. B. | Botanographie Belgique. |
| Bor. | Bory de St.-Vincent. |
| Bull. | Bulliard. |
| Chom. | Chomel. |
| Cl. | Carolus Clusius ou Delécluse. |
| Dec. | Decandolle. |
| Desm. | Desmyttère. |
| Dod. ou D. | Dodonée ou Dodoëns. |
| Lam. | Lamarcq. |
| Lestib. Thém. | Lestiboudois, Thémistocle. |
| L. | Linné. |
| Lob. | Lobel. |
| Vand. (M.) | Vandamme (Maurice). |
| Vent. | Ventenat. |
| G. B. | Gaspard Bauhin. |
| F. F. | Flore française. |
| T. M. | Taberna montanus. |

## SIGNES
### *de la durée des plantes.*

| | | |
|---|---|---|
| A. | Plantes | annuelles. |
| B. | » | bisannuelles. |
| V. | » | vivaces. |
| L. | » | ligneuses. |

# PRÉFACE.

Depuis longtemps il manquait au pays un ouvrage spécial sur les plantes, ouvrage à l'aide duquel chacun put facilement et avec méthode, parvenir à connaître le nom de ces nombreuses espèces qui nous entourent et qui se présentent à nos regards, lorsque nous parcourons nos campagnes, nos bois, nos vergers et nos jardins.

Je viens remplir cette lacune, en offrant aujourd'hui à mon pays natal ce petit recueil sous le titre de FLORE DE L'ARRONDISSEMENT D'HAZEBROUCK.

Cet arrondissement, lieu de la circonscription de la Flore, est situé à l'occident du département du Nord.

Il comprend une partie de l'ancienne Flandre maritime.

Il est borné au nord et nord-ouest, par l'arrondissement de Dunkerque (autre partie de la Flandre maritime); à l'est, par les frontières de la Belgique (ancien département de la Lys); au sud-est par l'arrondissement de Lille; au sud, sud-ouest et ouest, par les frontières du département du Pas-de-Calais.

Sa longitude est du 19.° dég. 58 m. au 20.° dég. 33 min.

Sa latitude est entre le 50.° dégré 37 min. 1/2, et le 50.° dég. 52 min. 1/2.

La superficie totale de cette contrée est de 70,818 hectares (46 lieues), dont 353 en eaux, grands chemins et marais incultes; elle paraît être une vaste et délicieuse forêt, tant les chemins et les propriétés sont soigneusement plantés.

Le sol est en partie couvert de pâtures closes.

Lorsqu'en 1828 parût la TOPOGRAPHIE DE LA VILLE ET DES ENVIRONS DE CASSEL, l'auteur nous avait fait espérer la publication d'une monographie sur les plantes du pays. M. Desmyttère ayant gardé le silence pendant l'espace de plus de 21 ans, j'ai cru devoir le devancer dans cette entreprise.

La liste systématique qu'il a présentée dans son ouvrage et à laquelle j'ai apporté les modifications convenables, m'a été d'un grand secours dans le travail que je publie.

A l'exemple de ce botaniste, j'ai pris pour guide le système sexuel de Linné, ce système m'ayant paru plus favorable que la méthode naturelle, en ce qu'il laisse moins de vide dans la formation d'une Flore partielle.

Linné distingue dans son système les plantes dont les fleurs sont visibles, d'avec celles dont les fleurs sont invisibles.

Les plantes à fleurs visibles sont hermaphrodites ou unisexuelles ; les fleurs hermaphrodites varient par le nombre, la situation, la proportion et la réunion des étamines ; les fleurs unisexuelles sont monoïques ou dioïques ou polygames.

Telles sont les considérations d'après lesquelles le système sexuel est divisé en 24 classes désignées chacune par un nom dérivé du grec.

Fleurs visibles, hermaphrodites, nombre des étamines (1).
1. Monandrie. (2)
2. Diandrie.
3. Triandrie.
4. Tétrandrie.
5. Pentandrie.
6. Hexandrie.
7. Heptandrie.
8. Octandrie.
9. Ennéandrie.
10. Décandrie.
11. Dodécandrie.

Fl. visibles, hermaphrod., nombre et situation des étamines.
12. Icosandrie.
13. Polyandrie.

---

(1) Les noms des onze premières classes sont composés du mot grec *aner*, en latin *maritus*, qui désigne l'étamine comme partie mâle de la fleur, et des nombres grecs *monos*, un ; dio, deux ; treis, trois, etc.

(2) Toutes les fleurs sont hermaphrodites jusqu'à la vingtième classe inclusivement.

| | |
|---|---|
| ****<br>Fl. visibles, hermaphrod., proportion des étamines. | 14. Didynamie. (1)<br>15. Tétradynamie. |
| ****<br>Fl. visibles, hermaphrod., réunion des étamines dans quelques-unes de leurs parties. | 16. Monadelphie. (2)<br>17. Diadelphie.<br>18. Polyadelphie.<br>19. Syngénésie. (3)<br>20. Gynandrie. (4) |
| *****<br>Fleurs visibles, unisexuelles ou diclines. | 21. Monœcie. (5)<br>22. Diœcie.<br>23. Polygamie. (6) |
| ******<br>Fleurs difficiles à appercevoir ou peu connues. | 24. Cryptogamie. |

Ces vingt-quatre classes du système de Linné sont divisées en plusieurs ordres dont j'ai donné le nom et la signification à leur classe respective.

J'avais pensé de joindre à mon travail une table explicative des termes techniques, mais ayant supposé le lecteur au courant de la nomenclature, je m'en suis dispensé.

Afin de faciliter la recherche des noms, j'ai ajouté à la fin de l'ouvrage une table alphabétique des genres avec leur numéro d'ordre ; il suffit

---

(1) Du mot grec *dynamai*, puissance.
(2) Du mot grec *adelphos*, frères, qui fraternisent.
(3) Des mots grecs *syn*, ensemble ; *génésis*, génération.
(4) *Gyne*, femelle ; *aner*, mari ; étamines réunies au pistil.
(5) Du mot grec *oicos*, maison.
(6) Du mot grec *gamos*, noces ; *poly*, plusieurs.

I. Quant aux subdivisions des classes concernant le pistil, le mot *monogynie* vient du grec gyne, femelle, précédé du nombre grec comme pour les étamines.

II. *Gymnospermie* dérive des mots grecs gymnos, public ; *sperma*, semences visibles à nu.

III. *Angyospermie* est composé des mots grecs *aggos*, vases ; *sperma*, semences enfermées dans un vase qu'on appelle *péricarpe*.

*Nota.* — Les plantes dont le temps de la floraison n'est pas indiqué, peuvent être considérées comme fleurissant depuis juin jusqu'en automne ou à des époques indéterminées.

de connaître le nom d'un genre, pour être conduit immédiatement à celui de l'espèce.

Plusieurs auteurs ont été mis à contribution dans la composition de cette Flore, je me fais un devoir de les indiquer, ce sont : le Tableau du règne végétal, par Ventenat; l'Herbier de Maurice Vandamme, mon père; l'Herbarius de Dodoëns et de Charles de l'Écluse; la Flore du Nord, par Thém. Lestiboudois, ainsi que la botanographie de son père; la Flore française par Delamarck et Decandolle; l'histoire des plantes de l'Europe, par Gaspard Bauhin; l'histoire des plantes médicinales, par le docteur Chomel; l'histoire des plantes vénéneuses et suspectes de la France, par Bulliard; l'Almanach du bon Jardinier; enfin le système sexuel des végétaux, par Charles Linné.

Le lecteur remarquera que le mot, entre paranthèses, placé en regard du numéro d'ordre, est le nom de la famille naturelle à laquelle appartient chaque genre près duquel je l'ai fait figurer. Ce moyen a l'avantage de rapprocher le système de Linné de la méthode naturelle de Jussieu.

Pour être agréable à mes compatriotes de la Flandre flamingante, j'ai présenté en tête de la description de chaque plante, le nom de la langue maternelle du pays, plusieurs attachant à cette nomenclature une importance particulière, qui n'est peut-être pas sans utilité.

Le recueil que j'annonce est le précis méthodique ou systématique, historique et médical de toutes les plantes trouvées dans notre arrondissement.

Quant à la cryptogamie (1), la vingt-quatrième et dernière classe du système, elle seule renfermant presque autant d'espèces que toutes les autres classes réunies, il m'a été impossible de les décrire en général, sans sortir de mon cadre, je me suis donc attaché à quelques-unes de celles qui m'ont paru devoir fixer l'attention des amateurs, soit sous le rapport de l'utilité ou de la curiosité.

Hazebrouck, le 6 août 1849.

**H. VANDAMME.**

---

(1) Les ordres les plus nombreux en genres et en espèces sont les *mousses*, les *algues* et surtout les *champignons*, dont je me propose d'entreprendre un travail à part.

*Note sur la vertu des plantes.* — Un grand nombre de nos plantes ayant été considérées comme inertes, je n'indiquerai la vertu que de celles dont les propriétés médicales ont été constatées par l'expérience.   H. V.

# SYSTÈME.

**CLASSES, ORDRES, GENRES, ESPÈCES,**

*Avec les caractères et les différences.*

### CLASSE I.
\* **Par nombre des Étamines.**

MONANDRIE. — UNE ÉTAMINE.

MONOGYNIE. — UN PISTIL.

I. HIPPURIS. *Pesse.* (Onagraires). Cal. très-petit; cor 0; 1 étam. insérée sur le sommet de l'ov.; 1 styl. reçu dans le sillon de l'anth.; fr. monosperme.
  1. *H. vulgaris*, L. P. commune. — *Water peerd-steert.*
  *Polygonum fœmina semine vidua* (Lobel ic. 792).
  Tiges spongieuses, émergées, droites, simples, avec un axe fibreux, cloisonnées à chaque verticille; feuil. verticillées, linéaires, étalées; fl. sessiles, axillaires, vertes et petites, v.; *commun dans les fossés.*
  Selon Dodoëns (herb. p. 99 et 156), l'hippuris aurait la vertu d'arrêter la dyssenterie, propriété dont jouit aussi l'*Equisetum fluviatile*, avec lequel ce genre a été confondu autrefois.

DIGYNIE. — DEUX PISTILS.

II. CALLITRICHE. *Callitriche.* (Onagraires). Cal. 0; 2 pétal.; fr. à 4 loges monospermes.
  2. *C. Verna*, L. — *C. printannière.* — *Eerste water sterrekruyd.* tige grêle, terminée à la surface de l'eau par une rosette de feuil. ovales, arrondies, obtuses; les feuil. inférieures sont linéaires; fl. axillaires, très-petites. A.; *commun dans les fossés.*
  3. *C. autumnale*, L. — *C. autumnale.* — *Tweede water sterrekruyd.* Diffère du précédent par ses feuilles toutes linéaires et bifides. v.; *commun dans les fontaines et les eaux courantes.*

## CLASSE II.

**DIANDRIE.** — DEUX ÉTAMINES.
**MONOGYNIE.** — UN PISTIL.

III. LIGUSTRUM. *Troène.* (Jasminées). Cal. 4 — denté; cor. 4 — fide; baie 4 — *sperme*, à 2 loges.

4. *L. vulgare*, L. — *T. commun.* — **Keel-Kruyd.** Arbrisseau de 2 à 3 m.; écorce cendrée; feuil. opposées, un peu pétiolées, simples, entières, glabres, ovales, lancéolées; fl. blanches en panic. terminale; baies noires. L.; Mai-Juin; *commun dans les bois et surtout dans les haies.* Ses feuilles passent pour vulnéraires et détersives. Leur décoction guérit la gale et nettoie la peau.

IV. LILAC. Syringa. L. *Lilas.* (Jasminées). Cal. 4 — fide; cor. infundibuliforme, 4 — fide; caps. comprimée, bivalve.

5. *L. vulgaris*, Lam. — *L. commun.* — **Blauwen Syringa.** Arbrisseau de 3 à 4 m.; écorce grisâtre; feuil. cordiformes, pétiolées, très-entières et lisses; fl. petites, nombreuses, en grappes, d'un pourpre violet ou blanches. L.; *cultivé dans les jardins.*

Le lilas est originaire de l'Orient; ses fleurs jouissent d'une odeur agréable.

V. CIRCÆA. *Circée.* (Onagraires). Cal. infère, à limbe 2 — parti, caduc; 2 pétal. bifides; stig. à 2 lobes; caps. pyriforme, hérissée de poils crochus, à 2 loges monospermes.

6. *C. lutetiana*, L. — *C. pubescente.* — **Sinte-Thienes-Kruyd.** Tiges de 5 décim., rameuse; feuil. pétiolées, opposées, ovales, pointues, à peine dentées; fl. terminales en épi, cor. blanche ou rougeâtre; pédonc. velus. v.; on trouve cette plante *dans les bois.*

VI. VERONICA. *Veronique.* (Personées). Cal. à 4 ou 5 parties; cor. en roue, à 4 lobes un peu inégaux; caps. comprimée, ovale ou obcordée.

\* FL. EN ÉPI.

7. *V. officinalis*, L. — *V. officinale.* — **Cruypende eeren prys.** Tige d'un décimètre ou plus, dure, velue et renversée; feuil. opposées, ovales, velues, dentées; fl. d'un bleu pâle, en épi axillaire et terminal. v.; Cette plante est commune *dans les bois au pied des arbres.* Elle est apéritive, sudorifique et céphalique. On l'emploie en infusion.

\*\* FL. EN GRAPPES RAMEUSES OU PANICULÉES.

8. *V. serpillifolia*, L. — *V. serpoline.* 1.sten *veld eeren prys.* Tiges d'un décim., redressées, pubescentes; feuil. glabres, ovales, arrondies;

fl. blanches, rayées de bleu, solitaires dans l'aisselle des feuil. en forme de bractées, imitant un épiterminal ou grappe. v. Juin. Cette espèce se trouve *dans les champs et dans les prés secs.*

9. *V. chamædrys*, L. — *V. chênette.* — *Eeken eeren prys.* Tiges de 2 décim., dressées, rameuses, garnies de poils fins, disposés sur deux rangs opposés; feuil. sessiles, opposées, ovales, cordiformes, dentées, ridées et velues; fl. bleues assez grandes, disposées en grappes longues, axillaires et latérales. v. Mai. *Le long des haies.*

10. *V. teucrium*, L. — *V. teucriette.* — *Wilden eeren prys.* Tiges d'un à 2 décim.; faibles, ramassées en gazon, souvent garnies de poils épars, feuil. opposées, ovales, sessiles, ridées et dentées; fl. en grappes, axillaires et latérales, d'une belle couleur bleue, mais un peu rayées ou marquées de lignes rouges. v. Mai. *Dans les bois secs.*

11. *V. scutellata*, L. — *V. à écusson.* — *Water eeren prys.* Tiges de 2 à 3 décim., faibles, grêles; feuil. opposées, étroites, linéaires, pointues; pédonc. en grappes lâches, filiformes; fl. un peu pendantes; caps. planes, ob rondes, échancrées à leur sommet. v. Mai-Juin. *Dans les marais.*

12. *V. beccabunga*, L. — *V. cressonnée.* — *Beeck pungen.* Tige rampante; feuil. ovales, arrondies, un peu épaisses et très-lisses; fl. bleues, en grappes latérales et axillaires. v.

Cette plante, que l'on trouve *dans les ruisseaux*, passe pour vulnéraire, détersive et antiscorbutique.

13. *V. anagallis*, L. — *V. mouronnée.* — *Water pungen.* Cette espèce ressemble à la précédente, dont elle diffère par ses tiges plus droites; ses feuil. étroites et pointues. v. Elle se trouve *dans les mêmes lieux.*

*** FL. SOLITAIRES.

14. *V. arvensis*, L. — *V. des champs.* 2.<sup>den</sup> *veld eeren prys.* Tige velue, rougeâtre dans le bas; feuilles cordiformes, incisées, les supérieures entières; fl. sessiles, petites, d'un bleu pâle. A. *Très-commun dans les champs.* — Mai.

15. *V. agrestis*, L. — *V. rustique.* — 3.<sup>den</sup> *veld eeren prys.* Tige d'un à 2 décim., un peu velue et renversée; feuil. alternes, un peu en cœur, dentées, courtement pétiolées, presque glabres; fl. portées sur des pédonc. plus longs que les feuil. A.

Cette plante est commune dans *les jardins et dans les champs.*

16. *V. Hederœfolia*, L. — *V. lierre.* — *Veil eeren prys.* Tiges renversées, rameuses et velues; feuil. cordiformes, planes, à 5 lobes; fl. solitaires; pédoncules aussi longs que la feuille; lobes du cal. *ciliés* caps. très-grosses. A.; *dans les mêmes lieux.*

VII. **GRATIOLA.** *Gratiole.* (Personées). Cal. 5 — fide; 2 bractées; cor. tubuleuse à 2 lèvres peu marquées; 4 filaments dont 2 anthériformes; 1 rudiment d'une 5.ᵉ étam.

17. *G. officinalis*, L. — *G. officinale.* — *Godts-genade.* Tige de 6 décim., simple et dressée; feuil. opposées, amplexicaules, ovales, lancéolées, dentées, glabres et chargées de 3 nervures; fl. d'un blanc rougeâtre, grandes, axillaires et solitaires; caps. loculicide; gr. anguleuses, nombreuses. v. *Dans les lieux humides.*

Cette plante est un violent purgatif qui ne convient qu'à des corps robustes. Le nom *d'herbe à pauvre homme*, que porte la Gratiole, vient de ce que ce remède est familier aux pauvres.

VIII. **UTRICULARIA.** *Utriculaire.* (Lentibulariées). Cal. 2 — phylle; cor. ringente, éperonnée, à 2 lèvres souvent entières; la supérieure portant 2 étam.; stig. un peu concave à la base, prolongé supérieurement en une lèvre membraneuse, plane, glanduleuse, hérissée; caps. 1. — Loculaire.

18. *U. vulgaris*, L. — *U. commune.* — *Water duysent-bladt.* Lob. tiges longues, submergées, rameuses, feuil. découpées en folioles capillaires et garnies de vésicules pleines d'air; fl. écartées, formant presqu'un épi au-dessus de l'eau; cor. jaune, fermée par le palais; éperon postérieur conique. v. Juillet; *commun dans les fossés, en bas d'Hazebrouck.*

IX. **VERBENA.** *Verveine.* (Verbenacées). Cal. à 5 dents, dont 1 un peu tronquée; cor. à tube long, courbé, renflé au sommet; limbe sublabié, à 5 loges; étam. didynames, le plus souvent 2 étam.; ov. tétraspermes; stigm. globuleux dans l'échancrure du style.

19. *V. officinalis*, L. — *V. officinale.* — *Yzer-kruyd.* Tige de 6 décim., dure et quadrangulaire; feuil. opposées, découpées profondément en plusieurs parties; fl. en épi grêle, filiforme et rameux; cor. bleuâtre ou d'un blanc rousseâtre. A. Juillet; *commun le long des champs à Lynde, à Borre, l'Hoflande, etc.*

Cette plante est vulnéraire, détersive et très-résolutive; son application sur le front soulage les maux de tête.

X. **SALVIA.** *Sauge.* (Labiées). Cal. en cloche, à 2 lèvres; la supérieure 3 — dentée; l'inférieure à 2 lobes; cor. labiée; 2 étam. stériles et 2 fertiles; anth à 2 loges, 1 fertile, l'autre stérile; séparées par un connectif filamentiforme, lequel est inséré obliquement sur le filet.

20. *S. pratensis*, L. — *S. des prés.* — *Veld-salie.* Tige quadrangulaire, simple et velue; feuil. radicales, étalées, pétiolées, cordiformes, oblongues, crénelées ou sinuées; les caulinaires sessiles, pointues;

fl. verticillées, en épi allongé, terminal; cor. grande, en faucille, bleue et un peu glutineuse. v.

On trouve cette plante *dans les prés secs*. Elle est antiulcéreuse et vulnéraire.

XI. LYCOPUS. *Lycope.* (Labiées). Cal. tubuleux, 5 — lobé; cor. à 4 lobes égaux, le supérieur échancré; 2 étam. stériles.

21. *L. palustris*, L. — *L. des marais.* — **Water andoorn.** Tige de 3 à 6 décim., dressée, 4 — angulaire; feuilles opposées, ovales, oblongues, profondément dentées, presque pinnatifides à leur base, quelquefois glabres; fl. blanches, petites, en verticilles compactes. Juillet. v.; *le long du canal d'Hazebrouck*.

### DIGYNIE. — DEUX PISTILS.

XII. ANTHOXANTUM. *Flouve.* (Graminées). Bâle calicinale (glume) à 3 fleurs, l'une portant vers le sommet une arête droite, l'autre vers la base une arête coudée; la fl. centrale hermaphrodite; bâle florale courte, mutique; 2 étam.

22. *A. Odoratum*, L. — *F. odorante.* — **Goed-riekende gas.** Chaume de 4 décim., à 3 ou 4 articulations; épi ovale — oblong, un peu lâche, fl. presque pédonculées, oblongues, jaunâtres, chargées de barbes courtes, feuil. velues et assez courtes. v. *Assez commun dans les prés à Vieux-Berquin et surtout au bois Vandamme, entre Morbecque et Walloncappel*.

L'anthoxantum communique au foin une odeur fort agréable.

---

## CLASSE III.

### TRIANDRIE. — TROIS ÉTAMINES.

### MONOGYNIE. — UN PISTIL.

XIII. VALERIANA. *Valériane.* (Valérianées). Cal. presque nul; cor. infundibuliforme, gibbeuse, à 5 lobes un peu inégaux; ov. monosperme; stigm. 3 — lobé; étam. souvent 3.

23. *V. Officinalis*, L. — *V. officinale.* — **Wilde valeriaene.** Tige cannelée, creuse et un peu velue; feuil. ailées; folioles pointues et dentées; fl. rougeâtres, en panic. terminales. v. Mai-Août. *Dans les lieux humides et notamment dans la becque de Borre*.

La racine de cette plante est antispasmodique, anti-épileptique et anti-hystérique. Son odeur forte attire les chats qui la détruisent.

24. *V. Dioïca*, L. — *V. dioïque.* — **Kleyne valeriaene.** Tige

dressée, simple, garnie de feuil. ovales, oblongues, d'autres ailées, profondément pinnatifides; fl. terminales, purpurines. v.

Cette espèce croit *dans les marais*. Ses vertus sont les mêmes que la précédente, mais plus faibles.

XIV. VALERIANELLA. *Mache.* (Valérianées). Limbe du cal. très-petit, à 5 dents; cor. à 5 lobes irréguliers; ov. triloculaire.

25. *V. olitoria*, L. — *M. potagère.* — *Veld-kroppen* of Koorn-Salaed. Tige faible, grêle, divisée par bifurcations divergentes, garnies de feuilles très-glabres, alongées, presque linéaires, entières (dentées dans les var. *auricula* et *locusta*); fl. petites, blanchâtres et terminales. A.; *cultivé dans les jardins.* Ses var. croissent aux bords des champs à Borre, à Pradelles, etc.

XV. CROCUS. *Safran.* (Iridées.) Cal. à 6 lobes égaux; stigm. roulé en dedans.

26. *C. Vernus*, L. — *S. printanier.* — *Lente safraen.* Hampe terminée par une fl. semblable à celle du colchique à couleur ordinairement jaune, toute enveloppée d'une spathe univalve; feuil. radicales, très-étroites, linéaires, pointues, glabres, divisées dans leur longueur par une ligne ou nervure blanche, enveloppées à leur base d'une gaine membraneuse. v. Cette plante fleurit au commencement du printemps, époque à laquelle on la trouve dans les jardins.

XVI. IRIS. *Iris.* (Iridées.) Cal. à 6 lobes profonds, 3 extérieurs grands, étalés, 3 intérieurs plus petits, dressés, style 3 — parti, pétaloïde, stigm. formant une lame transversale sous l'extrémité des divisions du style.

27. *I. pseudo-acorus.* L. — *I. des marais.* — *Geel lisch.* Tige contournée en différentes manières à sa partie supérieure; feuil. longues, pointues, uniformes, souvent plus hautes que la tige; fl. terminales, jaunes, remarquables par 3 pétal. intérieurs forts petits (style). v.; *au bord des eaux.*

Les auteurs sont généralement d'accord sur la propriété astringente de la racine de cette plante. Tragus dit que sa décoction vineuse arrête toute sorte de fluxions et d'hémorrhagie.

XVII. SCHOENUS. *Choin.* (Cypéracées). Fl. hermaphrodites, en épi; écail imbriquées sur 2 ou 3 rangs; les extérieures souvent stériles.

28. *S. mariscus*, L. — *S. Marisque.* — *Valschen water cyperus.* Tige de 6 à 9 décim., arrondie et striée, feuil. longues, triangulaires au sommet, garnies de dents aiguës sur les bords et sur le dos; panic. terminale, rameuse, composée de beaucoup d'épillets forts courts. v. *Au bord des étangs.*

XVIII. CYPERUS. *Souchet*. (Cypéracées). Fl. hermaphrodites ; écail. florales distiques, carénées, épillets comprimés ; périanth. 0.

29. *C. Flavescens*, L. — *S. jaunâtre*. — *Geelen cyperus*. Tiges d'un décim., nombreuses, triangulaires, presque nues, terminées par une ombelle de pédoncules inégaux, garnis à leur base d'une collerette de 2 ou 3 bractées foliacées ; chaque pédoncule soutient 5 à 20 épillets sessiles, ramassés, lancéolés, jaunâtres. v.; *dans les prés humides*.

XIX. SCIRPUS. *Scirpe*. (Cypéracées). Fl. hermaphrodites ; écail. imbriquées en tous sens, toutes fertiles.

\* ÉPI SOLITAIRE ET TERMINAL.

30. *S. cœspitosus*, L. — *S. en gazon*. — *Berg-scirpus*. Tiges grêles, striées et nombreuses ; feuil. menues, cylindriques, plus courtes que les tiges ; épi globuleux, terminal. v.; *dans les bois*.

31. *S. fluitans*. L. — *S. flottant*. — *Gas riet*. Tige flottante, donnant par intervalle des faisceaux de feuil. planes, linéaires et aiguës ; pédonc. filiformes, ramassés au sommet des tiges et engainés à leur base ; épis verdâtres, minimes. v.; *dans les marais*.

\*\* PLUSIEURS ÉPILLETS, TIGES RONDES.

32. *S. lacustris*, L. — *S. des lacs*. — *Groot-water-riet*. Tige de 12 à 18 décim., nue, grosse, lisse, ronde, méduleuse, entourée de longues gaines à la base ; épillets ovales, roussâtres, pédonculés, souvent tournées du même côté. v. Cette espèce, qui croit *le long des étangs*, sert à tresser les chaises.

33. *S. setaceus*, L. — *S. en forme de crin*. — *Kleyn-riet*. Tiges filiformes, pointues, striées, munies à la base de gaines prolongées en une petite feuille subulée ; 1 à 3 épis sessiles à quelque distance de l'extrêmité. v.; *dans les bois humides*.

\*\*\* PLUSIEURS ÉPIS ; TIGE TRIANGULAIRE.

34. *S. sylvaticus*, L. — *S. des bois*. — *S. graminea*. Lob. tige de 5 décim., triangulaire, terminée par une panicule ombelliforme et très-rameuse ; épillets ovales, nombreux, très-petits et verdâtres ; base des ombelles garnie de 2 ou 3 feuilles rudes en leurs bords. v.; *mêmes lieux*.

XX. ERIOPHORUM. *Linaigrette*. (Cypéracées). Fl. hermaphrodites ; 3 stigm ; fr. trigone ; périanthe formé de 6 paquets de filamens soyeux plus longs que les écailles.

35. *E. polystachion*, L. — *L. à plusieurs épis*. — *Eerste water vlas*. Tiges cylindriques, feuil. planes, engainées à leur base ; 4 à 7

épis; panic. formée de pédonc. pendans ou flottans. v.; *dans les marais.* Les poils de ses épis peuvent servir à faire du feutre.

36. *E. angustifolium*, L. — *L. à feuilles étroites.* — *Tweede W. vlas.* Diffère du précédent par ses feuil. plus longues et plus étroites; ses pédicelles plus longs et plus droits; ses écail. scarieuses sur les bords, plus grandes; ses soies un peu plus longues, v.; *dans les mêmes lieux.*

37. *E. gracile*, L. — *L. grêle.* — *Derde water vlas.* Tige grêle, un peu triangulaire; feuil. triangulaires, longues, étroites; celles de la tige plus courtes; épis presque sessiles, droits et petits. v.; *mêmes lieux.*

XXI. NARDUS. *Nard.* (Graminées). Fl. en épi simple, uni, latéral; glume nulle; bâle à 2 écail., l'extérieure roulée; 1 seul stigmate.

38. *N. stricta*, L. — *N. serré.* — *Hollandsch-spart-gas.* Chaume de 2 décim.; très-menu, terminé par un épi droit un peu violet; fl. d'un seul côté; bâles florales sessiles, étroites, pointues, un peu hispides; feuil. radicales capillaires. v.; *dans les lieux secs et arides.*

## DIGYNIE. — DEUX PISTILS.

XXII. PHALARIS. *Phalaris.* (Graminées). Bâle extérieure de 2 valves égales, opposées, concaves, comprimées sur les côtés; plus grandes que celle de la bâle florale; fl. en panic. ou en épi lâche.

39. *P. canariensis*, L. — *P. de Canarie.* — *Canarie-zaed.* Chaume de 6 décim., droit; feuil. parfois un peu pubescentes; gaine de la feuil. terminale un peu ventrue; épiterminal, ovale, épais, panaché de blanc et de vert. A.

Cette plante, originaire des îles Canaries, est cultivée pour les petits oiseaux; sa graine est apéritive, propre pour la pierre du rein et de la vessie.

40. *P. arundinacea*, L. — *P. arondinacé.* — *Gramen sulcatum.* Chaume de 6 à 12 décim.; feuil. longues, rudes en leurs bords, terminées en pointes aiguës comme celles du roseau; fl. en panic. alongée et serrée en épi, blanchâtres et mélangées de violet; bâles pointues et glabres, même intérieurement. v.; le phalaris arondinacé croit *dans les bois humides, la becque d'Hondeghem et le canal d'Hazebrouck au bord de l'eau.*

Une variété de cette plante, à feuilles rayées de blanc et de vert, est cultivée dans les parterres.

XXIII. PANICUM. *Panic.* (Graminées). Bâles calicinales de 3 valves, dont 2 plus grandes et assez égales; la 3.$^{me}$ plus petite et hors de rang;

elles sont ordinairement entourées de poils qui naissent des pédonc. propres.

\* FL. EN ÉPIS SIMPLES OU RAMEUX.

41. *P. verticillatum*, L. — *P. verticillé.* — *P. asperum.* Chaume de 5 décim.; feuil. garnies d'une nervure blanche; épi cylindrique, verdâtre et garni de filets très-accrochans. Cet épi est formé de petits rameaux ou paquets de fleurs assez distinctes. A. Été. *Dans les champs.*

42. *P. viride*, L. — *P. vert.* — *Groen-panic-koorn.* Chaume de 3 à 6 décim., rameux à la base, un peu rude au sommet; feuil. rudes en leurs bords; ouverture de la gaîne garnie de poils; épi terminal cylindrique; axe velu; fl. fasciculées, garnies de 2 soies couvertes d'aspérités très-petites et dirigées en haut. A.; *mêmes lieux.*

43. *P. crus-galli*, L. — *P. pied de coq.* — *Hemels-dau-gas.* Chaumes de 6 décim., couchés à leur base; feuil. glabres, planes; fl. en panicule composée d'épis alternes, verdâtres, rudes au toucher; bâles hérissées d'aspérités, ordinairement chargées de longues barbes. A.; *dans les lieux cultivés.*

\*\* FL. EN ÉPIS LINÉAIRES RAMASSÉS EN FORME DE DIGITATION.

44. *P. dactylon*, L. — *P. dactyle.* — *Henne-voet.* — Chaumes de 2 décim., couchés sur la terre en forme de rosettes; feuil. velues à leur base; 3 à 5 épis, en digitation, très-ouverts. V.; *dans les champs sablonneux.* Cette plante est le *paspalum umbellatum* de Lam.

45. P. *sanguineum*, L. — *P. sanguin.* — *Bloed-gas.* Chaume couché dans sa partie inférieure; feuil. molles, velues; 5 à 7 épis linéaires, en manière de digitations; fl. géminées. A.; *assez commun dans les lieux cultivés.*

XXIV. ALOPECURUS. *Vulpin.* (Graminées). fl. composées de 3 écail., dont 2 externes servent de calice et 1 interne tient lieu de corolle; ordinairement elles sont disposées en épi garni de barbes assez longues.

46. *A. agrestis*, L. — *V. des champs.* — *Kleyn-vossen-steert.* Chaume dressé, grêle; feuil. larges; épi grêle, très-alongé, verdâtre ou purpurin, garni de barbes de 2 ou 3 lignes; bâles glabres. A. Été; *dans les champs.*

47. *A. geniculatus*, L. — *V. genouillé.* — *Water-vossen-steert.* Chaume de 3 décim., souvent renflé à la base, coudé et produisant des racines aux nœuds inférieurs; feuil. courtes, assez larges; gaîne renflée et comprimée; épi assez court, grêle, cylindrique, panaché de vert et de blanc; bâles fort petites, un peu velues, terminées par deux petites cornes. V.; *au bord des fossés.*

48. *A. pratensis*, L. — *V. des prés.* — *Vossen steert der weyden.*

Chaume de 6 décim., droit; feuil. glabres, un peu rudes en leurs bords; épi terminal, cylindrique, mollet, velu et obtus. v.; *très-commun dans les prés.*

XXV. **PHLEUM**. *Fléau*. (Graminées.) L'épi serré du fléau est ordinairement cylindrique, un peu rude; les glumes ont 2 écail. tronquées, dont la nervure se prolonge en pointe; les bâles florales ont 2 écail. plus petites; l'inférieure tronquée, multidentée, enveloppant la supérieure qui est étroite, 2 dentée.

49. *P. pratense*, L. — *F. des prés*. — *Vleegel-gas*. Chaume de 6 à 12 décim., très-droit, articulé, feuillé, terminé par un épi cylindrique, grêle, serré, long d'un décim.; bâles florales nombreuses, petites, blanches sur le dos, vertes sur les côtés, ciliées et terminées par 2 dents sétacées. v. Été; *commun dans les prés*.

XXVI. **AGROSTIS**. *Agrostis*. (Graminées). Fl. ordinairement en panicule, finement ramifiées; bâle extérieure bivalve, un peu plus grande que l'intérieure.

\* FL. GARNIES DE BARBE.

50. *A. spica venti*, L. — *A. jouet du vent*. — *Wind gas*. Chaume de 6 à 9 décim., non articulé, feuil. rudes en leurs bords; gaine striée; fl. très-petites, verdâtres ou rougeâtres, en panicule ample, composée de rameaux capillaires et divisés. A. Été; *commun dans les champs, parmi les blés*.

51. *A. canina*, L. — *A. des chiens*. — *Honde-gas*. Chaume de 3 décim., renversé, coudé à chaque articulation; feuil. courtes; fl. d'un pourpre violet, en panicule serrée. v.; *dans les lieux humides*.

\*\* FL. SANS BARBE.

52. *A. stolonifera*, L. — *A. traçant*. — *Loopende-gas*. Chaume de 3 décim., rougeâtre, rampant et coudé aux articulations, qui souvent prennent racine; fl. d'un vert rougeâtre en panicules longues de 8 centim., un peu serrées. v.; *lieux sablonneux*.

XXVII. **AIRA**. *Foin; canche*. (Graminées). Fl. en panicule un peu resserrée en épi, glumes à 2 fleurs; fleurons sans rudiments intermédiaires.

53. *A. cœspitosa*, L. — *F. en gazon*. — *Veld-gas*. Chaume de 9 décim.; feuil. planes; fl. très-petites, en panic. très-ample; bâles calicinales (glumes) luisantes; bâles florales velues à leur base; barbes très-courtes et droites. v.; *dans les bois et les prés couverts*.

54. — *A. aquatica*, L. — *F. aquatique*. — *Water-gas*. Chaume de 3 décim.; feuil. planes, garnies d'une petite membrane blanche à

l'entrée de leur gaine; fl. nues, sans barbe, en panicule lâche; bâle calicinale contenant 2 fleurs, dont une moins saillante. v.; *dans les fossés.*

XXVIII. MELICA. *Mélique.* (Graminées). Fl. en panicule alongée, resserrée et médiocrement garnie; bâles calicinales contenant 2 fl. entre lesquelles on remarque un corpuscule qui est le rudiment d'une 3.$^{me}$

55. *M. Cœrulea*, L. — *M. bleue.* — *Blauwe melike.* Chaume d'un mètre ou plus, n'ayant qu'une seule articulation vers sa base; bâles cylindriques, pointues, droites, panachées de vert et de blanc ou violet noirâtre. v.; *dans les bois.*

Obs. Le genre *molinia* de la Flore du Nord n'est autre chose que le *melica* dont je viens de parler.

XXIX. POA. *Paturin.* (Graminées). Épillets ovales comprimés, composés de 2 rangs de bâles, dont les valves sont scarieuses en leurs bords et un peu pointues.

56. *P. bulbosa*, L. — *P. bulbeux.* — *Kliester-gas.* Chaume de 3 décim., cylindrique; feuil. radicales, ramassées, formant un bulbe; gaînes de feuilles garnies à leur entrée d'une membrane blanche; épillets verdâtres, quadriflores. v.; *dans les prairies montagneuses.*

57. *P. pratensis*, L. — *P. des prés.* — *Gemeyn-gas.* — Chaume d'un mètre, grêle, cylindrique; panic. lâche, composée de rameaux verticillés; épillets petits, verdâtres ou violets; bâles tout-à-fait glabres. v.; *dans les prés.*

58. *P. annua*, L. — *P. annuel.* — *Kort-gas.* Chaume d'un décim. et demi, comprimé, oblique, un peu coudé aux articulations; feuil. radicales en gazon; rameaux de la panic. ouverts à angles droits; bâles florales glabres. A.; *partout.*

59. *P. nemoralis*, L. — *P. des bois.* — *Bosch-gas.* Chaume d'un mètre, faible, grêle et penché; fl. en panic. lâche; épillets biflores, bâles florales velues. v.; *dans les bois.*

60. *P. angustifolia*, L. — *P. à feuilles étroites.* — *Smal-gas.* Chaume de 25 centim., grêle; feuil. très-étroites, roulées, assez raides; panic. terminale, lâche, un peu étalée; épillets triflores; bâles pubescentes. v.; *dans les prés et sur les murs.*

61. *P. aquatica*, L. — *P. aquatique.* — *Water-bies-gas.* — Chaume de 2 m., assez épais; feuil. striées et marquées d'une tâche brune à l'origine de leur gaîne; panic. très-ample; épillets alongés, de 6 à 8 fl. d'un rouge brun ou pâle. v.; *le long des rivières.*

62. *P. compressa*, L. — *P. comprimé.* — *Meure-gas.* Chaume de 3 décim., coudé à ses articulations inférieures, applati et comprimé; panic. droite, serrée, unilatérale et un peu raide; valves rougeâtres à leur sommet. v.; *sur les vieux murs et dans les lieux sablonneux.*

XXX. **BRIZA.** *Brize.* (Graminées). Bâles calicinales multiflores; bâles florales disposées sur deux rangs formant des épillets ventrus à leur base; les valves sont obtuses et cordiformes; fl. en panic. très-lâche.

63. *B. Tremula*, L. — *B. vulgaire.* — *Liefde-gas.* — Chaume de 3 décim., grêle, souvent rougeâtre; fl. en panic. très-déliée; pédonc. capillaire et tremblant; épillets ovales ou triangulaires, mêlés de blanc ou de violet; composés de 5 à 7 fleurs. v.; *commun dans les prés.*

XXXI. **DACTYLIS.** *Dactyle.* (Graminées). Bâles calicinales de 2 valves inégales, comprimées, contenant 2 ou 4 fleurs dont les valves sont chargées de barbes courtes.

64. *D. glomerata*, L. — *D. pelotonné.* — *Trop wys gas.* Chaume de 9 décim., droit, simple et rude; feuil. rudes; panic. composée de quelques rameaux inégaux; épillets très-petits, serrés les uns contre les autres, ramassés par pelotons et tournés du même côté; écail. de la bâle ciliées sur le dos. v.; *très-commun partout.*

XXXII. **CYNOSURUS.** *Cynosure.* (Graminées). Bâles calicinales bi-valves, multiflores, ordinairement accompagnées de bractées unilatérales; fl. en épi plus ou moins serré.

65. *C. Cristatus*, L. — *C. à crête.* — *Cretelle-gas.* — Chaume de 3 à 6 décim., grêle, nu; feuil. glabres, pliées en gouttière; épi droit, unilatéral, garni d'un bout à l'autre d'épillets, accompagnés de bractées en forme de peigne. v.; *commun dans les prés secs.*

XXXIII. **FESTUCA.** *Fétuque.* (Graminées). Épillets alongés, pointus et presque cylindriques. — Les fétuques tiennent le milieu entre les paturins et les bromes avec lesquels elles ont les plus grands rapports.

\* ÉPILLETS SANS BARBES.

66. *F. elatior*, L. — *F. élevée.* — *Grooten festuka.* Chaume de plus d'un mètre; feuil. glabres, rudes; panicule très-ample, lâche et souvent tournée du même côté; épillets ovales, cylindriques; les valves très-pointues. v.; *dans les bois et les pâturages gras.*

\*\* ÉPILLETS GARNIS DE BARBES.

67. *F. heterophylla*, L. — *F. heterophylle.* — *Dravick.* Chaume de 6 à 9 décim.; feuil. inférieures, capillaires, les supérieures larges et glabres; panic. lâche, étroite; épillets de 4 à 5 fl.; barbes longues. v.; *dans les pâturages secs, à St.-Sylvestre-Cuppel, Hondeghem, etc.*

68. *F. duriuscula*, L. — *F. dure.* — *Gramen exile durius.* Chaume d'un décim.; feuil. radicales d'un vert pâle, glauques, courbées, raides et un peu dures; panic. étroite, unilatérale; épillets de 3 à 4 fl.; barbes très-petites; rac. chevelues noirâtres. v.; *dans les prés secs.*

68 bis. *F. bromoïdes* L. — *F. bromoïde.* — *Gr. exile mollius.* Chaume de 3 à 5 décim., simple, nue, glabre, marqué de 2 ou 3 nœuds purpurins; feuil. glabres, étroites; panic. lâche dans sa partie intérieure; épillets à barbes longues. A.; *dans les lieux sablonneux.*

XXXIV. GLYCERIA. *Glycérie.* (Graminées). Bâles calicinales à 2 paillettes, 8 ou 10 flores; bâles florales à 2 écail. membraneuses, l'extérieure rongée, denticulée au sommet, l'intérieure bidentée.

69. *G. fluitans*, L. — *G. flottante.* — *Water-festuka.* Chaume d'environ 1 mètre, faible; feuil. glabres, à bords rudes; gaine comprimée; panic. longue, étroite; pédicelles rudes; locustes linéaires, grisâtres; bâles florales striées, un peu âpres. V.; *commun dans les fossés.*

XXXV. BROMUS. *Brome.* (Graminées). Épis alongés, multiflores, tous garnis de barbes placées dans plusieurs sur le dos des valves florales, un peu au-dessous de leur extrémité.

*Nota.* Toutes les espèces indigènes de l'arrondissement d'Hazebrouck ont les barbes au-dessous du sommet des bâles.

70. *B. squarrosus*, L. — *B. rude.* — *Harden-bromos.* Chaume de 6 décim.; feuil. velues au-dessous; panic. lâche; épillets ovales, assez gros, de 7 à 9 fl.; bâles florales glabres et ciliées en leurs bords; barbes divergentes. A.; *dans les champs.*

71. *B. secalinus*, L. — *B. seiglin.* — *Rogge-bromos.* Chaume de 6 à 12 décim.; gaine des feuil. glabre; limbe chargé au-dessous de poils, épars; panic. étalée; pédicelle de 6 à 8 fleurs écartées; écail. de la bâle échancrée, arête ou barbe droite. A.; *dans les champs et au bord des chemins.*

72. *B. mollis*, L. — *B. mollet.* — *Zagten-bromos.* Diffère du précédent par le duvet fin qui couvre la gaine et le limbe des feuilles, ainsi que les épillets ou locustes; sa stature plus petite; sa panicule plus étalée, à pédicelles plus courts; ses fleurs imbriquées, l'écail. extérieure de la bâle a 3 petites dents, à bords non involutés. A.; *très-commun dans les prés, au bord des champs, le long des fossés, etc.*

73. *B. giganteus*, L. — *B. élancé.* — *Grooten-bromos.* Chaume de 9 à 16 décim., ferme; feuil. longues, garnies d'une nervure blanche; gaine velue; rameaux de la panic. géminés par étage; épillets de 4 fleurs. V.; *dans les prés humides à Sercus* (Vand. M.)

OBS. Malgré le nom spécifique que porte cette plante, elle ne s'élève jamais au-delà d'un mètre. (FF.)

74. *B. sterilis*, L. — *B. stérile.* — *Ydel-bromos.* — Chaume de 3 à 6 décim.; feuil. velues; panic. lâche, composé de rameaux longs, menus, souvent simples, épillets de 5 à 7 fleurs; valves verdâtres,

blanches ou scarieuses en leurs bords; barbes droites, raides et fort longues. v.; *dans les lieux incultes et particulièrement dans les haies.*

75. *B. pinnatus*, L. — *B. pinné.* — *Spart-gas.* Chaume de 6 à 12 décim.; gaîne de feuil. velue; épillets sessiles sur l'axe, glabres, garnis de barbes plus courtes que les valves. v.; *sur le bord des champs.*

76. *B. sylvestris*, L. — *B. des bois.* — *Haver-bromos.* Chaume de 6 à 9 décim., faible et grêle; feuil. velues, molles; épillets sessiles, alternes, velues; barbes presqu'aussi longues que les valves. v.; *dans les bois.*

XXXVI. AVENA. *Avoine.* (Graminées). Épillets de 2 à 6 fl.; barbes géniculées, tortillées, s'insérant sur le dos des valves florales.

77. *A. sativa*, L. — *A. cultivée.* — *Gemeyne haver.* Chaume d'un mètre environ, dressé; feuil. larges, rudes; panic. très-lâche; épillets pendans; bâles florales glabres; bâles calicinales bivalves, plus longues que leurs fleurs; semences alongées, blanches ou noirâtres. A. *cultivé dans les champs.*

Sa graine, dont on se sert surtout pour la nourriture des chevaux, peut également être utile aux hommes, et les peuples du Nord, qui n'ont point de froment, ne laissent pas de s'en nourrir et d'en faire du pain qui n'est pas mauvais.

78. *A. fatua*, L. — *A. follette.* — *Hairig-haver.* Chaume droit de 6 à 9 décim., feuil. striées, larges; panicule lâche; épillets pendans, semblables à ceux de l'espèce précédente; bâles florales couvertes dans leur partie inférieure d'un duvet roussâtre très-abondant. A.; *commun dans les champs.*

79. *A. sterilis*, L. — *A. stèrile.* — *Ydel-haver.* Cette espèce n'est qu'une variété de la précédente, dont elle se distingue par sa stature plus grande et ses épillets contenant jusqu'à 5 fleurs. A.; *dans les mêmes lieux.*

80. *A. Orientalis*, L. — *A. d'Orient.* — *Haver van den Oosten.* Cette plante ressemble à l'avoine cultivée; elle en diffère par sa panicule étroite, peu penchée, sa glume à 2 fl., l'inférieure nue ou munie d'une arrête droite. A.; *cultivé.*

81. *A. elatior*, L. — *A. élevée.* — *Groote wilde haver.* Chaume de 9 à 12 décim.; feuil. planes; panic. lâche, étroite, pointue; épillet composé de 2 fl. dont une seule fertile, à barbe presque nulle et l'autre stérile à barbe longue. v.; *très-commun au bord des champs.* Cette espèce sert à former des prairies artificielles. (V. le Bon Jardinier).

82. *A. pratensis*, L. — *A. des prés.* — *Haver der weyden.* Chaume presque nu, de 3 à 6 décim.; feuil. glabres, roulées sur les bords;

panic. droite, resserrée en épi; valves calicinales lisses, purpurines, argentées. v.; *dans les prés secs.*

82 bis. *A. pubescens*, L. — *A. pubescente.* — *Gramen avenaceum.* Chaume de 6 à 9 décim.; feuil. courtes, planes, velues; panic. serrée; épillets droits, luisans, rougeâtres ou violets à la base, argentés au sommet; pédic. de la bâle florale très-velue; arêtes très-longues. v. Juin; *dans les champs en bas de Morbecque.* (Huissen).

XXXVII. ARUNDO. *Roseau.* (Graminées). Bâles calicinales bivalves; fleurons enveloppés de poils; ce dernier caractère rapproche les roseaux des agrostis avec lesquels on a confondu quelques espèces, dont deux seulement sont particulières à l'arrondissement d'Hazebrouck.

83. *A. phragmites*, L. — *R. commun.* — *Deck-riet.* Chaume d'un à 2 m.; feuil. glabres, coupantes, très-larges, très-longues et très-aiguës; panic. grande, noirâtre; pédoncules longs, rameux, semi verticillés; bâles aiguës; garnies dans l'âge adulte, de poils longs et soyeux. v.; *dans les fossés fangeux en bas d'Hazebrouck.* (Vand. M.)

La racine de cette plante est détersive, diurétique et emménagogue; sa décoction fait tarir le lait des femmes. On fait avec ses chaumes divers instrumens propres aux tisserands.

84. *A. calamagrostis*, L. — *R. plumeux.* — *Pluym-riet.* Chaume de 6 à 12 décim.; feuil. planes; panicule étroite; bâles calicinales multiflores; bâles florales aiguës et paraissant plumeuses par la quantité de poils soyeux qui les accompagnent. v.; on trouve cette espèce *dans les lieux couverts.*

XXXVIII. HOLCUS. *Houlque.* (Graminées). Les houlques diffèrent des avoines par leur arête insérée sur le réceptacle; leur bâle contient 2 ou 3 fl., dont une est stérile.

Linné avait placé ce genre dans la *polygamie* parce qu'on trouve des fl. mâles parmi les hermaphrodites. J'ai préféré l'établir parmi les genres qui lui ressemblent sous tous les autres rapports.

85. *H. lanatus*, L. — *H. laineuse.* — *Wolle-gas.* Chaume de 3 à 9 décim.; feuil. molles, velues; gaines laineuses, renflées; bâles calicinales velues, laineuses; barbes crochues et à peine apparentes. v.; *très-commun au bord des champs et le long des chemins.*

86. *H. mollis*, L. — *H. molle.* — *Zagte-honde-gas.* — Chaume de 5 décim.; coudé aux articulations inférieures, garni à chaque articulation d'un paquet de poils; bâles calicinales presque glabres; barbes au moins aussi longues que les valves. v.; *dans les prés.*

XXXIX. LOLIUM. *Ivraie.* (Graminées). Épillets sessiles, comprimés, disposés alternativement sur un axe commun qui forme des saillies sur lesquelles chaque épillet s'insère latéralement; la bâle calicinale de chaque épillet est extérieure et univalve.

87. ***L. perenne***, L. — ***I. vivace***. — ***Muyze-koorn of ray-gas***. Chaume de 3 décim., lisse, simple ou rameux; feuil. étroites, glabres; épi allongé, applati; bâle calicinale plus courte que l'épillet; fl. toujours nues et sans barbes. v.; *commun partout*.

De toutes les herbes des prés, cette plante est la plus commune en France; elle forme le fond de la plupart des pâturages et des pelouses naturelles. (V. l'Almanach du bon Jardinier.)

88. ***L. temulentum***, L. — ***I. énivrante***. — ***Dronck-maekende-terve***. Chaume de 6 à 12 décim.; feuil. larges, rudes; épi long; épillets alternes, renflés; bâles calicinales larges, obtuses, plus longues que les épillets; bâles florales garnies d'arêtes. A.; *parmi les blés et les avoines*.

Cette espèce est représentée pour l'emblême de la discorde; son grain est un peu âcre et rend ivre; mais cette vertu qui se fait sentir dans la bière, se perd dans le pain. (BB.)

89. ***L. multiflorum***, L. — ***I. multiflore***. — ***Gramen-loliaceum***. Chaume de 9 décim.; épi long de 5 décim., composé de 20 à 25 épillets; chacun de ces épillets contient 12 à 15 fl., les supérieures seulement chargées de barbes. A.; *au bord des prés*.

XL. SECALE. *Seigle*. (Graminées). Épillets biflores, rassemblés sur un réceptacle alongé en épi; valves garnies de cils rudes; bâle calicinale (glume) composée de paillettes sétacées plus courtes que les bâles florales.

90. ***S. cereale***, L. — ***S. commun***. — ***Rogge***. Chaume d'environ 1 mètre, articulé; feuil. courtes, planes; un seul épi (rarement deux), applati et garni de barbes assez longues. A.; *cultivé dans les champs*.

La farine de sa semence, dont on peut faire du pain, est émolliente, résolutive et détersive.

XLI. HORDEUM. *Orge*. (Graminées). Épi 4 — angulaire, abondamment garni de barbes; bâles calicinales de 6 paillettes en alène, écartées et disposées par paire; fl. disposées par 3 à chaque paquet.

91. ***H. vulgare***, L. — ***O. commune***. — ***Gemeyne-geerste***. Chaume d'un mètre; feuil. rudes, larges; épi grand; bâles un peu velues sur le dos; barbes fort longues. A.; *cultivé*.

L'orge (sa graine mondée et perlée), fait la base de la tisane commune, usitée dans les maladies inflammatoires et autres.

92. ***H. hexasticum***, L. — ***O. à 6 rangs***. — ***Sucryoen***. Cette espèce n'est qu'une variété de la précédente, dont elle diffère par l'épi plus gros, plus court, à 6 rangs égaux, également distants. A.

L'escourgeon est spécialement cultivé pour la fabrication de la bière.

93. *H. distichum*, L. — *O. à 2 rangs.* — **Pameele.** Chaume de 5 décim., terminé par un épi comprimé; le côté saillant est garni de fleurs fertiles, à barbes longues; les fl. stériles sont du côté plan et ne sont point garnies de barbes. A.; *cultivé.*

94. *H. murinum*, L. — *O. des murs.* — **Meure-geerste.** Chaume de 3 décim.; feuil. molles, velues; épi denté; fleurs latérales stériles; barbes très-longues; valves intermédiaires ciliées. A.; *le long des murs.*

95. *H. secalinum*, L. — *O. seiglin.* — **Valsche-rogge.** Chaume de 6 décim., grêle; feuil. glabres, très-étroites; épi menu et assez court; barbes courtes et très-fines. v.; *dans les prés secs.*

XLII. TRITICUM. *Froment.* (Graminées). Épillets sessiles, disposés en épi sur un réceptacle linéaire, denté aux insertions de chaque épillet; bâles calicinales de 2 valves plus ou moins concaves; bâles florales quelquefois garnies de barbes fort longues.

96. *T. hybernum, œstivum* et *turgidum*, L. — *F. cultivé* (blé) *terve* of *koorn.* Chaume de 2 mètres environ, glabre; feuil. longues, planes, glabres; épis gros; épillets 4 — flores; bâles calicinales, larges, naviculaires, égales, opposées. A.; Juin.

Les nombreuses variétés de cette espèce peuvent être rangées en trois sections distinctes :

1.° Épillets glabres, sans barbe. *T. hybernum.* (Blanc zee).
2.° Épillets glabres, barbus. *T. œstivum.* (Blé de mars).
3.° Épillets velus, *T. turgidum.* (Blé barbu).

On cultive ces différentes variétés.

L'origine et la patrie du froment sont complètement ignorés, et l'espèce qui l'a produit autrefois n'existe plus, ou, pour mieux dire, elle est inconnue.

97. *T. repens*, L. — *F. chiendent.* — **Gaspemen.** Chaume de 6 à 9 décim.; feuil. planes, molles, vertes, peu striées et parfois velues; épi d'environ 1 décim.; barbe nulle ou très-courte; épillets de 4 à 5 fl.; valves très-aiguës. v.; *commun dans les champs.*

La racine de cette plante est diurétique, apéritive et rafraîchissante. On en fait usage dans la tisane commune.

## TRIGYNIE. — TROIS PISTILS.

XLIII. MONTIA. *Montie.* (Portulacées.) Cal. 2 ou 3 — phylle; cor. monopétale, irrégulière; ov. 3 — lobé à 1 — loge; styl. à 3 lobes.

98. *M. fontana*, L. — *M. des fontaines.* — **Water-alsine.** Tige d'un demi-décim., très-rameuse, glabre; feuil. opposées, spatulées,

entières; fl. blanches, petites, pédonculées, axillaires, penchées après la floraison. A.; *dans les champs humides.*

## CLASSE IV.

### TÉTRANDRIE. — QUATRE ÉTAMINES.
### MONOGYNIE. — UN PISTIL. (1)

XLIV. GLOBULARIA. *Globulaire.* (Globulariées.) Fleurs en tête; cal. tubuleux, 5 — fide; cor. hypogyne, tubuleuse, à 5 lobes inégaux; 4 étam. insérées au fond de la corolle; ov. libre; 1 style; stigm. simple; fr. monosperme.

99. *G. Vulgaris*, L. — *G. commune.* — *Bol-kruyd.* Tige de 2 à 3 décim., simple et dressée; feuil. radicales arrondies, spatulées, pétiolées, marquées de 2 ou 3 petites dents au sommet; les caulinaires alternes, sessiles, entières, ovales, lancéolées, aiguës; fl. bleues; en tête globuleuse; paillettes et calices velus. v. Mai; *dans les prés secs.*
Cette plante passe pour vulnéraire et détersive.

XLV. DIPSACUS. *Cardère.* (Dipsacées). Fleurs en tête; involucre polyphylle; réceptacle garni de paillettes longues, piquantes; cal. double; cor. tubuleuse, à 4 lobes, un peu irrégulière; 4 étam. saillantes; stigm. uni latéral, un peu recourbé au sommet.

100. *D. fullonum*, L. — *C. sauvage.* — *Wilde-caerden.* Tige d'un mètre et plus, droite, ferme, cannelée, hérissée d'aiguillons; feuil. opposées, connées, ovales lancéolées, glabres et aiguillonneuses; fl. en têtes coniques, garnies à leur base de bractées linéaires. b. Juin; *dans les marais, au bord des champs, à Thiennes, Boeseghem, etc.*
Sa racine et sa graine sont regardées comme diurétiques et sudorifiques.

101. *D. laciniatus*, L. — *C. frisée.* — *Gekrolde-caerden.* Diffère du précédent par ses feuil. pinnatifides, ondulées et frisées.

102. *D. pilosus*, L. — *C. velue.* — *Schapers-roede.* Tige d'un m., cannelée, faiblement aiguillonnée; feuil. opposées, ovales, lancéolées, aiguës, dentées, pétiolées, garnies à la base de petites oreillettes; et sur le dos des nervures de petits aiguillons; fl. en têtes petites, globuleuses, paillettes garnies de très-longs poils durs; cor. blanche, anth. noirâtres ou purpurines; stigm. assez large. B.; *dans les haies.*

XLVI. SCABIOSA. *Scabieuse.* (Dipsacées). Ce genre se rapproche

---

*Note essentielle.* — Quoique le mot *pistil* signifie la réunion de l'ovaire, du stigmate et du style, je me sers indifféremment de ce mot pour exprimer cette dernière partie, c'est-à-dire le *style.*

beaucoup du précédent ; le réceptacle est garni de poils ou de paillettes non piquantes ; cal. extérieur terminé par deux rebords tronqués ou prolongés ; cal. intérieur souvent terminé par 5 arêtes ; cor. à 4 ou 5 lobes, l'extérieur plus grand ; 1 stigm. variable.

### * COR. A 4 DIVISIONS.

103. *S. arvensis*, L. — *S. des champs.* — *Gemeyn schurft-kruyd.* Tige de 5 à 6 décim., un peu rameuse et velue, garnie de feuil. profondément pinnatifides ; pinnules distantes, la terminale grande, longue et pointue, lancéolée et un peu dentée ; fl. sur un pédonc. long et grêle ; fleurons de la circonférence plus grands, à 4 divisions irrégulières, d'un bleu rougeâtre. v. ; *dans les champs à Morbecque.*

Cette plante passe pour vulnéraire et un peu astringente ; elle est employée contre la gale et les maladies de la peau, mais elle est peu usitée.

104. *S. succisa*, L. — *S. succise.* — *Duyvels-beet.* Tige de 5 décim., cylindrique, simple ; feuil. inférieures pétiolées, ovales, entières, un peu poilues ; les caulinaires ovales lancéolées, rétrécies à leur base, connées, quelquefois dentées, entières ou incisées ; fl. bleuâtres, terminales, fleurons égaux. v. ; *dans le bois du général Vandamme, près les 8 rues.*

### ** COR. A 5 DIVISIONS.

105. *S. columbaria*, L. — *S. colombaire.* — *Middelbaer schurft-kruyd.* Tige de 3 à 6 décim., branchue, presque glabre ; feuil. radicales simples, ovales, spatulées, dentées ; les autres pinnatifides, à découpures linéaires ; fl. bleuâtres, sur de longs pédoncules nus, à fleurons du centre plus petits. v. Juin-Juillet ; *dans les lieux secs et sur les collines.*

XLVII. ASPERULA. *Aspérule.* (Rubiacées). Cor. infundibuliforme, à 3 ou 4 lobes ; gr. globuleuses, non couronnées par les débris du calice.

106. *A. arvensis*, L. — *A. des champs.* — *Blauwen walmeester.* Tige d'un décim. et demi, grêle, rude, rameuse ; feuil. verticillées, linéaires, au nombre de 6 à 8 ; fl. sessiles, terminales, bleues et ramassées. A. Mai-Juin ; *dans les champs à Bailleul, à Steenwerck, à Hazebrouck, etc.*

Sa racine est propre à teindre en rouge.

107. *A. odorata*, L. — *A. odorante.* — *Welriekenden walmeester.* (Petit muguet). Tige de 2 décim., simple, lisse, un peu anguleuse ; feuil. verticillées au nombre de 8, ovales, lancéolées, un peu ciliées ;

fl. blanches, terminales, pédonculées et ramassées. v.; *dans les bois et surtout dans les jardins.*

Cette plante est vulnéraire, tonique et emménagogue; l'herbe à demi-fanée répand une odeur agréable.

108. *A. cynanchica*, L. — *A. à l'esquinancie.* — *Ander-keel-kruyd.* Tige d'un décim. et demi, dure, rameuse, menue, faible; feuil. linéaires, petites; verticilles inférieurs de 3 ou 4 feuil.; les supérieurs de 2 seulement, stipulés; fl. terminales 3 — fides ou 4 — fides, rougeâtres ou blanches. v.; *dans les lieux arides.* (BB.)

Cette plante est employée en gargarisme et extérieurement en cataplasme dans les maux de gorge.

XLVIII. GALIUM. *Gaillet.* (Rubiacées). Cor. en roue ou en cloche, à 4 lobes; gr. ovoïdes, non couronnées.

109. *G. palustre*, L. — *G. des marais.* — *Kleynen mollugo.* Tige de 3 décim., grêle, filiforme, anguleuse et rameuse; feuil. petites, inégales entr'elles, un peu obtuses, ordinairement 4 — nées; fl. blanches, petites, pédonculées. v.; *commun au bord des fossés.*

110. *G. uliginosum*, L. — *G. fangeux.* — *Nederleggende-galium.* Tige de 2 décim., grêle, rameuse et étalée; feuil. lancéolées, linéaires, aiguës, petites, accrochantes en leurs bords, de 6 à 7 par verticille; fl. pédonculées, blanches et petites. v.; *dans les lieux fangeux.*

111. *G. album*, L. — *G. blanc.* — *Grooten-mollugo.* Tige de 6 à 9 décim., faible, lisse, quadrangulaire, rameuse et noueuse; feuil. verticillées ordinairement de 8, ovales oblongues, glabres, très-ouvertes; fl. blanches, pédonculées, en panicules rameuses. v. Été; *dans les prés.*

Sa racine, qui est apéritive et résolutive, peut servir à teindre en rouge. Les gens de la campagne l'appliquent sur les tumeurs indolentes pour les résoudre.

112. *G. verum*, L. — *G. jaune.* — *Geelen galium.* Tige de 4 à 5 décim., quadrangulaire, grêle, faible et rameuse; feuil. étroites, linéaires, pointues et lisses, verticillées au nombre de 6 à 8; fl. petites, jaunes, en panicule spiciforme. v. Été; *dans les lieux secs.*

Le gaillet jaune passe pour avoir la propriété de faire cailler le lait; il est vulnéraire, astringent et dessicatif. Il teint en jaune.

113. *G. aparine*, L. — *G. accrochant.* — *Gemeyn klisse-kruyd.* Tige d'un mètre, quadrangulaire, faible et rameuse, renflée au-dessus des articulations et hérissée de petits poils rudes, accrochans; feuil. longues, lancéolées, verticillées de 6 à 8, terminées par une petite pointe et hérissées; fl. blanches, petites, fr. hérissés. A. Été; *dans les haies.*

Cette plante est souvent employée en application sur les écrouelles. Ses racines teignent en rouge.

114. *G. spurium*, L. — *G. batard.* — *Aparine met ligt zaed.*
Cette espèce ressemble à la précédente, mais sa tige est plus courte; ses nœuds glabres; ses feuil. au nombre de 6, à nervure lisse; ses fr. glabres. A.; *dans les champs.*

XLIX. PLANTAGO. *Plantain.* (Plantaginées). Fl. en têtes ou en épis; stigm. pubescent; caps. bi ou quadriloculaire, 2 — polysperme; étam. très-longues; cor 4. — fide, à limbe réfléchi; cal. 4 — fide.

115. *P. major*, L. — *P. à grandes feuil.* — *Groot wege-bladt.*
Hampe de 3 décim., anguleuse, terminée par un épi grêle de fleurs imbriquées; feuil. radicales, grandes, ovales, presque glabres, retrécies en pétiole, à 7 nervures saillantes. v.
Cette plante est très-commune *le long des chemins*; elle est astringente et vulnéraire. Les petits oiseaux, les serins surtout, sont friands de sa graine.

116. *P. media*, L. — *P. moyen.* — *Middelbaer Wege-bladt.*
Hampe de 6 décim., velue; feuil. ovales, molles, velues, étalées, rétrécies en pétiole, à 7 nervures; épi cylindrique, assez court et denté; étam. saillantes. v.; *sur le bord des fossés.*

117. *P. lanceolata*, L. — *P. lancéolé.* — *Kleyn-wege-bladt.*
Hampe nue, anguleuse; feuil. longues, lancéolées, étroites, à 5 nervures, glabres ou hérissées; épi court et brun. v.; *dans les prairies.*

118. *P. coronopus*, L. — *P. corne de cerf.* — *Herts-Hoorn.*
Hampe de 3 décim., velue; feuil. radicales, étalées, velues, pinnatifides; lobes distants, linéaires, aigus; épi grêle, serré; anth. terminées par un appendice membraneux. A.; *dans les lieux secs.* (Vand. M.)

L. SANGUISORBA. *Sanguisorbe.* (Rosacées). **Sanguisorbées.** — Cal. 4 — phylle : ov. entre le cal. et la cor.

119. *S. officinalis*, L. — *S. officinale.* — *Groote pimprenelle.*
Tige d'un mètre, anguleuse, droite, glabre; feuil. alternes, composées de 11 à 15 foliol. cordiformes, dentées; fl. rougeâtres en épi ovoïde, court; cal. rougeâtre; lobes terminés par une houppe de petits poils; étam. presque égales au cal.; filets grêles; style rouge; stigm. rouge, à 2 lobes partagés en lanières assez courtes; bractées ciliées. v.; *dans les prés secs et particulièrement dans les jardins.*
Ses feuil. sont détersives, astringentes et vulnéraires.

LI. CORNUS. *Cornouiller.* (Caprifoliacées). Cal. 4 — denté; cor. à 4 pétal.; 4 étam.; drupe à noyau, à 2 loges et à 2 graines.

120. *C. sanguinea*, L. — *C. sanguin.* — *Bloed-roede.* Arbrisseau

de 2 mètres et demi ; rameaux longs, droits, à écorce rouge pendant l'hiver; feuil. opposées, ovales, pointues, entières; fl. blanches naissant après les feuil., en cime ou ombelle, sans collerette; fr. globuleux, noirâtre. v.; Mars-Avril; *cultivé dans les haies.*

LII. ALCHEMILLA. *Alchemille.* (Rosacées). Cal. tubuleux, à 8 lobes, 4 alternes, plus petits et plus externes; cor. nulle; stipul. formant une gaine autour de la tige.

121. *A. alphanes*, L. — *A. des champs.* — *Onzer Vrouwen mantel.* (Pied de lion). Tiges d'un décim., grêles, un peu velues; feuil. petites, blanchâtres, velues, découpées en 3 lobes bifides ou trifides; stipul. vaginales; fl. très-petites, herbacées, sessiles, axillaires. A.; *dans les champs et au Mont des Récollets.* (Huissen).

### DIGYNIE. — DEUX STIGMATES.

CUSCUTA. *Cuscute.* (Convolvulacées). Cal. à 4 ou 5 lobes; cor. persistante, sub globuleuse, à 4 ou 5 lobes; étam. insérées sur la cor., alternes avec les lobes; 2 stigm.; caps. à 2 loges bispermes.

122. *C. Europœa*, L. — *C. d'Europe.* — *Vrang of vilt-kruyd.* Tiges filiformes, sans feuilles, entortillées autour des plantes herbacées et s'y cramponnant par des suçoirs; fl. blanches, rosées; fasciculées, pédicellées, souvent à 5 lobes ; étam. nues; anth. échancrées à la base; style partagé en deux jusqu'à l'ov.; stigm. aigus. A.; *parasite sur les fèves, le lin, etc.*

La cuscute est apéritive et détersive ; on s'en est servi autrefois pour purifier le sang, pour les maladies du foie et de la rate. *Cuscuta* est un mot syriaque, qui signifie herbe sans racines et sans feuilles.

### TÉTRAGYNIE. — QUATRE STIGMATES OU STYLES.

LIV. ILEX. *Houx.* (Rhamnées). Cal. à 4 dents; cor. en rosette ; 4 étam.; 4 stigm. sessiles; baie à 4 noyaux monospermes.

123. *I. aquifolium*, L. — *H. commun.* — *Hulste-boom.* Arbrisseau rameux; feuil. pétiolées, ovales, ondulées, très-lisses, d'un beau vert, coriaces, persistantes, entières ou garnies de dents très-épineuses; fl. blanches, petites, axillaires, polygames dioïques, pédicellées, en sertules sessiles; baies rouges. v.; *dans les haies au Mont-des-Cattes.*

La seconde écorce de cet arbrisseau sert à faire de la glu.

LV. POTAMOGETON. *Potamogète.* (Naïades). Cal 4 — fide; 4 ov. monospermes; style nul; épis garnis de spathe. — Potamogète est synonyme *d'épi d'eau*.

124. *P. natans*, L. — *P. nageant.* — *Swemmende fonteyne-kruyd.* Tiges longues, articulées, rameuses; feuil. nerveuses; les inférieures

oblongues; les supérieures ovales, elliptiques; fl. en épi serré et pédonculé. v.; *commun dans les eaux tranquilles.*

125. P. *fluitans*, L. — *P. flottant*, — *Ander swemmende fonteyne-kruyd.* Cette espèce diffère de la précédente par ses feuil. atténuées à leur base. Elle n'en est probablement qu'une variété.

126. P. *hétérophyllum*, L. — *P. hétérophylle.* — *F. K. met vremdebladeren.* Feuil. supérieures flottantes, pétiolées, ovales, opaques, semblables au *P. natans*, mais plus petites; les inférieures sessiles, oblongues, aiguës et pellucides. v.; *dans les eaux stagnantes.*

127. P. *lucens*, L. — *P. luisant.* — *Blinckende f. k.* Tiges longues et rameuses; feuil. alternes, stipulées, ovales, lancéolées, terminées par une pointe un peu prolongée; épi cylindrique. A.; *commun dans les ruisseaux.*

128. P. *densum*, L. — *P. serré.* — *Geslooten f. k.* Tiges dichotomes; feuil. ovales, aiguës, opposées, serrées; épi à 4 fleurs. v.; *commun dans les ruisseaux.*

129. P. *perfoliatum*, L. — *P. embrassant.* — *Deurbladende f. k.* Tiges longues, rameuses; feuil. ovales, cordiformes, amplexicaules, transparentes; épis axillaires. v.; *dans le canal d'Hazebrouck.*

130. P. *crispum*, L. — *P. crépu.* — *Gekroezeld f. k.* Tiges longues, dichotomes; feuil. lancéolées, alternes ou opposées, ondulées, dentées en scie. v.; *dans les fossés.*

131. P. *pectinatum*, L. — *P. à dents de peigne.* — *Kamtand f. k.* Tiges filiformes, rameuses; feuil. engaînantes et partagées en filamens longs et parallèles; épi grêle, interrompu, à 8 ou 10 fleurs. v.; *assez commun dans les fossés.*

132. P. *pusillum*, L. — *P. fluet.* — *Kleyn fonteyne kruyd.* Tiges très-menues; feuil. capillaires, non engaînantes; stipul. scarieuses, amplexicaules; épi très-grêle et interrompu. A.; *commun dans les marais.*

LVI. SAGINA. *Sagine.* (Cariophyllées). Cal. 4 — phylle; 4 pétales; caps. 1 loculaire, polysperme; 4 styles.

133. S. *procumbens*, L. — *S. rampante.* — *Nederleggende sagine.* Petite plante étalée; feuil. opposées, connées, étroites, linéaires, aiguës; pédonc. uniflores; pétal. entiers, d'un blanc sale, plus courts que le cal. dont les sépal. sont obtus; caps. à 4 valves entières. A.; Eté; *commun dans les champs.*

134. S. *apetala*, L. — *S. sans pétales.* — *Sagine zonder blueme.* Tige d'un décim., filiforme, hispide et dressée; les pétal. sont presque toujours avortés. A.; *dans les mêmes lieux.* (Rare.)

## CLASSE V.

### PENTANDRIE. — CINQ ÉTAMINES.
### MONOGYNIE. — UN PISTIL OU STYLE SIMPLE.

LVII. MYOSOTIS. *Scorpionne.* (Borraginées). Cal. à 5 dents; cor. hypocratériforme, à 5 lobes séparés par 5 petits replis; écail. obtuses, rapprochées; orifice inférieur du tube garni de 10 petits replis saillans.

135. *M. palustris*, L. — *S. des marais.* — *Scorpioen-kruyd.* Tige de 3 décim., herbacée, garnie de feuil. longues, étroites, lisses; fl. d'un très-beau bleu, mélangé de jaune, rapprochées du même côté sur des épis roulés en crosse. v.; *commun aux bords des ruisseaux.* Mai-Juin.

136. *M. arvensis*, L. — *S. des champs.* — *Muyzen-oor.* Diffère du précédent par ses feuil. fortement velues; ses fl. plus petites; ses cal. à divisions aiguës, plus longues que le tube de la corolle; ses épis plus étalés. A. Mai-Juin; *dans les champs.*

LVIII. LITHOSPERMUM. *Grémil.* (Borraginées). Cal. 5 — fide; cor. infundibuliforme, à 5 lobes; gr. lisses et osseuses ou ridées.

137. *L. arvense*, L. — *G. des champs.* — *Peerel-kruyd.* Tige de 3 décim., droite, garnie de feuil. molles, étroites, lancéolées, sessiles et à une seule nervure; fl. blanches, petites, axillaires et terminales. A. Mai-Juin; *dans les champs.*

LIX. ANCHUSA. *Buglosse.* (Borraginées). Cal. à 5 lobes plus ou moins profonds; cor. infundibuliforme, à 5 lobes entiers; écail. ovales, rapprochées; disque très-profondément 4 — lobé; gr. rugueuses, à base oblique.

138. *A. officinalis*, L. — *B. officinale.* — *Groote ossen-tonge.* Tige de 6 à 8 décim., rameuse; feuil. sessiles, lancéolées, pointues, garnies de poils rudes; les supérieures un peu amplexicaules; fl. bleues ou blanches, en épis courts, géminés et unilatéraux. v. Mai-Juin : *sur les décombres.* (Vand. M.)

Cette plante est le succédané de la bourrache, dont les vertus sont à peu près les mêmes.

LX. CYNOGLOSSUM. *Cynoglosse.* (Borraginées). Cal. 5 — parti; cor. infundibuliforme, à 5 lobes courts; écail. obtuses, conniventes; étam. déprimées, attachées latéralement au style.

139. *C. officinale*, L. — *C. officinale.* — *Honds-tonge.* — Tige de 5 décim., velue et rameuse; feuil. ovales, lancéolées, elliptiques,

molles, blanchâtres et garnies de poils doux; fl. rougeâtres ou blanches, petites, sur des pédonc. courts et lâches. v. Mai-Juin; *dans les marais.* (Vand. M.) (1).

Cette plante est fétide, narcotique et calmante.

LXI. PULMONARIA. *Pulmonaire.* (Borraginées). Cal. à 5 angles, à 5 lobes; cor. infundibuliforme; limbe dressé, 5 — lobé; gorge garnie de 5 écail. très-peu saillantes, un peu hérissées; stigm. échancré.

140. *P. officinalis*, L. — *P. officinale.* — *Longer-kruyd.* Tige de 3 décim., velue, anguleuse; feuil. radicales, ovales, oblongues, pétiolées, terminées en pointe, couvertes de poils assez rudes; la superficie parsemée de tâches blanches; les caulinaires sessiles; fl. bleues ou blanches, terminales en corymbe. v. Avril-Mai; *dans les bois et les jardins.* (Vand. M.)

Cette plante est astringente et vulnéraire. Étant brulée, elle produit une si grande quantité de cendres, qu'on l'évalue à la septième partie de son poids.

LXII. SYMPHITUM. *Consoude.* (Borraginées). Cal. 5 — parti; cor. tubuleuse; tube gros; limbe urcéolé, à 5 dents courtes, révolutées; écail. subulées, conniventes; stigm. 2 — sulqué; disque 4 — lobé; gr. luisantes.

141. *S. officinale*, L. — *C. officinale.* — *Waelwortel of smeerwortel.* Tige de 6 décim., branchue, velue et succulente; feuil. grandes, ovales, lancéolées, un peu rudes et décurrentes; fl. blanches ou rougeâtres, terminales, pédonculées, en épis lâches et tournées du même côté. v. Mai-Juin; *très-commun au bord des ruisseaux.* (Vand. M.)

La grande consoude est une des plantes les plus utiles que possède l'art médical. Elle est recommandée dans toutes les hémorrhagies. La décoction de sa racine convient dans la pthisie, le crachement de sang. Intérieurement et extérieurement elle consolide les plaies. Linné, dans sa matière médicale, la marque d'un signe d'exclamation.

LXIII. BORRAGO. *Bourrache.* (Borraginées). Cal. 5 — parti; cor. en rosette; gorge fermée par des rayons; lobes aigus; écail. obtuses, échancrées; filet des étam. gros à la base, formant une saillie en-dedans, prolongé en dehors au-delà de l'anthère.

142. *B. officinalis*, L. — *B. officinale.* — *Bernage.* Tige de 3 à

---

(1) Vandamme (Maurice), mon père, pharmacien-botaniste à Hazebrouck, mort le 15 septembre 1843, à l'âge de 75 ans, dont je rappelle ici la mémoire, a recueilli un nombre assez considérable de plantes des environs de cette ville, en formant un Herbier qui a servi de base à cette Flore. *Voir ma préface, page 8.*

6 décim., branchue, cylindrique, creuse, succulente et hérissée de poils rudes; feuil. larges, obtuses, rudes au toucher; les inférieures pétiolées; les autres sessiles; fl. terminales, bleues ou blanches. A. Juin-Juillet.; *sur les décombres et dans les lieux cultivés.* (Vand. M.)

Cette plante est diurétique et adoucissante; son suc est visqueux.

La Bourrache a donné son nom à toute cette famille dont les plantes participent plus ou moins de ses propriétés. Elle se multiplie facilement d'elle même dans nos jardins.

LXIV. LYCOPSIS. *Lycopside.* (Borraginées). Cal. à 5 lobes; cor. iufundibuliforme, courbée; étam. insérées à la courbure.

143. *L. arvensis*, L. — *L. des champs.* — **Wilde ossen-tonge.** Tige de 3 à 5 décim., rameuse; feuil. très-rudes, alongées, étroites, entières, ondulées; limbe de la corolle bleu; le tube blanc. A. Juin; *dans les champs.* Cette plante porte le nom de **grippe.**

LXV. PRIMULA. *Primevère.* (Primulacées). Cal. tubuleux, 5 — fide; cor. infundibuliforme; caps. s'ouvrant par le sommet en 5 ou 10 valves.

144. *P. officinalis*, L. — *P. officinale.* — **Sleutel bloeme of paesche bloeme.** Hampes de 2 décim., cylindriques, pubescentes; feuil. radicales, ridées, un peu dentées, ovales oblongues, rétrécies en pétiole; fl. terminales, jaunes, pédicellées, en manière d'ombelles, penchées du même côté, garnies de bractées linéaires; gorge de la cor. marquée de 5 taches orangées. v. Avril; *commun dans les prés.*

Les fleurs de cette plante sont vulnéraires, anodines et cordiales.

145. *P. elatior*, L. — *P. élevée.* — **Ander sleutel-bloeme.** Diffère du précédent par son calice plus étroit, sa corolle plus pâle, dont la gorge est entourée d'un cercle orangé. v.; *dans les bois.*

146. *P. auricula*, L. — *P. oreille d'ours.* — **Beeren-oor.** Plante souvent farineuse; feuil. radicales, lisses, ovales, crénelées, un peu épaisses; hampe d'un décim.; fl. ombelliformes; bractées ovales, obtuses; cal. court, à 5 lobes obtus; tube de longueur variable; limbe étalé, de couleurs diverses. v.

Un grand nombre de variétés de cette espèce sont cultivées *dans les jardins.*

LXVI. MENYANTHES. *Ményanthe.* (Gentianées). Cal. 5 — lobé; cor. hérissée; stigm. bifide; caps. à 1 loge.

147. *M. trifoliata*, L. — *M. Trèfle d'eau.* — **Water klaver.** Tiges rampantes, articulées, produisant des feuil. trifoliées; pétioles engaînans; folioles ovales, entières, glabres; pédonc. axillaires, longs, nus, portant un épi terminal de leurs pédicelles, garnies d'une bractée;

cor. infundibuliforme, d'un blanc rougeâtre; style persistant. v. Mai; *dans les marais.* (Vand. M.)

Le trèfle d'eau est amer, résolutif, détersif, savonneux, apéritif, diurétique, tonique, fébrifuge et stomachique. Il convient dans les maladies chroniques, les embarras du ventre, dans la jaunisse, la cachexie, l'asthme et le scorbut.

148. *M. nymphioïdes*, L. — *M. flottant.* — **Kleyne plompen.** Tiges longues, grêles, cylindriques, produisant des paquets de fleurs et de feuilles; pétiol. engaînans; feuil. orbiculaires, cordiformes, flottantes; pédonc 1 — flores; cor. rotacée, jaune; anth. sagittées. v. Juillet-août; *dans les fossés à Estaires.* (Lestib. Thém.)

LXVII. HOTTONIA. *Hottone.* (Primulacées). Cal. 5 parti; cor. hypocratériforme; étam. imposées sur le tube de la cor.; caps. globuleuse, un peu pointue.

149. *H. palustris*, L. — *H. aquatique.* — **Water-vager.** (Plumeau d'eau). Tiges submergées, rameuses, garnies de fibres radicales; feuil. verticillées, profondément pinnatifides; lobes linéaires, luisans; pédonc. long, émergé, droit, fistuleux et nu; fl. opposées ou verticillées, garnies d'une bractée linéaire; cor. blanche, tube jaune. v. Mai-Juin; *commun dans les fossés en bas d'Hazebrouck.* (Vand. M.)

LXVIII. LYSIMACHIA. *Lysimaque.* (Primulacées). Cal. 5 — fide; cor. en rosette; caps. globuleuse, mucronée, à 5 valves.

150. *L. vulgaris*, L. — *L. commune.* — **Gemeyn-wederick.** Tige d'environ 1 mètre, droite, pubescente; feuil. sessiles, lancéolées, pointues, pubescentes en-dessous, opposées ou ternées et quelquefois quaternées; fl. terminales, paniculées, jaunes et belles; cal. rougeâtres en leurs bords. v. Été; *commun au bord des eaux.* (Desm.)

Cette plante porte vulgairement le nom de *Pelle bosse.*

151. *L. nemorum*, L. — *L. des bois.* — **Bosch wederick.** Tige d'un décim. et demi, cylindrique et renversée; feuil. ovales, pointues, glabres, un peu pétiolées; fl. jaunes, petites, pédonculées, axillaires et solitaires. v. Été; *dans les bois au Mont des Cattes.* (Huissen.) (1).

152. *L. nummularia*, L. — *L. monoyère.* — **Penninck-kruyd.** Tiges rampantes, marquées de 2 sillons alternant à chaque articulation; feuil. opposées, un peu pétiolées, arrondies, sub cordiformes; pédon-

---

(1) M. Huissen, pharmacien-botaniste, qui a parcouru en grande partie l'arrondissement d'Hazebrouck, a eu l'obligeance de m'envoyer le tribut de ses herborisations; aussi ai-je eu soin, dans cet travail, d'ajouter son nom à la plupart des espèces que sa liste renferme.

cules 1 flores, axillaires, fermes; fl. grandes, jaunes. v. Tout l'été; *dans les prés humides.* (Vand. M.)

Cette plante est astringente, vulnéraire et détersive.

LXIX. ANAGALLIS. *Mouron.* (Primulacées). Cal. 5.—fide; cor. en roue, 5 fide; 5 étam. velues; stigm. simple; caps. circumscissile.

153. *A. arvensis*, L. — *M. rouge.* — *A. mas.* Lob. Tiges faibles, anguleuses et renversées; feuil. sessiles, opposées ou ternées, ovales, pointues, lisses et glabres; fl. rouges, pédonculées. A. Été; *commun dans les champs et les jardins.* (Vand. M.)

Cette plante passe pour vulnéraire, détersive et céphalique.

154. *A. cœrulea*, L. — *M. bleu.* — *A. fœmina.* Lob. Diffère du précédent par la couleur bleue de ses fleurs qui même sont quelquefois rougeâtres à la base. A.; *assez rares.*

155. *A. tenella*, L. — *M. délicat.* — *Fintegen guychel heyl.* D. Tiges grêles, renversées; feuil opposées, petites, arrondies, courtement pétiolées; pédonc. plus longs que les fl.; cal. à divisions aiguës; cor. rose, veinée de pourpre. v.; *dans les marais.* (Desm.)

LXX. CONVOLVOLUS. *Liseron.* (Convolvulacées). Cal. à 5 parties; cor. plicative, campanulée, à 5 angles; étam. inégales; ov. moitié enfoncé dans un disque épais; feuil. séminales échancrées.

156. *C. sepium*, L. — *L. des haies.* — *Groote winde.* Tiges longues, grêles, cannelées et volubiles; fl. blanches, pédonculées, solitaires et garnies de 2 bractées opposées, ovales et cordiformes; feuil. sagittées et tronquées à la base. v. Été; *dans les haies.* (Vand. M.)

Sa racine est purgative et son suc passe pour vulnéraire et détersif.

157. *C. arvensis*, L. — *L. des champs.* — *Kleyne winde.* Espèce plus petite que la précédente; feuil. sagittées, pointues à leur base; fl. souvent couleur rose, quelquefois panachées de blanc. v. Été; *commun le long des champs.* (Vand. M.)

Son suc est vulnéraire et légèrement purgatif.

LXXI. CAMPANULA. *Campanule.* (Campanulacées). Cal. à 5 divisions; cor. en cloche; filet des étam. élargis à la base; stigm. 3 ou 5 parti; caps. de 2 à 5 loges, s'ouvrant par des trous placés vis-à-vis des cloisons.

158. *C. trachelium*, L. — *C. gantelée.* — *Groot hals-kruyd.* Tige d'un mètre environ, rude, anguleuse, feuil. cordiformes, pointues, dentées et pétiolées; fl. grandes, bleues ou violettes, barbues; pédonc. multiflores; cal. hérissées, à lobes larges, aigus. v. Juillet-septembre; *dans les bois.* (Desm.)

159. *C. rapunculoïdes*, L. — *C. fausse raiponce.* — *Valsch rapuntsel.*

Tige de 6 à 7 décim.; feuil. inférieures cordiformes, pointues, dentées et pétiolées; les supérieures ovales, lancéolées, sessiles; fl. bleues en épi uni-latéral, éparses. v.; *le long des bois.* (Desm.)

160. *C. rapunculus.* L. — *C. raiponce.* — *Ander rapuntsel.* Tige de 4 à 6 décim., cannelée, rameuse; feuil. radicales ovales, oblongues; les caulinaires lancéolées, linéaires, pointues et sessiles; fl. bleues ou blanches, pédonc. lâches. B.; *le long des haies.* (Desm.) Sa racine est apéritive, rafraîchissante, propre à augmenter le lait des nourrices. On la mange en salade, de même que ses jeunes feuilles.

161. *C. persicifolia,* L. — *C. à feuil. de pêcher.* — *C. media.* D. Tige de 6 à 7 décim., dressée, lisse; feuil. longues, étroites, lisses; légèrement dentées, pointues; un peu distantes; les radicales ovales, oblongues, rétrécies en pétiole; fl. bleues, terminales, assez grandes et éparses. v.; *dans les bois.* (Desm.)

162. *C. rotundifolia,* L. — *C. à feuil. rondes.* — *C. minima.* D. Tige d'un à 2 décim., grêle et assez nue; feuil. radicales, petites, arrondies et pétiolées; sub cordiformes; les supérieures lancéolées et dentées, ensuite linéaires, très-étroites et pointues; fl. pédonculées, assez grandes, bleues ou blanches. v.; *le long des bois.* (Desm.)

163. *C. speculum,* L. — *C. doucette.* — *Venus speegel.* Tige d'un à 2 décim., anguleuse, rameuse, diffuse; feuil. ovales, sessiles, petites et légèrement dentées; fl. d'un bleu rougeâtre, en panicule axillaire; caps. longue et prismatique. A.; *commun dans les blés.* (Vand. M.)

LXXII. SAMOLUS. *Samole.* (Primulacées). Cal. à 5 lobes courts; cor. en soucoupe, à 5 lobes obtus, portant 5 appendices étroits, placés en bas des sinus, courbés en-dedans; étam. insérées au bas du tube; ov. moitié infère; caps. 5 — valve.

164. *S. valerandi,* L. — *S. de valerand.* — *Water samole of valerand-kruyd.* Tige de 3 décim., dressée, glabre; feuil. ovales, obtuses, spatulées, très-lisses et entières; fleurs en épi droit et terminal. B. Été; *au bord des ruisseaux.* (Desm.)

LXXIII. PHYTEUMA. *Raiponce.* (Campanulacées.) Cor. à tube court, à 5 lobes profonds, linéaires; filets des étam. peu élargis; 3 stigm.; caps. 3 — loculaires, s'ouvrant par des fentes latérales; fl. garnies de bractées.

165. *P. spicata,* L. — *R. en épi.* — *Opregt rapuntsel.* Tige de 3 à 6 décim., simple et dressée; feuil. inférieures pétiolées, cordiformes, aiguës, crénelées; les supérieures lancéolées, étroites, souvent sessiles; fl. bleues ou blanches, en épi alongé. v. Juin.; *dans les bosquets.*

LXXIV. LONICERA. *Chèvre feuille.* (Caprifoliées). *Caprifolium.* Lam. cal. à 5 dents; cor. tubuleuse, à 5 lobes inégaux; baie 3 — loculaire.

166. *L. caprifolium*, L. — *C. des jardins*. — *Italiaensch geyte bladt*. Arbrisseau grimpant; rameaux grêles et flexibles; feuil. opposées, sessiles, ovales, entières, glauques au-dessous; les supérieures connées et perfoliées; fl. grandes, rougeâtres, verticillées, terminales, d'une odeur suave. L. Mai-Juillet; *cultivé*.

167. *L. periclymenum*. L. — *C. des bois*. — *Bosch geyte bladt*. Arbrisseau grimpant; rameaux grêles et flexibles; feuil. opposées, toutes libres, pointues, jamais connées; fl. terminales, rougeâtres ou blanches, odorantes et étalées; le tube long; limbe presque labié. L. Mai-Juillet. *dans les bois*.

On a reconnu à la fleur des deux espèces ci-dessus une vertu anodine et à leur fruit la propriété diurétique.

168. *L. xilosteum*, L. — *C. de buissons*. — *Groote honds kers*. Arbrisseau de 2 m., non grimpant, droit et branchu; feuil. opposées, pétiolées, ovales, oblongues, pointues, molles, pubescentes, cotonneuses en-dessous; fl. blanches, petites, disposées 2 ensemble sur le même pédoncule, fr. géminés, rouges. L.

L'écorce de la plupart des chèvres feuilles est astringente et fébrifuge.

LXXV. VERBASCUM. *Molène*. (Solanées.) Cal. 5 — fide; cor. en roue, un peu irrégulière; 5 étam. inégales; filamens barbus; anth. réniformes, 1 — loculaires; style décliné; caps. 2 — loculaire.

\* FEUIL. NON DÉCURRENTES.

169. *V. nigrum*, L. — *M. noire*. — *Zwart wolle kruyd*. Tige de 6 décim., droite, anguleuse, terminée en épi; fl. jaunes, dont les étam. sont garnies de poils rouges ou de couleur purpurine; feuil. inférieures oblongues, cordiformes, pétiolées, crénelées, un peu cotonneuses en-dessous; les supérieures sessiles, presque glabres, d'un vert obscur. V. Juillet-Août; *dans les villages*. (BB.)

\*\* FEUIL. DÉCURRENTES.

170. *V. thapsus*, L. — *M. bouillon blanc*. — *Wit wolle kruyd*. Tige de 6 à 9 décim., ferme, grosse; feuil. grandes, ovales, lancéolées; fl. jaunes, souvent agglomérées, presque sessiles, en épi long, cylindrique; toute la plante est cotonneuse. B.; *dans les lieux secs*.

Les fleurs du bouillon blanc sont anodines, calmantes, béchiques et conviennent dans les maladies de poitrine pour calmer l'irritation et la toux. Cependant Linné dit qu'on ne doit s'en servir qu'avec précaution, car son abus donne des vertiges.

LXXVI. DATURA. *Stramoine*. (Solanées). Cal. grand, tubuleux, ventru, caduc, à 5 angles, à 5 lobes; cor. grande, évasée, à 5 angles, à 5 plis, à 5 dents; caps. épineuse ou lisse, à 2 loges et 4 valves en haut, à 4 loges dans le bas.

171. *D. stramonium*, L. — *S. épineuse.* — *Doorn appel.* Tige de 6 à 12 décim., ronde, creuse, branchue, verte, glabre, un peu velue au sommet; feuil. rétrécies en pétiole, larges, très-anguleuses, pointues; cor. blanche ou violette; stigm. bordant les 2 côtés du style sillonné; caps. grosse et couverte de pointes épineuses; gr. noires, réniformes, chagrinées. ⊙. Été; *commun dans les lieux cultivés.* (Vand. M.)

Cette plante est regardée comme le plus violent des narcotiques.

LXXVII. HYOSCYAMUS. *Jusquiame.* (Solanées). Cal. campanulé, à 5 lobes; cor. à limbe oblique, à 5 lobes; les 2 supérieurs plus étroits, l'incision supérieure plus profonde; 5 étam. inclinées; caps. operculée, à 2 loges coupées horizontalement.

172. *H. niger*, L. — *J. noire.* — *Zwart bilsen kruyd.* Tige de 5 décim., épaisse, cylindrique, rameuse et couverte d'un duvet dense; feuil. alternes, molles, cotonneuses, fort amples, sinuées et découpées profondément; fl. presque sessiles, disposées en longs épis unilatéraux au sommet des rameaux, d'un jaune sale, veinées d'un pourpre noirâtre dans le centre; gr. rougeâtre. ⊙. — ♂. Été; *dans les lieux cultivés.*

La jusquiame est assoupissante, stupéfiante, très-narcotique et vénéneuse. On en fait un sirop et un extrait.

LXXVIII. NICOTIANA. *Nicotiane.* (Solanées). Cal. en godet, 5 — lobé; cor. infundibuliforme; à tube long; limbe régulier, 5 — lobé; caps. ovoïde, s'ouvrant en 4 parties au sommet.

173. *N. tabacum*, L. — *N. tabac.* — *Tabak, tubak of toebak.* Tige d'un mètre; feuil. très-grandes, ovales, lancéolées, décurrentes; cor. rougeâtre; tube double du cal.; limbe campanulé, à 5 lobes courts, aigus. Toute la plante est couverte d'un duvet fin. ⊙.; septembre.

Le tabac est cultivé *dans nos champs.* Ses feuilles, fraîches, sont vulnéraires, détersives extérieurement; intérieurement elles sont vomitives, âcres, excitantes, sternutatoires et dangereuses.

Cette plante est originaire de l'Amérique; elle a été apportée en France l'an 1560 par Jean Nicot, ambassadeur de François II, auprès de Sébastien, roi de Portugal. Tout le monde en connaît l'usage.

LXXIX. ATROPA. *Atrope.* (Solanées). Cal. campanulé, à 5 lobes; cor. infundibuliforme; tube très-court; limbe en cloche, à 5 lobes égaux; filets des étam. arrondis; baie globuleuse, à 2 loges.

174. *A. belladona*, L. — *A. belladone.* — *Dolle nagt schade.* Tige de 9 à 12 décim., très-rameuse, pubescente; feuil. ovales, entières, géminées; fl. d'un rouge sale; fr. noir, sessile. ♈. Été.

Cette plante a été apportée d'Angleterre. Ses baies sont un violent poison narcotique qui cause l'assoupissement, le délire et la mort. Leur ressemblance avec celle d'une cerise a souvent trompé les enfans. Son antidote consiste dans une abondante boisson d'eau vinaigrée, citronnée ou vineuse.

LXXX. SOLANUM. *Morelle.* (Solanées). Cal. 5 — fide ; cor. étalée, plicative, 5 — lobée ; tube court ; anth. oblongues, rapprochées, ouvertes au sommet par 2 pores ; baie succulente.

175. *S. dulcamara*, L. — *M. douce-amère.* — *Alfsrancke.* Tige de 2 m., grêle, ligneuse, grimpante ; feuil. ovales, pointues, glabres, entières ou lobées à la base ; fl. en corymbe, pédonculées ; cor. bleue ou blanche ; 2 glandes vertes à la base de chaque lobe ; anth. soudées. ʟ. Juin ; *dans les bois et dans les haies.* (Vand. M.)

Cette plante est anodine et stupéfiante. On a conseillé son usage comme sudorifique dans les affections rhumatismales et vénériennes, la gale et plusieurs maladies de la peau.

On prétend que son odeur attire les renards.

176. *S. nigrum*, L. — *M. noire.* — *Zwarte nagt schade.* Tige de 3 décim., dressée, à angles denticulés, rameuse ; feuil. pétiolées, ovales, anguleuses, pubescentes ; fl. en corymbes pendans ; cor. blanche, petite ; baies globuleuses, petites, d'abord vertes, ensuite noires. ᴀ. Été ; *le long des chemins et dans les lieux cultivés.* (Vand. M.)

177. *S. villosum*, L. — *M. velue.* — *Hairige nagt schade.* Ne diffère du précédent que parce qu'il est entièrement velu, et que ses baies sont jaunes ou rougeâtres. ᴀ. ; *lieux divers.*

178. *S. tuberosum*, L. — *M. tubereuse.* — *Aerd-appel.* (Pomme de terre). Tige de 3 à 6 décim., herbacée, creuse, cannelée, tâchée et rameuse ; feuil. interrupti-pinnées ; foliol. ovales, entières, presque opposées, pubescentes ; fl. blanches ou violettes, en corymbes droits ; baie assez grosse, globuleuse. ᴠ. Juillet.

La pomme de terre est originaire de l'Amérique septentrionale. Elle a été apportée en Angleterre sous le règne d'Elisabeth, par Walter Raligh à la fin du 16.ᵉ siècle. C'est le végétal le plus précieux que l'Europe ait tiré du Nouveau-Monde. Aussi sa culture est-elle très-suivie.

LXXXI. CHIRONIA. *Chironie.* (Gentianées). Cor. infundibuliforme, à 5 lobes ; 5 étam. tortillées en spirales après l'anthèse ; style bifurqué ; 2 stigm. peltés ; caps. à 1 loge ; bords des valves rentrans et roulés, imitant une cloison.

179. *C. pulchella*, Sm. — *C. élégante.* — *Korse-kruyd.* Tige de 3 décim., dressée, quadrangulaire, rameuse au sommet ; feuil. ovales, oblongues, 3 nerves, entières ; fl. rougeâtres, en corymbes terminaux ;

PENTANDRIE MONOGYNIE.

cal. presque égal au tube de la cor. et divisé jusqu'à sa base en 5 lanières fines. A. Été; *commun à la forêt de Nieppe.* (Vand. M.)

Cette plante est la véritable *petite centaurée officinale* (erythræa centaurium, R.), dont les vertus sont amères, toniques, stomachiques, fébrifuges et détersives.

LXXXII. RHAMNUS. *Nerprun.* (Rhamnées). Cal. en godet, à 4 ou 5 lobes; 4 ou 5 pétal, très-petits, quelquefois nuls; 4 ou 5 étam.; 1 style; 2 ou 4 stigm.; baie à 2 ou 4 loges monospermes.

180. *R. frangula*, L. — *N. bourdaine.* — *Pyl-hout.* Arbrisseau de 3 m. ou plus, inerme; feuil. alternes, pétiolées, ovales, entières, à 10 ou 12 nervures; fl. verdâtres, pédicellées, axillaires, peu ramassées; 5 pétal.; style court; baie rouge, puis noirâtre, souvent à 2 loges; 2 stigm. L.; *commun au bois Vandamme, près les Huit-Rues.*

L'écorce de cet arbrisseau est purgative, hydragogue, violente et dangereuse.

181. *R. catharticus*, L. — *N. cathartique.* — *Purgeer-doorn.* Arbre de 4 m., rameux, diffus et spinescent; feuil. pétiolées, alternes, glabres, ovales, denticulées, à 3 ou 5 nervures; fl. petites, verdâtres, pédicellées, ramassées en bouquets axillaires au bas des rameaux; cal. 4 — fide; 4 pétal; 4 étam.; baies noires assez petites. v. Mai; *dans les bois et dans les haies.* (Vand. M.)

Le fruit de cet arbre est purgatif et hydragogue. On en fait un sirop.

LXXXIII. EVONYMUS. *Fusain.* (Célastrinées). Cal. 4 — 5 fide; plan; 4 à 5 pétal, insérés autour d'un disque étalé; 4 à 5 étam. au milieu du disque; 1 style; 1 stigm.; caps. à 4 ou 5 loges.

182. *E. europœus*, L. — *F. commun.* — *Priesters-bonnet.* Arbrisseau de 2 m. et plus, rameux; feuil. opposées, ovales-lancéolées, pointues, vertes, finement dentées et pétiolées; fl. petites, verdâtres; fr. rouge, à 4 ou 5 angles. L.; Mai-Juin; *dans les haies.* (Vand. M.)

On fait avec ses branches un charbon dont se servent les dessinateurs.

LXXXIV. RIBES. *Groseillier.* (Grossulariées). Cal. à 5 lobes un peu colorés; 5 pétal.; 5 étam.; ov. infère; style bifide; stigm. obtus; baie globuleuse; 1 loculaire, polysperme.

ARBRISSEAUX SANS AIGUILLONS.

183. *R. rubrum*, L. — *G. rouge ou blanc.* — *Rooden-aelbezie-boom.* Arbrisseau rameux et droit; feuil. alternes, glabres, anguleuses, lobées et dentées; fl. nombreuses, en grappes pendantes; pédic. courts, garnis d'une bractée élargie; fr. globuleux, rouges ou blancs. L. Avril; *cultivé.*

Le suc de son fruit est rafraîchissant. On en fait un sirop et une gelée.

184. *R. nigrum*, L. — *G. noir.* — *Zwarten-aelbezie.* (Cassis).

Arbrisseau rameux; feuil. pétiolées, glabres, à 3 ou 5 lobes pointus; dentés, à surface inférieure couverte de glandes jaunâtres, d'une odeur forte; fl. en grappes; pédic. garnis d'une petite bractée; fr. noir. L. Avril; *dans les haies surtout des jardins.*

Ses feuil. passent pour diurétiques et diaphorétiques.

** ARBRISSEAUX AVEC AIGUILLONS.

185. *R. uva-crispa*, L. — *G. piquant.* — *Steekeden-aelbezie.* Arbrisseau d'un mètre, rameux; aiguillons géminés ou ternés; feuil. alternes, petites, à 3 ou 5 lobes incisés, pubescentes au-dessous; pétioles pubescens; fl. sessiles et solitaires; baie verdâtre. L. Avril; *dans les haies des jardins.*

LXXXV. HEDERA. *Lierre.* (Caprifoliées). Cal. à 5 dents; cor. à 5 pétal; 5 étam.; anth. vacillantes, échancrées à la base; baie à 5 loges monospermes.

186. *H. hélix*, L. — *L. rampant.* — *Veyl-boom.* Arbrisseau sarmenteux, s'attachant aux arbres et aux murs par des suçoirs, arborescent dans la vieillesse; feuil. pétiolées, alternes, luisantes, coriaces, lobées et anguleuses; fl. blanches en corymbe; baies noirâtres. L. Septembre-Octobre; *commun.*

Ses feuil. sont employées pour entretenir la fraîcheur des cautères.

LXXXVI. VITIS. *Vigne.* (Vinifères). Cal. à 5 dents; 5 pétal. adhérents au sommet, stigm. en tête; ov. à 5 loges; baie 2 — loculaire.

187. *V. vinifera*, L. — *V. porte-vin.* — *Wyngaerd.* Arbrisseau faible, sarmenteux et grimpant; feuil. pétiolées, alternes, un peu velues, palmées, à 3 ou 5 lobes dentés, fl. petites, verdâtres, en grappes. L. On cultive un grand nombre de variétés de cet arbrisseau.

Je dépasserai les limites que je me suis tracées, si je voulais suivre cet arbrisseau dans le détail des produits qu'il nous donne. Pour cet objet je renvoie le lecteur aux ouvrages spéciaux.

LXXXVII. VINCA. *Pervenche.* (Apocinées). Cor. en soucoupe, à 5 lobes obliques; étam. incluses; ov. garnis à la base de 2 glandes.

188. *V. minor*, L. — *P. couchée.* — *Maegde palm.* Tiges grêles, dures, rampantes; feuil. ovales, lancéolées, obtuses, vertes, lisses, assez fermes, opposées et portées sur de courts pétioles, ayant 2 glandes; fl. solitaires, axillaires, de couleur bleue, sur des pédonc. recourbés. V. Mai; *commun au bois Vandamme.*

Cette plante est vulnéraire, astringente, fébrifuge, avantageuse aux phtisiques.

LXXXVIII. VIOLA. *Violette.* (Violacées). Cal. 5 — phylle; cor. de

5 pétal., irrégulière, postérieurement en corne; caps. supérieure, à 3 valves, à 1 loge.

Nota. — Linné avait placé ce genre dans la *syngénésie monogamie*, parce que les étam. ont leur anth. soudées et que la fl. est hermaphrodite. Contrairement à l'illustre auteur, j'ai cru préférable de l'établir dans la *pentandrie monogynie*, pour ses rapports plus en harmonie avec les autres genres de cette classe.

189. *V. odorata*, L. — *V. odorante*. — ***Tamme violet.*** Plante stolonifère; feuil. radicales, cordiformes, dentées, glabres ou pubescentes; pétiol. longs; pédonc. radicaux, pubescens, pourvus de 2 bractées; fl. bleues ou blanchâtres, odorantes; lobes du cal. un peu ciliés à la base; stigm. glabre, recourbé; ov. pubescent; gr. blanchâtres. v. Mars-Avril; *dans les prés*. (Vand. M.)

Ses feuilles sont émollientes, ses fleurs anodines et laxatives. L'odeur de cette plante fleurie est très-agréable, mais elle devient pernicieuse étant comprimée ou respirée dans une chambre close.

190. *V. palustris*, L. — *V. des marais*. — ***Water-violet.*** Feuil. radicales, pétiolées, réniformes, obtuses, crénelées, glabres; stipules larges, ovales acuminées; fl. petites, d'un bleu pâle; cal. obtus; éperon très-court; pétal. supérieurs marqués de lignes rougeâtres; stigm. bordé. v. Avril; *dans les marais*. (Vand. M.)

191. *V. canina*, L. — *V. sauvage*. — ***Wilde-violet.*** Tige plus ou moins alongée, glabre, un peu renversée; feuil. cordiformes, crénelées et glabres, portées sur de longs pétioles; stipul. petites et relevées; fl. bleues, inodores. v. Avril; *commun dans les bois*. (Desm.)

192. *V. tricolor*, L. — *V. pensée*. — ***Dryvuldigheyd-bloemen.*** Tiges d'un décim. ou un peu plus, rameuses, diffuses, glabres et faibles; feuil. ovales, pétiolées, crénelées; stipul. pinnatifides; pédonc. longs, munis de 2 bractées; fl. mêlée de violet et de jaune; pétal. doubles du calice; stigm. garni à la base de 2 rangées de poils. a. Été; *dans les champs et surtout dans les jardins*.

Cette plante est dépurative; son infusion théiforme est propre à combattre les dartres des enfans.

## DIGYNIE. — DEUX STYLES.

LXXXIX. CHENOPODIUM. *Ansérine*. (Atriplicées). Cal. 5 — fide; 5 étam.; 2 styles; fr. globuleux, monosperme.

193. *C. glaucum*, L. — *A. glauque*. — ***Wilt-gansen-voet.*** Tige de 3 décim., couchée, cannelée, rayée de vert et de blanc; feuil. pétiolées, oblongues, sinuées, un peu anguleuses, glauques en-dessous; fl. terminales ou axillaires, ramassées par petits épis. a. Été; *dans les lieux cultivés*. (Desm.)

**194.** *C. polyspermum*, L. — *A. graineuse.* — **Gegraent-gansen-voet.** Tige de 3 décim., rameuse, quelquefois couchée, parfois dressée; feuil. pétiolées, ovales, souvent rougeâtres en leurs bords; fl. en petites grappes rameuses, axillaires et terminales; gr. finement ponctuées. A. Été; *dans les lieux cultivés et sur les murs.* (Vand. M.)

**195.** *C. murale*, L. — *A. des murs.* — **Meure-gansen-voet.** Tige de 3 décim., très-rameuse, faible, glabre; feuil. rhomboïdales, sinuées, dentées, vertes et luisantes en-dessus, un peu farineuses en-dessous, minces; fl. en grappes terminales, nues, rameuses; gr. petites, finement ponctuées. A.; *sur les murs et le long des chemins.* (Vand. M.)

**196.** *C. rubrum*, L. — *A. rouge.* — **Rood-gansen-voet.** Tige de 3 décim. et plus, dressée, cannelée, glabre et rameuse; feuil. pétiolées, deltoïdes, pointues, dentées, luisantes, rougeâtres en leurs bords et un peu farineuses en-dessous; fl. en grappes rameuses; gr. menues. La plante rougit lorsqu'elle est exposée au soleil. A.; *le long des murs, sur les fumiers et les décombres.* (Vand. M.)

**197.** *C. hybridum*, L. — *A. anguleuse.* — **Gebastaerd-gansen-voet.** Tige de 3 à 6 décim., glabre, cannelée; feuil. pétiolées, vertes des 2 côtés, cordiformes, marquées de chaque côté de 4 ou 5 dents très-grosses; lobe terminal prolongé; fl. en grappes axillaires et terminales, presque nues, rameuses. A.; *dans les champs et au bord des bois.*

**198.** *C. bonus-henricus*, L. — *A. sagittée.* — **Al-goede.** Tige de 3 à 6 décim., droite, épaisse, cannelée; feuil. pétiolées, triangulaires, sagittées, un peu ondulées, lisses et nerveuses; fl. en épi terminal et pyramidal. A.; *le long des murs et des chemins, lieux incultes, près du premier moulin à l'huile en bas d'Hazebrouck.* (Huissen).

Cette plante est vulnéraire, émolliente, résolutive et détersive. On la mange en guise d'épinards; c'est pourquoi on l'appelle vulgairement *épinard sauvage.*

**XC. ATRIPLEX.** *Arroche.* (Atriplicées). *Fleurs polygames.* Cal. de la fl. femelle 2 — phylle; les hermaprodites souvent stériles; cal. 5 — phylle; 5 étam.; 2 styles; fr. monosperme.

NOTA. J'ai placé ce genre dans la *pentandrie digynie*, parce qu'il est en rapport plus direct avec les genres voisins.

**199.** *A. patula*, L. — *A. étalée.* — **Wilde-melde.** Tige de 5 décim., striée, renversée; feuil. ovales-lancéolées, garnies de quelques denteelures vagues, souvent très-entières; fl. en épi grêle et terminal; valves séminales dentées. A. Été; *dans les lieux incultes.* (Vand. M.)

**200.** *A. hastata*, L. — *A. en fer de lance.* — **Drycantige melde.** Tige de 5 décim., dressée, anguleuse, feuil. pétiolées, larges, triangulaires, un peu hastées, dentées et très-glabres; valves séminales, grandes, deltoïdes et dentées. A. Été; *le long des murs.* (Vand. M.)

201. *A. hortensis*, L. — *A. des jardins.* — *Goede vrouwe.* Tige de 12 à 15 décim., droite, cannelée, un peu rameuse; feuil. alternes, pétiolées, lisses, pâles, molles, tendres, cordiformes, hastées, fl. en épis lâches et rameux. A. Été; on cultive cette plante *dans les potagers.*

XCI. BETA. *Bette ou poirée.* (Atriplicées). Fleurs hermaphrodites; 5 étam.; 2 styles; cal. 5 — fide, adhérent à la base, se durcissant et accompagnant 1 fr. monosperme.

202. *B. vulgaris*, L. — *B. commune.* — *Beet wortel of beet raepe.* Tige droite, glabre, cannelée, rameuse en haut; feuil. alternes, ovales, aiguës, un peu décurrentes sur le pétiole, lisses, un peu charnues; fl. petites, sessiles, axillaires, 3 ou 4 — nées. B.

On distingue plusieurs variétés de cette plante, distribuées en 2 sections.
* Racines dures, cylindriques (Poirée).
*P. blanche — P. jaunâtre. — P. rouge.*
** Racines charnues, grosses et coniques. (Betteraves.)
*B. rouge. — B. jaune. — B. blanche.*
Ces diverses variétés sont cultivées pour la nourriture des bestiaux et pour l'extraction du sucre indigène.

XCII. HERNIARIA. *Herniaire.* (Paronichiées). Cal. persistant, à 5 sépal., planes, mutiques, caps. indéhiscentes.

203. *H. glabra*, L. — *H. turquette.* — *Duysent-graen.* Tige d'un à 2 décim., glabre, rameuse et rampante; feuil. petites, ovales, oblongues, vertes, glabres, opposées; fl. petites, verdâtres; anth. jaunes. A. Été; *dans les champs sablonneux.* (Desm.)

Cette plante passe pour astringente; les anciens l'ont beaucoup louée pour la guérison des hernies, soit intérieurement, soit appliquée en topique, mais Lieutaud la regarde plutôt comme un fort bon diurétique propre aux maladies des reins.

XCIII. GENTIANA. *Gentiane* (Gentianées). Cal. à 4 ou 5 lobes; cor. 5 — fide, campanulée; caps. à 2 valves, à 1 loge.

204. *G. pneumonanthe*, L. -- *G. pneumonanthe.* — *Kleyne gentiaene.* Tige de 3 décim., dressée, grêle, rougeâtre et simple; feuil. opposées, connées, linéaires, un peu obtuses; fl. nombreuses, d'un bleu superbe au sommet de la tige; cor. en cloche, ponctuée en-dedans; étam. agglutinées autour de l'ov. v. Juin-Juillet; *dans les lieux humides.* (Desm.)

XCIV. ULMUS. *Orme.* (Ulmacées). Cal. 4 — 5 fide; 4 à 8 étam.; 2 styles; fr. mince, entouré d'une aile membraneuse.

205. *U. campestris*, L. — *O. champêtre.* — *Olmboom.* Arbre

élevé et très-commun; écorce crévassée; feuil. alternes, pétiolées, ovales, dentées, très-glabres et chargées de nervures parallèles, inégales à leur base; fl. naissant avant les feuil., glomérulées, presque sessiles. L. Mai-Juin; *commun le long des routes.*

XCV. ERYNGIUM. *Panicaut.* (Ombellifères). Cal. à 5 lobes aigus; pétal. oblongs; récept. commun paléacé; fr. ovale-oblong; fl. blanches, sessiles, en têtes serrées, entourées d'un involucre à plusieurs foliol. épineuses.

206. *E. campestre*, L. — *P. des champs.* — *Kruys-distel.* Tige de 3 décim., rameuse, striée, blanchâtre; feuil. dures, nerveuses, vertes, épineuses, ailées, à folioles décurrentes et laciniées; têtes de fleurs terminales, petites et très-nombreuses; folioles de l'involucre étroites et épineuses. v.; *dans les champs.* (Desm.)

La panicaut, dit *chardon roland*, fleurit pendant l'été. Sa racine est apéritive, diurétique, emménagogue et aphrodisiaque.

XCVI. HYDROCOTYLE. *Hodrocotyle.* (Ombellifères). Cal. peu apparent; pétal. entiers, égaux; fr. orbiculaire, très-comprimé; gr. striées; ombelle simple; invol. d'une à 2 foliol; feuil. à stipul. caduques.

207. *H. vulgaris*, L. — *H. vulgaire.* — *Water-navel-kruyd.* Tige d'un décim., rampante; feuil. glabres, vertes, orbiculaires, portées sur de longs pétioles qui s'insèrent au centre de leur surface inférieure; fl. petites, ramassées, glomérulées, souvent axillaires. v. Été; *dans les marais.* (Desm.)

L'hydrocotyle, vulgairement appelé *globet d'eau* (cotyledon palustris, Dod.), est apéritive, détersive et vulnéraire.

XCVII. SANICULA. *Sanicle.* (Ombellifères). Cal. 5 — fide; pétal. entiers, courbés; fr. ovoïde, hérissé de pointes dures, crochues; ombelle rameuse, irrégulière; invol. à 1 foliole; involucelles peu apparens.

208. *S. europæa*, L. — *S. d'europe.* — *Sanikel.* — Tige de 3 à 6 décim., un peu nue et grêle; feuil. radicales sur de longs pétiol.; les caulinaires lisses, luisantes, palmées, à 3 ou 5 lobes, profondément incisées et dentées; fl. blanches, petites et ramassées. v. Mai-Juin; *commun au Mont des Récollets.* (Vand. M.)

Cette plante est résolutive, astringente et vulnéraire.

XCVIII. BUPLEVRUM. *Buplèvre.* (Ombellifères). Cal. entier; pétal. entiers, égaux, courbés en demi cercle; fr. arrondi ou ovoïde, un peu comprimé, bossu sur les 2 faces, strié; invol. 2 ou 3 — phylle ou nul; involucel. à 3 folioles larges; fl. jaunes, feuil. simples.

209. *B. rotundifolium*, L. — *B. à feuil. rondes.* — *Haezen-oor.* Tige de 5 décim., glabre; feuil. glauques, ovales, arrondies, ayant une petite pointe à leur sommet; les inférieures amplexicaules; les cauli-

naires perfoliées; invol. 0.; involucel. de 5 folioles ovales, jaunâtres. A. Été; *dans les champs en bas d'Hazebrouck.* (Vand. M.)

Cette plante est astringente et vulnéraire. On l'emploie sous forme de cataplasme dans les hernies ombilicales.

XCIX. CAUCALIS. *Caucalide.* (Ombellifères). Cal. à 5 dents; pétal. courbés en cœur, ceux du bord plus grands, souvent bifurqués; fr. ovale, oblong, hérissé de pointes raides, éparses ou placées sur les côtes; invol. à folioles simples; un involucelle.

210. *C. anthriscus*, L. — *C. âpre.* — *Rooden tortylium.* Tige de 9 à 12 décim., rameuse, dure et âpre; feuil. ailées, folioles ovales-lancéolées, profondément pinnatifides, incisées et dentées; folioles terminales des feuil. supérieures fort alongées et pointues; ombel. planes; fl. rougeâtres ou blanches. A. Août; Cette plante croit *dans les haies et le long des chemins.* (Vand. M.)

C. DAUCUS. *Carotte.* (Ombellifères). Cal. entier; pétal. inégaux, courbés en cœur; fr. hérissé de poils raides, comprimés, surtout sur les côtes; invol. à folioles pinnatifides; 1 volucelle.

211. *D. carota*, L. — *C. commune.* — *Peen-vogel-nest.* Tige de 6 à 9 décim., rameuse, hérissée de poils courts un peu rudes; feuil. 2 ou 3 fois ailées; folioles partagées en découpures assez étroites et presque linéaires; ombel. de 20 à 30 rayons, resserrée et concave après la floraison; involucel. à folioles lancéolées, très-longues; fl. blanches, celle du centre souvent d'un rouge foncé, stérile; fr. hérissé de pointes raides; souvent hameçonnées. B. Été; *commun dans les prés et au bord des chemins.*

La carotte cultivée (D. sativus, L.), n'est qu'une variété de la carotte commune, dite sauvage, dont elle se distingue par sa racine grosse, charnue, conique, d'un jaune plus ou moins rougeâtre. Cette racine est sucrée, apéritive, rafraîchissante et convient dans les maux de gorge. Elle est d'un grand usage dans les cuisines.

CI. BUNIUM. *Terre-noix.* (Ombellifères.) Cal. entier; pétal. égaux, courbés en cœur; fr. ovale-oblong, strié, chagriné entre les stries; invol. à plusieurs folioles simples; 1 involucelle.

212. *B. bulbocastanum*, L. — *T. bulbeuse.* — *Aerd-Nootkens.* Tige de 5 décim., cylindrique, striée, garnie de feuil. 2 ou 3 fois ailées, à découpures étroites et linéaires, les inférieures plus élargies; fl. blanches; ombelles assez grandes; racines tubéreuses et noires. V. Juillet; *dans les champs.* Sa racine est comestible. (Vand. M.)

CII. CONIUM. *Ciguë.* (Ombellifères). Cal. entier; pétal. inégaux, courbés en cœur; fr. globuleux, marqué de côtes tuberculeuses; invol. de 3 à 6 folioles réfléchies; involucel. 3 phylle, dimidié.

**213.** ***C. maculatum***, L. — *C. commune.* — ***Grooten scherlinck.*** Tige de 3 à 12 décim., fistuleuse, rameuse, tâchée de pourpre à sa partie inférieure; feuil. 3 fois ailées; folioles pinnatifides pointues, vertes, luisantes et molles; fl. blanches; ombelles très-ouvertes. ʙ. Juin-Juillet; *dans les prés humides et les haies, au Parc.* (Huissen et Vand. M.)

Cette plante est la vraie ciguë des anciens et des modernes, celle dont Storck s'est servi pour les expériences, en un mot, à qui il convient de conserver le nom de *ciguë*, si l'on ne veut s'exposer aux méprises qu'ont occasionné ceux qui ont donné le même nom à différentes plantes de la même famille. C'est elle enfin qui fit mourir *Socrate.*

Son odeur est fétide et narcotique; elle passe, prise intérieurement sous forme d'extrait, pour anti-schireuse, anti-ulcéreuse et anti-cancéreuse. (BB.)

CIII. **SELINUM.** *Sélin.* (Ombellifères). Cal. entier ou à 5 dents; pétal. égaux, courbés en cœur; fr. glabre, ovoïde, un peu aplati; gr. à 5 nervures, les 2 latérales saillantes.

**214.** *S. palustre*, L. — *S. des marais.* — ***Melkagtig-eppe.*** Tige de 6 à 9 décim., cylindrique et striée, à feuil. 2 fois ailées; folioles à découpures étroites et linéaires; ombel. terminale médiocrement garnie; toute la plante est laiteuse. ᴠ. Juin-Juillet; *dans les bois marécageux.*

**215.** *S. angulatum*, L. — *S. anguleux.* — ***Eppe met carui bladeren.*** Tige de 9 à 12 décim., droite et remarquable par des angles saillans, élevés et tranchans dans toute sa longueur; feuil. tripinnées, à folioles nombreuses, petites, simples ou trifides; fl. blanches et régulières; invol. O, ou d'une foliole; involucelles à folioles linéaires, dressées. ᴠ. Juin-Juillet; *dans les bois marécageux.* (Desm.)

CIV. **HERACLEUM.** *Berce.* (Ombellifères). Cal. presque entier; pétal. échancrés, courbés, inégaux; fr. elliptique, aplati, strié, à bords membraneux; involucre nul ou de plusieurs folioles caduques.

**216.** *H. spondilium*, L. — *B. branc-ursine.* — ***Duitsch-beerenklauw.*** Tige de 9 à 12 déc., épaisse, cannelée, cylindrique, creuse, rameuse et velue; feuil. très-amples, ailées, à pinnules lobées et velues en-dessous; ombel. à rayons pubescens; invol. nul, ou à 1 ou 2 folioles très-petites; involucel. de 8 à 10 foliol. déliées; pétal. blancs ou rougeâtres, ceux du bord grands, 3 furqués, à lobe médian très-petit. ᴠ. Été. *commun dans les prés.* (Vand. M.)

Cette plante a l'inconvénient de détériorer le foin.

CV. **SIUM.** *Berle.* (Ombellifères). Cal. presque entier; pétal. échancrés ou lancéolés; fr. oblong ou ovoïde, glabre, strié, 1 invol.; 1 involucelle; *plantes suspectes.*

PENTANDRIE DIGYNIE.

\* PÉTALES ÉCHANCRÉS AU SOMMET.

217. *S. latifolium*, L. — *B. à larges feuilles.* — *Breede watereppe.* Tige de 6 à 9 décim., droite, rameuse et cannelée; feuil. de 7 à 11 foliol. lancéolées, un peu étroites et dentées en scie; fl. blanches, en ombelles assez amples. v. Été; *commun dans les ruisseaux.* (Vand. M.)

218. *S. augustifolium*, L. — *B. à feuil. étroites.* — *Smalle watereppe.* Tige de 5 décim., assez grêle et dressée; feuil. alternes, simplement ailées, à foliol. ovales, oblongues, incisées, lobées ou auriculées à leur base, les supérieures plus petites, à folioles presque laciniées, à découpures très-pointues; fl. blanches. v. Été; *dans les mêmes lieux.*

219. *S. nodiflorum*, L. — *B. nodiflore.* — *Water eppe met korte bloemen.* Tiges de 3 à 6 décim., faibles, rameuses et renversées; feuil. de 5 à 7 folioles ovales-lancéolées, pointues et dentées en scie; ombel. petites, presque sessiles, à 5 ou 6 rayons; invol. 0, ou à 1 foliole; involucel. de 5 à 7 foliol.; fl. blanches. v. *mêmes lieux.* (Vand. M.)

219 bis. *S. Sisarum*, L. — *B. chervi.* — *Suyker wortel.* Tige de 6 décim.; feuil. inférieures pinnées et incisées; les caulinaires et les florales ternées; ombelle terminale; invol. à 6 ou 7 folioles réfléchies; rac. tuberculeuse. v.; *cultivé dans les jardins potagers.* (BB.)

Cette plante fait exception à la règle, c'est-à-dire qu'au lieu de vénéneuse ou suspecte, sa racine est douce et bienfaisante; de plus, elle est apéritive et vulnéraire; *Boerhaave* la regarde comme spécifique contre la disurie et le crachement de sang, enfin pour les maladies de poitrine qui menacent de phtisie; en général, on s'en sert plutôt comme aliment que comme remède. *Margraf* a retiré de cette racine une assez grande quantité de sucre peu inférieur à celui des cannes.

CVI. OENANTHE. OEnanthe. (Ombellifères). Cal. à 5 dents; pétal. courbés en cœur, plus grands au bord de l'ombelle; fr. oblong, sillonné; invol. 0, ou à 1 ou plusieurs folioles; 1 involucelle.

220. *OE. phellandrium*, L. — *OE. phellandrie.* — *Tonne-zaed.* Tige de 9 à 12 décim., très-épaisse, creuse, cannelée et rameuse; feuil. amples, 3 fois ailées; folioles très-petites, sub. ovales et écartées; ombelles sur des pédoncules courts; fl. blanches. v. Été; *très-commun dans les fossés.* Cette plante est vénéneuse.

221. *OE. fistulosa*, L. — *OE. fistuleuse.* — *Welriekende-water-biesen.* Tige de 3 décim., fistuleuse, cylindrique, lisse et striée; feuil. radicales 2 fois ailées, à découpures petites et pointues; les autres à folioles linéaires; ombel. souvent à 3 rayons; ombellules serrées, planes; fl. blanches, presque sessiles. v.; *dans les marais, à Ebblinghem, Rubrouck,* etc. (Huissen et H. V.)

CVII. **ÆTHUSA**. *Ethuse.* (Ombellifères). Cal. entier; pétal. inégaux, courbés en cœur; fr. ovoïde, sillonné; invol. 0 ou de 1 à 2 folioles; involucelle réfléchi, dimidié.

222. *A. cynapium*, L. — *E. persillée.* — ***Dolle kervel.*** (Petite ciguë). Tige de 6 décim., rameuse, striée, glabre; feuil. 2 ou 3 fois ailées, pinnatifides, à lobes aigus, ayant du rapport avec celle du cerfeuil; ombel. de 10 à 12 rayons inégaux; invol. 0; involucelle de 3 ou 4 folioles capillaires, très-longues; fl. blanches. ʌ. Été; *dans les champs et surtout dans les jardins*.

Ce végétal dangereux croit souvent parmi le persil et le cerfeuil, dont il se distingue par son odeur nauséabonde, sa couleur verte plus foncée et plus particulièrement par ses involucelles à folioles linéaires et pendantes.

CVIII. **SCANDIX**. — *Scandix.* (Ombellifères). Cal. entier; pétal. inégaux, échancrés; fr. finement strié, hérissé de poils courts, aminci en un bec subulé 3 fois plus long que le fruit; invol. souvent 0; 1 involucelle.

223. *S. pecten-veneris*, L. — *S. peigne de Vénus.* — ***Naelde-Kervel.*** Tige de 3 décim., grêle et lisse; feuil. finement découpées, vertes et légèrement velues; ombelle à 2 ou 3 rayons, souvent simple; ombellules de 4 à 8 fleurs; involucelle de 6 à 8 folioles; pédicelles courts, épais; fl. petites, blanches; fr. terminés par un bec ou pointe fort longue, velus sur les côtes. ʌ. Été; *commun dans les champs, près la Guêpe, chemin de la Motte-au-Bois*. (Vand. M.)

CIX. **CHŒROPHYLLUM**. *Cerfeuil.* (Ombellifères). Cal. entier; pétal. inclinés, cordiformes; invol. nul; involucelle réfléchi, concave; fr. oblong.

* **FRUITS LISSES.**

224. *C. sativum*, L. — *C. cultivé.* — ***Tamme kervel.*** Tige de 3 décim., rameuse, glabre; feuil. glabres et tendres, ailées, pinnatifides; folioles incisées, à lobes courts, aigus; ombel. latérales, sessiles, à 4 ou 5 rayons pubescens; fl. blanches; involucelles 3-4 phylles, dimidiés; sem. ovales, pointues. ʌ. Mai-Juin; *cultivé dans les jardins.*

225. *C. sylvestre et hirsutum*, L. — *C. sauvage.* — ***Wilde kervel.*** Tige de 9 à 12 décim., fistuleuse, rameuse, velue, striée, un peu enflée sous les articulations; feuil. grandes, 2 ou 3 fois ailées, pinnatifides, à folioles alongées et pointues; fl. blanches; ombel. de 8 à 10 rayons; involucel. de 5 folioles réfléchies, ovales, ciliées, plus courtes que les pédicelles; pétal. entiers. v. Été; *dans les prés.* (BB.)

** **FRUITS FORTEMENT STRIÉS.**

226. *C. Temulum*, L. — *C. malfaisant.* — ***Kwaed-doende-kervel.*** Tige de 6 décim., rameuse, renflée aux articulations, fistuleuse, velue,

rude et tâchée; feuil. velues, 2 pinnées; folioles larges, découpées, à lobes obtus; ombel. lâches, penchées avant la floraison; involucel. de 5 ou 6 folioles ovales, souvent réfléchies; fl. blanches; celles du centre des ombellules sujettes à avorter. ʙ. Été; *dans les haies*. (H. V.)

Cette plante est suspecte.

CX. IMPERATORIA. *Impératoire*. (Ombellifères). Cal. entier; pétal. échancrés, presque égaux; fr. aplati; invol. souvent nul; 1 involucelle; gr. entourées d'une membrane et portant 3 stries sur le dos.

227. *I. sylvestris*, L. — *I. sauvage*. — *Wild-engel-kruyd*. Tige de 9 à 12 décim., cylindrique, striée, un peu rameuse et glauque; feuil. 2 — pinnées; folioles ovales, dentées, pédicellées; fl. blanches; ombelles hémisphériques à 30 ou 40 rayons; ombellules serrées; involucelles à folioles très-fines, plus courtes que les fleurs. v. Juillet-Août; *dans les haies*. (Huissen et Desm.)

CXI. PASTINACA. *Panais*. (Ombellifères). Cal. entier; pétal. entiers, presque égaux, courbés en demi-cercle; fr. elliptique, très-aplati, ailé sur les bords; portant 3 stries sur chaque face; invol. et involucel. nuls; fl. jaunes.

228. *P. sylvestris et sativa*, L. — *P. sauvage et cultivé*. — *Geelepeen*. Tige de 9 décim., un peu rameuse et cannelée; feuil. glabres, une fois ailées; folioles assez larges, lobées et incisées; ombelles terminales très-ouvertes; dépourvues d'involucre. ʙ. Été; *au bord des champs en bas d'Hazebrouck*. (H. V.)

Le panais cultivé dans les jardins est un légume doux et nourrissant.

CXII. PEUCEDANUM. *Peucedane*. (Ombellifères). Cal. très-petit, à 5 dents; pétal. égaux, oblongs, courbés; fr. ovale, un peu comprimé, strié, un peu ailé sur les bords; fl. blanches ou jaunes.

229. *P. salaus*, L. — *P. des prés*. — *Seseli der weyden*. Tige de 3 à 9 décim., un peu rameuse, striée, glabre; feuil. d'un vert noirâtre, 3 fois ailées; folioles souvent 3 — parties, à lobes linéaires-lancéolées, glabres; ombel. terminales; invol. nul ou à 3 folioles; involucel. à folioles fines; fl. d'un blanc jaunâtre. v. Juillet; *commun dans les prés humides*. (Desm.)

CXIII. PIMPINELLA. *Boucage*. (Ombellifères). *Tragoselinum*, T. Cal. entier; pétal. paraissant échancrés par l'inflexion du sommet; fr. ovoïde, oblong, marqué de 3 ou 5 côtes longitudinales.

\* FEUILLES PINNÉES.

230. *P. magna*, L. — *B. majeur*. — *Groote steenbreeke*. Tige de 3 à 9 décim., striée, rameuse; les premières feuilles pétiolées, ovales, arrondies, dentées et trilobées, ensuite les caulinaires ternées; les su-

périeures ailées, de 5 ou 7 folioles; l'impaire est à 3 lobes; ombel. penchées avant la floraison, à 12 ou 15 rayons; fl. blanches ou rougeâtres. v. Juillet-Août-Septembre; *dans les prés à Pradelles, à Morbecque, etc.* (H. V.)

Cette plante est vulnéraire, apéritive, incisive et stomachique.

231. *P. dissecta*, L. — *B. découpé.* — *Gesneeden-steenbreeke.* Celui-ci n'est qu'une variété du précédent, à feuil. toutes ailées, à folioles découpées en lobes profonds, aigus, divergens. v. Juillet-Août; *dans les bois.* (Vand. M.)

** FEUILLES BITERNÉES.

232. *P. podagraria*, L. — *B. des goutteux.* — *Oegopodium of fleersyn-kruyd.* Tige de 6 à 9 décim., droite, glabre et rameuse; feuil. inférieures 2 — ternées; les supérieures ternées, folioles ovales, pointues et dentées; les inférieures souvent lobées; ombelle souvent lâche et terminale; fl. blanches. v.; *dans les haies à Pradelles.* (H. V.)

CXIV. APIUM. *Ache.* (Ombellifères). Cal. entier; pétal. arrondis, égaux, courbés au sommet; fr. ovoïde, globuleux; semences marquées de 5 petites côtes.

233. *A. petroselinum*, L. — *A. persil.* — *Peterselie of persyn.* Tige de 6 à 9 décim., glabre, striée et rameuse; feuil. 2 fois ailées; folioles supérieures linéaires; les inférieures cordiformes; ombelles terminales; fl. blanches ou d'une couleur pâle; B. Été.

Cette plante, dont on cultive plusieurs variétés à feuil. frisées ou à folioles plus larges, est du plus grand usage dans la préparation des alimens; ses racines sont apéritives et diurétiques, comme celles de l'espèce suivante.

234. *A. graveolens*, L. — *A. céleri.* — *Gemeyne eppe.* Tige de 6 décim., épaisse, striée et rameuse; feuil. inférieures 2 ou 3 fois ailées, à folioles larges, lisses, incisées et lobées; les caulinaires cunéiformes; ombel. axillaires et sessiles, à 10 rayons, garnies d'une petite feuille 3 — fide; fleurs d'un jaune pâle. A. Été; *dans les marais.*

On cultive le céleri dans les jardins, où sa racine devient très-grosse. Cette plante fournit à l'art culinaire un légume agréable.

TRIGYNIE. — TROIS STYLES OU TROIS STIGMATES.

CXV. VIBURNUM. *Viorne.* (Caprifoliées). Cal. à 5 lobes; cor. campanulée, à 5 lobes; 5 étam.; baie monosperme.

235. *V. opulus*, L. — *V. obier.* — *Water-vlier.* Arbrisseau de 2 mètres ou plus, rameux et fragile; feuil. opposées, pétiolées, glabres, ordinairement trilobées, dentées et pubescentes en-dessous; fl. blanches, terminales, ombelliformes, celles de la circonférence plus grandes, tout-à-fait planes, irrégulières, stériles. L. Mai; *dans les bois du Biest.*

## PENTANDRIE TRIGYNIE.

Cette espèce a pour variété la rose de gueldre, dite *boule de neige*.

CXVI. SAMBUCUS. *Sureau.* (Caprifoliées). Cal. à 5 lobes; cor. en roue, à 5 lobes; 5 étam.; baie à 3 gr. attachées à l'axe du fr.; feuil. pinnées.

236. *S. nigra*, L. — *S. noir.* — *Gemeyn vlier of vlier-boom.* Arb. de 3 à 4 mètres; feuil. opposées, ailées, avec une impaire, de 5 à 7 folioles ovales-lancéolées, pointues et dentées en scie; fl. blanches, odorantes, petites, nombreuses, terminales et disposées en manière d'ombelles; baies noirâtres. v. Mai-Juin.

Cet arbrisseau croît *dans les haies*; ses fleurs sont anodines, adoucissantes et diaphorétiques. Fraîches, elles sont purgatives. Son fruit est rafraîchissant, diurétique et très-estimé dans les fièvres ardentes.

237. *S. ebulus*, L. — *S. yèble.* — *Hadick.* — Tige d'un mètre, droite, verte, cannelée, méduleuse et un peu rameuse; elle périt tous les ans; feuil. opposées, ailées, à 7 ou 9 folioles ovales, lancéolées, pointues, dentées; fl. blanches, petites, odorantes, en ombelle terminale; baies noires; mêmes vertus que le précédent, mais plus nauséabondes. v. Juin-Juillet; *le long des fossés.*

### TÉTRAGYNIE. — QUATRE STIGMATES.

CXVII. PARNASSIA. *Parnassie.* (Résédacées). Cal. persistant, 5 — parti; 5 pétal.; 5 étam. et écail. ou nectaires alternes, terminés par des cils longs; 4 stigm. échancrés au-dehors; caps. à 4 valves.

238. *P. palustris*, L. — *P. des marais.* — *Gramen parnassium of parnasso gas* (1). Tige de 2 décim., simple, grêle, chargée d'une feuil. sessile dans son milieu; les autres sont radicales, pétiolées, cordiformes, ponctuées, lisses et glabres; fl. de 5 pétal. blanchâtres. v. Septembre-Octobre; *dans les lieux humides.* (Desm.)

Cette plante est astringente et rafraîchissante.

### PENTAGYNIE. — CINQ STYLES.

CXVIII. LINUM. *Lin.* (Linées). Cal. 5 — phylle, persistant; 5 pétal; 10 étam. (5 stériles) soudées à la base; anth. sagittées; 5 styles; caps. à 10 valves.

FEUIL. ALTERNES.

239. *L. usitatissimum*, L. — *L. commun.* — *Vlas of lynzaed.* Tige de 3 à 6 décim., solitaire, simple, un peu rameuse dans le haut; feuil. lan-

---

(1) *Note essentielle.* — J'ai adopté dans ce livre le mot flamand *gas* pour *gras* qui signifie herbe, ce qui se rapporte également aux graminées et aux cypéracées de la classe III, comme aux carex et aux sparganium de la cl. XXI.

céolées, aiguës, 3 — nerves, glabres; fl. bleues; pédonculées; sépal. ovales, acuminés, scarieux en leurs bords et très-peu ciliés; pétal. obovales, crénelés; caps. globuleuses, pointues; gr. planes, elliptiques, très-luisantes. A. Cultivé pour sa grande utilité.

** FEUIL. OPPOSÉES.

239 bis. *L. catharticum*, L. — *L. purgatif.* — *Synopsis of wild vlas.* Tige d'un décim. et demi, glabre, menue et dichotome; feuil. ovales, lancéolées, lisses et opposées; fl. petites; pétal. blancs et jaunâtres à l'onglet. A. Été; *dans les bois.* (Desm.)

Cette plante est amère, purgative et hydragogue.

CXIX. RADIOLA. *Radiole.* (Linées). Diffère du genre précédent par son calice monophylle, à 4 lobes 3 — fides et les parties de la fleur en nombre quaternaire.

240. *R. millegrana*, Sm. — *R. multiflore.* — *Linum radiola*, L. Tige de 4 centim., filiforme, dichotome; feuil. ovales, pointues, opposées, sessiles et glabres; fl. blanches, très-petites. A. Juin-Juillet; *dans les bois sablonneux.* (Desm.)

CXIX bis. STATICE. *Statice.* (Plumbaginées). Cal. extérieur scarieux, plissé, à 5 pointes; l'intérieur pétaloïde 5 — parti, portant à la base 5 étam.; 5 styles; fr. monosperme.

241. *S. armeria*, L. — *S. en tête.* — *Spaensch gas.* (Gazon d'Espagne ou d'olympe). Hampes grêles, soutenant une tête de fleurs rougeâtres, ramassées; feuil. radicales en gazon, longues, linéaires, étroites. v. Mai-Juin; *dans les lieux secs.*

Le gazon d'Espagne a pour usage de servir à la bordure des parterres.

CXX. DROSERA. *Rossolis.* (Droséracées). Cal. 5 — phylle, persistant; 5 pétal. marcescens; 5 étam.; caps. 1 — loculaire, 3-4 valve; 5 à 8 styles rapprochés 2 à 2 vers les sutures.

242. *D. rotundifolia*, L. — *R. à feuil. rondes.* — *Loopig kruyd.* Tige de 10 centim., soutenant de petites fleurs blanchâtres, dans le centre de plusieurs feuil. étalées, orbiculaires, pétiolées, couvertes de poils rouges et glanduleux. A. Juin-Août; *dans les lieux marécageux.*

243. *D. longifolia*, L. — *R. à feuil. longues.* — *Ander loopig kruyd.* Diffère de l'espèce précédente par ses feuil. oblongues, se rétrécissant vers le pétiole qui est glabre. A.; *mêmes lieux.*

Les deux plantes que je viens de décrire passent pour pectorales et béchiques; mais leurs vertus sont douteuses.

PENTANDRIE POLYGYNIE.

CXXI. CRASSULA. *Crassule.* (Crassulacées). Cal. de 5 à 7 lobes profonds; pétal., étam., écail. et ov. au nombre de 5 à 7; écail. ovales.
243 bis. *C. rubens*, L. — *C. rougeâtre.* — **Kleyn-berg-sedum.** Tiges de 9 centim., rameuses, fourchues; feuil. alternes, oblongues, cylindriques, charnues; fl. sessiles, blanches, marquées d'une ligne rouge. v.; *sur les vieux murs.*

POLYGYNIE. — OVAIRES NOMBREUX.

CXXII. MYOSURUS, *Ratoncule.* (Renonculacées), Cal. à 5 folioles colorées, caduques, un peu prolongées par la base; 5 pétal. courts; onglets filiformes. tubuleux; 5 à 12 étam.; fr. très-nombreux, sur un polyphore qui s'alonge considérablement.
244. *M. minimus*, L. — *R. naine.* — *Muyzen-steert.* Hampe de 5 à 8 centim., grêle, glabre; épaissie au sommet; feuil. radicales, dressées, linéaires et glabres; fl. solitaires; fr. entassés; formant un épi assez long. A. Juin-Juillet; *dans les champs cultivés, près du Biest, l'Hoflande, etc.* (Vand. M.)

## CLASSE VI.

HEXANDRIE. — SIX ÉTAMINES.

MONOGYNIE. — UN PISTIL OU STYLE SIMPLE.

CXXIII. GALANTHUS. *Galanthe.* (Narcissées). Cal. à 6 lobes dont 3 sont échancrés; anth. s'ouvrant par une fente longitudinale.
245. *G. nivalis*, L. — *G. perce neige.* — **Witte tydeloosen met dry bladeren.** Hampe d'un décim., lisse, grêle, soutenant une seule fleur penchée, de 6 sépal. dont 3 blancs, oblongs et obtus, les trois autres intérieurs, verdâtres, échancrées en cœur; feuil. radicales, planes, lisses, étroites. v. Février; *dans les prés montagneux et dans les jardins.* (BB).

CXXIII bis. NARCISSUS. *Narcisse.* (Narcissées). Cal. infundibuliforme; entrée du tube coronné par un godet pétaloïde; étam. insérées sur le tube; fl. solitaires ou multiples, sortant d'une spathe close.
245 bis. *N. pseudo-Narcissus*, L. — *N. sauvage.* — **Geele tydeloosen of wilde Narcissen.** Hampe de 3 décim., uniflore, sortant d'une spathe; fl. grande et remarquable par le limbe intérieur de la cor. fort grand, campanulé, frangé et jaunâtre, ainsi que les pétal.; feuilles radicales, longues, linéaires et lisses. v. Mai; *dans les bosquets.*

CXXIV. ALLIUM. *Ail.* (Liliacées). Fl. ombelliformes, renfermées dans une spathe; cal. à 6 sépal.; stigm. simple; caps. à 3 loges. Plantes à odeur caractéristique.

* FEUIL. PLANES; 3 ÉTAM., 3 — CUSPIDÉES.

246. *A. porrum*, L. — *A. poireau.* — ***Parrey-look, porret of stok-look.*** Tige de 9 à 12 décim., droite, cylindrique, ferme; feuil. alongées, canaliculées, peu épaisses et engaînantes; ombel. arrondie, serrée; fl. nombreuses, blanches ou rouges. A. ou B. Juin; *cultivé dans les jardins.*

Le poireau est incisif, diurétique, emménagogue et béchique. Cuit et appliqué extérieurement, il est émollient et adoucissant; son plus grand usage est pour la cuisine. Cette plante est originaire de la Suisse.

247. *A. sativum*, L. — *A. cultivé.* — ***Tam-look.*** Tige de 3 décim., dressée, simple; feuil. linéaires, pointues; ombel. arrondie, bulbifère; fl. blanches ou rougeâtres. v. Juillet.

L'ail cultivé excite l'appétit; il est incisif, sudorifique, stomachique, anti-hystérique, anthelmentique et alexitère.

** FEUIL. PLANES; TOUTES LES ÉTAM. SIMPLES.

248. *A. ursinum*, L. — *A. pétiolé.* — ***Beeren-look.*** — Tige (hampe) de 2 décim. environ, sub triangulaire; feuil. grandes, ovales, lancéolées et pointues, plus longues que la tige; fl. blanches, en ombel. applatie. v. Avril; *dans les lieux couverts, à Morbecque, à Walloncappel, Pradelles, Lynde, etc.* (Huissen et H. V.)

*** FEUIL. FISTULEUSES; ÉTAM. SIMPLES.

249. *A. cepa*, L. — *A. oignon.* — ***Ajuyn of enjuyn.*** Tige de 6 à 9 décim., nue, fistuleuse, renflée en bas; feuil. longues, cylindriques, fistuleuses, pointues; ombel. sphérique; sépal. droits; bulbe sphérique, blanc ou rougeâtre. B. Été; *cultivé dans les jardins.*

L'oignon est d'un usage commun dans les cuisines. On l'emploie médicalement comme apéritif, incisif, diurétique, alexitère et maturtif.

250. *A. chœnoprasum*, L. — *A. civette.* — ***Bies-look.*** (Ciboule). Tige d'un décim. et demi, grêle; feuil. aussi longues que la tige, cylindriques, un peu fistuleuses, filiformes, pointues; ombel. serrée, petite, spathe à 2 valves ovales; fl. purpurines, presque cylindriques, aiguës. v. Été; *cultivé.*

Ses feuilles servent d'assaisonnement.

**** FEUIL. FISTULEUSES; 3 ÉTAM. 3 — CUSPIDÉES.

251. *A. ascalonicum*, L. — *A. échalotte.* — ***Chalotten of sauslook.*** Diffère du précédent par 3 de ses étam. à 3 pointes; ses fl. plus petites, plus foncées. v. Fleurit rarement.

252. *A. vineale*, L. — *A. des vignes.* — ***Wild-look.*** Tige de 3 à 6 décim., garnie de 2 ou 3 feuil. presque cylindriques, portant une

HEXANDRIE MONOGYNIE.

ou plusieurs têtes bulbifères; fl. rougeâtres et rares. v. Été; *dans les champs et les prés.*

CXXV. FRITILLARIA. *Fritillaire.* (Liliacées), Cal. campanulé ; sépal. munis vers leur base d'une glande creuse.

253. *F. maleagris*, L. — *F. maleagre.* — *Kivits-eyeren.* Tige de 2 à 3 décim., grêle, garnie de 3 ou 4 feuil. longues, étroites, écartées; fl. terminale ressemblant à une tulipe renversée, ordinairement marquée de petits carreaux en forme de damier. v. Avril-Mai ; *dans les prairies le long de la Lys.* (Desm. et Lestib.)

253 bis. *F. imperialis*, L. — *F. couronne impériale.* — *Keyzerskroone.* Tige de 3 à 6 décim., droite, colorée à sa partie supérieure, nue et garnie à sa base de feuil. décurrentes, sessiles et entières; fl. terminales renversées au nombre de 6 à 8, formant une couronne et surmontées d'une touffe de bractées. v. Mars-Avril; *cultivé dans les jardins.*

Cette plante, originaire de Constantinople, a été apportée en Europe l'an 1570.

CXXVI. TULIPA. *Tulipe.* (Liliacées). Sépal. sans glandes à la base; stigm. sessile ; caps oblongue, triangulaire.

254. *T. sylvestris*, L. — *T. sauvage.* — *Wilden-tulepaen.* Tige de 4 décim. et demi, cylindrique, garnie de 2 ou 3 feuil. étroites, canaliculées, aiguës, terminée par 1 ou 2 fl. jaunes, penchées avant l'épanouissement; sépal. aigus ; étam. velues à la base. v. Avril ; *dans les prés.* (Desm.)

254 bis. *T. Gesneriana*, L. — *T. de Gesner.* — *Oosterschen-tulp of tulepaen.* Diffère du précédent par sa fl. toujours droite, s'ouvrant plus tard; les sépal. obtus; les étam. glabres. v.; *cultivé dans les parterres et dans tous les jardins.*

La tulipe, par sa beauté et les variétés de ses couleurs, a excité l'admiration et la richesse des fleuristes, au point qu'on a vu des amateurs sacrifier 15 à 20 mille francs et ruiner leur famille par passion pour cette belle fleur.

CXXVII. ORNITHOGALUM. *Ornithogale.* (Liliacées). Cal. à 6 sépal. sur 2 rangs, dressé, persistant; les 3 étam. correspondantes aux 3 sépal. extérieurs, souvent dilatées à la base et prolongées en 2 pointes au sommet; gr. globuleuses.

255. *O. ombellatum*, L. — *O. ombellée.* — *Elf-eurc-bloeme.* Hampe de 2 décim.; feuil. radicales, linéaires, étalées ; fl. peu nombreuses, blanches, avec une ligne verte sur le dos, en corymbe ; bractées larges, aiguës, plus courtes que les pédicelles; étam. élargies à la base, subulées ; ov. d'un jaune verdâtre. Mai-Juin-Juillet. v.; *dans les jardins.*

8

CXXVII bis. **LILIUM.** *Lys. Lelie-bloeme.* (Type de la famille des Liliacées). Genre exotique distingué par son calice campanulaire ; ses sépal. droits ou révolutés, munis au-dessus d'un sillon longitudinal plus marqué et glanduleux en bas ; ses anth. extrorses et son bulbe écailleux. Ses principales espèces cultivées dans les jardins sont le *lys blanc*, le *lys rouge*, le *lys jaune*, les *deux lys martagons* et le *lys des Pyrénées*.

CXXVIII. **HYACINTHUS.** *Jacinthe.* (Liliacées). *Scilla.* Sm. cal. à 6 sépal., sur un seul rang, souvent caducs ; étam. filiformes ; gr. arrondies ; rac. bulbeuse.

256. *H. non scriptus*, L. — *J. des bois.* — *Scilla nutans of wilden hiacint.* Sm. Hampe de 3 décim. ; feuil. dressées, linéaires ; épi penché avant la floraison ; 3 à 10 fl. bleues, penchées, pédicellées, garnies de 2 bractées colorées, l'une filiforme, l'autre élargie ; sépal. connivens, révolutés au sommet ; filets des étam. soudés avec les sépal., quelquefois jusqu'à l'anth. qui est blanchâtre ; fr. globuleux, triangulaire ; style persistant. v. Avril-Mai ; *dans les bois.* (Desm.)

CXXIX. **MUSCARI.** *Muscari.* (Liliacées). *Hyacinthisp.*, L. Cal. urcéolé, à 5 dents ; caps. à 3 angles saillans. — *M. juncifolius*, Lam.

257. *M. racemosum*, T. — *M. à grappe.* — *Honde look, druyfkens of hyacinthus racemosus*, L. Hampe d'un décim. et demi, plus courte que les feuil., qui sont linéaires, canaliculées, traînantes, tortillées, courbées ; fl. bleues, en grelot, serrées en épi, les supérieures sessiles ; caps. en cœur. v. Avril-Juin ; *dans les lieux cultivés.* (Desm.)

CXXX. **ANTHERICUM.** *Anthérique.* (Joncées). *Abama*, ad. cal. à 6 divisions ; filets des étam. laineux ; ov. pyramidal ; style court ; caps. à 3 valves ; gr. nombreuses, attachées au fond des loges.

257 bis. *A. ossifraga*, L. — *A. des marais.* — *Abama van Adanson.* Tige de 2 à 4 décim., garnie de quelques petites feuil. et soutenant des fl. jaunâtres, assez petites, en épi ; feuil. radicales nombreuses, ensiformes, s'engaînant à leur base comme celles des iris. v. Juin ; *dans les marais.* (Desm. et Lestib. Thém.)

CXXXI. **ACORUS.** *Acore. Lisch.* (Joncées). Fl. en épi serré, latéral ; cal. à 6 divisions ; 6 étam ; filets aplatis ; ov. à 3 loges polyspermes.

258. *A. calamus*, L. — *A. odorant.* — *Goed of wel-riekende-lisch.* Feuil. d'un mètre et plus, ensiformes ; tige naissant de l'aisselle des feuil., se prolongeant au-dessus de l'épi et devenant applatie ; épi d'un décim. sortant de la face interne de la tige. v. Juin ; *dans les fossés à Thiennes, le long de la Lys, etc.* (Vand. M.)

La racine de cette plante est aromatique et regardée comme cordiale, stomachique, carminative et anti-hystérique.

CXXXII. **JUNCUS.** *Jonc. Biesen of biezen.* (Joncées). Cal. à 6 div.

scarieuses, caps. à 3 valves, à 3 loges; cloisons insérées au milieu des valves; gr. attachées à l'angle interne des cloisons; feuil. rondes.

*TIGES NUES; FEUIL. RADICALES.

259. *J. conglomeratus*, L. — *J. agglomérée.* — ***Bies gas met tropwyze bloemen.*** Tige de 6 décim., nue, lisse et cylindrique; feuil. radicales, cylindriques, faiblement aiguës; fl. d'un jaune rougeâtre, latérales, en peloton; caps. obtuses. v. Mai; ***très-commun dans les marais.*** (Desm.)

260. *J. squarrosus*, L. — *J. rude.* — ***Bies-gas van de zée.*** Tige d'un à 3 décim., nue, soutenant des fl. en bouquet terminal; sem. luisantes; feuil. radicales, vertes, sétacées, un peu carénées et aiguës: Cette plante a une rigidité très-remarquable. v. Juin; ***dans les prés humides.*** (Desm.)

261. *J. effusus*, L. — *J. épars.* — ***Verspreyde-biesen.*** Tige de 6 décim., dressée, lisse, striée, terminée en pointe droite et aiguë, feuil. radicales, cylindriques, droites et pointues, resserrées contre la tige; fl. en panicule latérale, très-lâche; caps. brunes et obtuses. v. Mai; ***au bord des fossés.*** (Vand. M.)

**TIGES FEUILLÉES; FEUIL. SANS NŒUDS.

262. *J. bulbosus*, L. — *J. bulbeux.* — ***Kliester-biesen.*** Tige d'un à 3 décim., grêle et comprimée; feuil. nombreuses, linéaires, canaliculées, les inférieures engaînantes; fl. en panic. terminale, garnie d'une feuille plus longue qu'elle; cal. obtus, scarieux, verdâtre; caps. alongées, obtuses. v. Mai-Juin; ***commun.*** (Desm.)

263. *J. bufonius*, L. — *J. des crapauds.* — ***Padde-biesen.*** Tiges d'un à 2 décim., menues, filiformes, bifurquées; feuil. linéaires, sétacées, anguleuses; fl. terminales dans les bifurcations, solitaires ou géminées, ayant à leur base 1 ou 2 bractées fort petites, transparentes et blanchâtres. v. Été; ***commun au bord des champs.*** (Vand. M.)

264. *J. campestris*, L. — *J. des champs.* — ***Veld-biesen.*** Tige d'un décim. et demi, menue, assez simple; feuil. planes, alongées, pointues, bordées de poils blancs, surtout à l'entrée de leur gaîne; fl. en tête arrondie, remplie de petites bractées écailleuses, blanches, poilues. v.; ***dans les prés secs.*** (Desm.)

***TIGES FEUILLÉES; FEUIL. NOUEUSES.

265. *J. articulatus*, L. — *J. articulé.* — ***Ander water biesen.*** Tige de 3 décim.; feuil. dressées, comprimées, très-noueuses; fl. en peloton de 2 ou 3 disposées en panic. lâche; caps. brunes et obtuses. v. Été; ***très-commun dans les prés humides.***

266. *J. pilosus*, L. — *J. des bois*. — *Scherpe of hairige boschbiesen.* Tige de 2 décim., simple et feuillée; feuil. radicales, nombreuses, planes; ombelle terminale, chargée de 3 ou 4 petites feuil. pointues et velues; fl. solitaires sur chaque pédonc. v. Été; *dans les haies.* (Desm.)

CXXXIII. ASPARAGUS. *Asperge.* (Asparagées). Cal. 6 — parti; baie à 3 loges, 2 — spermes.

267. *A. officinalis*, L. — *A. officinale*. — *Aspergie of spargie.* Tige d'un mètre, dressée, cylindrique, rameuse; feuil. sétacées, molles, en faisceau de 2 à 5, garni d'une très-petite stipule; fl. verdâtres, extra-axillaires, souvent dioïques, portées sur des pédonc. articulés au milieu, garnis à la base d'une très-petite bractée; baies rouges; v. Juin.

Cette plante est cultivée pour ses bourgeons dits *turions*, dont on fait un grand usage sur la table. Sa racine est diurétique et fait partie de 5 racines apéritives.

CXXXIV. CONVALLARIA. *Muguet.* (Asparagées). Cal. cylindrique ou en cloche, à 6 div. peu profondes; baie globuleuse, à 3 loges.

\* FLEURS CYLINDRIQUES.

268. *C. multiflora*, L. — *M. multiflore*. — *Grooten Salomons zegel.* Tige de 6 décim., déclinée, cylindrique; feuil. alternes, ovales, lancéolées, toutes dirigées en haut, formant des stries très-fines par leur décurrence; pédonc. de 3 à 6 fl. pendantes et d'un blanc verdâtre. v. Mai; *au bois Vandamme.*

269. *C. polygonatum*; L. — *M. anguleux*. — *Gemeynen Salomons zegel.* Tige de 5 décim., simple, anguleuse, dure; feuil. alternes, semi-amplexicaules, ovales, lancéolées, glabres; fleurs axillaires, pendantes; pédonc. de 1 à 3 fl. v. Mai; *dans les mêmes lieux.* (Desm.)

\*\* FLEURS EN CLOCHE.

270. *C. maialis*, L. — *M. de mai*. — *Eenbladt.* Hampe demi-cylindrique, latérale, entourée d'écail. à la base; feuil. radicales, ovales, lancéolées, pétiolées, l'inférieure engainant l'autre; 6 à 8 fl. blanches, penchées, en épi terminal et uni-latéral; pédicel. solitaires, garnis de bractées; cal. à lobes révolutés; v. Mai; *dans les bois et les jardins.* Son odeur est suave et agréable.

CXXXV. BERBERIS. *Vinettier.* (Berbéridées). Cal. 6 — phylle, muni de 3 bractées au-dehors; 6 pétales munis de 2 glandes à leur base interne; stigm. sessile, large, persistant; baie cylindrique, à 1 loge.

271. *B. vulgaris*, L. — *V. commun*. — *Zeur-doorn.* (Épine-Vinette.) Arbrisseau d'un à 2 m.; épines ternées à la base des rameaux; feuil. obovales, rétrécies en pétiole, fasciculées, bordées de dents épineuses; fl. jaunes en grappes pendantes; pédicelles garnis de bractées

aiguës, crochues; pétal. entiers; 6 étam. très-irritables; baie rouge.
L. Mai; *dans les haies.* (Vand. M.)

Le fruit du Vinettier est très-acide; il convient dans les fièvres putrides et inflammatoires. On en prépare un sirop qui est très-utile comme rafraîchissant.

Quelques personnes attribuent à cet arbrisseau l'inconvénient de produire la rouille des blés voisins; mais il reste encore des doutes à ce sujet.

TRIGYNIE. — TROIS STYLES OU TROIS STIGMATES.

CXXXVI. RUMEX. *Patience.* (Polygonées). Cal. à 6 sépal., 3 intérieurs, grands, persistants, recouvrant le fruit, 3 extérieurs, petits, déjetés en bas; 6 étam. échancrées au sommet; 3 styles; 3 stigm. en pinceaux; fr. monosperme, triangulaire.

\* FLEURS HERMAPHRODITES; SAVEUR NON ACIDE.
A. SÉPAL. INTERNES ENTIERS.

272. *R. patientia*, L. — *P. des jardins.* — *Patientie-kruyd of pareelie wortel.* Tige d'un m. 6 décim., cannelée, un peu rameuse; feuil. grandes, pétiolées, ovales-lancéolées, planes ou ondulées, aiguës, les inférieures cordiformes; stipule engaînante, très-grande; fl. verdâtres, en épis rameux; 1 seul sépal. granifère. v. Juillet-Août; *sur le bord des fossés.* (Vand. M.)

Sa racine est amère, astringente et stomachique; elle contient, selon M. Deyeux, du soufre libre.

273. *R. aquaticus*, L. — *P. aquatique.* — *Water lapathum.* Tige d'un m. 6 décim., cannelée; feuil. de 3 à 6 décim., ovales, lancéolées, non échancrées en cœur, un peu crénelées; les caulinaires ondulées; fl. verticillées, en épis longs et rameux; sépales internes chargés de grains oblongs quelquefois peu visibles. v. Été; *commun au bord des eaux, en deça du pont des Pendus.* (Huissen).

Sa racine est purgative, tonique et anti-herpétique.

274. *R. crispus*, L. — *P. crépue.* — *Gekrolden lapathum.* Tige de 6 décim. à 1 m., striée, branchue; feuil. lancéolées, étroites, ondulées, crépues, pointues; les inférieures un peu obtuses; fl. verdâtres, en épis rameux; sépal. arrondis, à grains globuleux. v. Été; *commun au bord des fossés, le long des chemins.* (Desm.)

275. *R. sanguineus*, L. — *P. sanguine.* — *Draken-bloed.* Tige de 3 à 6 décim., d'un rouge noirâtre, un peu rameuse; feuil. lancéolées, aiguës, sub cordiformes, à nervures pourpres; fl. verticillées, en épi, nues dans le haut; sépales oblongs, obtus, chargés d'un petit grain. v.; *dans les bosquets.* (Vand. M.)

Ses feuilles sont laxatives; ses semences et ses racines sont astringentes.

### B. SÉPALES INTERNES DENTÉS.

276. *R. obtusifolius*, L. — *P. à feuil. obtuses*. — *Ronden lapathum*. Tige de 3 à 6 décim., dressée, striée; feuil. radicales, cordiformes, ovales; les supérieures lancéolées, aiguës; nervures, rudes, pubescentes; fl. verticillées, en épis paniculés; sépal. ovales-élargis, portant à la base un grain alongé, et sur le bord 1 ou 2 dents aiguës. v.; *dans les lieux humides*. (Desm.)

277. *R. acutus*, L. — *P. à feuil. aiguës*. — *Scherp'n lapathum*. Diffère du précédent par ses feuilles toutes aiguës, prolongées sur le pétiole; les sépales portent des grains gros, alongés; leurs bords sont garnis de dents courtes; sétacées. v.; *dans les terrains humides et incultes*. (Vand. M.)

La racine de ces deux dernières espèces est astringente, tonique, sudorifique; elle contient beaucoup de soufre; elle est souvent employée dans les tisanes contre les maladies dartreuses.

278. *R. maritimus*, L. — *P. maritime*. — *Zee lapathum*. Tige de 3 décim., cannelée; feuil. lancéolées, étroites, entières, aiguës; fl. petites, nombreuses, en verticilles serrés, rapprochés, formant des épis terminaux, ramassés, gros et feuillus; sépales sub-triangulaires; à dents longues, sétacées; grain alongé. v.; *dans les marais*. (Desm.)

** FLEURS DIOÏQUES ; SAVEUR ACIDE.

279. *R. acetosa*, L. — *P. oseille*. — *Gemeyne zurkel*. Tige de 3 à 6 décim., dressée, striée; feuil. larges, sagittées, les inférieures obtuses, pétiolées; fl. souvent rougeâtres, en épis paniculés; sépales ovales. v.; *cultivé*.

Les feuilles de cette plante potagère sont acides, rafraîchissantes et anti-scorbutiques. Ses racines font partie de la tisane commune.

280. *R. acetosella*, L. — *P. petite oseille*. — *Schaep-zurkel*. Tige de 3 décim., grêle; feuil. étroites, hastées; fl. petites, en panicule rameuse, filiforme; sépales ovales, caducs. v.; *au bord des champs*.

CXXXVII. COLCHICUM *Colchique*. (Colchicacées). Cal. coloré; tube long, partant du bulbe; limbe campanulé, à 6 lobes profonds; étam. 6; ov. à 3 styles un peu recourbés; stigm. pubescens; caps. se divisant au sommet en 3 lobes obtus; gr. nombreuses.

281-282. *C. autumnale*, L. — *C. automnal*. — *Nachte Vrouwen*. Fl. d'un violet pâle, sortant en automne d'une spathe monophylle, 2 ou 3 flore; tube triangulaire portant au sommet les étam.; anth. échancrées à la base; au printemps suivant naissent des feuil. grandes, lancéolées, engaînant une tige d'un décim. et demi; au milieu d'elles sont une ou deux caps. pédicellées; bulbe solide. v. Septembre; *dans les prés humides, à Flêtre*. (H. Vand.)

Le bulbe du colchique est un poison violent contre lequel on administre l'émétique et les adoucissans. Storck en a préparé un oximel qu'il regarde comme un puissant diurétique, propre à guérir l'hydropisie.

POLYGYNIE. — OVAIRES NOMBREUX.

CXXXVIII. ALISMA. *Fluteau.* (Alismacées). Cal. à 6 div., 3 intérieures pétaloïdes; étam. 6 (ou plus); ov. 6 à 20; fl. blanches; pédonc. verticillés ou en sertules.

283. *A. plantago*, L. — *F. plantain d'eau.* — *Groote water wegebrée.* Hampe d'un à 2 m.; feuil. longuement pétiolées, ovales, cordiformes, nerveuses, entières, aiguës; rameaux verticillés, plus ou moins divisés, terminés par 5 ou 6 pédonc. en sertule; fl. petites, nombreuses; ov. comprimés, très-obtus, rangés en cercle, v.; *commun au bord des fossés*. (Vand. M.)

284. *A. ranunculoïdes*, L. — *F. renoncule.* — *Kleyne water wegebrée.* Hampe d'un décim., portant 2 ou 3 verticilles de 10 à 12 pédonc.; feuil. pétiolées, linéaires-lancéolées, aiguës; fr. aigus, réunis en tête. v. Mai-Juin; *dans les étangs.* (Desm.)

## CLASSE VII.

### HEPTANDRIE. — SEPT ÉTAMINES.

### MONOGYNIE. — UN PISTIL.

CXXXIX. ÆSCULUS. *Marronnier.* (Hippocastanées). Cal en cloche, à 5 dents; 4 à 5 pétal. inégaux; 7 étam. inégales; style subulé; ov. à 3 loges; caps. coriace.

285. *Æ. hippocastanum*, L. — *M. d'Inde.* — *Peerde-kastanien.* Arbre d'un beau port; feuil. opposées, pétiolées, à 5 ou 7 folioles digitées, lancéolées, pointues, dentées; fl. en thyrse; 5 pétal. blancs, un peu rougeâtres; fr. épineux; gr. très-grosses, arrondies. (Marrons). L. *dans les grands jardins.*

Le marronnier est originaire des Indes-Orientales. Le premier pied que l'on ait vu en France fut planté au jardin de Soubise, à Paris, en 1515; le second l'a été au jardin du roi, en 1655; depuis cette époque il s'est répandu partout; il fait l'ornement des jardins et des parcs par la beauté de son feuillage et l'élégance de ses fleurs.

Les marrons en poudre sont regardés comme spécifique contre la toux et la colique des chevaux.

## CLASSE VIII.

### OCTANDRIE. — HUIT ÉTAMINES.

### MONOGYNIE. — UN STYLE OU STIGMATE.

**CXL. ACER.** *Erable.* (Acérinées). Fl. souvent polygames; cal. 5 — parti; 5 pétal; 8 étam.; ov. à 2 lobes; 1 style; 2 stigm. pointus; fr. 2 samares soudées à la base et terminées par une aile membraneuse.

286. *A. campestre*, L. — *E. champêtre.* — *Ahorn of boog-hout.* Arbre médiocre; feuil. petites, opposées, cordiformes, à 3 ou 5 lobes, obtus, anguleux, pubescens; fl. petites, verdâtres, souvent hermaphrodites, en grappes paniculées, dressées; fr. souvent pubescens, à ailes très-divergentes. L. Avril; *dans les haies.* (Vand. M.)

**CXLI. VACCINIUM.** *Airelle.* (Ericées). Cal. supère, à 4 dents; cor. à 4 div.; 8 étam., échancrées au sommet, prolongées en 2 appendices creux; baie globuleuse, ombiliquée, à 4 loges.

287. *V. mirtillus*, L. — *A. mirtille.* — *Zwarten mirt.* Tige de 6 décim., anguleuse et rameuse; feuil. alternes, ovales, glabres, légèrement dentées; pédonc. axillaires, 1 flores; cor. rougeâtre; anth. sessiles, portant sur le dos 2 cornes; baies bleues. L. Avril-Août; *dans les bois.* (Desm.)

Les baies sont rafraîchissantes et astringentes.

288. *V. oxycoccos*, L. — *A. canneberge.* — *Water mirt.* Tige filiforme, longue, rameuse et renversée; feuil. alternes, petites, dures, ovales, oblongues, à bords révolutés; pédonc. garnis de quelques bractées; cor. rougeâtre, à 4 pétal. réfléchis; anth. dépourvues de cornes; baies rouges. L.; *dans les marais.*

Ses baies sont acides et agréables à manger.

**CXLII. OENOTHERA.** *Onagre.* (Onagraires.) Cal. infère, prolongé en tube creux au-dessus de l'ov.; limbe 4 — parti, caduc; 4 pétal.; 8 étam. insérées au haut du tube du cal.; gr. polliniques, unis par une humeur visqueuse; 4 stigm.; caps. alongée, quadrangulaire.

289. *OE. biennis*, L. — *O. bisannuelle.* — *Ezels-kruyd.* Tige de 9 à 12 décim., dressée, garnie de feuil. ovales-lancéolées, dentées, tracées d'une nervure blanche; fl. jaunes, grandes, de 4 pétal. échancrés en cœur; filets des étam. arqués; caps. velue. B. Été.

L'Onagre a été apportée de la Virginie en 1614. Elle est à présent naturalisée dans le Nord de la France.

CXLIII. **EPILOBIUM.** *Epilobe.* (Onagraires). Ce genre diffère du précédent par le cal. non prolongé en tube au-delà du sommet de l'ov.; les gr. du pollen non réunis par une humeur visqueuse.

290. *E. amplexicaule*, L. — *E. hérissé.* — *Groot-wederick.* Tige de 9 à 15 décim., cylindrique, velue, branchue; feuil. grandes, ovales, lancéolées, velues, dentelées, alternes ou opposées, amplexicaules, un peu décurrentes; fl. grandes, purpurines, terminales et axillaires ; cal. garni à l'intérieur sous les étam., d'un cercle de poils. A. Été ; *au bord des eaux.* (Vand. M.)

291. *E. molle*, L. — *E. mollet.* — *Kleyn-wederick.* Cette espèce diffère de la précédente par sa tige moins élevée, simple; ses feuilles lancéolées, dentées, non amplexicaules, pubescentes sur toute leur surface, d'un vert blanchâtre; ses fl. plus pâles, peu ouvertes, beaucoup plus petites. v. Été; *dans les prés humides.* (Vand. M.)

292. *E. montanum*, L. — *E. des montagnes.* — *Berg-wederick.* Tige de 3 à 5 décim., sub cylindrique, quelquefois rougeâtre, glabre; feuil. opposées, alternes ou éparses, ovales lancéolées, presque sessiles, glabres, ondulées et un peu dentées ; fl. purpurines, axillaires, en épi terminal, stigm. 4 — lobé. v. Juin ; *au mont des Récollets.* (Vand. M. et Huissen.)

293. *E. palustre*, L. — *E. des marais.* — *Water-wederick.* Tiges dressées, cylindriques, glabres ou un peu velues; feuil. opposées ou alternes (quelquefois ternées), lancéolées, linéaires, pointues, entières ou à peine dentées, glabres ou sub-pubescentes, un peu réunies à la base; fl. rosées; stigm. linéaire, entier; caps. pubescente. v.; *le long des fossés.* (Vand. M.)

CXLIV. **ERICA.** *Bruyère.* (Éricées). Cal. à 4 foliol.; cor. à 4 lobes; 8 étam.; caps. de 4 à 8 loges; style sillonné; stigm. 4 lobé.

* CALICE DOUBLE.

294. *E. vulgaris*, L. — *B. commune.* — *Gemeyne heyde.* Tige de 3 décim., tortueuse, rameuse; feuil. sessiles, quaternées, imbriquées, prolongées à la base en un appendice bi-parti, garnies de quelques poils glanduleux, peu apparens; fl. petites, rouges, terminales, en grappes. B.; *commun au bois Vandamme et au mont des Récollets.* (Vand. M.)

** CALICE SIMPLE.

295. *E. tetralix.* — *B. quaternée.* — *Groote-heyde.* Tige de 3 décim.; rameaux très-grêles, velus; feuil. quaternées, presque sessiles, révolutées, umcronées, velues et ciliées de poils glanduleux; fl.

presque globuleuses, rouges, terminales, en sertule. ɒ. La floraison a lieu deux fois l'an; *dans les marais humides.* (Vand. M.)

CXLIV bis. DAPHNE. *Daphné.* (Thymélées). Cal. tubulé, 4 fide, pubescent en-dehors, coloré; 8 étam. incluses; styl. court; stigm. capité; baie 1-loculaire, monosperme.

295 bis. *D. mezereum.* — *D. bois gentil.* — *Garou of peperboomje.* Arbrisseau de 6 à 9 décim., rameux; écorce brune ou grise; feuil. décidues, ovales-lancéolées, sub spatulées, d'un vert pâle; fl. rougeâtres, quelquefois blanches, sessiles, en paquets, naissant avant les feuilles; baies rouges, noires ou jaunes. ʟ. Décembre et Février; *dans les bois et plus particulièrement dans les jardins.*

Ce végétal est âcre et caustique comme toutes les plantes de la même famille. On se sert de son écorce pour former des sétons et des cautères.

Chomel rapporte que les grives mangent impunément les baies du *Daphné-garou,* quoique toutes les parties de cet arbrisseau soient corrosives et très-vénéneuses.

TRIGYNIE. — TROIS STYLES OU STIGMATES.

CXLV. POLYGONUM. *Renouée.* (Polygonées). Cal. 4 — 5 fide, coloré; 5 à 8 étam.; 2 ou 3 styles; 2 ou 3 stigm.; fr. akène, ovoïde ou triangulaire.

*FL. EN ÉPIS SOLITAIRES OU TERMINAUX; 8 ÉTAM.; 3 STIGM.; FR. TRIANGULAIRE.*

296. *P. bistorta,* L. — *R. bistorte.* — *Nater-wortel.* Tige de 3 à 6 décim., droite, simple, glabre; feuil. radicales, ovales, un peu courantes sur le pétiole; les caulinaires engainantes; fl. d'un rose pâle, en épi dense, à pédicelles grêles, rougeâtres, entourées de bractées scarieuses; cal. à 5 div., 2 extérieures plus petites. ᴠ.; *au Mont-Cassel et dans les prés humides des montagnes les plus élevées.* (Thém. Lestib.)

La racine de cette plante est vulnéraire et astringente.

*FL. EN ÉPIS OU EN PANIC. AXILLAIRES OU TERMINAUX; 5 A 8 ÉTAM.; 2 OU 3 STIGM.; GR. OVOÏDE.*

297. *P. persicaria,* L. — *R. persicaire.* — *Gemeyn persen-kruyd.* Tige de 3 décim., redressée, rameuse, glabre; feuil. lancéolées, rétrécies en pétiole, glabres, ciliées, souvent marquées d'une tâche brûne; stipul. ciliées; fl. rougeâtres ou blanches, en épis ovoïdes; cal 5 — fide; 6 étam. (5 à 8 selon Ventenat); 2 stigm.; gr. ovoïde, applatie, pointue. ᴠ.; *commun dans les fossés le long des chemins.* (Vand. M.)

Il est vulnéraire et astringent.

298. *P. amphibium*, L. — *R. amphibie*. — *Water persen-kruyd.* Tige de 3 à 9 décim., cylindrique, radicante; feuil. pétiolées, ovales-lancéolées, flottantes, finement denticulées; fl. rougeâtres, en épis terminaux, ovoïdes, serrés; 5 étam.; 2 stigm. v. Eté; *commun dans les eaux tranquilles.*

299. *P. pusillum*, L. — *R. fluette*. — *Kleyn persen-kruyd.* Tige d'un décim. et demi, grêle et renversée; feuil. lancéolées, linéaires, très-étroites et aiguës; fl. en épi grêle, filiforme. v.; *lieux humides et sablonneux.*

300. *P. lapathifolium*, L. — *R. à feuil. de patience*. — *Lapathum P. K.* Diffère de la persicaire commune (297), par les stipul. sans cils; les pétioles couverts de poils roides, appliqués; les fl. blanches en épis courts, épais, souvent interrompus. v.; *dans les champs.*

301. *P. incanum*, L. — *R. blanchâtre*. — *Wit P. K.* Il n'est probablement qu'une variété du précédent; ses feuil. sont cotonneuses et pubescentes au-dessous. v.; *mêmes lieux.*

*** FL. AXILLAIRES; 8 ÉTAM.; 3 STIGM.; GR. ARRONDIE.

302. *P. aviculare*, L. — *R. centinode*. — *Duysent-knoop of zwyne-gas.* — Tige de 3 décim., renversée, glabre, articulée; feuil. lancéolées, sessiles, entières et presque planes; stipul. transparentes, déchirées au sommet; 1 à 4 fl. dans les aisselles; cal. verdâtre; bords blancs ou rougeâtres. A.; *commun le long des chemins.*

**** FL. EN CORYMBE OU EN PANICULE; 8 ÉTAM.; 3 STYLES; GR. TRIANGULAIRE, NOIRE.

303. *P. fagopyrum*, L. — *R. sarrasine*. — *Bocwiet. (Sarrasin ou blé noir.)* Tige de 3 à 6 décim., droite, rameuse, pubescente; feuil. sagittées, pointues, un peu ciliées, distantes, les supérieures sessiles; stipul. courtes, tronquées; fl. blanches ou rougeâtres, en épis terminaux, ramassés; les 8 étam. portées chacune sur une glande distincte. A.; *cultivé dans les terrains maigres, à Renescure*, (H. V.) Originaire d'Asie, on croit qu'il a été apporté en Europe par les Sarrasins. Sa semence est très-nourrissante et sa farine résolutive.

304. *P. convolvulus*, L. — *R. liseronne*. — *Zwarte winde.* Tiges de 3 à 6 décim., grimpantes, anguleuses; feuil. pétiolées, cordiformes ou sagittées, aiguës, souvent rougeâtres; fl. axillaires, en épi filiforme; anth. violettes A.; *dans les champs.* (Vand. M.)

TÉTRAGYNIE. — QUATRE STYLES OU STIGMATES.

CXLVI. PARIS. *Parisette.* (Asparagées). Cal. à 8 sépal., 4 extérieurs plus larges, 4 intérieurs plus étroits; 8 étam.; anth. adnées vers le milieu du filet; 4 stigm.; baie à 4 loges.

305. *P. quadrifolia*, L. — *P. à 4 feuil.* — *Vosse druiven.* Tige d'un à 3 décim., portant au sommet 4 feuil. (quelquefois 3, 6 ou 8) verticillées, arrondies, acuminées; fl. verdâtre, pédonculée; baie noirâtre, un peu quadrangulaire. v. Mai-Juin; *dans les bois*. (Desm.)

Cette plante est réputée anodine, résolutive, céphalique et alexipharmaque; ses baies passent pour vénéneuses et ses racines pour émétiques.

CXLVII. ADOXA. *Adoxe.* (Saxifragées). Cal. adhérent, à 2 ou 3 lobes charnus, étalés; cor. monopétale, 4 — 5 — partie, supérieure; baie à 4 et souvent 5 loges réunies dans le calice.

306. *A. moschatellina*, L. — *A. moschatelline.* — *Noordschenhaenevoet.* Tige d'un décim., simple; feuilles pétiolées, 2 ou 3 fois ternées; foliol. incisées, lobées, tendres, d'un vert glauque; fl. sessiles, verdâtres, en tête terminale. v.; *dans les lieux couverts à Morbecque*. (Huissen).

L'Adoxe a une odeur de musc agréable; sa racine est vulnéraire, détersive et résolutive.

## CLASSE IX.

### ENNÉANDRIE. — NEUF ÉTAMINES.
#### MONOGYNIE. — UN STYLE.

CXLVIII. LAURUS. *Laurier.* (Laurinées). Fl. souvent dioïques; cal. de 4 à 6 lobes égaux, plus ou moins profonds; 8 à 12 étam. sur 2 rangs, les extérieures toutes fertiles, les intérieures alternativement fertiles et stériles, ces dernières munies à la base de 2 appendices ou glandes; fr. drupe.

307. *L. nobilis*, L. — *L. commun.* — *Laurier-boom.* Arbre dont le bois est très-dur; écorce unie, d'un gris noirâtre; feuil. pétiolées, ovales, aiguës, ondulées, persistantes; fl. axillaires, fasciculées. L. Mai.

Originaire de la Grèce et de l'Italie, le laurier était célèbre chez les anciens; c'était l'arbre de la victoire. Ses feuilles sont aromatiques et toniques. On tire de ses baies une huile essentielle concrète qui est très-résolutive et propre à adoucir les douleurs, résoudre les tumeurs et fortifier les parties affaiblies.

Ses feuilles sont d'un fréquent usage dans les cuisines, comme assaisonnement propre à aider la digestion.

#### HEXAGYNIE. — SIX PISTILS.

CXLIX. BUTOMUS. *Butome.* (Butomées). Cal. à 6 div., 3 extérieures un peu verdâtres, plus petites; 9 étam., 6 insérées 2 à 2 vis-à-vis des sépales intérieurs; 3 vis-à-vis des sépales extérieurs; 6 ov. soudés entr'eux par la base.

308. *B. umbellatus*, L. — *B. en ombelle.* — *Gebloemb waterlisch.* (*Jonc fleuri*). Hampe de 6 à 12 décim, nue; ombelle terminale, garnie de 3 spathes; pédicelles longs, minces, uniflores, garnis à la base d'une bractée membraneuse; fl. purpurines, veinées. v. Mai-Juin.

Commun au bord des eaux, particulièrement dans le canal d'Hazebrouck, *près la Motte-au-Bois*. (H. V.)

## CLASSE X.

### DÉCANDRIE. — DIX ÉTAMINES LIBRES.

### MONOGYNIE. — UN STYLE OU STIGMATE.

CL. CERCIS. *Gainier.* (Légumineuses). Cal. en godet, à 5 dents, ventru à la base; pétal. onguiculés; étendard arrondi; ailes assez grandes; carène 2 — pétal.; étam. inclinées; légume comprimé, garni supérieurement d'une aile étroite. — Ce genre ne renferme qu'une espèce cultivée dans les jardins, c'est le *C. siliquastrum*, L — *G. siliqueux.* — *Judas-boom*, dont les feuilles sont cordiformes, orbiculées, glabres.; les fl. rouges, naissant en bouquet sur les rameaux.

CL bis. DICTAMNUS. *Dictame.* (Rutacées). Cal. petit, caduc, 5 phylle; 5 pétal. inégaux; étam. déclinées; filets parsemés de glandes; style décliné; 5 caps. réunies. — Ce genre ne compte que deux espèces dont une seulement est cultivée dans nos parterres, c'est le *D. albus*, L. — *D. blanc.* — *Fraxinelle of wit esschen-kruyd*, dont la tige est simple et les feuilles pinnées. V.

Le sommet de cette plante est garni de poils glanduleux et visqueux qui exhalent un fluide inflammable à l'approche d'une bougie allumée.

CL ter. RUTA. *Rue.* (Rutacées). Cal. à 4 ou 5 parties; 4 ou 5 pétal. concaves; 8 à 10 étam. insérées sur le disque qui porte au-dessus de chacune un point glanduleux; ov. lobé.

309. *R. graveolens*, L. — *R. des jardins.* — *Hof-ruyte.* Tige de 6 à 9 décim., sous-ligneuse, rameuse; feuil. pétiolées, décomposées, d'un vert glauque, à foliol. ovales, obtuses ou cunéiformes; fl. terminales, jaunes, v.

Cette plante, que l'on cultive dans les jardins, est un excitant stomachique, vermifuge et emménagogue énergique.

## DIGYNIE. — DEUX STYLES OU STIGMATES.

**CLI. DIANTHUS.** *OEillet.* (Caryophyllées). Genre exotique à cal. tubuleux, 5 — denté, garni à la base de 2 à 4 écail. opposées; 5 pétal. égaux; onglets égaux au calice; caps. 1 loculaire. — Ses principales espèces sont *l'œillet barbu* (bouquet parfait); *l'œillet des fleuristes*; *l'œillet mignardise* et plusieurs autres espèces, toutes cultivées dans les jardins.

**CLI bis. CHRYSOSPLENIUM.** *Dorine.* (Saxifragées). Cal. 4 — fide, souvent 5 — fide, coloré; cor. 0; caps. à 2 becs, à 1 loge, polysperme.

310. *C. alternifolium*, L. — *D. à feuil. alternes.* — *Goudensteenbreke.* (*Saxifrage dorée*). Tige d'un décim., faible, anguleuse et rameuse; feuil. alternes, réniformes, crénelées, un peu velues; les inférieures pétiolées; fl. jaunâtres, rassemblées au sommet de la tige, garnies de feuil. florales. v. Avril; *dans les lieux humides des montagnes.* (Desm.)

Cette plante est apéritive, propre à lever les obstructions du foie et de la rate.

**CLII. SAXIFRAGA.** *Saxifrage.* (Saxifragées). Cal. à 5 lobes; 5 pétal.; ov. demi-adhérent ou libre; 2 styles; caps. à 2 loges, à 2 cornes, s'ouvrant par le côté interne.

311. *S. granulata*, L. — *S. granulée.* — *Witte steenbreeke.* Dod. Tige de 3 décim., velue, un peu rameuse; feuil. inférieures réniformes, un peu prolongées sur le pétiole, à larges crénelures; les supérieures sessiles, cunéiformes, un peu trilobées; fl. grandes, blanches, terminales, à pédicelles un peu visqueux. v.; *dans les prés;* Avril-Mai. (Desm.)

La racine de cette plante est remarquable par le grand nombre de petits tubercules dont elle est munie.

La saxifrage est apéritive et très-propre à briser ou dissoudre les pierres du rein et de la vessie.

312. *S. tridactylites*, L. — *S. à 3 doigts.* — *Ander vyt-kruyd of paronychia altera.* D. Tige d'environ 1 décim., grêle, souvent rameuse, rougeâtre, chargée de poils glanduleux, ainsi que les pédoncules et le calice; feuil. radicales, rétrécies en pétiole, trilobées ou entières; les caulinaires plus courtes, à 3 ou 5 lobes; fl. blanches, petites, terminales. A. Avril; *sur les toits et les vieux murs.* (Vand. M.)

**CLIII. SCLERANTHUS.** *Gnavelle.* (Paronychiées.) Cal. libre, urcéolé, à 5 lobes; cor. 0; 5 à 10 étam.; 2 styles filiformes; fr. monosperme, indéhiscent, renfermé dans le cal. qui est strié.

313. *S. annuus*, L. — *G. annuelle.* — *Knawel.* Dod. Tiges d'un décim. environ, rameuses, étalées, redressées, renflées aux articula-

tions, pubescentes; feuil. connées, subulées; fl. verdâtres, fasciculées, latérales et terminales. A.; *dans les champs.* (Desm.)

TRIGYNIE. — TROIS STYLES OU STIGMATES.

CLIV. SILENE. *Silène.* (Caryophyllées). Cal. ventru; 5 pétal. à onglets, couronnés ou non couronnés par la gorge; caps. à 3 loges.

314. *S. noctiflora*, L. — *S. de nuit.* — *Nagt-bloeme.* Tige de 5 décim., dressée, velue, dichotome; feuil. velues, ovales-lancéolées, rétrécies à la base; les inférieures spatulées; fl. axillaires et terminales, d'un blanc jaunâtre; pédic. très-velus, visqueux; cal. renflé après la floraison, marqué de 10 lignes vertes, à 5 dents très-longues, filiformes; pétal. bifides; onglets portant au sommet 2 dents sur les côtés, et 2 appendices petits, échancrés. A. Été; *dans un champ de blé, petit sentier de la rue de St.-Venant pour aller au Parc, à Morbecque.* (Huissen.)

CLIV bis. STELLARIA. *Stellaire.* (Caryophyllées). Cal. 5 — parti; 5 pétal. 2 — partis; 10 étam. (3 à 10 dans le *S. media*); 3 styl.; caps. 1 loculaire, 6 — valve.

314 bis. *S. media*, L. — *S. intermédiaire.* — *Vogel kruyd of ganse-meur.* (*Alsine, morgeline* ou *mouron des oiseaux.*) Tige de 2 à 3 décim., grêle, rameuse, garnie d'une ligne de poils alternant à chaque nœud; feuil. ovales, ciliées à la base, pointues; les inférieures pétiolées; pédonc. terminaux, axillaires et solitaires, 1 — flores; fl. blanches, petites; sépal. hérissés, ovales; pétal. fendus jusqu'à la base, plus courts que le cal.; 3 à 10 étam. hypogynes; celles qui sont opposées aux sépal. insérées sur une glande; caps. ovales. A.; *dans les lieux cultivés.* (Vand. M.)

315. *S. holostea*, L. — *S. holostée.* — *Groot sterre kruyd of gramen leucanthemun.* Dod. Tige de 3 à 6 décim., à 4 angles scabres; feuil. sessiles, lancéolées, étroites, acuminées, glauques, réfléchies, scabres sur le dos et les bords; les supérieures plus larges, plus courtes; panicule terminale dichotome; pédonc. très-longs, dressés, scabres; sépal. lancéolés, énerves, scarieux sur les bords; pétal. blancs, doubles du cal., divisés jusqu'à moitié; anthères jaunes; caps. globuleuse, rétrécie à la base. v. Mai; *dans les haies.* (Vand. M.)

316. *S. graminea*, L. — *S. graminée.* — *Kleyn sterre kruyd.* Diffère de l'espèce précédente par sa tige et ses pédoncules lisses; feuil. beaucoup plus courtes, à peine scabres sur les bords, presque point glauques; les sépal. blanchâtres, ciliés, à 3 nervures vertes, très-marquées; pétal. dépassant à peine le cal.; fendus jusqu'à la base; anth. rougeâtres. v.; *dans les bois.* (Vand. M.)

CLV. ARENARIA. *Sabline.* (Caryophyllées). Cal. 5 — phylle, ouvert; 5 pétal. entiers; caps. à 1 loge, polysperme.

317. *A. trinervia*, L. — *S. nerveuse.* — *Zand plant* of *alsine plantaginis folio.* Tige de 2 décim., faible, grêle et rameuse; feuil. ovales, pointues, à 3 ou 5 nervures, pétiolées, surtout inférieurement; fl. blanches, solitaires; cor. plus petite que le cal. A.; *dans les bois.* (Desm.)

318. *A. serpillifolia*, L. — *S. serpoline.* — *Kleyn vogel kruyd.* Tiges d'un décim. et demi, nombreuses, redressées, pubescentes; feuil. petites, ovales, sessiles, opposées, aiguës, ciliées; fl. blanches; pédonc. courts; sépal. lancéolés, aigus, hérissés, scarieux en leurs bords, 3 — 5 nerves, plus longs que les pétales. A. Mai; *sur les murs.* (Vand. M.)

319. *A. tenuifolia*, L. — *S. à feuil. menues.* — *Ander kleyn vogel kruyd.* Tige d'environ 1 décim., très-menue, glabre et rameuse; feuil. petites, aiguës, un peu connées et glabres; fl. blanches, petites, pédonculées; caps. pointues. A. Été; *dans les sables.* (H. V.)
On distingue une variété de cette espèce, chargée de poils visqueux.

320. *A. rubra*, L. — *S. rouge.* — *Rooden zand plant.* Tiges de 2 décim., rameuses, redressées, grêles et velues; feuil. filiformes, opposées; stipul. membraneuses, en gaîne; fl. rouges. A. Juin; *dans les champs.* (Vand. M. et Desm.)

PENTAGYNIE. — CINQ STYLES OU STIGMATES.

CLVI. SEDUM. *Orpin.* (Crassulacées). Cal. 5 — fide; cor. de 5 pétal.; 5 écail. nectarifères à la base de l'ov.; 5 capsules.

* FEUILLES PLANES.

321. *S. telephium.* — *O. reprise.* — *Spaenschen smeer-wortel.* Tige de 3 à 5 décim., dressée, rameuse au sommet; feuil. larges, sessiles, éparses, ovales-oblongues, dentées; fl. blanches ou rougeâtres, en corymbe terminal. v. Août-septembre; *dans les bois.* (Desm.)
Ses feuilles, appliquées extérieurement, sont vulnéraires et consolidantes.

** FEUILLES CYLINDRIQUES.

322. *S. acre.* — *O. brûlant.* — *Eerste kleyne donderbaere.* Tiges d'un décim., redressées, rameuses; feuilles éparses, ovoïdes, larges à la base, obtuses, un peu applaties au-dessus, serrées, d'un vert clair, souvent rougeâtre, d'une saveur brûlante; fl. d'un jaune vif, sessiles sur les 2 ou 3 bifurcations de la cîme; lobes du cal. ovales-oblongs, obtus. v. Été; *commun sur les murs.* (Vand. M.)

323. *S. album*, L. — *O. blanc.* — ***Tweede kleyne donderbaere.*** Tiges d'un à 2 décim., couchées à la base, rameuses; feuil. cylindriques, éparses, obtuses, un peu rétrécies à la base, d'un vert bleuâtre; fl. blanches, petites, pédicellées, en corymbe terminal. A. Juin; *sur les vieux murs.* (H. V.)

324. *S. hexangulare*, L. — *O. à 6 angles.* — ***Zeskantige donderbaere.*** Tiges d'un décim. environ, glabres, redressées, un peu rameuses; feuil. cylindriques, obtuses, étalées, disposées sur les jeunes pouces en verticilles de 3, alternes avec les verticilles voisins, et formant ainsi 6 angles sur la tige non fleurie; fl. jaunes. V. Eté; *sur les murs.* (Vand. M.)

CLVII. OXALIS. *Oxalide.* (Oxalidées). Cal. 5 — parti; cor. à 5 pétal. égaux, hypogynes, un peu soudés au-dessus des onglets; 10 étam. alternativement plus courtes, un peu soudées à la base; 5 styles; caps. à 5 valves; 5 loges polyspermes.

325. *Ox. acetosella*, L. — *Ox. oseille.* — ***Zeur-klaver.*** (*Alleluia, pain de coucou*). Rac. écailleuse et articulée; feuil. ternées, sur de longs pétioles sortant de la racine; foliol. cordiformes, d'un vert clair; hampes uniflores; fl. blanches. V. Mars-Avril; *dans les bois, particulièrement sur le mont de Boeschepe et celui des Récollets.* (Huissen, H. V. et Vand. M.)

Les feuilles de cette plante sont très-acides, rafraîchissantes et tempérantes; c'est d'elles qu'on retire le *sel d'oseille* connu pour ôter les tâches d'encre sur le linge.

326. *Ox. corniculata*, L. — *Ox. corniculée.* — *Geleen oxis, Cl.* Tige d'un à 2 décim., dressée ou renversée, rameuse ou diffuse; feuil. pétiolées, composées de 3 folioles en cœur; fl. jaunes, axillaires, ombelliformes. A. Eté; *dans les haies.* (Desm.)

327. *Ox. stricta*, L. — *Ox. droite.* — *Opstaenden-oxis, Cl.* Celui-ci n'est, à vrai dire, qu'une variété du précédent, dont il diffère par sa tige, souvent dressée, jamais radicante; ses feuil. presque glabres; ses pétal. entiers. A. *mêmes lieux.* (Huissen).

CLVIII. LYCHNIS. *Lampette.* (Caryophyllées.) Cal. tubuleux, à 5 dents; 5 pétal. onguiculés,

\* PÉTAL. DÉCOUPÉS OU BIPARTIS.

328. *L. flos-cuculi*, L. — *L. fl. de coucou.* — ***Vriendin der weyden.*** Tige de 3 à 9 décim., dressée, cannelée, garnie surtout dans le haut de poils appliqués; feuil. inférieures presque spatulées; les supérieures lancéolées, aiguës, un peu connées; fl. rouges ou blanches, en panic. terminale; cal. à 10 stries rouges; pétal. 4 — fides; caps. presque sessile. V. Eté; *commun dans les prés humides.* (H. V.)

329. *L. dioïca*, L. — *L. dioïque.* — *Christus oogen.* Tige de 5 décim. dressée, articulée et velue; feuil. larges, ovales, velues, molles et pointues; fl. blanches, dioïques, terminales, odorantes le soir; les fl. femelles ont des rudimens d'étam.; cal. velu, strié, ventru; pétal. bifides; caps. sub-sessile. ⚇. Été; *au bord des champs.* (Huissen et Vand. M.)

330. *L. sylvestris*, L. — *L. des bois.* — *Wilde soorte.* Celui-ci n'est probablement qu'une variété du précédent, dont il diffère par sa tige moins élevée; ses fl. rouges, inodores; ses cal. moins nerveux; ses pétal. à lobes étroits, écartés; les poils plus longs; il fleurit plus tôt et il est aussi plus *commun près de la ville d'Hazebrouck.* (H. V.)

** LAME DES PÉTAL. ENTIÈRE.

331. *L. githago*, L. — *L. nielle.* — *Negel-bloemen.* Tige de 6 décim., simple ou rameuse, velue; feuil. longues, linéaires, pointues et très-velues; fl. grandes, solitaires, terminales; pédonc. longs; cal. coriace, très-velu, à 10 côtes, à lobes foliacés, linéaires, dépassant les pétales qui sont un peu échancrés, d'un rouge bleuâtre, à 3 stries rouges; onglets roses, luisans; caps. sessile. ⚇.; *dans les champs, parmi les moissons.* (Vand. M. et H. V.)

On cultive dans les jardins le *Lychnis chalcedonica*, L. (*Croix de Jérusalem*), dont les fl. sont en corymbe terminal, serré; les pétal. bifides, d'un rouge vif; et le *L. coronaria*, Lam., dont les fl. sont grandes, rouges ou blanches, terminales, ayant la lame des pétal. presque entière.

CLIX. CERASTIUM. *Céraiste.* (Caryophyllées). Cal. à 5 parties; 5 pétal. bifides; caps. à 1 loge.

* PÉTAL. ÉGAUX OU PLUS COURTS QUE LE CAL.

332. *C. vulgatum*, L. — *C. commun.* — *Wild vogel-kruyd of alsine corniculata.* Tiges de 2 décim., couchées, diffuses, rameuses, articulées et velues; feuil. ovales-oblongues, obtuses, hérissées; fl. blanches, terminales, petites, en panic. courte, dichotome. ᴠ. Été; *au bord des champs.* (H. V.)

333. *C. viscosum*, L. — *C. visqueux.* — *Tweede soorte van alsine.* Il ressemble au précédent, mais il est complètement visqueux; ses feuil. sont arrondies, souvent terminées par une petite pointe; la panic. plus grande. ⚇.; *dans les lieux sablonneux.* (Desm.)

** PÉTAL. PLUS LONGS QUE LE CAL.

334. *C. arvense*, L. — *C. des champs.* — *Caryophyllus holos-*

## DÉCANDRIE PENTAGYNIE.

*tius. of derde soorte van alsine.* Tiges de deux décim., redressées, rameuses, articulées et velues; feuilles étroites, lancéolées, linéaires, glabres au-dessus; fl. blanches, grandes, terminales; caps. longue, cylindrique, recourbée en manière de corne. v. Mai-Juin; *au bord des champs.* (Huissen.)

335. *C. aquaticum*, L. — *C. aquatique.* — *Water vogel kruyd.* Tiges longues, faibles, rameuses; feuil. ovales, cordiformes, assez larges, pointues; la plupart glabres, les supérieures velues; fl. blanches, médiocres, portées sur des pédonc. simples; pétal. 2 — partis; étam. hypogynes; celles qui sont opposées aux sépal. sont insérées sur une glande; fr. globuleux, pendans. v.; *dans les lieux humides* (H. V.)

Cette plante a beaucoup de rapport avec la stellaire des bois.

CLX. SPERGULA. *Spargoute.* (Caryophyllées). Cal. à 5 parties; 5 pétal. entiers; caps. uni-loculaire, 5 — valve.

### * FEUILLES GARNIES DE STIPULES.

336. *S. arvensis*, L. — *S. des champs.* — *Veld-speurie.* Tige d'un à 3 décim., faible, rameuse et velue; 10 à 12 feuil. linéaires, recourbées, velues, plus courtes que les entre nœuds, paraissant verticillées (2 feuil. opposées, garnies de stipul. intermédiaires, contiennent dans leurs aisselles 8 à 10 feuil. fasciculées); fl. blanches, terminales, petites. A. Juin; *dans les champs.* (Desm. et Huissen.)

Cette plante, au rapport de M. Lestiboudois père, est un bon fourrage pour toute espèce de bétail. Quoique de mauvaise couleur et odeur, ce fourrage, dit-il, est préféré au meilleur foin pour les chevaux, bœufs, vaches et moutons; il est difficile à faner. Sa graine est excellente pour les volailles et les pigeons.

Le produit de la spargoute, dans les bons terrains, est presque incroyable. (BB.)

337. *S. pentendra*, L. — *S. à 5 étam.* — *Vyf-mans-speurie.* Feuil. moins nombreuses et plus courtes que dans l'espèce précédente, presque toujours glabres; presque toujours 5 étamines. A.; *dans les champs sablonneux, près le Mont des Cattes.* (Vand. M.)

### ** FEUIL. SANS STIPUL.

338. *S. nodosa*, L. — *S. noueuse.* — *Knobbelige speurie.* Tige d'environ 2 décim., dressée, simple ou rameuse, presque filiforme, glabre, garnie d'un bourrelet au-dessus des articulations; feuil. linéaires, opposées, un peu connées et scarieuses à leur base, portant dans les aisselles des feuil. petites, fasciculées; fl. terminales, blanches. v.; *dans les lieux sablonneux et humides.* (Desm. et H. V.)

## DÉCAGYNIE. — DIX STYLES.

**CLX bis. PHYTOLACCA.** *Phytolaque.* (Chénopodées). Cal. coloré à 5 divisions; baie presque libre, à 10 loges monospermes. — Port des *amaranthes*; grappes opposées aux feuil.

338 bis. *P. decandra*, L. — *P. à dix étamines.* — *Tien-manskruyd.* (Herbe de la laque.) Plante de 12 à 18 décim., luisante; feuil. ovales-lancéolées; fl. rosées; baie d'un pourpre noir à 10 sillons. v. Juillet-Août; *cultivé partout.* (Desm.)

# CLASSE XI.

## DODÉCANDRIE. — DOUZE A DIX-NEUF ÉTAMINES.

### MONOGYNIE. — UN STYLE OU STIGMATE.

**CLXI. ASARUM.** *Cabaret.* (Aristolochiées). Cal. campanulé, à 3 lobes profonds; 12 étam. insérées sur le sommet de l'ov.; style court; stigm. rayonnant; caps. à 6 loges.

339. *A. Europœum*, L. — *C. d'Europe.* — *Oreille d'homme.* — *Mans oor.* Tige nulle; feuil. radicales, binées, réniformes, obtuses, longuement pétiolées, glabres et très-lisses au-dessus, pubescentes au-dessous; fl. rougeâtres, axillaires, solitaires et courtement pédonculées. v. Avril-Mai; *cultivé dans les jardins.*

*Asarum*, en grec, signifie *je n'orne pas*, parce que suivant Pline cette plante n'entrait jamais dans la composition des guirlandes dont on se parait dans les fêtes. Le nom de *cabaret* lui vient de l'usage qu'on en fait dans certains pays pour dissiper l'ivresse. Et celui *d'oreille d'homme* de la forme de ses feuilles. Toute la plante est fortement purgative, émétique, emménagogue, sudorifique, anti-hypocondriaque et errhine. Sa racine est un peu amère, aromatique, nauséeuse et d'une odeur assez forte; réduite en poudre, elle est employée contre le farcin des chevaux.

**CLXII. PORTULACA.** *Pourpier.* (Portulacées). Cal. 2 — fide; cor. à 5 pétal.; 6 à 12 étam.; styl. à 4 ou 5 divisions stigmatiques; caps. 1 — loculaire, coupée horizontalement, (ou à 3 valves.)

340. *P. oleracea*, L. — *P. cultivé.* — *Postelein.* Tiges de 2 à 3 décim., tendres, rameuses, renversées, glabres; feuil. cunéiformes, alternes, épaisses, entières, glabres; fl. jaunes, sessiles, fasciculées, terminales. A. Eté; *dans les lieux sablonneux.* (Desm.)

Le pourpier est cultivé pour l'usage de la table. Il est rafraîchissant, tempérant, diurétique, anti-scorbutique et vermifuge.

CLXIII. LYTHRUM. *Salicaire.* (Salicariées). Cal. 6 — fide ou 12 — fide; 6 pétal. insérés sur le cal.; caps. à 2 loges, polyspermes.

341. *L. salicaria*, L. — *S. commune.* — *Purper wederick.* Tige de 6 à 9 décim., dressée, ferme, carrée, rameuse supérieurement; feuil. opposées ou ternées, sessiles, un peu en cœur, lancéolées, aiguës, entières, pubescentes au-dessous; fl. rouges, verticillées, presque sessiles, en épis terminaux, très-longs. v.; *commun le long des ruisseaux.* (H. V.)

Cette plante est astringente, consolidante, bonne dans toutes les hémorrhagies, particulièrement dans les pertes utérines et dans la dyssenterie.

### DIGYNIE. — DEUX STYLES.

CLXIV. AGRIMONIA. *Aigremoine.* (Rosacées). Cal. à 5 lobes, extérieurement couvert de pointes crochues, garni à la base d'un invol. 2 — phylle; 5 pétal.; 2 ov. renfermés dans le cal.

342. *A. eupatoria*, L. — *A. eupatoire.* — *Lever-kruyd.* Tige de 6 décim., velue; feuil. imparipinnées, à 7 ou 9 foliacés ovales, dentées, incisées, séparées par appendices foliacés très-petits; stipul. adhérentes au pétiol.; fl. jaunes, petites, presque sessiles, en long épi terminal; pédicelle garni à la base d'une bractée 3 — fide. v. Juillet; *dans les lieux secs.* (Vand. M.)

Cette plante est détersive, astringente et vulnéraire; on en fait usage dans les maladies du foie, dans les inflammations de la gorge et contre la diarrhée.

### TRIGYNIE. — TROIS STYLES OU STIGMATES.

CLXV. RESEDA. *Réséda.* (Résédacées). Cal. 1 — phylle, partagé; pétales laciniés; caps. 1 — loculaire, s'ouvrant par des fentes sur le côté interne des styles.

343. *R. luteola*, L. — *R. à jaunir.* — *Lutum herba*, D. — *Gaude of italiaensche rakette.* Tige de 6 à 12 décim., dressée, glabre, cannelée; feuil. éparses, lancéolées, étroites, entières; fl. petites, verdâtres, en épi long, nu et terminal; cal. 4 — lobé; 4 pétal.; le supérieur presque point voûté, à lame 4 — fide; les 2 latéraux bifides ou trifides, rétrécis à la base; l'inférieur souvent simple; disque membraneux; styl. très-saillans. B.; *sur les murs et au bord des chemins.*

Cette plante est cultivée dans les mauvais terrains du Pas-de-Calais. Elle sert à teindre en jaune.

343 bis. *R. lutea*, L. — *R. jaune.* — *Tweede soorte van reseda.* Tiges de 6 décim., redressées, cannelées, un peu velues; feuil. ondulées, pinnatifides, à lobes linéaires, entiers ou découpés; fl. jaunâtres,

en épi terminal; pédic. garnis de bractées caduques; cal. à 6 lobes; 6 pétal.; les 2 supérieurs voûtés à la base, à 3 lobes profonds; les latéraux dentés; les autres pétal. 2 ou 3 — fides; disque frangé; styl. très-courts. v.; *dans les lieux secs, près la station d'Ebblinghem.* (H. V.)

343 ter. *R. odorata*, L. — *R. jaune*. — *Roze van Egypten of welriekende reseda.* Tige de 2 à 3 décim., anguleuse, rameuse, un peu hérissée; feuil. inférieures alongées, spatulées, obtuses, entières; les supérieures souvent 3 — lobées; fl. odorantes, en épis; bractées persistantes; cal. à 6 divisions; 6 pétal.; les 2 supérieurs à onglets voutés, ciliés, à lame multipartie; anth. d'un rouge de brique; 3 stigm. disque velouté. A. Été.

Originaire de l'Égypte, cette espèce est *très-cultivée dans les jardins* pour son odeur agréable.

CLXVI. EUPHORBIA. *Euphorbe.* (Euphorbiacées). **Tithymalus**, Tourn. Cal. 1 — phylle, ventru; cor. de 4, souvent de 5 pétal., assise sur le cal.; caps. à 3 coques, pédiculée, élastique.

344. *E. dulcis*, L. — *E. doux*. — *Kleyn-wolfs-melk.* (Lob. ic. 358). Tige de 3 décim., simple, glabre; feuil. entières, lancéolées, obtuses; les foliol. de l'invol. finement denticulées; bractées ovales, obtuses et jaunâtres. v. Été; *sur le bord des bois.* (BB.)

Le suc laiteux de cette plante n'a aucune âcreté.

345. *E. helioscopia*, L — *E. réveil matin.* — *Zonne volgende-wolfs-melk.* Tige de 2 à 3 décim., souvent simple, velue dans le haut; feuil. éparses, obovales, denticulées; folioles de l'invol. semblables; ombel. à 5 rayons; ombellules à 3 rayons simples ou dichotomes. A. Tout l'été; *au bord des champs.* (Desm.)

Son suc est violemment purgatif, corrosif, propre à détruire les verrues.

346. *E. palustris*, L. — *E. des marais.* — *Groot wolfs-melk.* D. Tige de 6 à 9 déc., dressée, grosse, rameuse; feuil. oblongues, lancéolées, glabres et éparses; rameaux supérieurs terminés par des ombelles à 3 rayons dichotomes; folioles des involucelles ovales-arrondies; fl. d'un jaune roux; caps. verruqueuses. v. Mai-Juin; *dans les marais des bois.* (Desm.)

347. *E. exigua*, L. — *E. menu.* — *Alderkleynste wolfs-melk.* Tige d'environ 1 décim., rameuse, diffuse; feuil. éparses, linéaires, glabres et plus ou moins pointues; folioles de l'involucelle lancéolées; ombel. à 3 ou 4 rayons dichotomes; cornes des pétal. très-aiguës. A.; *commun dans les champs.* (Vand. M.)

347 bis. *E. segetalis*, L. — *E. des blés.* — *Provinciael wolfs-melk.* Tige de 3 décim., rameuse, garnie de feuil. glabres, linéaires, alternes et aiguës; ombelles assez grandes, de 5 rayons; l'invol. de

chaque ombel. de 5 foliol. oblongues; bractées sub-cordiformes; pétal. jaunâtres et bicornés. ⚇. Juillet; *dans les champs de blé en bas d'Hazebrouck.* (Huissen).

348. *E. peplus*, L. — *E. des vignes.* — *Duyvels-melk.* Tige d'un à 3 décim., rameuse; feuil. éparses, entières, obovales, arrondies; ombel. à 3 rayons dichotomes; involucelles à folioles en cœur; les pétal. terminés par 2 longues cornes. On trouve dans la dichotomie des rameaux une fl. stérile, très-longue, sans étam. ⚇. Juillet-Août; *commun dans les lieux cultivés, les jardins, etc.* (H. V.)

349. *E. lathyris*, L. — *E. épurge.* — *Spring-kruyd.* Tige de 6 à 12 décim., rameuse supérieurement; feuil. glauques, lancéolées, larges, entières, opposées en croix; ombelle à 4 rayons dichotomes; pétal. à 2 cornes terminées par un appendice lenticulaire; caps. grosse; gr. ovoïdes. ♂.; *dans les lieux cultivés.* (H. V.)

Toute la plante est violemment purgative; ses semences étaient autrefois nommées *grana regia minora*. Depuis quelque temps on a imaginé d'en exprimer l'huile et de l'employer à l'instar de celle du *croton tiglium*; elle purge à la dose de 8 gouttes. (Guibourt.)

DODÉCAGYNIE. — DOUZE PISTILS.

CLXVII. SEMPERVIVUM. *Joubarbe* (Crassulacées). Cal. 12 parties; 12 pétal.; 12 caps. polyspermes; feuil. planes; souvent ciliées; celles des rameaux stériles, en rosette.

350. *S. tectorum*, L. — *J. des toits.* — *Huislook, donderbaere of groot sedum.* Tige de 3 décim., grosse, velue, cylindrique, divisée au sommet en rameaux ouverts, recourbés, portant des fl. rougeâtres, presque sessiles, uni-latérales, à 12 ou 15 pétal.; feuil. éparses, ciliées, lancéolées; celles des rosettes ovales; écail. cunéiformes. v. Été. *commun sur les chaumières.* (H. V.)

Cette plante est rafraîchissante, un peu astringente et résolutive. On l'emploie principalement à l'extérieur pour calmer les douleurs inflammatoires, ainsi que celles de la goutte.

## *CLASSE XII.*

** PAR NOMBRE ET INSERTION DES ÉTAMINES.

### ICOSANDRIE.

20 à 60 étam. ou plus, insérées sur le bord interne du calice ou sur les pétales qui s'y insèrent eux-mêmes.

MONOGYNIE. — UN STYLE OU STIGMATE.

CLXVIII. MYRTUS. *Myrte.* (Myrtées). Cal. à 5 lobes persistans;

5 pétal.; stigm. obtus; baie à 2 ou 3 loges, de 1 à 5 gr. osseuses.

351. *M. communis*, L. — *M. commun.* — *Gemeynen myrten boom.* Arbrisseau peu élevé, rameux; feuil. petites, nombreuses, sessiles, lancéolées, pointues, entières, vertes, luisantes, persistantes; fl. blanches, axillaires, solitaires, pédonculées, munies de 2 bractées sous le cal. L. Été.

Le myrte, dont on cultive plusieurs variétés, est originaire de la Provence. Selon Garidel ses feuilles et ses baies sont astringentes à un dégré éminent.

CLXVIII bis. PHILADELPHUS. *Syringa.* (Myrtées). Cal. à 4 souvent 5 parties, supérieur; 4, souvent 5 pétal.; caps. à 4, souvent 5 loges, polysperme; semence tuniquée.

351 bis. *P. coronarius*, L. — *S. des fleuristes.* — *Serynga boom of witten pype boom.* Arbrisseau d'un à 2 m., droit et rameux; feuil. larges, ovales, veinées, un peu dentées; fl. blanches, odorantes; en bouquet. L. Mai.

Originaire de l'Espagne, cet arbrisseau est cultivé dans nos jardins pour l'odeur suave de sa fleur.

CLXIX. PUNICA. *Grenadier.* (Myrtées). Cal. 5 — fide, coriace et coloré; tube prolongé au-dessus de l'ov.; 5 ou 6 pétal. chiffonnés; baie sphérique, polysperme.

352. *P. granatum*, L. — *G. commun.* — *Granaet boom.* Arbrisseau de 2 à 3 m.; feuil. petites, lisses, opposées, lancéolées, entières; fl. grandes, d'un rouge éclatant; styl. épais à la base; stigm. presque quadrilatère. L.

Le grenadier est originaire de l'Espagne. Son fruit contient un acide rafraîchissant, très-agréable. Son écorce, connue dans les officines sous le nom de *malicorium*, est très-astringente, ainsi que les fl. sèches que l'on nomme *balaustes.*

L'écorce elle-même du tronc de l'arbre est astringente et vermifuge; elle a été regardée dans ces derniers temps comme un excellent remède contre le ver solitaire.

CLXIX bis. AMYGDALUS. *Amandier.* (Rosacées). Cal. 5, — fide, inférieur; 5 pétal.; fr. à noyau percé de trous.

352 bis. *A. persica*, L. — *A. pêcher.* — *Perzik boom. (Pêcher commun.)* Arbre de 3 à 4 m.; feuil. lancéolées, étroites, pointues, dentées; pétioles courts; fl. roses, sessiles, solitaires ou géminées, naissant avant les feuil., au-dessous des bourgeons foliifères; fr. succulent, couvert d'un duvet court, serré, peu adhérent. L.

Cet arbre, dont on cultive plusieurs variétés, est originaire de la Perse. Ses feuil. et ses fl. sont purgatives et laxatives.

353. *A. persica-lævis*, L. — *A. p. à fr. lisse.* — *Bryole. (Brugnon.)*

On pense qu'il n'est qu'une variété du précédent, dont il diffère par son fruit lisse, sans duvet, à chair plus ferme, à noyau moins sillonné. L.

CLXX. PRUNUS. *Prunier.* (Rosacées). Cal. 5 — fide, inférieur; 5 pétal; fr. à noyau; noyau à sutures saillantes.

354. P. *cerasus*, L. — P. *cerisier.* — *Kersë boom of Kriek boom.* Arbre de 8 à 9 m.; rameaux étalés; feuil. ovales-lancéolées, d'un vert foncé; pétiol. glanduleux, assez fermes; fl. blanches, assez ouvertes; fr. ronds, fondans, un peu acides, rouges, à épiderme facilement séparable; L.

Le *cerisier* est originaire de l'Asie-Mineure. Lucullus l'apporta en Italie, après la victoire qu'il remporta sur Mithridate, roi de Pont, l'an de Rome 680.

Quatre espèces, dont trois indigènes et une exotique, ont, suivant le *Bon Jardinier*, produit toutes les variétés de cet arbre, aujourd'hui cultivées au nombre de plus de soixante-dix.

354 bis. *P. avium*, L. — *P. mérisier.* — *Vogel kersen. (Cerisier sauvage.)* Arbre de 12 à 15 m.; branches étalées; écorce lisse; feuil. assez grandes, pendantes, un peu blanchâtres et pubescentes au-dessous; pétioles souvent glanduleux; 2 ou 3 pédonc. 1 — flores, naissant d'un même bouton long et pointu; fl. blanches, peu ouvertes; fr. petit, ovoïde, noirâtre, sucré. L. Avril-Mai; *dans les bois.*

355. P. *armeniaca*, L. — P. *abricotier.* — *Abrikoos-boom.* Arbre de 4 à 5 m.; rameaux étalés; feuil. ovales, presque en cœur, glabres, dentées, roulées dans leur jeunesse; pétiol. portant 1 à 3 glandes; fl. blanches, sessiles. L. *On en cultive quelques variétés.*

L'*abricotier* est originaire de l'Arménie. Ses fruits sont bons et légèrement laxatifs.

356. *P. domestica*, L. — *P. domestique.* — *Pruym-boom.* Arbre de 3 à 5 m.; bois veiné, rougeâtre; rameaux sans épines; écorce brune, cendrée; feuil. ovales, pubescentes au-dessous, dentées; fl. blanches, presque solitaires; fr. gros, très-charnu. L. Avril-Mai.

Le *prunier domestique* compte plusieurs variétés pour lesquelles on pourra consulter l'Almanach du Bon Jardinier. Les fruits de cet arbre sont agréables, délayans et laxatifs.

Suivant l'opinion de plusieurs naturalistes, l'arbre lui-même n'est autre chose que le *prunellier* modifié par la culture.

357. *P. spinosa*, L. — *P. sauvage.* — *Wilden pruym-boom.* (*Prunellier.*) Arbrisseau de 12 à 18 décim., très-rameux, diffus, épineux; écorce brune; feuil. ovales, petites, dentées, un peu ciliées; fl. blanches, pédonculées, presque solitaires, paraissant avant les feuilles; fr. petits, peu charnus, d'un bleu foncé. L. Avril; cet arbre croit *dans*

*les haies.* Son fruit est purgatif lorsqu'il est mûr ; il est au contraire astringent et constipant avant sa maturité.

358. *P. lauro-cerasus*, L. — *P. laurier-cerise.* — *Laurier-kers.* Arbre de 2 à 4 m.; feuil. elliptiques, coriaces, luisantes, portant 2 glandes sur la surface inférieure, vers la base ; fl. blanches, en grappes dressées. L. Mai.

Originaire de Constantinople, le laurier-cerise est cultivé en France depuis 1574. Il contient de l'acide prussique. Une feuille infusée dans du lait lui communique un goût agréable d'amande amère.

### DIGYNIE. — DEUX STYLES.

CLXXI. CRATÆGUS. *Alisier.* (Rosacées). Cal. 5 — fide; 5 pétal.; baie inférieure, 2 — sperme.

359. *C. oxyacantha*, L. — *A. aubépine.* — *Wit haeg-doorn.* Arbrisseau élevé, tortueux ; bois dur ; rameaux spinescens ; feuil. pétiolées, glabres, lisses, cunéiformes, incisées, de 3 à 7 lobes dentés ; stipul. subulées; fl. blanches, en corymbes glabres; fr. rouges arrondis. L. Mai.

Cet arbrisseau sert à former des haies. Ses fleurs embaument les bois et les bosquets au retour du printemps; ses feuilles et ses fruits sont astringens. Ces derniers attirent les grives et les merles lorsqu'on les laisse sur l'arbre pendant l'hiver.

### TRIGYNIE. — TROIS STYLES.

CLXXII. SORBUS. *Sorbier.* (Rosacées) Cal. 5 — fide; 5 pétal.; baie inférieure, 3 — sperme.

360. *S. aucuparia*, L. — *S. des oiseleurs.* — *Sorben-boom.* Arbre de 7 à 10 m.; droit, feuil. ailées, de 13 à 17 folioles, ovales-oblongues, dentées ; fl. blanches, en corymbes terminaux, très-rameux; pédonc. velus; 3 styl. velus à la base; fr. globuleux, écarlates, acides. L. Mai; *au bois Vandamme.*

Les oiseleurs se servent des fruits de cet arbre pour faire des appâts à prendre les oiseaux.

### PENTAGYNIE. — CINQ STYLES.

CLXXIII. MESPILUS. *Néflier.* (Rosacées). Cal. 5 — fide; 5 pétal.; baie inférieure, 5 — sperme.

361. *M. germanica*, L. — *N. d'Allemagne.* — *Mispel-boom.* Arbre médiocre, tortueux, épineux (perdant ses épines par la culture); feuil. ovales-oblongues, aiguës, très-finement dentées, un peu cotonneuses au-dessous; stipul. peu apparentes ; fl. blanches, terminales, grandes, solitaires; lobes du calice très-grands, foliacés; fr. (nèfles) pubescens, très-largement ombiliqués au sommet. L. Mai; *dans les haies.*

Ses fruits sont bons à manger, quoiqu'ils soient acerbes et astringents.

CLXXIV. **PYRUS.** *Poirier.* (Rosacées). Cal. 5 — fide ; 5 pétal ; fr. charnu, inférieur, à 5 loges, polysperme.

* FRUIT ARRONDI, A BASE DÉPRIMÉE ET ENFONCÉE ; LOGES 2 — SPERMES.

362. *P. malus*, L. — *P. pommier.* — ***Appel-boom.*** Arbre de 7 à 10 m.; formant une tête arrondie ; feuil. ovales, un peu aiguës, dentées; fl. blanches, roses au-dehors; pédicelles 1 — flores, en sertule terminal (1); fr. acide, dont l'épiderme est sans granulations sur la face interne. L.

On cultive un grand nombre de variétés de cet arbre, pour lesquelles on peut voir le Bon Jardinier.

** FR. TURBINÉ, AMINCI, PROLONGÉ A LA BASE ; LOGES 2 — SPERMES.

363. *P. communis*, L. — *P. commun.* — ***Peer-boom.*** Arbre élevé, à tête pyramidale; feuil. ovales-oblongues, pointues, pétiolées, glabres, luisantes; fl. blanches, en corymbes; épiderme du fruit garni intérieurement de granulations pierreuses. L.

On en cultive plusieurs variétés. J'ai réuni, à l'exemple des botanistes modernes, le pommier et le poirier dans le même genre, parce que la fructification ne présente pas assez de différence pour les séparer.

FR. TURBINÉ, VELU, A LOGES POLYSPERMES.

364. *P. cydonia*, L. — *P. cognassier.* — ***Kwe-boom.*** D. Arbre de 3 à 4 m.; écorce brune; jeunes pousses cotonneuses; feuil. ovales-arrondies, entières, tomenteuses au-dessous; pétiol. courts; fl. grandes, solitaires, terminales, blanches ou roses ; pétal. velus vers l'onglet ; lobes du cal. foliacés, cotonneux, serrulés ; fr. gros. L.

Le cognassier est originaire des rivages pierreux du Danube. Son fruit est odorant et regardé comme fortifiant, stomachique et légèrement astringent, propre à arrêter les diarrhées et le flux du sang. *Cet arbre est cultivé dans les jardins.*

CLXXV. **SPIRÆA.** *Spirée.* (Rosacées). Cal. 5 — fide ; 5 pétal.; 5 caps. polyspermes.

365. *S. ulmaria*, L. — *S. ormière.* — ***Koningin der weyden.*** (*Regina prati*, Dod.) Tige de 6 à 9 décim., dressée, rameuse; feuil. interrupti-pinnées; foliol. pubescentes, doublement dentées, souvent blanchâtres au-dessous, ovales; la terminale 3 — lobée; stipul. embrassantes, dentées; fl. blanches, petites, nombreuses, en panicule terminale. v.; *commun dans les prés humides.* (Vand. M.)

Cette plante est vulnéraire, astringente, tonique et sudorifique.

366. *S. filipendula*, L. — *S. filipendule.* — ***Roode steenbreeke***, D. Tige de 3 décim., simple, dressée, nue dans le haut; feuil. interrupti-

---

(1) Linné dit que les fleurs du pommier sont en ombelle sessile, ce qui est la même chose.

pinnées, à foliol. pinnatifides, glabres; stipul. amplexicaules; fl. en cîme terminale, blanches ou rougeâtres, assez grandes; racine tubéreuse. v.; Été; *dans les bois et les prés couverts.* (Vand. M). (1).

La fipendule est diurétique, astringente et vulnéraire.

POLYGYNIE. — PLUS DE CINQ PISTILS.

CLXXVI. ROSA. *Rosier.* (Rosacées). Cal. urcéolé, 5 — fide, charnu, resserré au col; 5 pétal.; plusieurs semences hérissées, attachées aux flancs intérieurs du calice.

* OVAIRE GLOBULEUX.

367. *R. eglanteria*, L. — *R. églantier.* — *Eerste haeg-roos.* Arbrisseau de 9 à 15 décim., rameux, hérissé d'aiguillons crochus; feuil. de 5 à 7 foliol. ovales, dentées et odorantes; fl. jaunes; fr. assez gros, poilu et hérissé. L. Été; *dans les haies, les bois, etc.* (BB.)

368. *R. arvensis*, L. — *R. des champs.* — *Veld-roos.* Arbrisseau de 9 décim., garni d'aiguillons assez faibles; feuil. d'un vert obscur, jamais luisantes en-dessus, blanchâtres en-dessous. L. Été; *au bord des champs.* (Vand. M. et H. V.)

Ce rosier est souvent remarquable par la présence d'une production filamenteuse, ramassée en boule, et qui est l'effet de la piqûre d'un insecte (espèce de mouche).

369. *R. rubiginosa*, L. — *R. rouillé.* — *Welriekende-roos.* Feuil. doublement dentées, presque rondes, glanduleuses; styl. velus; cal. variable, à lobes pinnatifides, L. Été; *au bord des bois, etc.* (Thém. Lestib.)

Les feuilles de ce rosier ont l'odeur de la pomme de reinette.

** OVAIRE OVALE.

370. *R. centifolia*, L — *R. pâle ou à cent feuilles.* — *Bleeke-roos.* Tige hérissée, aiguillonnée; pétiol. inermes; ov. ovales; pédonc. hérissés. L.; *cultivé dans les jardins.*

Sa fleur est regardée comme l'emblème de l'amitié. On l'emploie médicalement pour atténuer la pituite du cerveau, pour purifier le sang et comme purgative.

371. *R. alba*, L. — *R. blanc.* — *Witte-roos.* Arbrisseau de 2 à 3 m, diffus ou rameux, garni d'aiguillons; pétiol. pubescens; stipul. étroites; fl. blanches et odorantes. L. (BB.)

372. *R. canina*, L. — *R. des haies.* — *Tweede haeg-roos.* Arbrisseau de 18 à 22 décim., rameux et diffus, garni d'aiguillons très-forts; feuil. composées de 7 folioles ovales, dentées et luisantes; cor. de 5 pétal. cordiformes. L.; *dans les bois et les haies.* (Vand. M. et H. V.)

Son fruit est astringent et stomachique. On en prépare une conserve

---

(1) Voir le supplément pour les espèces exotiques cultivées.

agréable connue sous le nom de *cynos batos* ou *conserve de cynor rhodon*.

373. *R. gallica*, L. — *R. rouge*. — *Fransche-roos*. Arbrisseau de 9 à 15 décim., rameux, diffus; tiges et pétioles hérissés de poils aiguillonnés; feuilles composées de 5 à 7 foliol. coriaces, rigides, ovées ou lancéolées; fl. d'un rouge foncé. L. (Desm. et Guibourt.)

Sa fleur est astringente, propre à arrêter les hémorrhagies. On en prépare une conserve et un mellite.

CLXXVII. RUBUS. *Ronce*. (Rosacées). Cal. à 5 lobes entiers; 5 pétal; polyphore court, conique, glabre; fr. charnus, soudés. (1).

374. *R. cœsius*, L. — *R. bleuâtre*. — *Kleyne braemen*. Tiges renversées, longues, ligneuses, cylindriques, glauques, à aiguillons nombreux, droits; feuil. à 3 folioles ovales, aiguës, dentées, un peu velues et vertes au-dessous; les latérales souvent 2 — lobées, presque sessiles; fl. blanches, en grappes rameuses, terminales; baie bleue, couverte d'une poussière glauque. L. Été; *dans les haies*. (Vand. M.)

Ses feuilles sont astringentes et ses fruits sont rafraîchissans.

Le *R. corylifolius*, L. n'est qu'une variété du précédent, dont il diffère par ses 2 folioles latérales 2 — lobées et vertes des deux côtés.

375. *R. fruticosus*, L — *R. frutescente*. — *Groote braemen*. Tiges longues, renversées, ligneuses, anguleuses, à aiguillons très-forts et crochus; feuil. à 5 folioles pétiolées, ovales, pointues, dentées, vertes au-dessus, cotonneuses et blanchâtres au-dessous; les latérales naissant 2 à 2, la terminale plus éloignée; fl. blanches ou rougeâtres, en bouquet terminal; cal. réfléchi; baie noire, formée de fruits nombreux. v.; *dans les haies et les bois*. (Vand. M. et H. V.)

Ses vertus sont les mêmes que celles du précédent.

CLXXVIII. FRAGARIA. *Fraisier*. (Rosacées). Cal. à 10 lobes; cor. de 5 pétal.; polyphore grand, pulpeux, hémisphérique, coloré, caduc.

376. *F. vesca*, L. — *F. de table*. — *Aerdbezie of freezen*. Tiges d'un décim. ou plus, dressées, presque nues; feuil. presque toutes radicales, à 3 folioles ovales, grossièrement dentées; fl. blanches, pédonculées, garnies de bractées; polyphore (fraise) devenant charnu, rougeâtre et d'une saveur agréable. Racine fibreuse, noirâtre, produisant souvent du collet des stolons qui s'enracinent. v. Mai; *dans les bois*.

On cultive un grand nombre de variétés de cette plante, dont la racine est astringente et apéritive.

CLXXIX. POTENTILLA. *Potentille*. (Rosacées). Cal. à 10 lobes; cor. à 5 pétal.; polyphore petit, non charnu.

* FEUILLES TERNÉES OU DIGITÉES. — A. FLEURS BLANCHES.

377. *P. fragaria*, P. — *P. fraisier*. — *Ydel-freezen*. (*Fragaria*

---

(1) *R. idœus*, L. — *R. framboisier*. V. le supplément.

*sterilis*, L.) Tiges de 3 à 6 décim., filiformes, faibles et renversées; feuil. ternées et soyeuses; stipul. lancéolées; rameaux florifères lâches; fl. blanches, petites; fr. sec. v. Mai; *dans les bois secs.* (Desm.)

### B. FL. JAUNES.

378. P. *reptans*, L. — *P. rampante.* — *Groot vyf-vinger-kruyd.* (*Quinquefolium.*) Tiges de 6 à 9 décim., rampantes; feuil. à 5 foliol. ovales-cunéiformes, obtuses, dentées, un peu velues; fl. jaunes, axillaires, solitaires; pédonc. très-longs, v. Mai; *au bord des champs* (H. V.)

Sa racine est vulnéraire, astringente et anti-dyssentérique.

379. P. *argentea*, L. — *P. argentée.* — *Wild Zilver-kruyd.* Tiges de 3 décim., dressée, cotonneuse; feuil. pétiolées, à 5 foliol. pinnatifides, cotonneuses et très-blanches au-dessous; stipul. entières; fl. jaunes, petites, en corymbe terminal; pédonc. courts; cal. cotonneux; pétal. obtus, non échancrés. v.; *dans les bois sablonneux.* (Desm).

### ** FEUIL. AILÉES.

380. P. *anserina*, L. — *P. argentine.* — *Zilver kruyd of ganserick.* Tige de 3 à 6 décim., rampantes, grêles; feuil. interrupti-pinnées, de 15 à 17 foliol. ovales-oblongues, rapprochées, dentées — incisées, vertes au-dessus, argentées et soyeuses au-dessous; fl. grandes, jaunes, solitaires; pédonc. longs, axillaires, presque radicaux; cal. soyeux. v.; *le long des chemins.* (H. V.)

Les feuilles de cette plante sont vulnéraires, astringentes et rafraîchissantes.

CLXXX. TORMENTILLA. *Tormentille.* (Rosacées). *Potentillées.* Cal. à 8 div., 4 extérieures alternes, plus petites; 4 pétal.; polyphore petit, non charnu; style inséré un peu au-dessous du sommet de l'ovaire.

Ce genre ne diffère du précédent que par le nombre quaternaire des parties de sa fleur.

381. *T. erecta*, L. — *T. dressée.* — *Zeven-bladts-kruyd.* Tige de 3 décim., grêle, rameuse, un peu velue, souvent dressée; feuil. sessiles, de 3 à 5 foliol. un peu cunéiformes-lancéolées, dentées, velues; stipul. incisées; pétal. jaunes, obcordés; fl. nombreuses, pédicellées; souvent opposées aux feuilles. v.; *commun dans les bois et dans les prés.* (Vand. M. et H. V.)

Sa racine est vulnéraire, astringente et fébrifuge.

CLXXXI. GEUM. Caryophyllata. *Benoite.* (Rosacées). Cal. et cor. semblables à ceux du *potentilla*; polyphore oblong, velu; style accrescent, recourbé au sommet; stigm. filiforme, glanduleux, caduc, recourbé à la base, en sens contraire du style, pour s'articuler avec lui.

382. *G. urbanum*, L. — *B. commune.* — *Nagel-wortel.* Tige de

6 décim., dressée, velue, rameuse en haut; feuiles radicales pinnées, à foliol. inégales; la terminale grande, arrondie, lobée; feuil. caulinaires, ternées; les supérieures simples, 3.— lobées; stipul. grandes, arrondies, lobées, dentées; fl. jaunes, petites, dressées; pétal. ouverts, plus courts que le calice; fr. terminés par une arête (style) presque glabre. v.; Juin-Juillet; *dans les bois et dans les haies*. (Vand. M. et H. V.)

Sa racine, cueillie au printemps, a une odeur de girofle; elle est astringente et convient dans les hémorrhagies et le flux de sang. On la regarde comme stomachique et fébrifuge.

Nota. — L'icosandrie renferme deux autres genres exotiques que je passe sous silence, quoique leurs espèces cultivées soient en grande réputation chez les fleuristes et les amateurs; ce sont les *Cactus* et le *Mesembryanthemum (ficoïde)*, pour lesquels le lecteur pourra consulter l'Almanach du Bon Jardinier.

## *CLASSE XIII.*
### POLYANDRIE.

20 à 100 étamines ou plus, attachées immédiatement au réceptacle.

**MONOGYNIE.** — UN STYLE OU STIGMATE.

CLXXXII. CHELIDONIUM. *Chélidoine.* (Papavéracées). Cal. 2 — phylle, caduc; 4 pétal.; siliq. linéaire, 2 — 3 valve, polysperme.

383. *C. majus*, L. — *C. majeure.* — *Grootschelle kruyd. (grande éclaire.)* Tiges de 3 à 6 décim., cylindriques, rameuses, un peu noueuses, souvent velues; feuil. alternes, amplexicaules, glauques au-dessous, presque pinnées; foliol. grandes, à lobes arrondis; fl. jaunes, en forme d'ombelle; silique longue; style court. v.; *ordinairement dans les haies*. (Vand. M.)

Son suc, âcre et jaune, est employé comme corrosif, pour faire disparaître les verrues.

CLXXXIII. PAPAVER. *Pavot.* (Papavéracées). Cal. 2 — phylle, caduc; 4 pétal.; caps. à 1 loge, ouverte par des pores sous le stigm. persistant et rayonnant.

CAPS. HÉRISSÉES.

384. *P. hybridum*, L. — *P. hybride.* — *Gebastaerd-heul.* Tiges de 2 à 4 décim., rameuses au sommet, hérissées de poils étalés dans le bas, couchés dans le haut; feuil. hérissées, 2 ou 3 — pinnatifides; lobes linéaires, mucronés; fl. terminales; pédonc. longs; cor. petite, rouge, noire à la base; caps. presque globuleuse, hérissée. A.; *assez rare dans les champs*. (Desm.)

## POLYANDRIE MONOGYNIE.

** CAPS. GLABRES.

385. P. *dubium*, L. — P. *douteux*. — **Heul met kleyne bloemen**. Tiges de 3 à 6 décim., garnies de poils; feuil. hérissées, 2 pinnatifides; lobes élargis, mucronés; fl. rouges, petites; pédonc. fort longs; caps. alongée. A.; *dans les champs*. (Desm.)

386. P. *rhœas*, L. — P. *coquelicot*. — **Koorn-roos**. (*Pavot rouge*.) Tige de 6 à 12 décim., rameuse, à poils tous étalés; feuil. pinnatifides; nervures hérissées; lobes linéaires, alongés, dentés; fl. rouges, grandes, noires à la base; pédonc. à poils étalés; caps. globuleuse. A. Été; *au bord des champs*. (Vand. M. et H. V.)

Cette plante est nuisible aux chevaux. Ses fleurs sont anodines, diaphorétiques, pectorales et adoucissantes.

387. P. *somniferum*, L. — P. *somnifère*. — **Slaep-roos**. (*Pavot blanc*.) Tige de 6 à 12 décim., dressée, rameuse, lisse; feuil. amplexicaules, larges, incisées, glabres, glauques; fl. très-grandes, terminales, penchées avant la floraison; cal. glabre; pétal. blanchâtres, violets à la base; caps. globuleuse, très-grande. A.

Cette espèce, que l'on cultive dans les environs de la ville d'Hazebrouck, compte deux variétés : l'une, dont la capsule est grosse, la semence blanche, et que l'on préfère pour l'usage des officines; l'autre, dont la capsule est beaucoup plus petite, mais qui contient beaucoup de semences noires, dont on retire l'huile connue dans le commerce sous le nom *d'huile d'œillette*.

Les propriétés, narcotique, antispasmodique et stupéfiante, sont le partage de la feuil. et de la capsule de cette plante. On sait que *l'opium* n'est autre chose que leur suc épaissi en consistance d'extrait.

CLXXXIV. NYMPHÆA. *Nénuphar*. (Nymphæcées). Cal. à sépales nombreux, 4 ou 5 extérieurs caliciformes, les intérieurs pétaloïdes; étam. nombreuses; ov. supère; style nul; stigm. pelté; fr. à plusieurs loges polyspermes.

388. *N. lutea*, L. — *N. jaune*. — **Geele plompen**. Rhizome gros, écailleux, rampant au fond de l'eau; pétioles lisses, spongieux; feuil. cordiformes, orbiculaires, grandes, flottantes; pédonc. 1 — flores, fl. jaunes, émergées. v. Été; *dans les eaux tranquilles*. (Vand. M.)

On attribue au nénuphar jaune les mêmes propriétés qu'au N. *blanc*.

389. *N. alba*, L. — *N. blanc*. — **Witte plompen of Water lelien**. Rhizome, feuil. et pédonc. comme dans le précédent; fl. blanches, flottantes. v. Eté; *dans la rivière de la Lys et dans les eaux stagnantes*. (Vand. M. et H. V.)

La racine et les fleurs de cette plante sont employées pour appaiser le mouvement violent du sang et des esprits; dans les fièvres ardentes, dans les insomnies, les inquiétudes et les agitations.

CLXXXV. TILIA. *Tilleul.* (Tiliacées). Cal. 5 — phylle, caduc; cor. de 5 pétal.; caps. globuleuse, indéhiscente, à 5 loges bispermes (à 1 loge monosperme à la maturité.)

390. *T. europœa*, L. — *T. commun.* — *Lynde-boom.* Arbre de 14 à 17 m.; feuil. pétiolées, arrondies, cordiformes, acuminées, à dents inégales, aiguës, pubescentes au-dessous; fl. jaunâtres, en corymbe; pédonc commun garni d'une longue bractée foliacée, entière, jaunâtre; caps. turbinée, coriace, à 5 côtes velues. L. Juin; *dans les promenades.*

391. T. *sylvestris*, L. — *T. sauvage.* — *Wilden-lynde.* Celui-ci diffère du précédent par son tronc plus élevé, ses feuil. plus petites, plus fermes, presque glabres, munies au-dessous, dans l'aisselle des nervures, de poils ferrugineux; la caps. sub-globuleuse, à côtes peu apparentes. L.; *dans les bois.*

La fleur des deux espèces de tilleul est antispasmodique et diaphorétique.

## DIGYNIE. — DEUX PISTILS.

CLXXXV bis. PÆONIA. *Pivoine.* (Renonculacées). Cal. à 5 sépal. inégaux, un peu coriaces; cor. de 5 à 10 pétal. très-étalés, réguliers; caps. 2 à 5, coriaces; gr. lisses.

391 bis. *P. officinalis*, L. — *P. officinale.* — *Pioene of peonie.* Tige de 3 à 6 décim., rameuse, glabre; feuil. pétiolées, 2 — pinnées; foliol. lancéolées-oblongues, pubescentes au-dessous; les supérieures incisées; fl. terminales grandes, solitaires, d'un rouge très-vif; filets des étam. rouges; anth. jaunes, rouges au milieu; 2 ou 3 caps. droites, cotonneuses. v. Mai.

On cultive dans les jardins deux variétés de cette plante sous les noms de *pivoine mâle* et de *P. femelle.* La racine et la graine passent pour diaphorétiques, anti-spasmodiques, céphaliques et anti-épileptiques.

## TRIGYNIE. — TROIS PISTILS.

CLXXXVI. DELPHINIUM. *Dauphinelle.* (Renonculacées). Cal coloré, à 5 ou 6 sépal.; le supérieur éperonné; cor. d'un à 4 pétal. dissemblables, 1 ou 2 supérieurs éperonnés, emboîtés dans l'éperon du cal.; 1 à 5 caps.; gr. souvent hérissées.

392. *D. consolida*, L. — *D. des blés.* — *Wilde ridders-spooren.* (*Pied d'alouette.*) Tige de 3 décim., dressée, pubescente, à rameaux très-ouverts; feuil. multifides, pubescentes, à foliol. linéaires; les inférieures pétiolées, à foliol. élargies; fl. bleues en panicule lâche; épe-

ron très-long; caps. pubescente. A. Juin, *dans les champs*. (Desm.)

La Dauphinelle des blés passe pour vulnéraire et astringente. La conserve de ses fleurs, suivant Taberna-Montanus, appaise les tranchées des enfans.

Les fleuristes cultivent dans les jardins la *D. d'Ajax*, qui ne diffère de l'espèce précedente que par sa tige plus élevée; ses rameaux plus serrés; ses fl. en épis longs et serrés; ses pédoncules égaux aux bractées; son éperon un peu plus court. On en cultive des variétés à fl. bleues, blanches ou roses. A.

Il en est de même des *D. montanum, elatum, hybridum,* et surtout du *D. staphysagria*, dont les semences en poudre sont employées pour détruire les poux.

CLXXXVI bis. ACONITUM. *Aconit.* (Renonculacées). Cal. à 5 sépal.; le supérieur en casque; pétal. nombreux; les inférieurs rudimentaires, subulés; les deux supérieurs cachés sous le casque du calice.

392 bis. *A. napellus*, L. — *A. napel.* — *Blauw wolfs-kruyd*. Tige de 6 décim.; feuil. pétiolées, palmées, d'un vert noirâtre, à découpures linéaires; fl. d'un bleu foncé, en épi dense; pédicelles 1 flores, pubescens, garnis à la base de 2 bractées linéaires; 3 ov. glabres ou velus. A.

Cette plante, *cultivée dans les jardins*, est âcre et regardée comme un poison dangereux. — Ses congénères sont l'*A. lycoctonum* et l'*A. anthora*, dont les fleurs sont jaunâtres. Ces espèces ne présentent pas moins de danger.

## PENTAGYNIE. — CINQ PISTILS.

CLXXXVI ter. AQUILEGIA. *Ancolie.* (Renonculacées.) Cal. 5 — phylle; 5 pétal. sessiles, calcariformes; 5 caps. réunies par la base, entourées de 10 écail. (étam. stériles.)

392 ter. *A. vulgaris*, L. — *A. commune.* — *Akelai.* Tige de 6 décim., dressée, rameuse, pubescente; feuil. pétiolées, 2 — 3 — ternées; folioles grandes, cunéiformes, arrondies et lobées au sommet, glauques au-dessous; les supérieures sessiles, ovales, entières; fl. terminales; sépal. pubescens, bleus, un peu unguiculés; pétal. bleus; éperons recourbés au sommet, obtus, dirigés en bas entre les sépales (1); ov. pubescens. v. Mai-Juin; *dans les bois, mais plus souvent dans les jardins*.

Plusieurs variétés de cette espèce, à fleurs rouges ou blanches sont cultivées par les fleuristes. — On cultive de même le *N. Damascena* L., qui appartient au même ordre, et dont les semences sont emménagogues.

---

(1) On trouve au-dessus du point d'attache des pétal., une fort légère protubérance sub-bilobée.

POLYGYNIE. — PLUS DE SIX PISTILS.

CLXXXVII. ANEMONE. *Anémone.* (Renonculacées.) Cal. 0; 5 ou 9 pétal.; étam. et pistils nombreux; tige nue, garnie d'un invol. 3 — phylle, éloigné de la fleur.

393. *A. sylvestris*, L. — *A. sauvage.* — *Wilde anemonie.* Tige de 3 décim., velue; feuil. radicales de 3 à 5 folioles incisées; pétioles velus; invol. très-éloigné de la fleur, à 3 feuil. pétiolées, 3 — 5 foliolées; folioles incisées; fl. terminale, grande, solitaire, blanche; pétales ovales. v. Mai-Juin; *environs de Cassel.* (Desmyttère.)

393 bis. *A. nemorosa*, L. — *A. sylvie.* — *Bosch anemonie.* Tige d'un décim. ou plus, simple, velue; feuil. radicales à 3 folioles ovales, incisées; feuil. de l'invol. semblables aux radicales; fl. solitaires, terminales, blanches ou rouges (rarement bleues), 5 à 6 sépal. oblongs; fr. velus. v. Mars-Avril; *très-commun dans les bois.* (Vand. M.)

CLXXXVII bis. HEPATICA. *Hépatique.* (Renonculacées). Cal. 3 — phylle, persistant; cor. à 6 pétal.; étam. et fr. nombreux; styl. court.

394. *H. triloba*, L. — *H. à 3 lobes.* — *Edel-lever-kruyd.* (*Anémone hépatique.*) Hampe d'un décim. et demi, 1 flore, pubescente; feuil. radicales, nombreuses, simples, à 3 lobes arrondis, entiers, pubescens au bord; cal. à 3 foliol. ovales, entières, concaves; pétales obtus, v.

On distingue trois variétés de cette espèce : celle à fl. bleue, celle à fl. rouge et celle à fl. blanche.

Cette plante, *cultivée dans les parterres*, fleurit de très-bonne heure, à peine la saison des neiges est-elle passée.

CLXXXVIII. CLEMATIS. *Clématite.* (Renonculacées). Cal. 0; 4 à 6 pétal.; étam. et fr. nombreux; styl. plumeux.

395. *C. vitalba*, L. — *C. des haies.* — *Lynen.* (*Herbe aux gueux.*) Tiges de 2 m. et plus, sarmenteuses, nombreuses, grimpantes et velues; feuil. opposées, ailées, de 5 folioles dentées ou entières, cordiformes, acuminées et à 3 nervures un peu velues; fl. blanches, paniculées; cal. velu des deux côtés; fr. couverts de longs poils blancs. v. Été; *dans les haies.* On cultive en outre dans les jardins trois de ses congénères.

Cette plante est appelée *herbe aux gueux*, parce qu'on prétend que les mendians s'en frottent la peau pour se faire de petits ulcères ou écorchures qu'ils montrent avec une grande plainte pour exciter la compassion des passans.

Ses feuilles sont rubéfiantes et vésicantes.

CLXXXIX. THALICTRUM. *Pigamon.* (Renonculacées). Cal. 0; cor. à 4, rarement 5 parties très-caduques; étam. nombreuses; fr. nombreux, sillonnés; style court, un peu recourbé.

396. *T. flavum*, L. — *P. jaunâtre.* — *Veld-ruyte.* Tige de 6 à

9 déc., sillonnée, glabre, dressée, rameuse; feuil. 2 — 3 pinnées, garnies de stipul. rousses aux divisions; foliol. sub-cordiformes, glabres, 3 — lobées; les inférieures obtuses; fl. dressées, en panicule terminale; étam. jaunes. v. Été; *dans les prés humides.* (Desm.)

Cette plante est apéritive et vulnéraire.

CXC. ADONIS. *Adonide.* (Renonculacées). Cal. 5 — phylle; 5 pétal. ou plus; onglets sans glandes; étam. et caps. nombreuses; polyphore s'alongeant à la maturité.

397. *A. autumnalis*, L. — *A. d'automne.* — *Adonisroosje.* Tige de 4 décim., rameuse, striée au sommet; feuil. très-découpées; lobes capillaires, glabres; fl. terminales; cal. glabre; cor. de 6 à 8 pétal. rouges, tâchés de noir à l'onglet. A. Juin-septembre; *dans les champs en bas de Morbecque.*

CXCI. RANUNCULUS. *Renoncule.* (Renonculacées). Cal. 5 — phylle; cor. à 5 pétal. portant une glande à la base; étam. et ov. nombreux; styl. court, non accrescent.

\* FL. BLANCHES.

398. *R. aquatilis*, L. — *R. aquatique.* — *Water renonkel of haene voet.* Tige glabre, renversée ou flottante; feuil. immergées, 2 — pinnées, à foliol. capillaires; feuil. flottantes, arrondies, luisantes, à 3 ou 5 lobes cunéaires; fl. solitaires, blanches, à onglets jaunes. A. *commun dans les eaux* (Vand. M.)

399. *R. hederaceus*, L. — *R. lierrée.* — *Ander water haene voet.* Diffère du précédent par sa tige plus faible, plus grêle, plus rampante; par ses feuil. toutes à 3 ou 5 lobes arrondis, entiers, peu profonds, et par sa fleur 2 fois plus petite, à pétal. aigus, tandis qu'ils sont obcordés dans l'espèce aquatique ci-dessus. v.; *dans les lieux vaseux.* (H. V).

\*\* FL. JAUNES.

400. *R. lingua.* L. — *R. langue.* — *Groote egel coolen. (Grande douve.)* Tige de 3 à 6 décim., ferme, striée, velue; feuil. très-longues, lancéolées, amplexicaules, entières ou peu dentelées; fl. terminales, jaunes; cal. velu. v. Été; *dans les marais.* (Desm.)

401. *R. flammula*, L. — *R. flammette.* — *Kleyne egel coolen. (Petite douve.)* Tige de 3 décim., renversée, glabre, un peu rameuse; feuil. ovales-lancéolées, entières, glabres, amplexicaules; les inférieures rétrécies en pétiole; fl. assez petites, pédonculées, terminales. v. Eté: *commun dans les marais.* (Desm.)

402. *R. repens*, L. — *R. rampante.* — *Tammen haene voet.* (1.$^{re}$ *renoncule des jardins.*) Tige de 3 à 6 décim.; dressée, velue; feuil. pétiolées, velues, 3 — parties, à lobes cunéiformes, incisés,

quelquefois tâchés de blanc; les supérieures à lobes linéaires; fl. terminales; pédoncule sillonné; cal. ouvert, velu; fr. un peu ponctués, comprimés, glabres, mucronés. v. Été; *dans les lieux ombragés.*
Nota. Le collet de sa racine émet des jets rampans.

403. *R. acris*, L. — *R. âcre.* — *Anderen tammen haene voet of boter bloemen.* (2.° *renoncule des jardins.*) Tige de 3 à 6 décim., fistuleuse, rameuse; feuil. radicales, pétiolées, palmées, anguleuses, incisées et pointues, tâchées de brun dans le milieu; les caulinaires découpées et les supérieures linéaires; fl. jaunes, simples ou doubles. v. *commun dans les prés.* (Vand. M.)
Cette plante est si âcre, qu'appliquée sur la peau elle produit l'effet d'un vésicatoire.

404. *R. sceleratus*, L. — *R. scélérate.* — *Wilde boter bloemen.* Tige de 3 à 6 décim., dressée, lisse et rameuse; feuil. radicales pétiolées, trilobées, incisées et crénelées; les caulinaires plus étroites; fl. petites; polyphore ovoïde, très-alongé. v. Juin; *dans les marais.* (Vand. M.)
Cette espèce, la plus dangereuse du genre, excite de violentes convulsions et fait mourir l'homme, le chien et d'autres animaux; elle agit contrairement sur les moutons qui en acquièrent plus d'embonpoint.

405. *R. bulbosus*, L. — *R. bulbeuse.* — *Sint-Antonius-raepen.* Tige de 3 décim., dressée, un peu poilue; feuil. radicales à 3 foliol. plus ou moins larges, trilobées, dentées et incisées, velues; fl. terminales; pédonc. sillonné; cal. velu, réfléchi; collet de la rac. renflé en bulbe. v.; Avril-Mai; *dans les prés.* (Desm.)
Cette plante est vénéneuse et corrosive.

406. *R. auricomus*, L. — *R. blonde.* — *Gouden hoofd.* Tige de 2 décim., glabre et rameuse; feuil. radicales, réniformes et crénelées; les inférieures de la tige palmées et incisées; les supérieures digitées en lanières étroites; les pétal. ne se développent que l'un après l'autre. v.; *dans les bois.* (H. V. et Thém. Lestib.)

406 bis. *R. arvensis*, L. — *R. des champs.* — *Veld-haenevoet.* Tige de 3 décim., simple et droite; feuil. glabres, pétiolées, multifides et menues; les inférieures plus larges; fl. jaunes, terminales; les caps. comprimées et hérissées. A.; *dans les champs près l'Hoflande.* (Huissen et Vand. M.)

CXCII. FICARIA. *Ficaire.* (Renonculacées). Cal. à 3 foliol. caduques, un peu prolongées par la base; 8 ou 9 pétales portant à la base une glande garnie intérieurement d'une petite lame sub — 2 lobée; étam. et fr. nombreux.

407. *F. ranunculoïdes*, L. — *F. fausse renoncule.* — *Kleyne gouwe of kleyn schelle-kruyd.* (*Petite éclaire.*) Tige d'un décim. et demi,

rampante; feuil. pétiolées, cordiformes, arrondies, parfois anguleuses ou crénelées, opposées, très-lisses; la supérieure solitaire; pédonc. longs, presque radicaux, à 1 fl. jaune; fr. globuleux, lisses; racines fibreuses, portant au collet des bulbilles arrondis. v. Avril; *dans les haies*. (Vand. M.)

Cette plante passe pour anti-scorbutique et anti-hémorrhoïdale.

CXCIII. CALTHA. *Populage*. (Renonculacées). *Populago*, Tourn. (1) Cal. nul; cor. à 5 pétal. ou plus; étam. nombreuses; 5 à 12 caps. comprimées, aiguës.

408. *C. palustris*, L. — *P. des marais.* — *Water goude bloeme.* (*Souci des marais.*) Tiges de 3 décim., lisses, glabres, presque simples; feuil. radicales, pétiolées, cordiformes, obtuses, crénelées; les caulinaires sessiles; fl. jaunes, terminales, assez grandes, pédonculées; cor. décidue. v. Avril-Mai; *dans les prés marécageux*. (Vand. M.)

CXCIV. HELLEBORUS. *Ellébore.* (Renonculacées). Cal. grand, persistant ou caduc, souvent coloré; 5 pétal. plus courts que le cal., en cornets 2 ou 3 lobés, sans limbe marqué.

409. *H. hiemalis*, L. — *E. d'hiver.* — *Kleynen wynter wolfswortel.* (Dod. herb. p. 722). Hampe d'un décim., portant à son sommet une feuil. orbiculaire, horizontale, glabre, lisse, profondément découpée, au milieu de laquelle nait une fleur jaune, sessile et terminale; cal. caduc, de 6 à 8 folioles; rac. ovoïde, noirâtre, garnie de fibres menues. v. Février-Mars; *dans les lieux couverts*. (H. V.)

409 bis. *H. viridis*, L. — *E. vert.* — *Tweede zwart nies-kruyd.* D. Tige de 3 décim., simple et bifurquée; feuil. radicales, pétiolées, glabres, pédiaires, digitées; foliol. dentées en scie; feuil. florales, sessiles, découpées; fl. terminales, penchées, ouvertes, d'un vert jaunâtre; cal. persistant; étam. et pétal. jaunes, beaucoup plus courts que le cal. v. Mars; *dans les haies à Hondeghem, à Morbecque, etc.* (Huissen et Vand. M.)

---

(1) Tournefort, auteur souvent cité.

## CLASSE XIV.

\*\*\* PAR NOMBRE ET PROPORTION DES ÉTAMINES.

### DIDYNAMIE. (1)

Quatre étamines, dont deux longues et deux plus courtes, égales entr'elles.

### GYMNOSPERMIE.

FR. EN FORME DE 4 SEMENCES NUES AU FOND DU CALICE.

CXCV. AJUGA. *Bugle.* (Labiées). *Bugula.* Tourn. Cal. presque régulier; cor. à 2 lèvres; la supérieure très-petite, 2 — dentée; l'inférieure grande, à 3 lobes, le médian plus grand, obcordé.

410. *A. reptans*, L. — *B. rampante.* — *Cruypende senegroen.* Tige d'un décim. et demi, simple, à 2 faces glabres et 2 velues, alternant à chaque articulation; feuil. ovales-oblongues, crénelées ou entières, souvent glabres; les inférieures rétrécies en pétiole; fl. verticillées, 6 à 8 par anneau, formant un épi terminal; bractées souvent bleuâtres; cal. velu; cor. et étam. pubescentes; les 2 dents de la lèvre supérieure aiguës. v. Juin; *dans les pâturages.* (Vand. M.)

Cette plante est vulnéraire, astringente et résolutive. Quelques auteurs la croient diurétique et apéritive. Camérarius aussi bien que Dodonée l'ordonnaient pour l'obstruction du foie. Potérius la recommande pour les phtisiques et pour les ulcères internes accompagnés de fièvres lentes.

CXCVI. TEUCRIUM. *Germandrée.* (Labiées.) Cal. en tube ou en cloche; cor. en 2 lèvres; la supérieure très-petite, partagée par une fente profonde qui laisse sortir les étamines; l'inférieure a 3 lobes, le médian plus grand.

411. *T. scorodonia*, L. — *G. sauvage ou scorodone.* — *Bosch salie.* Tige de 3 décim., dressée, rameuse, velue; feuil. pétiolées, cordiformes, oblongues, crénelées, velues; fl. en épis longs, uni-latéraux; cal. à dent supérieure arrondie; les autres très-petites; cor. jaune; lobe médian rabattu, à peine divisé, glabre, marqué de 2 lignes saillantes à la base; étam. purpurines. v.; *dans les bois, particulièrement au mont des Cattes.* (H. V.)

La scordone est stomachique, vermifuge, diurétique, et convient dans la jaunisse aussi bien que dans la fièvre tierce. Vulgairement on appelle cette plante *sauge des bois.*

---

(1) Presqu'en général les plantes de cette classe ont la tige 4 — angulaire et les feuilles opposées.

**412. T. chamœdrys**, L. — *G. officinale*. — ***Mander-kruyd***. (*Petit chêne*.) Tige de 2 décim., un peu renversée, ligneuse, grêle et velue; feuil. ovales, fortement crénelées, pétiolées, velues à la base seulement; fl. purpurines, axillaires. v. Été; *dans les bois, etc.* (Desm. et H. V.)

Le Chamœdrys est amer et inodore; il est considéré comme fébrifuge, tonique, stomachique, incisif, et convient dans les fièvres intermittentes.

**413. T. scordium**, L. — *G. des marais*. — ***Water look***. Tiges de 3 décim., souvent couchées, velues, branchues; feuil. sessiles, oblongues, pubescentes, obtuses, dentées; fl. axillaires, souvent géminées, pédicellées, rouges, bleues ou blanches. v. Juillet; *lieux humides*. (Desm. et H. V.)

La germandrée aquatique, *dite des marais*, répand une odeur aromatique, ailliacée; sa saveur est amère; les vaches qui la mangent, fournissent un lait qui en conserve l'odeur.

CXCVII. SATURÉIA. **Sarriette**. (Labiées). Cor. à 5 lobes presque égaux; étam. écartées.

**414. S. hortensis**, L. — *S. des jardins*. — ***Keule of boon kruyd***. Tige d'un décim. et demi, branchue, rougeâtre; feuil. lancéolées-linéaires, sub-obtuses, un peu ponctuées; fl. petites, rougeâtres, axillaires; pédicelles 2 — flores. ʌ.

Originaire de la Provence, cette plante est cultivée dans nos jardins pour l'usage de la cuisine. Elle est tellement favorable à l'estomac, que Tragus l'appelle la *sauce aux pauvres gens*.

CXCVIII. HYSSOPUS. **Hysope**. (Labiées). Cal. strié, à 5 dents; cor. à 2 lèvres; la supérieure émarginée, l'inférieure à 3 lobes, le médian crénelé, ob-cordé.

**415. H. officinalis**, L. — *H. officinale*. — ***Hyssoop of hyzop***. Tige de 3 à 6 décim., ligneuse, branchue, arrondie; feuil. sessiles, lancéolées-linéaires, entières, aiguës; fl. bleues (rarement rougeâtres ou blanches), axillaires, fasciculées, en épis terminaux, uni-latéraux, ʟ. Été; *dans les jardins*.

Cette plante est cultivée pour l'usage de la médecine. Elle est vulnéraire, très-incisive et expectorante; on l'emploie avec succès dans l'asthme humide.

CXCVIII bis. NEPETA. **Chataire**. (Labiées). Cal. cylindrique, à 5 dents; cor. à tube long; gorge évasée; lèvre supérieure droite, échancrée; l'inférieure à 3 lobes, 2 latéraux très-petits, réfléchis, le médian grand, concave, crénelé; étam. rapprochées.

**415 bis. N. cataria**, L. — *C. commune*. — ***Katte kruyd***. Tige de 6 à 9 décim., pubescente, blanchâtre en haut; feuil pétiolées, cordiformes, dentées, blanchâtres au-dessous; fl. blanches ou purpurines;

pédonculées, verticillées, en épis terminaux. v. Été; *assez souvent dans les jardins.* (Vand. M.)

Cette plante est aphrodisiaque pour les chats; qu'elle attire et qui se vautrent dessus. Elle est nervale, antispasmodique, emménagogue et anthelmintique.

CXCIX. MENTHA. *Menthe.* (Labiées). Cor. dépassant un peu le cal., à 4 lobes presque égaux, le supérieur plus large, souvent échancré; étam. écartées.

416. *M. sylvestris*, L. — *M. sauvage.* — *Wilde munt.* (*Menthastrum*, Dod.) Tige de 3 décim., velue, blanchâtre; feuil. dentées en scie, cotonneuses au-dessous; épis terminaux, alongés, continus; bractées subulées, plus longues que le cal.; fl. purpurines, velues en dehors. v. Juillet-Août; *sur le bord des chemins.* (Lestib.)

416 bis. *M. arvensis*, L. — *M. des champs.* — *Veld munt.* Tige de 3 décim., souvent couchée, rameuse, velue; feuil. sub-pétiolées, ovales-obtuses, dentées; fl. roses ou blanchâtres, verticillées; cal. court, campanulé, hérissé de même que les pédicelles; étam. souvent incluses, poilues. v. Août; *très-commun dans les champs.* (Vand. M. et Desm.)

417. *M. rotundifolia*, L. — *M. à feuil. rondes.* — *Kerk-hofmunt.* Tige de 6 décim., dressée, cotonneuse; feuil. ovales, courtes, arrondies, un peu dentées, épaisses, ridées et cotonneuses; fl. rougeâtres, en épi grêle, pointu et terminal; les étam. passent la cor. v.? *dans les lieux humides.* (Vand. M.)

Cette espèce a pour variété le *M. crispa*, dont les feuilles sont serretées et les étamines incluses.

418. *M. aquatica*, L. — *M. aquatique.* — *Water munt.* Tige de 4 décim. et demi, dressée, quadrangulaire, rougeâtre et velue; feuil. pétiolées, ovales-arrondies, aiguës, dentées en scie, velues, surtout au-dessous; fl. rougeâtres, en tête sphérique; pédicelles velus; cal. strié, cylindrique; étam. plus longues que la cor. v.; *dans les fossés.* (H. V.)

418 bis. *M. viridis*, L. — *M. verte.* — *Romsche munt of groenen balsem.* Tige de 3 à 6 décim., droite, glabre, rougeâtre et branchue; feuil. lancéolées, un peu étroites, presque sessiles, glabres, pointues et garnies de dentelures un peu éloignées; fl. petites, rougeâtres, en épis fort grêles et pointus; pédic. toujours glabres, même lorsque ses calices et ses bractées sont pubescens. v. Juin-Juillet; *cultivé dans les jardins.* (FF.)

Cette espèce, appelée aussi *menthe romaine*, est celle qui a le plus de rapport avec la *menthe poivrée* ou *menthe anglaise.*

Les Menthes, en général, ont une odeur aromatique très-forte qui se rapproche et qui les fait facilement reconnaître; elles sont puissamment anti-émétiques et anti-spasmodiques, propres à combattre le choléra, dont elles arrêtent les vomissemens.

CC. **GLECOMA**. *Glécome*. (Labiées). Cal. strié, cylindrique; cor. à 2 lèvres : la supérieure 2 fide; l'inférieure à 3 lobes, le médian grand, échancré; anth. rapprochées 2 à 2 en forme de croix.

419. *G. hederacea*, L. — *G. lierrée*. — *Onderhaege, aerdeveyl pf goude-weyre*. Tiges de 3 décim., renversées, stolonifères; feuil. opposées; pétiolées, réniformes, crénelées, garnies à la base de poils blancs, articulés; fl. petites, velues, ordinairement bleues, axillaires, 3 ou 4 nées. v. Avril-Mai; *dans les haies*. (Vand. M.)

Cette plante, appelée *lierre-terrestre*, est employée pour l'asthme et des ulcères du poumon.

CCI. **LAMIUM**. *Lamier*. (Labiées). Cal. à 5 dents aiguës; cor. à gorge renflée; lèvre supérieure concave, entière; l'inférieure à 3 lobes, le médian grand, échancré, les 2 latéraux très-petits, rabattus; anth. velues en-dehors.

Nota. Les pétioles portent presque toujours une fossette à leur base.

420. *L. album*, L. — *L. blanc*. — *Witte doove netels*. (*Ortie blanche*). Tige de 3 décim., dressée, velue; feuil. pétiolées, cordiformes, pointues, dentées, velues; verticilles de 20 fl. grandes, blanches, sessiles; lèvre supérieure velue; l'inférieure un peu tâchetée; anth. noirâtres. v. Avril-Août; *commun dans les haies*. (Vand. M.)

Ses feuilles et ses fleurs passent pour astringentes; elles sont recommandées dans les fleurs blanches et dans les hémorrhagies de la matrice.

421. *L. purpureum*, L. — *L. pourpré*. — *Purper doove netels*. Tige d'un à 3 décim., rameuse, presque glabre, rougeâtre; feuil. pétiolées, cordiformes, crénelées, pubescentes; verticilles de 8 à 10 fl. purpurines ou blanches, velues. A.; *commun au bord des champs*, au printemps et en automne. Son odeur est fétide.

422. *L. amplexicaule*, L. — *L. amplexicaule*. — *Ander doove netels*. Tiges de 2 décim., simples, un peu couchées; feuil. radicales, pétiolées, lobées, crénelées; les florales amplexicaules, colorées, arrondies, incisées; verticilles de 10 à 12 fl. grêles, rouges; les 2 lobes latéraux de la lèvre inférieure à peine visibles; cal. velu. A. Printemps; *le long des champs*. (Desm.)

Nota. On cultive dans les jardins l'espèce appelée par Linné, *L. maculatum*, dont les tiges sont grêles, tombantes; les feuil. cordiformes, médiocres, acuminées, dentées en scie, et portant au milieu une large tâche blanche, longitudinale.

CCII. **GALEOPSIS**. *Galéope*. (Labiées). Cal. à 5 dents presque épineuses ; lèvre supérieure de la cor. voutée, un peu crénelée ; lèvre inférieure à 2 dents en-dessus.

423. *G. luteum*, L. — *G. jaune*. — *Galeobdolon of geele doove netels.* (*Ortie jaune.*) Tige de 3 décim., dressée, un peu rameuse, pubescente ; feuil. pétiolées, ovales, cordiformes, d'un vert noirâtre ; fl. jaunes, sessiles, verticillées ; 4 bractées à chaque verticille ; cor. à lèvre supérieure velue, écartée. v. Avril-Mai ; *dans les lieux couverts.*

Cette plante est propre à arrêter les cours de ventre et convient dans les maladies de la rate.

423 bis. *G. tetrahit*, L. — *G. chanvrin.* — *Jood-Kruyd.* Tige de 3 à 6 décim., renflée aux articulations, hérissée de poils roides, dirigés en bas ; feuil. pétiolées, ovales ; cal. hérissés, à pointes très-longues, égalant presque la cor. ; verticilles rapprochés ; fl. rouges ; lèvre inférieure tâchée de jaune, à lobe moyen émarginé. A.; *bois de Nieppe, chemin de St.-Venant.* (Huissen.)

424. *G. ladanum*, L. — *G. des champs.* — *Vierde doove netels.* Tige de 3 décim., très-rameuse, diffuse, pubescente ; feuil. sub-pétiolées, linéaires, lancéolées, à dents inégales, velues ; fl. verticillées, terminales ; bractées épineuses ; cal. soyeux, à dents longues ; cor. rouge, tâchée de jaune, velue, double du cal. ; lèvre supérieure émarginée. A. Août ; *dans les champs, parmi les blés.* (Vand. M.)

CCIII. BETONICA. *Bétoine.* (Labiées). Cal. à 5 dents aiguës ; cor. à 2 lèvres : la supérieure droite, l'inférieure à 3 lobes étalés ; tube cylindrique, non renflé au sommet.

425. *B. officinalis*, L. — *B. officinale.* — *Betonie.* Dod. Tige de 3 à 6 décim , souvent simple, dressée, velue ; feuil. pétiolées, cordiformes, lancéolées, crénelées ; les supérieures sessiles ; fl. en épi terminal ; bractées glabres ; cal. glabre, muni de poils sur son bord ; cor. rougeâtre ; lèvre supérieure entière ; lobe moyen de la lèvre inférieure échancré. v. Juillet ; *dans les bois et surtout dans les jardins.* (Huissen et Vand. M.)

Cette plante est emménagogue, antihystérique, dépurative, carminative, propre à exciter la digestion.

CCIV. STACHYS. *Epiaire.* (Labiées). Cal. anguleux, à 5 dents aiguës ; cor. à tube court, garni à l'intérieur d'un cercle de poils ; limbe à 2 lèvres : la supérieure concave ; l'inférieure à 3 lobes, les 2 latéraux renversés, le moyen échancré ; étam. défleuries, réfléchies vers les côtés, après l'émission du pollen.

426. *S. sylvatica*, L. — *E. des bois.* — *Stinkende doove netels of galeopsis legitima*, *Clus. hist. p.* 17. Tige de 6 à 9 décim., branchue, velue ; feuil. pétiolées, cordiformes, ovales, aiguës, dentées, velues ; verticilles de 6 à 8 fl. rouges, en épi alongé, lâche ; lèvre su-

périeure de la corolle entière; l'inférieure tâchée de blanc. v. Été; *commun dans les haies.*
Cette plante est fétide; elle passe pour antihystérique.
427. *S. palustris*, L. — *E. des marais.* — *Doode netels. (Ortie morte.)* Tige de 6 décim., souvent simple, garnie sur les angles de poils tuberculeux; feuil. longues, pointues, dentées en scie, d'un vert sombre; fl. purpurines, un peu panachées de jaune; verticilles terminés en épi. v. Juillet-Août; *dans les lieux humides.*
428. *S. arvensis*, L. — *E. des champs.* — *Ander doode netels of cardiaca*, T. Tige d'un à 2 décim., faible, branchue, velue, à 4 angles obtus; feuil. pétiolées, ovales, cordiformes, très-obtuses, crénelées, d'un vert jaunâtre; verticilles de 4 à 6 fl. presque terminales; cor. rose, tâchée de rouge, dépassant peu le cal., qui est hérissé. a. Août.

CCV. BALLOTA. *Ballote*. (Labiées). Cal. campanulé, à 5 angles, à 10 stries, à 5 dents inégales; cor. à 2 lèvres : la supérieure grande, concave, crénelée; l'inférieure à 3 lobes, le médian échancré.
429. *B. nigra*, L. — *B. noire.* — *Zwarte malrouw. (Marrube noir.)* Tiges de 3 à 6 décim., dressées, rameuses, velues, un peu arrondies; feuil. pétiolées, ovales, sub-cordiformes, crénelées, d'un vert foncé; fl. rougeâtres, en verticille incomplet. v. Eté; *sur les décombres.*
Son odeur fétide le fait regarder comme antihystérique.

CCVI. MARRUBIUM. *Marrube*. (Labiées). Cal. hippocratériforme, à 10 stries, à 5 ou 10 dents; cor. à 2 lèvres; la supérieure étroite, 2 fide; l'inférieure à 3 lobes, le médian grand, échancré.
430. *M. vulgare*, L. — *M. commun.* — *Witte malrouw.* Tige de 3 à 6 décim., dressée, branchue, cotonneuse, sub-cylindrique; feuil. pétiolées, ovales-arrondies, crépues, crénelées, cotonneuses; fleurs petites, blanches, nombreuses, verticillées, très-serrées, sessiles; cal. cotonneux, à 10 dents sétacées, crochues. v.; *dans les jardins.*
Cette plante est tonique et emménagogue.

CCVII. CLINOPODIUM. *Clinopode*. (Labiées). Cal. à 2 lèvres : la supérieure à 3, l'inférieure à 2 lobes sétacés; cor. à tube court, évasé au sommet, à 2 lèvres : la supérieure dressée, échancrée; l'inférieure à 3 lobes, celui du milieu plus grand, échancré; stigm. à 2 lèvres.
431. *C. vulgare*, L. — *C. commun.* — *Wild Basilicum.* Tige de 3 à 6 décim., dressée, simple, velue, à 4 angles peu marqués; feuilles pétiolées, ovales, denticulées, velues, éloignées; 1 ou 2 verticilles de fl. serrées, rouges ou blanchâtres; bractées sétacées, hérissées ainsi que le calice. v. Juillet; *au bord des bois, à Clairmarais, St.-Omer, etc.* (Desm. et Thém. Lestib.).

CCVIII. ORIGANUM. *Origan*. (Labiées). Cal. variable; cor. à tube comprimé, à 2 lèvres : la supérieure échancrée ; l'inférieure à 3 lobes entiers, presque égaux.

432. *O. vulgare*, L. — *O. commun.* — *Spaenschen orego.* Tiges de 2 décim., presque rondes, pubescentes ; feuil. ovales, obtuses, pétiolées, velues, un peu denticulées ; fl. rougeâtres, en petites têtes disposées en panicule terminale ; bractées ovales, pourpres. v. Août ; *St.-Omer, dans les bois de Clairmarais et surtout dans nos jardins.* (Desm. et Lestib. Thém.)

L'origan est céphalique, stomachique, apéritif et excitant.

CCIX. THYMUS. *Thym.* (Labiées). Cal. strié, à 2 lèvres, fermé par des poils ; cor. à 2 lèvres : la supérieure échancrée ; l'inférieure à 3 lobes.

433. *T. vulgaris*, L. — *T. commun.* — *Gemeynen harden Tym of Tymis.* Tige d'un décim. et demi, ligneuse, rameuse, grêle, brune ou rougeâtre ; feuil. petites, roulées en leurs bords, étroites, cendrées en-dessous ; fl. terminales, blanchâtres, en épis verticillés ; stigm. à 2 lobes dressés. L. Été ; *cultivé dans les jardins* pour son odeur agréable, le thym commun est tonique, cordial, stomachique et incisif.

434-435. *T. serpyllum*, L. — *T. serpollet.* — *Qwendel of wilden tym.* Tiges d'un à 2 décim., grêles, rampantes, pubescentes ; feuil. petites, ovales, obtuses, ciliées à la base, ponctuées ; fl. en tête, blanches ou purpurines. L. Été ; *sur le Mont des Cattes et celui de Boeschepe.* (Vand. M.)

Cette plante est excitante et aromatique ; elle jouit de la merveilleuse propriété de faire recouvrer la parole aux apoplectiques. (Chomel.)

436. *T. acynos*, L. — *T. des champs.* — *Veld qwendel.* Tige de 2 à 3 décim., redressées, rameuses, un peu dures et velues ; feuil. ovales, pointues, pétiolées, écartées, dentées au sommet, velues ; verticilles de 5 à 6 fl. rougeâtres ; cal. hérissés. A. Été ; *dans les lieux pierreux.* (Desm. et Lestib.)

437. *T. calamintha*, S. — *T. calament.* — *Berg-polei of kalamint.* (*Melissa calamintha*, L.) Tige de 3 à 6 décim., dressée, rameuse, velue ; feuil. pétiolées, ovales, un peu arrondies, dentées, velues ; fl. axillaires, purpurines ou blanches ; pédoncules rameux ; cal. un peu violet ; les 2 lobes de la lèvre inférieure subulés, hérissés, plus longs que les autres ; cor. velue en-dedans ; style et étam. saillans. v. Août ; *dans les bois secs et surtout dans les jardins.* (Vand. M.)

Ses propriétés se rapprochent de la mélisse officinale ; son odeur est assez pénétrante. Dodoëns, sur le témoignage de Dioscorides, rapporte que l'infusion de ses feuilles fait cesser, comme par enchantement, les vomissemens bilieux du choléra-morbus.

CCX. MELISSA. *Mélisse.* (Labiées). Cal. évasé, à 2 lèvres : la supérieure plane, à 3 dents; l'inférieure à 2 lobes; cor. à 2 lèvres : la supérieure échancrée; l'inférieure à 3 lobes.

438. *M. officinalis*, L. — *M. officinale.* — *Bien kruyd of citroen kruyd.* Tiges de 6 décim., dressées, presque glabres; feuil. pétiolées, ovales, sub-cordiformes, un peu luisantes; fl. petites, blanches ou purpurines, pédonculées. v. Mai; *dans les jardins et les lieux cultivés.*

Cette plante est cordiale, stomachique, céphalique, nervine; elle convient dans toutes les maladies qui ont pour cause une faiblesse dans le système nerveux.

CCXI. SCUTELLARIA. *Toque.* (Labiées). Cal. clos à la maturité; cor. comprimée, courbée à la base.

439. *S. Galericulata*, L. — *T. tertianaire.* — *Groot gehelmdwederick.* Tiges de 3 décim., dressées, quadrangulaires; feuil. étroites, lancéolées, cordiformes à la base, dentées, pointues; pétioles courts; fl. axillaires, binées, assez longues et bleues. v. Juillet-Août; *commun au bord des ruisseaux et dans les prés humides.* (Huissen. et Desm.)

Sa vertu de guérir la fièvre tierce, lui a valu le nom de *tertianaire.*

440. *S. minor*, L. — *T. naine.* — *Kleyn gehelmd wederick.* Tiges d'un décim., grêles, 4 angulaires, rameuses; feuil. inférieures ovales, cordiformes, obtuses, souvent marquées de 2 angles qui les font paraître hastées; les supérieures étroites, entières, un peu velues; fl. axillaires, binées; cor. petite, rougeâtre; lobe médian de la lèvre inférieure 3 — lobé, marqué de points bruns. v.; *dans les mares.* (Desm.)

CCXII. BRUNELLA. (1) *Brunelle.* (Labiées). Cal. labié, cor. à 2 lèvres; la supérieure voutée; l'inférieure 3 — lobée; filets bifurqués, l'un portant l'anthère à son sommet; stigmate bifide.

441. *B. vulgaris*, T. — *B. commune.* — *Ander senegroen of beeren oor.* Tige de 3 décim., redressée, 4 — angulaire; feuil. ovales, obtuses, un peu pétiolées, entières ou un peu dentées; fl. bleues, terminales, en épi verticillé, garnies de bractées cordiformes. v. Été; *très-commun dans les prairies.*

Cette plante est vulnéraire, détersive et consolidante; elle convient dans la pulmonie; on s'en sert dans les hémorrhagies et les maux de gorge.

ANGIOSPERMIE. — SEMENCES RENFERMÉES DANS UN PÉRICARPE.

CCXIII. RHINANTHUS. *Cocriste.* (Personées). Cal. 4 — fide, ventru; caps. à 2 loges, obtuse, comprimée.

442. *R. glabra*, L. — *C. crête-de-coq.* — *Ratelaers of haene*

---

(1) Le *Brunella* de Tournefort est le genre appelé par Linné *Prunella.*

*kams*. (Crista galli). Tige de 3 décim., dressée, branchue ou simple, tâchetée ; feuil. glabres, un peu rudes, alongées, sessiles, dentées ; fl. sessiles, en épi terminal ; bractées semblables aux feuilles ; cal. glabre; cor. jaune, transparente à la base. A. Mai ; *commun dans les prairies en bas d'Hazebrouck*, où on trouve en outre une variété dont le cal. est velu. (1).

CCXIV. EUPHRASIA. *Euphraise*. (Personées). Cal. 4 — fide ; cor. à 2 lèvres ; l'inférieure 3 — lobée; anthères portant à la base 2 cornes, dont une plus longue ; stigm. en tête; caps. ovoïde, comprimée.

443. *E. officinalis*, L. — *E. officinale.* — *Oogen-troost*. Tige de 2 décim., rameuse et noirâtre; feuil. sessiles, glabres, souvent opposées, ovales, marquées de lignes, à dents aiguës et profondes ; fl. axillaires, blanches, mêlées de jaune et de violet. A.; Août-septembre; *dans les bois et les prés secs à Flêtre*. (H. V.)

Cette plante est amère et astringente. Elle passe pour céphalique et opthalmique ; mais quelques auteurs la croient plus nuisible qu'utile pour les maladies des yeux.

444. *E. odontites*, L. — *E. dentée.* — *Anderen oogen-troost*. Tige de 2 à 3 décim., branchue, un peu anguleuse ; feuil. opposées, sessiles, lancéolées-linéaires, dentées, pubescentes ; fl. rougeâtres, garnies de bractées, en épis terminaux, uni-latéraux. A.; de juillet en septembre ; *dans les prés secs et les lieux incultes.* (Vand. M.)

CCXV. MELAMPYRUM. *Mélampyre*. (Personées). Cal. tubuleux, à 4 lobes aigus ; cor. comprimée, à 2 lèvres : la supérieure en casque, à bord replié; l'inférieure à 3 lobes égaux; caps. oblique, munie d'un appendice fortement replié en bas.

445. *M. arvense*, L. — *M. des champs.* — *Ossen-terve*. (*Blé de vache*.) Tige de 3 décim.; dressée, pubescente ; feuil. lancéolées-linéaires, sessiles, pubescentes ; les supérieurs pinnatifides ; fl. en épi conique ; bractées planes, lancéolées, rougeâtres, à dents profondes ; cor. rouge, gorge jaune, A. Juin ; *dans les champs, parmi les blés.* (Desm.)

Son fruit ressemble à un gros grain de blé ; on le regarde comme une bonne nourriture pour les bestiaux.

446. *M. sylvaticum*, L. — *M. des bois.* — *Peerds-bloeme*. Tige de 3 décim., dressée, rameuse ; feuil. lancéolées-linéaires, entières, sessiles, glabres, un peu rudes ; les supérieures souvent pinnatifides à la base; fl. axillaires, géminées, écartées ; cor. jaune, entr'ouverte (close dans le *M. pratense*). A. Été ; *commun dans le bois Vandamme*.

CCXVI. PEDICULARIS. *Pédiculaire*. (Personées). Cal. 5 — fide.

---

(1) *R. hirsutus*, Lam. Diffère du *R. glabra* par son cal. velu ; la cor. d'un jaune foncé, à lèvre inférieure souvent tâchetée.

ventru; cor. à 2 lèvres : la supérieure en casque; l'inférieure étalée, à 3 lobes; caps. oblique, mucronée, à 2 loges.

447. *P. palustris*, L. — *P. des marais.* — *Luys-kruyd.* Tige de 3 décim., dressée, rameuse; feuil. pinnatifides, à lobes opposés, ovales, fortement dentés; fl. presque sessiles, axillaires; les supérieures rapprochées en épi; cal. un peu hérissé, presque à 2 lèvres un peu découpées; cor. rouge. ⚥ Mai-Juin; *dans les marais.* (Desm).

Le mot pédiculaire dérive de *pediculus* (pou), parce qu'on a prétendu que les bestiaux qui mangeaient de cette plante étaient sujets à avoir une grande quantité de ces insectes parasites.

448. *P. sylvatica*, L. — *P. des bois.* — *Fistule-kruyd.* Diffère du précédent par sa tige étalée, rameuse dès sa base; par son cal. à 5 lobes découpés et la cor. plus grêle. ⚥; *dans les allées des bois.* (Desm.)

Regardé autrefois comme vulnéraire, résolutif, propre contre les ulcères et même contre la fistule, son usage est aujourd'hui entièrement abandonné.

CCXVII. LINARIA. *Linaire.* (Personées). *Antirrhini sp.*, L. Cal. 5 — parti; cor. ringente; éperonnée à la base; caps. à 2 loges. (1).

* FEUILLES ANGULEUSES.

449. *L. cymbalaria*, Desf. — *L. Cymbalaire.* — *Beleering-kruyd.* (*Herbe au siège*). Tiges longues, grêles, glabres, tombantes; feuil. alternes, pétiolées, lisses, cordiformes, à 5 lobes arrondis; fl. axillaires, solitaires; pédonc. très-long; cal. à lobes obtus; cor. d'un bleu rougeâtre; lèvre supérieure veinée de bleu; palais jaune, à 2 rangées de poils en-dedans; éperon obtus. v. Été; *très-commun sur les vieux murs.* (Lestib Thém. et Vand. M.)

Il passe pour vulnéraire et astringent. On s'en sert contre les hémorrhagies.

450. *L. élatine*, Desf. — *L. auriculée.* — *Ander élatine.* Dod. Tige de 3 décim., velue, couchée; feuil. velues; les 2 inférieures ovales, opposées, aiguës, denticulées; les supérieures hastées, alternes; pétiol. court; fl. solitaires axillaires; pédonc. grêle, glabre; cal. à lobes aigus, hérissé; cor. jaunâtre, velue; éperon aigu. ⚥ Juillet; *dans les champs, à Morbecque, Arnèke, Rubrouck, etc.* (H. V.)

451. *L. spuria*, Desf. — *L. batarde.* — *Eerenprys-wyfken.* (*Velvotte.*) Diffère du précédent par ses feuil. supérieures ovales, arrondies; les pédonc. velus; les lobes du cal. plus obtus; cor. jaune, à lèvre supé-

---

(1) Ce genre a été créé par le professeur Desfontaine.

rieure d'un pourpre noirâtre. A. Juillet-Août ; *dans les terres labourables, près l'Hoflande.* (Huissen et Vand. M.)

Il a les mêmes vertus que le *veronica officinalis*, p. 10, N.° 7. (*Veronique mâle; eerenprys manneken of kruypende eeren prys.*) — Césalpin le recommande pour les tumeurs scrophuleuses et même pour la lèpre.

** FEUILLES ENTIÈRES ; LES INFÉRIEURES OPPOSÉES OU VERTICILLÉES.

452. *L. minor*, Desf. — *L. naine.* — *Antirrhinum minus*, L., *kleyne kalfs-muyl*. Tige d'un à 2 décim., dressée, rameuse, entièrement couverte de poils visqueux, ainsi que les autres parties de la plante ; feuil. inférieures ovales, opposées ; les supérieures alternes, lancéolées, obtuses ; fl. petites, pédonculées, axillaires, rougeâtres ; lèvre inférieure blanche ; éperon très-court, obtus. A. Été ; *dans les lieux secs et sablonneux.*

*** FEUILLES ENTIÈRES, TOUTES ALTERNES.

453. *L. vulgaris*, M. — *L. commune.* — *Wild vlas*. D. Tige de 3 à 6 décim., dressée, souvent simple ; feuil. nombreuses, étroites, linéaires, pointues, glauques, éparses et glabres ; fl. grandes, en épis terminaux ; cor. jaune ; palais safrané ; éperon droit, long, aigu ; cal. plus court que la caps. v.; Été ; *au bord des champs, à Haverskerque, dans les fortifications de St.-Venant, au Mont des Cattes, etc.* (H. V.)

CCXVIII. ANTIRRHINUM. *Muflier.* (Personées). Ce genre diffère du précédent par sa cor. bossue à la base, et par l'absence de l'éperon.

454. *A. majus*, L. — *M. majeur.* — *Groote kalfs-muyl*. (*Mufle de veau*). Tige de 3 à 6 décim., dressée, rameuse, pubescente au sommet; feuil. ovales-lancéolées ou linéaires, opposées, lisses et rétrécies en pétiole dans le bas ; fl. grandes, purpurines ou blanches, presque en épis terminaux ; cal. court, à lobes ovales, obtus ; cor. à lobes réfléchis ; ov. et style garnis de poils glanduleux. b.; *naturel sur les murs, mais cultivé dans les jardins pour la beauté de sa fleur.*

CCXIX. DIGITALIS. *Digitale.* (Personées.) Cal. irrégulier, 5 — parti ; cor. campanulée, 5 — fide, ventrue ; caps. ovale, à 2 loges.

455. *D. purpurea*, L. — *D. pourprée.* — *Vingerhoed-kruyd.* (*Gant de Notre-Dame.*) Tige de 6 à 12 décim., simple, ronde et velue; feuil. ovales, pointues, blanchâtres et cotonneuses en-dessous; fl. grandes, en épi, purpurines ou blanches, tigrées et velues à l'intérieur de la cor. b. Juin ; *dans les bois et surtout dans les jardins.*

Cette plante, selon le rapport de Chomel, annonce un mauvais terrain. Elle est employée en médecine pour sa vertu amère, purgative, vomitive et surtout diurétique. Elle est, en outre, remarquable par la manière prononcée dont elle ralentit la circulation. C'est en raison de cette action sédative que les médecins l'emploient dans les palpitations et les anévrismes du cœur.

CCXX. SCROPHULARIA. *Scrophulaire.* (Personées.). Cal. 5 — fide; cor. presque globuleuse, urcéolée ; caps. à 2 loges.

456. *S. nodosa*, L. — *S. noueuse.* — *Groot speen kruyd.* Racine noueuse ; tige de 6 à 9 décim., dure, noirâtre et 4 — angulaire ; feuil. pétiolées, opposées ou ternées, glabres, sub-cordiformes, aiguës et dentées ; fl. purpurines, noirâtres, en panic. lâche. v. Juin; *dans les lieux couverts, en bas d'Hazebrouck.* (H. V.)

Cette plante, suivant Linné, est un excellent vermifuge.

457. *S. aquatica*, L. — *S. aquatique.* — *Water betonie of beeck schuym.* Cette espèce diffère de la précédente par sa racine fibreuse ; ses feuil. obtuses, souvent auriculées. B.; *au bord des eaux.* (H. V.)

Elle est vulnéraire et résolutive.

CCXX bis. MIMULUS. *Mimule.* (Personées). *Scrophularinées*, Juss. Ce genre renferme plusieurs espèces dont les principales nouvellement introduites, sont :

457 bis. *M. guttatus*, Dec. — *M. ponctuée.* — *Beplekten mimulus.* Tige de 3 décim., radicante à la base ; feuil. ovales, dentées, à pétioles auriculés ; fl. axillaires, grandes, beau jaune ponctué de rouge. v. Mai-Août; *espèce cultivée par les fleuristes.* (B. Jard.)

457 ter. *M. moschatus*, Dec. — *M. musquée.* — *Muske-kruyd.* Petite plante étalée, rampante, velue, à petites fl. jaunes, répandant de toutes ses parties une forte odeur de musc. v. (B. Jard.)

CCXXI. OROBANCHE. *Orobanche.* (Orobanchées). Cal. 2 — fide; cor. à lèvres ouvertes ; caps. à 1 loge, à 2 valves, polysperme ; glandule sous la base de l'ovaire.

458. *O. major*, L. — *O. majeure.* — *Groote brem-raepe.* Tige de 3 à 5 décim., simple, d'un brun grisâtre, pubescente, écailleuse et renflée à la base ; fl. disposées en épi ; cor. grandes, à 4 lobes principaux ; étam. presque saillantes ; stigm. formé de 2 globules séparés par une petite cavité. v. Été; *commun au bois du général Vandamme, sur les racines du genêt.* (Desmyttère).

459. *O. minor*, L. — *O. mineure.* — *Kleyne brem-raepe.* Tige d'un décim. ou plus, velue ; bractées linéaires ; fl. peu nombreuses, assez petites ; cor. pubescentes en-dehors ; étam. pubescentes à la base ; stigm. un peu sillonné. v.; *dans les champs de trèfle à Steenvoorde, à Flêtre, à Strazeele, etc.* (H. V.)

CCXXI bis. ACANTHUS. *Acanthe.* (Acanthacées). Cal. bifol., bifide ; cor. à une lèvre inclinée, 3 — fide ; caps. à 2 loges.

459 bis. *A. mollis*, L. — *A. sans épine*. — *Italiaensch-beerenklauw*. (*Brancursine*). Tige de 9 décim.; feuil. amples, molles, luisantes, sinuées ou pinnatifides; fl. d'un blanc jaunâtre, en épi terminal, garnies de bractées dont l'inférieure est large et épineuse, les 2 latérales lancéolées, linéaires. v. Juillet; *originaire d'Italie*.

459 ter. *A. spinosus*, L. — *A. épineuse*. — *Tweede soorte*. Diffère du précédent par ses feuil. plus découpées, épineuses en leurs bords. (BB.)

Ces deux espèces, *cultivées dans les jardins*, sont émollientes et apéritives.

## CLASSE XV.

## TÉTRADYNAMIE.

6 étam. dont 4 sont plus longues et 2 plus courtes opposées l'une à l'autre.

### SILICULEUSE.

#### SILICULE DONT LA LONGUEUR SURPASSE TRÈS-PEU LA LARGEUR.

CCXXII. MYAGRUM. *Caméline*. (Crucifères). Silic. ovoïde, terminée par un styl. conique; fl. jaunes.

460. *M. sativum*, L. — *C. cultivée*. — *Vlas-dotter, Lyn-dotter of kamemine*. Tige de 3 à 6 décim., droite, cylindrique; feuil. amplexicaule, auriculées, pointues, un peu velues, à dentelures petites et distantes; fl. d'un jaune très-pâle, en grappes paniculées. A.; *cultivé pour l'extraction de son huile*.

CCXXIII. DRABA. *Drave*. (Crucifères). Cal. droit; styl. presque nul; silic. entière, comprimée dans le sens des valves, à 2 loges polyspermes; fl. blanches.

461. *D. verna*, L. — *D. printanière*. — *Gemeyne paronichia*, D. Petite plante d'environ 1 décim.; feuil. ovales-cunéiformes, pointues, formant une petite rosette couchée sur terre; tiges grêles, nues; fl. blanches, très-petites. A. Avril; *commun sur les murs*. (BB.)

CCXXIV. THLASPI. *Tabouret*. (Crucifères). pétal. souvent égaux; silic. ovale ou triangulaire, entière ou échancrée; fl. blanches.

462. *T. bursa pastoris*, L. — *T. bourse à pasteur*. — *Kleyn borse-kruyd of schaepers beurs*. Tige de 1 à 3 décim., dressée, peu rameuse, velue; feuil. radicales lyrées, en rosette, velues; les caulinaires amplexicaules, hastées, presque entières; fl. blanches, petites, en grappe alongée à la maturité. A. Tout l'été; *partout* (1).

Cette plante est vulnéraire et astringente.

463. *T. arvense*, L. — *T. des champs*. — *Groot borse-kruyd*.

---

(1) On trouve une var. dont les feuil. radicales sont presque entières.

Tige de 3 décim., glabre et rameuse; feuil. oblongues, amplexicaules, sinuées ou dentées, souvent auriculées, glabres ; fl. blanches, assez petites ; silic. très-larges. A. Avril-Août; *dans les champs en bas d'Hazebrouck.* (Vand. M.)

463 bis. *T. heterophyllum*, L. — *T. à feuil. variables.* — *Taschkruyd.* Tiges de 2 décim., simples, presque glabres, un peu étalées à la base, puis ascendantes ; feuil. toutes glabres ; les radicales pétiolées, obtuses, les unes ovales et entières, les autres sinuées, la plupart découpées en lyre, avec le lobe terminal, grand et arrondi ; les feuil. de la tige sont droites, appliquées contre elle, assez petites, nombreuses, oblongues, pointues, un peu dentelées dans le bas, prolongées à la base en 2 oreillettes courtes, descendantes et remarquablement fines et pointues ; fl. blanches; silicule ovale, légèrement échancrée. v.; *trouvé par M. Huissen dans un champ cultivé, près d'une carrière de grès ferrugineux au mont de Boeschepe.*

464. *T. sativum*, L. — *T. cultivé.* — *Hof-kersse.* (Cresson alénois.) Tige de 3 décim., dressée, glabre; feuil. 2 — pinnatifides, glabres, un peu glauques, tendres ; les supérieures presque entières ; fl. blanches, très-petites, en grappes terminales; silic. ovales-arrondies, comprimées. A.; *communément cultivé dans les jardins*, où il se ressème souvent de lui-même. Sa patrie est inconnue; dans sa jeunesse on le mange en salade ; il est âcre, anti-scorbutique et sternutatoire.

CCXXIV bis. IBERIS. *Ibéride.* (Crucifères.) 2 pétal. plus grands ; silicule échancrée, comprimée dans le sens de la cloison.

** FRUITS EN GRAPPE COURTE.

464 bis. *I. umbellata*, L. — *I. en ombelle.* — *Peperkruyd of taraipik.* Tige de 3 décim., dressée, rameuse; feuil. lancéolées, très-aiguës; les inférieures serretées ; fl. blanches, souvent d'un beau violet, en grappe ombelliforme ; étam. dilatées à la base; silicules assez grandes, ciliées sur le dos au sommet, terminées par 2 pointes acérées. A. Juillet. Originaire de l'Espagne, cette plante est *cultivée dans nos jardins.*

** FR. EN GRAPPE ALONGÉE.

464 ter. *I. amara*, L. — *I. amère.* — *Tweede soorte.* Tige d'un décim. et demi, dressée, rameuse, parfois pubescente ; feuil. alongées, rétrécies à la base, sub-pinnatifides au sommet, glabres ou pubescentes; fl. blanches ou rougeâtres, presque en ombelle; silicule terminée par 2 lobes courts, aigus. A. Mai-Juin ; *cultivé, ainsi que deux autres espèces exotiques ligneuses.*

CCXXV. COCHLEARIA. *Cranson.* (Crucifères). Cal. ouvert.; pétal. ouverts, entiers; silic. globuleuse ou ovoïde, polysperme.

465. *C. officinalis*, L. — *C. officinal.* — *Lepel kruyd of lepel*

*bladt.* Tiges d'un à 2 décim., glabres, tendres et faibles ; feuil. radicales nombreuses, lisses, un peu charnues, ovales-arrondies, vertes et pétiolées ; les caulinaires sessiles, oblongues, anguleuses ; fl. blanches en grappes terminales. A. Avril-Mai.

De toutes les plantes anti-scorbutiques, à l'usage de la pharmacie, celle-ci est la plus cultivée.

466. *C. armoracia*, L. — *C. rustique.* — *Kapuciene-mostaerd.* (*Raifort sauvage.*) Tige de 6 à 9 décim., dressée, rameuse au sommet ; feuil. radicales très-grandes, pétiolées, ovales-oblongues, dentées, glabres, nerveuses et droites ; les caulinaires découpées ; les supérieures lancéolées-linéaires, crénelées ou entières ; fl. blanches, en grappes terminales. v. Juin ; *dans les lieux humides.* (Vand. M.)

Sa racine, qui est grosse et d'une saveur piquante, est employée comme anti-scorbutique, diurétique et détersive.

CCXXVI. ISATIS. *Pastel.* (Crucifères). Silic. elliptique, comprimée, 1 — loculaire, monosperme, caduque, à 2 valves ; valvules naviculaires.

467. *I. tinctoria*, L. — *P. des teinturiers.* — *Wild ververs kruyd.* Tige de 6 à 9 décim., rameuse, dressée, lisse ; feuil. sessiles lancéolées, sagittées, souvent glabres, lisses, glauques ; les inférieures un peu crénelées ; fl. jaunes, très-petites, nombreuses, en grappes paniculées ; silic. cunéiformes, très obtuses, glabres, pendantes. B. Juin ; *sur les décombres.* (Rare.) *Environs de Cassel.* (Desm.)

CCXXVI bis. LUNARIA. *Lunaire.* (Crucifères). Cal. à folioles concaves ; silicule pédicellée sur le réceptacle, très grande, elliptique, plane, bordée, à style filiforme.

467 bis. *L. rediviva*, L. — *L. vivace.* — *Welriekende maene kruyd.* Tige de 3 à 6 décim., fistuleuse ; feuil. pétiolées, grandes, mucronées, dentées ; les inférieures cordiformes, opposées et alternes ; les supérieures presque lancéolées ; fl. en panicule d'un pourpre violet, odorantes. v. Mai-Juin. Originaire de l'Alsace. (FF.)

467 ter. *L. biennis*, L. — *L. bisannuelle.* — *Maene kruyd zonder reuc.* (*Médaille de Judas.*) Tige de 6 à 9 décim., raide ; feuil. inférieures cordiformes, inégalement dentées-crénelées, pétiolées, opposées ; les supérieures alternes, sessiles ; fl. violettes, rarement blanches, inodores, en grappes axillaires et terminales. B. Mai-Juin.

Cette plante, originaire de la Suisse, est *cultivée dans les jardins*, ainsi que l'espèce qui la précède, à cause des belles panicules brillantes, argentées, comme satinées, que forment les cloisons persistantes de ses silicules, lorsque les valves et les graines sont séparées. Les peintres la représentent dans les tableaux emblématiques de la mort et de la résurrection, parce qu'elle paraît une nouvelle plante ressuscitée.

## SILIQUEUSE.

SILIQUE DONT LA LONGUEUR SURPASSE AU MOINS 4 FOIS LA LARGEUR.

CCXXVII. CARDAMINE. *Cardamine.* (Crucifères). *Cresson.* Cal. petit, lâche; pétal. à onglets longs, étroits; silique longue, grêle et comprimée; valves énerves, se roulant avec élasticité.

468. *C. pratensis*, L. — *C. des prés.* — *Kleyne water kersse.* Dod. Tige de 3 décim., dressée, simple, glabre; feuil. radicales à folioles arrondies, anguleuses, la terminale plus grande; les caulinaires ailées; les supérieures à folioles lancéolées, linéaires, entières; fl. grandes, d'un violet très-clair, disposées en un bouquet lâche et terminal. ⚘. Avril; *dans les prés humides.* (Vand. M.)

469. *C. hirsuta*, L. — *C. hérissée.* — *Hairige kersse.* Tige d'un à 2 décim., grêle, velue; feuil. radicales à folioles petites, arrondies; les supérieures alongées, anguleuses; fl. blanches, petites. ⚘.; *dans les haies, les lieux cultivés, etc.* (Lestib. Thém.)

CCXXVIII. SISYMBRIUM. *Sisymbre.* (Crucifères). Cal. ouvert; cor. ouverte; siliq. s'ouvrant par des valvules redressées.

\* SILIQ. COURTES, OVOÏDES OU OBLONGUES.

470. *S. nasturtium*, L. — *S. cresson.* — *Groote water kersse.* (*Cresson de fontaine.*) Tiges de 3 décim., rameuses, fistuleuses et nageantes; feuil. ailées avec une impaire, composées de folioles ob-rondes, ovales ou elliptiques, souvent un peu anguleuses, lisses et tendres; fl. blanches, petites, en grappes courtes; 1 glande sous les grandes étamines; siliq. arquée; stigm. bilobé. v. Été. (Vand. M )

Rien n'est plus commun que cette plante le *long des ruisseaux.* On l'emploie sur la table; elle fortifie le poumon et empêche les alimens de se corrompre dans l'estomac. (Chomel.)

471. *S. amphibium*, L. — *S. amphibie.* — *Water kamemine.* Tige de 3 à 6 décim., assez grosse; feuil. lancéolées, sub-amplexicaules, simples, pinnatifides ou fortement dentées en scie, laciniées quand elles sont sub-mergées; fl. jaunes, nombreuses, en grappes alongées à la maturité; 1 glande sous les grandes étamines. v. Eté; *commun au bord des fossés.* (H. V.)

Nota. Cette plante se représente sous plusieurs formes, suivant les lieux qu'elle habite.

472. *S. palustre*, L. — *S. des marais.* — *Water-sisymber.* Lob. Tige de 3 déc., dressée, glabre, sillonnée, rameuse en haut; feuil. glabres, amplexicaules, pinnatifides; lobes ovales, sinués-anguleux; fl. jaunâtres, en grappes alongées à la maturité; pétal. plus courts que le cal.; 1 glande sous les grandes étamines. v. Eté; *dans les lieux humides.* (Desm.)

473. *S. Sylvestre*, L. — *S. sauvage*. — *Wilden-sisymber.* Tige de 3 décim., dressée ou rampante, sillonnée, rameuse; feuil. glabres, pétiolées, très-profondément pinnatifides; lobes étroits, dentés; fl. d'un jaune vif, en grappes alongées à la maturité; cal. coloré, plus court que les pétales. v. Eté; *assez commun dans les lieux humides.*

** SILIQUE ARRONDIE, NON STIPITÉE.

474. *S. Sophia*, L. — *S. sagesse-des-chirurgiens*. — *Fie-kruyd.* (*Sophia chirurgorum*, Lob. ic. 738.) Tige de 5 décim., dressée, rameuse, cylindrique, ferme, pubescente; feuil. blanchâtres, pinnées, finement découpées; fl. jaunâtres, très-petites, en grappes alongées à la maturité; pétal. plus courts que le calice. A.; Eté; *sur les murs et dans les lieux secs.* (Desmyttère.)

Toute la plante, pilée et appliquée extérieurement, guérit les blessures. Césalpin avance que sa graine tue les vers.

*** SILIQUE LINÉAIRE, COMPRIMÉE.

475. *S. tenuifolium*, L. — *S. âcre*. — *Meure rakette.* (*Roquette des murs*). Tige de 3 à 6 décim., rameuse, diffuse, glabre; feuil. alongées, rétrécies en pétiole, irrégulièrement pinnatifides, lisses, glauques; fl. jaunes, assez grandes, terminales; 1 glande sous les grandes étamines. v. Eté; *commun sur les murs.*

CCXXIX. ERYSIMUM. *Vélar.* (Crucifères). Cal. fermé; siliq. en colonne, à 4 angles.

476. *E. officinale*, L. — *V. officinal*. — *Kerk zangers-kruyd.* (*Herbe au chantre.*) Tige de 3 à 6 décim., dressée, dure; rameaux très-couverts; feuil. velues, lyrées; lobes anguleux-dentés, le terminal triangulaire, aigu; fl. jaunes, très-petites, en épis grêles. A. Tout l'Été; *assez commun le long des chemins et dans les lieux incultes.*

Il est expectorant, incisif et anti-scorbutique.

477. *E. Barbarea*, L. — *V. barbaré*. — *Sinte-barbara-kruyd.* (*Herbe de Sainte-Barbe.*) Tige de 5 décim., dressée, striée; feuil. amplexicaules, glabres, pinnées, à lobe terminal très-grand, arrondi, sinué; les supérieures simples, ovales, dentées-sinuées; fl. petites, d'un jaune foncé, en grappes alongées; cal. peu bossu; 1 glande sous les grandes étamines; siliq. grêles, serrées contre la tige. v. Mai; *dans les champs et surtout le long des fossés.* (Vand. M.)

Chomel rapporte que les qualités de cette plante ressemblent à celles du cresson de fontaine.

478. *E. cheirantoïdes*, L. — *V. giroflée*. — *Kamemine met borse-kruyd-gedaente.* — *Cameline-thlaspi-effigie.* (*Giroflée-tourellière*). Tige

de 3 à 6 décim., anguleuse, garnie de poils appliqués ; feuil. lancéolées, aiguës, entières ou denticulées ; fl. jaunes, petites, en grappes ; cal. coloré, aussi long que les onglets ; 1 petite glande 2 — lobée sous les grandes étam. A.; *dans les champs*. (Thém. Lestib.)

CCXXX. HESPERIS. *Julienne*. (Crucifères). Cal. bossu à la base ; silique sub-cylindrique, non terminée en languette ; gr. non bordées.

479. *H. alliara*, L. — *J. alliaire*. — **Look zonder look**. Tige de 6 à 9 décim., dressée, rameuse, velue à la base ; feuil. pétiolées, cordiformes, sinuées-dentées, aiguës ; pétiol. un peu velus ; fl. blanches, terminales, assez petites. ʊ. Mai; *communément dans les haies*. (Vand. M.)

Les feuilles de cette plante ont une odeur d'ail, *allium* ; c'est pour cela que quelques auteurs lui attribuent les mêmes vertus et qu'on lui a donné son nom.

Césalpin et Fabricius Hildanus assurent que la poudre de l'alliaire guérit les ulcères carcinomateux.

379 bis. *H. matronalis*, L. — *J. des dames*. — *Nacht violieren*. Tiges de 6 décim., un peu rameuses, dressées, velues ; feuil. un peu pétiolées, ovales-lancéolées, aiguës, pubescentes, dentelées ; fl. blanches ou violettes, grandes, terminales ; cal. hérissé au sommet ; pétal. arrondis, un peu échancrés, munis d'une très-petite pointe au milieu de l'échancrure. ʙ. Mai-Juin ; *plusieurs variétés de cette espèce à fleurs doubles sont cultivées dans les jardins* sous le nom de *Damas*.

CCXXXI. CHEIRANTHUS. *Giroflée*. (Crucifères). Cal. bossu à la base ; siliq. sub-cylindrique ; gr. entourées d'un rebord membraneux.

480. *C. cheiri*, L. — *G. de muraille*. — *Geele genoffels of meure bloemen*. (Rameau d'or.) Tige de 3 à 6 décim., souligneuse; feuil. lancéolées, aiguës, glabres (parfois couvertes de poils couchés et 2 — fides) ; fl. jaunes, en grappes qui s'alongent beaucoup pendant la floraison. v.; *commun sur les murs*. (Vand. M.)

La plante fleurie a une odeur de girofle d'où son nom est dérivé. On en cultive plusieurs variétés à fl. doubles, ou d'une couleur plus foncée.

480 bis. *C. incanus*, L. — *G. blanchâtre*. — *Genoffels of stokvioliren*. Tige de 3 à 6 décim., souligneuse à la base, branche ; feuil. ovales-alongées, obtuses, rétrécies à la base, blanchâtres, couvertes de poils rayonnans ; fl. blanches, rouges ou violettes ; pétal. entiers ; siliques blanchâtres, comme tronquées. v.

Plusieurs variétés de cette plante, à fleurs doubles et panachées sont **cultivées dans les jardins**.

CCXXXII. ARABIS. *Arabette*. (Crucifères). Cal. serré, un peu bossu à la base ; siliq. droites, linéaires, comprimées.

481. *A. thaliana*, L. — *A. de Thalius.* — *Soorte van peper kruyd.* Tige de 2 décim., dressée, rameuse, hérissée à la base ; feuil. velues, ciliées ; les caulinaires petites, distantes, lancéolées, rétrécies à la base ; les radicales en rosette, spatulées, rétrécies en pétiole, dentelées ; fl. blanches, petites, en grappes terminales. ʌ.; *dans les prés sablonneux*. (Desm.)

CCXXXIII. BRASSICA. *Chou.* (Crucifères). Cal. fermé, bossu à la base ; siliq. comprimée ou cylindrique ; gr. souvent globuleuses.

482. *B. oleracea*, L. — *C. cultivé.* — *Kool en kool zaed.* Tige de 6 à 9 décim., dressée, cylindrique, rameuse, glabre, glauque ; feuil. radicales grandes, pétiolées, sinuées, glauques, glabres, un peu charnues ; les caulinaires amplexicaules ; fl. grandes, blanchâtres ou jaunes, en grappes paniculées ; 1 glande sous les grandes étam.; siliq. cylindriques. ʙ. Avril.

Cette espèce compte plusieurs variétés dont la principale est le *colza*. (*B. campestris*, DC.), remarquable par ses feuilles étroites, alongées ; les inférieures lyrées, un peu hérissées ; pédicelles écartés.

Le colza est abondamment cultivé en ce pays pour l'huile qu'on retire de sa graine.

483. *B. napus*, L. — *C. navet.* — *Gemeyne raepe.* Tige de 3 à 6 décim., dressée, presque simple, glabre, glauque, comme toute la plante ; feuil. radicales lyrées, dentées, pétiolées ; les supérieures entières, amplexicaules ; fl. jaunes, en grappes ; siliques longues, très-écartées. ʙ.; *cultivé.*

Sa racine est fusiforme, blanche ou jaunâtre, sucrée.

484. *B. rapa*, L. — *C. rave.* — *Lang worpige raepe.* Tige de 3 à 6 décim., dressée ; feuil. inférieures vertes (non glauques), hérissées, lyrées ; les supérieures amplexicaules, un peu cordiformes, oblongues, glabres, glauques ; fl. petites, jaunes ; cal. moitié ouvert, non bossu ; 1 petite glande sous les grandes étam.; silique presque cylindrique. ʙ.

Sa racine est épaisse et charnue. Cette plante a pour variété la *navette* dont la racine est oblongue, peu charnue. C'est cette variété que l'on cultive pour extraire l'huile de sa semence.

CCXXXIV. SINAPIS. *Moutarde.* (Crucifères). Cal. ouvert ; cor. à onglets droits ; glandule entre les étamines les plus courtes et le pistil, et entre les plus longues et le calice.

485. *S. arvensis*, L. — *M. des champs.* — *Rapistrum of veldmostaerd.* (*Sénévé*). Tige de 3 à 6 décim., rameuse, dressée, un peu hispide ; feuil. larges, peu hispides, ovales, dentées-anguleuses ; les inférieures souvent divisées à la base ; fl. jaunes, assez grandes, en

grappes ; siliq. glabres, un peu anguleuses, presque horizontales ; corne longue, conique et anguleuse. A.; *dans les champs.* (Vand. M.)

486. *S. alba*, L. — *M. blanche.* — *Wit-mostaerd.* Tige de 3 à 6 décim., dressée, rameuse, hispide ; feuil. profondément pinnatifides, pétiolées, rudes ; fl. jaunes, en grappes ; siliq. très écartées de la tige, couvertes de poils blancs ; corne ensiforme plus longue et plus large que la silique, hispide à la base. A.; *dans les champs près Cassel.* (Desm.) Sa graine est stomachique.

487. *S. nigra*, L. — *M. noire.* — *Zwart mostaerd.* Tige de 3 à 9 décim., dressée, rameuse, hispide ; feuil. radicales pinnatifides ; les supérieures lancéolées, presque entières, glabres ; fl. jaunes, en grappes ; siliq. 4 — gones, courtes, glabres, larges, serrées contre la tige. A.; *dans les champs arides.* (II. V.)

La graine de cette plante est un puissant sternutatoire et un masticatoire des plus efficaces ; elle est utile dans les affections léthargiques et convient aux personnes sujettes aux vapeurs hystériques et hypocondriaques.

La graine de moutarde, sous l'influence de l'eau, donne lieu à une huile volatile qui ne préexiste pas dans la graine.

CCXXXV. RAPHANUS. *Raifort.* (Crucifères). Cal. serré, soyeux ; silique torse, articulée, arrondie ; gr. globuleuses ; 2 glandes entre les étam. les plus courtes et le pistil, autant entre les plus longues et le calice.

488. *R. sativus*, L. — *R. cultivé.* — *Ramelas, radys.* Tige de 6 décim., rameuse, dressée, rude ; feuil. pétiolées, grandes, rudes, lyrées ; lobes oblongs, dentés ; le terminal beaucoup plus grand ; fl. blanches ou purpurines, veinées ; point de glandes sous les grandes étam.; siliq. courtes, renflées, torses, à 2 loges. B.

Trois variétés de cette plante sont cultivées pour l'usage de la table, ce sont :

1.° Le *radis* dont la racine est arrondie, blanche ou rougeâtre ;
2.° La *petite rave*, dont la racine est fusiforme, avec les mêmes teintes ;
3.° Le *raifort*, proprement dit, dont la racine est fusiforme, noirâtre, d'une saveur piquante et agréable.

489. *R. raphanistrum*, L. — *R. sauvage.* — *Ravenelle of Rapistrum met witte bloemen.* Lob. Tige de 3 à 6 décim., dressée, rameuse, hispide ; feuil. lyrées ou pinnées ; lobes écartés, inégaux ; le terminal grand, arrondi, denté ; fl. jaunes ou blanches, veinées de violet ; point de glandes sous les grandes étamines ; siliq. articulée à 1 loge. A.; *dans les champs.* (Lestib., Thém. et Vand. M.)

## CLASSE XVI.

**** PAR RÉUNION DES ÉTAMINES ENTR'ELLES, OU LEUR ADHÉRENCE AU PISTIL.

### MONADELPHIE. (1)
Étamines soudées par leurs filets en un seul faisceau.

### DÉCANDRIE. — DIX ÉTAMINES.

CCXXXVI. ERODIUM. *Érodium.* (Géraniées). Cal. 5 — phylle; cor. régulière; 5 étam. fertiles portant à la base une glande et correspondant aux lobes du calice; 5 filets stériles, alternes; caps. attachées à l'axe central, par des arêtes souvent velues et roulées en spirale à la maturité.

490. *E. cicutarium*, H. *Geranii Sp.* L. — *E. cicutin.* — *Oyevaersbek. (Bec de grue ou de cigogne).* Tige d'un décim. ou plus, couchée, rameuse et velue; feuil. pinnées, incisées, obtuses et velues; pédonc. multiflores; pétal. rougeâtres : les 2 inférieurs petits; les 2 latéraux plus grands; le supérieur plus alongé; caps. pubescentes, à bec alongé. A. Mai-Juillet; *très-commun dans les chemins.* (Desm.)

CCXXXVII. GERANIUM. *Géranium.* (Géraniées). *Pelargonium.* — Ce genre diffère de l'*érodium* par les 10 étam. fertiles; celles qui correspondent aux lobes du cal. sont plus grandes et portent une glandule à la base.

491. *G. Robertianum*, L. — *G. herbe à Robert.* — *Robrechtskruyd.* Tiges de 3 à 6 décim., rameuses, rougeâtres, velues, noueuses; feuil. opposées, pétiolées, velues, à 5 folioles pinnatifides, larges, à découpures ovales; cal. velu, rouge, plus court que la cor.; fl. purpurines; caps. glabres, marqués de veines réticulées, в. Mai-Juin; *commun dans les haies.* (Vand. M)

Cette plante est propre à dissiper l'enflure des pieds et la bouffissure des autres parties du corps; elle est, suivant l'opinion d'Ettmuler, un remède assuré pour cette espèce d'hydropisie.

492. *G. rotundifolium*, L. — *G. à feuil. rondes.* — 1.ⁿ *duyven voet.* Tiges de 2 à 3 décim., rameuses, faibles, velues, un peu visqueuses; feuil. pétiolées, arrondies, velues, à 5 ou 7 lobes incisés, peu profonds; fl. petites, purpurines; pétal. très-obtus; caps. velues. A. Mai-Juin; *très-commun.*

493. *G. dissectum*, L. — *G. découpé.* — 2.ⁿ *duyven-voet.* Tige de 3 décim., rameuse, faible, un peu velue; feuil. divisées jusqu'à la

---

(1) Cette classe, ainsi que les suivantes, à l'exception de la *syngénésie* et de la *cryptogamie*, forment leurs divisions en rappelant le nombre des étamines, ou leur insertion.

base en 5 lobes sub-divisés en 3 ou 5 lanières étroites, aiguës ou un peu obtuses; pédonc. très-courts; fl. purpurines; cal. et caps. velus. A. Été; *le long des bois et dans les haies.*

494. *G. molle*, L. — *G. mollet.* — 3.ⁿ *duyven voet.* Tiges de 2 à 3 décim., diffuses, velues; feuil. arrondies, molles, à 7 lobes peu profonds, obtus, 3 — fides; pédonc. longs; cal. velu; foliol. alongées, terminées par un point noir; pétal. bifides, rougeâtres, plus longs que le calice; caps. presque glabres. A. Mai-Juin; *dans les champs arides.* (Desm.)

POLYANDRIE. — ÉTAMINES NOMBREUSES.

CCXXXVIII. MALVA. *Mauve.* — *Enkele maluve.* (Malvacées). Cal. à 5 div.; calicul. à 3 folioles; 8 caps. ou plus, souvent monospermes, indéhiscentes, disposées en cercle.

\* PLUSIEURS PÉDONC. DANS L'AISSELLE DES FEUILLES.

495. *M. rotundifolia*, L. — *M. à feuil. rondes.* — *Ronde pappels.* Tige de 3 décim., renversée, rameuse; feuil. arrondies, cordiformes, crénelées, petites, à 5 lobes peu marqués; pétiol. longs; fl. d'un bleu rougeâtre. A. Été; *au bord des chemins.*

496. *M. sylvestris*, L. — *M. sauvage.* — *Wilde pappels.* Cette espèce diffère de la précédente par ses tiges dressées, plus longues; ses feuil. à lobes plus marqués, aigus; ses pédonc. très-velus; ses fl. purpurines, plus grandes. v.; *dans les lieux incultes.*

\*\* PÉDONCULES SOLITAIRES.

497. *M. alcea*, L. — *M. alcée.* — *Zigtmaer-kruyd.* Tige de 6 à 9 décim., dressée, cylindrique, dure et chargée de poils rayonnans; feuil. pétiolées, rudes; les inférieures anguleuses; les supérieures de 3 à 5 lobes profonds, pinnatifides; fl. grandes, rosées; pétal. échancrés. v. Juillet; *dans les bois au-delà de Steenvoorde et Watou.* (Desm. et Lestib. Thém.)

Obs. — Les malvacées n'offrent aucune plante vénéneuse; leurs feuilles sont émollientes.

CCXXXIX. ALTHÆA. *Guimauve.* — *Dubbele maluve.* (Malvacées.) Ce genre diffère du précédent par le calicule de 6 à 9 divisions profondes; les caps. toujours monospermes.

498. *A. officinalis*, L. — *G. officinale.* — *Witte maluwe of hemst.* Tige de 9 décim., dure, cylindrique, velue; feuil. anguleuses, pétiolées, pointues, dentées, molles et blanchâtres; fl. grandes, blanchâtres, en grappes axillaires; bords des pétal. garnis à leur base de 2 petits paquets de poils. v. Été; *dans les jardins et les lieux humides.*

Toute la plante est émolliente, adoucissante et béchique; sa racine cède à l'eau une grande quantité de mucilage.

499. *A. hirsuta*, L. — *G. hérissée.* — *Kaeskens-kruyd.* Tige de 3 décim., dressée ou renversée, rameuse et hispide; feuil. presque glabres au-dessus; les inférieures réniformes, à 5 lobes arrondis; les supérieures à 3 lobes profonds, dentés, sub-pinnatifides; fl. d'un blanc rosé; pédonc. solitaires, uniflores. A.; *environs de Cassel.* (Desm.)

Ses vertus sont les mêmes que celle de l'espèce précédente.

499 bis. *A. rosea*, L. — *G. passerage.* — *Stok-roos.* (Rose trémière). Tige de 15 à 24 décim., ferme, rude; feuil. ridées, cordiformes, à 5 ou 7 angles, crénelées; cal. très-velus; fl. très-grandes, rosées, purpurines, ponceau, jaunâtres, blanches ou panachées et doubles, axillaires, sessiles, en épi alongé peu garni. B. Juillet-Août. Originaire d'Orient. *Cultivé partout.* (FF.)

## CLASSE XVII.

### DIADELPHIE.

Étamines soudées par leurs filets en deux faisceaux. Ordinairement une étamine est isolée.

#### HEXANDRIE. — SIX ÉTAMINES OU ANTHÈRES.

CCXL. FUMARIA. *Fumeterre.* (Papavéracées). Cal. 2 — phylle, caduc; cor. à 4 pétal. inégaux, dont 1 prolongé en éperon; 2 filets membraneux, chacun à 3 anthères; fr. 1 — loculaire.

500. *F. officinalis*, L. — *F. officinale.* — *Groote duyve kervel.* (*Fiel de bœuf.*) Tige de 3 à 6 décim., anguleuse, rameuse, diffuse, tendre; feuil. très-divisées, à découpures élargies et planes; fl. purpurines, noirâtres au sommet, garnies d'une petite bractée lancéolée, en épis terminaux; folioles du calice un peu prolongées à la base, dentelées; fr. globuleux. A. Été; *commun dans les champs.*

Cette plante vient dans les terres fumées, d'où est dérivé son nom. Elle passe pour un bon remède contre les maladies de la peau; car elle est très-propre à purifier le sang et à détruire les principes vicieux qui l'altèrent.

501. *F. parviflora*, L. — *F. à petites fleurs.* — *Kleyne duyvekervel.* Tiges de 2 décim. ou plus, rameuses, diffuses; feuil. décomposées; foliol. linéaires, canaliculées, glauques; fl. blanches, noirâtres au sommet, petites, en épis très-courts; foliol. du calice entières, chagrinées; fr. arrondi. A. Été; *dans les lieux cultivés.* (Desm.)

#### OCTANDRIE. — HUIT ÉTAMINES.

CCXLI. POLYGALA. *Laitier.* (Polygalées). Cal. 5 — phylle, à 2 foliol. en forme d'ailes, colorées; légum. presque cordiforme, à 2 loges.

502. *P. vulgaris*, L. — *L. commun.* — ***Kruys-bloeme.*** (*Flos ambarvalis*, Dod.) Tiges d'un décim., étalées, simples, glabres; feuil. alternes, sessiles, glabres; les inférieures ovales-oblongues; les supérieures lancéolées, aiguës; fl. en épi terminal, bleues, rouges ou violettes; pédicelles garnis à la base de 3 bractées caduques; ailes du calice ovales, plus courtes que la corolle; 2 rangées de poils à la base de l'androphore. v. Été; *commun au bois Vandamme.* (Desm.)

Cette plante est amère; elle passe pour vulnéraire et fébrifuge.

503. *P. amara*, L. — *L. amer.* — ***Bitter melk kruyd.*** Cette espèce diffère de la précédente par ses feuil. inférieures obovales, très-obtuses, rétrécies à la base, beaucoup plus grandes que les autres; les ailes du calice elliptiques, égales à la corolle. v.; *dans les bruyères, à Blendecques.* (Huissen).

## DÉCANDRIE. — DIX ÉTAMINES OU ANTHÈRES.

**CCXLII. GENISTA.** *Genêt.* (Légumineuses). Cal. tubuleux ou campanulé, à 2 lèvres; la supérieure à 2, l'inférieure à 3 dents; cor. échancrée ou bipétale, pendante, n'enfermant les étam. qu'en partie; style filiforme; légum. oblong, 1 — polysperme.

504. *G. anglica*, L. — *G. d'Angleterre.* — ***Gaspel doorn of duyvels bed strooi.*** (Herb. Dod. p. 1189.) Tige de 3 décim., ligneuse, diffuse; épines nombreuses; feuil. petites, sessiles, lancéolées; fl. jaunes, solitaires, axillaires, en grappes sur des rameaux inermes; pédicelles garnis de 2 bractées vers le milieu. v.; *dans les bois secs, au Mont des Cattes et dans les bruyères près Bilques.* (Huissen.)

504 bis. *G. juncea*, L. — *G. joncier.* — ***Spanschen brem.*** (Genêt d'Espagne). Arbrisseau de 2 à 3 m.; rameaux nombreux, dressés, verdâtres, flexibles, striés, médulleux, presque nus, garnis d'une écaille à la base; feuil. rares, lancéolées, souvent alternes; fl. jaunes, grandes, en épi terminal; pédicelle court, serré, garni d'une bractée à la base, et vers le milieu d'une ou de deux autres tuberculiformes, à peine sensibles; cal. coloré, fendu du côté supérieur et terminé par 4 à 5 dents fines; carène velue, bipétale; légum. très velu; L. Mai-Juin.

Cet arbrisseau, originaire du Languedoc, *est cultivé dans nos jardins*, pour l'ornement et surtout pour l'odeur suave et agréable de sa fleur.

**CCXLIII. SPARTIUM.** *Spartium.* (Légumineuses). Ce genre diffère du précédent par le sommet du style un peu dilaté et caréné au-dessus, cal. à 2 lèvres; l'inférieure à 3 dents, petites; légumes glabres, à bords garnis de poils blancs, cotonneux.

505. *S. scoparium*, L. — *S. à balai.* — ***Grooten brem.*** (Genêt

à balai.) Tige de 9 à 12 décim., ligneuse, anguleuse, verdâtre, glabre; feuil. petites, pétiolées, velues, à 3 folioles ovales, aiguës; les supérieures simples; stipul. grandes, ovales, foliacées; fl. jaunes, grandes, axillaires, solitaires, en épi terminal; pédicelle glabre, garni vers le milieu de 2 bractées à peine visibles. L.

Ce sous-arbrisseau est *commun au bois Vandamme ainsi qu'au Mont des Récollets*. Sa graine est diurétique, propre à briser la pierre des reins et de la vessie.

CCXLIV. ONONIS. *Bugrane*. (Légumineuses). Cal. campanulé, à 5 lobes linéaires; étendard grand, strié; légum. renflé, sessile, oligosperme; feuil. ternées; foliol. dentées en scie; stipul. marginales.

506. *O. arvensis*, Lam. — *B. des champs. — Stal-kruyd of frangwortel. (Arrête-bœuf.)* Tige de 3 à 4 décim., presque ligneuse, rampante, diffuse; rameaux inermes, épineux dans leur vieillesse; feuil. à foliol. ovales, pubescentes; les supérieures simples; fl. rougeâtres, solitaires ou géminées. v. Juin-Juillet; *dans les champs en bas d'Hazebrouck.* (Vand. M.)

Cette plante est l'*O. spinosa*, var. B. de Linné; sa racine est apéritive et diurétique.

CCXLIV bis. LUPINUS. *Lupin.* (Légumineuses.) Cal. à 2 lèvres: la supérieure 2 fide; l'inférieure entière ou 3 — dentée; 5 anth. oblongues, 5 arrondies; légum. coriace.

506 bis. *L. varius*, L. — *L. bigarré. — Wolfs-boon.* Tige de 3 à 6 décim., velue; feuil de 5 à 8 folioles lancéolées, velues, blanchâtres au-dessous; fl. bleues ou rougeâtres, pédicellées, demi-verticellées; 2 bractées insérées entre les 2 lèvres du cal.; lèvre inférieure entière; légum. hérissé; gr. rondes panachées. A. Été; *on cultive en outre les L. luteus et hirsutus.*

Le lupin, originaire de Provence, est célèbre pour avoir fait la nourriture de plusieurs philosophes grecs. Protogène, fameux peintre, ne mangeait que des lupins pour donner plus de ressort à son imagination et de vivacité à ses ouvrages. Aujourd'hui nous avons cédé nos droits aux bestiaux sur ce végétal.

Les graines de cette plante sont résolutives. Les habitants de la campagne les sèment pour du café et en font usage de la même manière, malgré leur saveur très-désagréable.

CCXLV. PHASEOLUS. *Haricot.* (Légumineuses). Cal. à 2 lèvres: la supérieure échancrée; l'inférieure à 3 dents; carène, étam. et pistils contournés en spirale; légum. oblongs, polyspermes; feuil. 3 — foliolées.

507. *P. vulgaris*, L. — *H. commun. — Gemeyne boon.* Tige de 9 à 15 décim., volubile, un peu pubescente; stipul. petites; pétiole

commun canaliculé, portant 2 petits appendices sous les 2 folioles latérales et 2 sous la terminale ; les folioles sont ovales, élargies ; fl. d'un blanc jaunâtre, en grappes axillaires, pédonculées ; pédicelles géminés ; bractées ouvertes, plus courtes que le calice ; légum. glabres, pendans ; gr. blanches ou variées. ⚇.

Plusieurs variétés de cette plante sont cultivées pour l'usage de la cuisine. Ce légume est tonique et nourrissant, mais venteux ; aussi ne convient-il guère aux personnes qui ont l'estomac faible.

508. *P. nanus*, L. — *H. nain*. — *Kleyne boon*. Remarquable par sa tige 4 fois plus courte que celle du précédent, dressée, non volubile ; ses grappes peu fournies ; ses bractées plus longues que le cal. ; ses fl. blanches ou rouges et ses légum. ridés. ⚇.; *dans les jardins*.

CCXLVI. FABA. Fève. (Légumineuses). Cal. à 5 dents : les 2 supérieures plus courtes ; légume épais, charnu ; gr. comprimées.

510. *F. vulgaris*, L. — *F. commune*. — *Groote boon*. (*Fève de marais*.) Tige de 6 à 9 décim., glabre ; stipul. semi-sagittées ; feuil. glauques, bijugées, terminées par une petite languette foliacée ; folioles grandes, alternes, ovales, un peu charnues, souvent mucronés ; fl. blanches, marquées d'une tâche noire sur les ailes. ⚇.

OBS. La fève est une plante dont il y a deux variétés : la première dite *Julienne, grande fève, fève de marais, platte boon of lab-boon*, est cultivée dans les jardins potagers ; c'est le *vicia faba major* de Linné ; la seconde variété appelée *feverolle, petite fève, zwyne boon*, est cultivée dans les champs, c'est le *vicia faba minor* du même auteur.

CCXLVII. LATHYRUS. Gesse. (Légumineuses). Cal. campanulé, à 5 lobes ; les 2 supérieurs plus courts ; styl. élargi, velu au-dessus ; légum. alongé ; graines globuleuses ou anguleuses ; tiges grimpantes, feuil. 1 à 3 — jugées, terminées en vrille ; pédonc. axillaires.

ESPÈCES ANNUELLES ; PÉDONC. 1 — 2 — 3 FLORES.

511. *L. aphaca*, L. — *G. des bleds*. — *Aphaca*, Dod. Tige de 3 décim., grêle, un peu rameuse ; stipul. très-grandes, foliacées, sagittées, glabres, entières ; pétiol. ne portant point de feuil., prolongé en vrille simple ; pédonc. 1 — flores, longs, grêles, axillaires, velus, garnis d'une petite bractée ; fl. jaune ; légum. glabre, comprimé. ⚇. Été ; *commun dans les moissons*. (Desm.)

512. *L. sativus*, L. — *G. cultivée*. — *Platte erweten*. Tiges de 3 à 6 décim., faibles, glabres, un peu ailées ; feuil. de 2 à 4 folioles lancéolées-linéaires, pointues, nerveuses ; stipul. semi sagittées ; vrilles assez simples ; pédonc. axillaires, munis d'une à 2 bractées très-petites ; fl. solitaires ; cor. souvent bleue ; légum. larges, ovales, garnies de raies

sur le dos; gr. comprimées, 4 — angulaires. ⚇. Juin-Juillet; *dans les champs.* (Desm.)

513. *L. hirsutus*, L. — *G. velue.* — *Hairige erweten.* Tige de 6 décim., ailée, rameuse, un peu pubescente; pétiol. ailé, à 2 foliol. étroites; vrilles rameuses; stipul. semi-sagittées; pédonc. longs, axillaires, à 1 ou 2 fl. petites, roses ou blanches; cal. et légum. velus. ⚇.; *dans les champs.* (Desm.)

** ESPÈCES VIVACES; PÉDONC. MULTIFLORES.

514. *L. tuberosus*, L. — *G. tubéreuse.* — *Terræ glandes of aerd-Eekels.* Tige de 3 à 6 décim., rameuse, glabre et grimpante; pétiol. à 2 foliol. ovales, obtuses, mucronées; vrilles presque simples; pédonc. axillaires de 5 à 6 fl. roses, assez grandes; légum. glabres. v. Juin-Juillet; *dans les moissons.*

La racine de cette plante est fibreuse; elle porte plusieurs turbercules que l'on peut employer à l'usage alimentaire.

515. *L. pratensis*, L. — *G. des prés.* — *Kleyne wilde erweten.* Tige de 3 à 4 décim., grimpante, anguleuse; stipul. grandes, sagittées, très-aiguës; feuil. à 2 foliol. lancéolées, aiguës, velues, 3 nerves; pédoncule velu, de 4 à 8 fl. jaunes; cal. velu; légum. glabre. v. Mai-Juin; *dans les prairies.* (Vand. M.)

Obs. On trouve dans les endroits secs une variété de cette espèce à foliol. plus petites, plus velues, à pédoncules 1 — flores.

516. *L. sylvestris*, L. — *G. des bois.* — *Groote wilde erweten.* Tige de 6 à 9 décim., ailée, rameuse, glabre et grimpante; stipul. semi-sagittées; feuil. de 2 foliol. longues, ensiformes et nerveuses, terminées par des vrilles trifides; pédonc. chargés de 4 à 6 fleurs axillaires, roses ou purpurines. v. Été; *dans les bois.*

517. *L. palustris*, L. — *G. des marais.* — *Vitsagtige erweten.* Tige de 3 à 6 décim., ailée; stipul. semi-sagittées; feuil. de 3 à 6 folioles ovales ou lancéolées, glabres, mucronées; vrilles rameuses; pédonc. filiformes, de 4 à 6 fl. bleuâtres. v. Été; *dans les bois et les prés humides.* (Desm.) (1).

CCXLVIII. PISUM. *Pois.* (Légumineuses). Ce genre diffère du précédent par le style caréné à la base.

518. *P. sativum*, L. — *P. cultivé.* — *Gemeyne erweten.* Tige de 6 à 9 décim., grimpante; stipul. plus grandes que les foliol., arrondies et dentelées à la base; pétiol. cylindrique, de 4 à 6 folioles ovales, entières, obtuses, mucronées; vrilles rameuses; pédonc. axillaires, à

---

(1) Les espèces exotiques : *L. odoratus* et *L. latifolius*, que je ne fais que citer, sont souvent cultivées dans les jardins.

2 fl. blanches; légum. glabres. A. Mai-Juillet; *dans les jardins.*

Il a pour variété le *P. mange-tout*, dont le péricarpe, très-tendre, est recherché pour l'usage de la table.

519. *P. arvense*, L. — *P. des champs.* — **Veld-erweten.** Il ressemble au précédent dont il diffère par toutes ses parties plus petites; les pédonc. 1 — flores; les foliol. souvent crénelées; les fl. purpurines. A.; *dans les champs.*

CCXLIX. VICIA. Vesce. (Légumineuses.) Cal. tubuleux, à 5 dents; style filiforme, velu au-dessus, garni au-dessous d'une houppe de poils serrés et blancs; légum. oblong; tiges grimpantes; feuil. multijugées, terminées par une vrille.

\* FL. PORTÉES SUR UN PÉDONCULE ALONGÉ.

520. *V. sylvatica*, L. — *V. des bois.* — **Bosch vitsen.** Tige de 9 à 12 décim., glabre, anguleuse et grimpante; stipul. à dents profondes et nombreuses; feuil. à 10 ou 12 foliol. elliptiques, obtuses, mucronées; vrilles rameuses; pédonc. un peu plus long que les feuil., à 5 ou 10 fl. mêlées de bleu et de blanc. v. Été; *dans la forêt de Nieppe, au bord de la rivière.* (Huissen).

520 bis. *V. cracca*, L. — *V. multiflore.* — **Wilde vitsen.** (*Galega* Dod.) Tige de 3 à 6 décim., striée, pubescente, faible et rameuse; stipul. semi-sagittées; feuil. de 14 à 16 foliol. lancéolées-linéaires, velues; vrilles rameuses; 20 à 30 fl. bleuâtres, en grappes unilatérales. v. Juin; *dans les prés.* (Vand. M.)

\*\* FLEURS PRESQUE SESSILES.

521. *V. sepium*, L. — *V. des haies.* — **Haege vitsen.** Tige de 6 à 12 décim., glabre, grimpante, anguleuse; stipul. semi-sagittées, dentées, marquées à la base d'un point enfoncé, souvent coloré; feuil. de 8 à 12 foliol. ovales, alongées, obtuses, velues, mucronées; pédonc. de 3 ou 4 fl. bleuâtres; cal. hérissé; légum. glabre. v. Mai; *dans les bois, particulièrement à la forêt de Nieppe.* (Huissen et H. V.)

522. *V. sativa*, L. — *V. cultivée.* — **Tamme-vitsen.** Tige de 3 à 6 décim., dressée, rameuse, anguleuse; stipul. semi-sagittées, laciniées, marquées d'un point noir à la base; feuil. de 10 à 18 foliol. ovales, tronquées, mucronées, pubescentes, entières; fl. axillaires, sessiles, solitaires ou géminées, grandes, purpurines; légum. alongés, 8 à 12 gr. globuleuses, lisses. A. Été; *cultivé dans les champs.*

On distingue deux variétés de cette plante : l'une à fl. blanches; l'autre ayant les tiges couchées et les feuil. supérieures à foliol. linéaires.

522 bis. *V. monantha*, Desf. — *V. à une fleur.* — *Ervum monanthos*, L. — **Vitsen met 1 bloeme.** Tige de 3 à 6 décim., anguleuse, rameuse par sa base, entièrement glabre; stipul. petites, linéaires,

aiguës, munies à leur base d'une oreillette étroite et acérée; pétiol. terminé en vrille rameuse, et portant 6 à 12 foliol. linéaires, obtuses, échancrées ou mucronées; pédonc. axillaires, plus courts que la feuil., chargés d'une ou deux fleurs purpurines assez semblables à celles du *vicia cracca*. ⚥. Juin; *dans les prés humides, particulièrement à l'endroit appelé Thérouans-wal*. (Huissen).

CCL. ERVUM. *Ers*. (Légumineuses). Ce genre diffère du *Vicia* par le styl. glabre ou pubescent, toujours dépourvu de la houppe de poils placée du côté inférieur; fl. petites; légum. 2 — 4 — sperme; stigm. en tête.

523. *E. tetraspermum*, L. — *E. tétrasperme*. — **Kleyne vitsen**. Tiges de 3 à 6 décim., grêles, grimpantes, glabres, anguleuses; stipules, semi-sagittées; feuil. de 6 à 10 foliol. linéaires, obtuses, mucronées; vrilles simples, assez longues; pédonc. axillaires, articulés, filiformes, à une ou 2 fl. petites, bleuâtres; fr. glabre, à 2 ou 4 sem. globuleuses. ⚥. Eté; *dans les champs parmi les blés*. (Vand. M.)

524. *E. lens*, L. — *E. lentillier*. — **Gemeyne linzen**. Tige de 2 décim. et demi, anguleuse, rameuse; stipul. lancéolées; feuil. terminées par un filet (très-court dans les supérieures, assez long dans les inférieures), à 8 — 12 foliol. ovales-oblongues, un peu obtuses, velues; pédonc. à 1 ou 2 fl. axillaires, terminés par une bractée subulée; fl. blanchâtres; étendard rayé de bleu; cal. à lobes subulés, velus; style garni de quelques poils au sommet; légum. plats, un peu orbiculaires. ⚥.; Eté; *dans les champs*. (Desm.)

Sa graine, appelée *lentille*, est un aliment indigeste qui ne convient qu'aux personnes d'un tempéramment robuste.

525. *E. hirsutum*, L. — *E. velu*. — **Ander wilde vitsen**. Tiges de 3 à 6 décim., rameuses, presque glabres et grimpantes; stipul. lancéolées, entières ou dentées; feuil. de 12 à 16 foliol. linéaires, obtuses, mucronées; vrilles rameuses; pédonc. axillaires, velus, de 2 à 6 fl. blanchâtres, petites; légum. velus. ⚥. Eté; *dans les champs et les bois*. (Desm.)

CCLI. CORONILLA. *Coronille*. (Légumineuses.) Cal. campanulé, à 5 dents; les 2 supérieures rapprochées; légum. droits; feuil. imparipinnées; fl. en couronne.

526. *C. Varia*, L. — *C. bigarrée*. — **Bilkens-kruyd**. Tiges de 3 à 6 décim., rameuses, cannelées, renversées; stipul. caulinaires, lancéolées; feuil. de 12 à 20 foliol. ovales, obtuses, mucronées; pédonc. de 10 à 12 fl. variées de rose et de blanc; légum. redressés, presque quadrangulaires. ⚥.; *dans les lieux secs*. (Desm.) — Cette plante passe pour vénéneuse.

CCLII. ROBINIA. *Robinier*. (Légumineuses). Cal. campanulé, à 5 dents; style velu au-dessus; stigm. en tête; légum. alongé.

527. *R. pseudo-acacia*, L. — *R. faux-accacia*. — **Witten acacia-**

*boom.* Arbre de 20 m., à bois jaunâtre, cassant; stipul. spiniformes; feuil. impari-pinnées, de 11 à 15 foliol. ovales, entières; pédicel. garni d'un petit appendice à la base; fl. blanches, odorantes, en grappes pendantes. L. Juin; *au bois général Vandamme.*

Le premier Robinier (*acacia blanc ou commun*), qui parût en France, a été apporté de la Virginie et planté au jardin du Muséum de Paris, en 1635, par Vespasien Robin, botaniste-herboriste de Henri IV.

CCLII bis. COLUTEA. *Baguenaudier.* (Légumineuses). Cal. campanulé, à 5 lobes; styl. cilié au-dessus; légum. vésiculeux, plein d'air, polysperme.

527 bis. *C. arborescens*, L. — *B. commun.* — *Valschen seneboom.* Arbrisseau de 15 à 18 décim., rameux; écorce grise; feuil. imparipinnées de 9 à 11 folioles ovales-arrondies, un peu échancrées, d'un vert glauque; fl. jaunes, en grappes axillaires; cal. couvert de petits poils noirâtres, couchés; étendard écarté, égal à la carène, marqué à la base de deux petites bosses et d'une ligne brune en cœur; carène très-obtuse; styl. fortement recourbé au sommet. L. Juillet-Août; *dans les haies, mais plus particulièrement dans les jardins.*

Le Baguenaudier vient du Mont-Vésuve, lieu où il est très-commun. Ses feuilles sont purgatives, mais on n'en fait aucun usage en médecine.

CCLIII. CYTISUS. *Cytise.* (Légumineuses). Cal. campanulé ou tubuleux, à 2 lèvres; la supérieure à 2; l'inférieure à 3 dents; carène de la cor. dressée, enveloppant les étam.; légum. atténué à la base.

528. *C. laburnum*, L. — *C. Aubour.* — *Valschen Ebben-boom of Cytisus van Italien.* (*Faux Ébénier des Alpes.*) Arbre de 5 à 7 m.; écorce verdâtre; feuil. pétiolées, à 3 folioles grandes, ovales, mucronées, entières, velues en-dessous; stipul. filiformes; fl. jaunes, en grappes pendantes; pédoncule velu; pédicel. garnis au milieu et quelquefois sous le calice d'une bractée subulée, caduque. L. Mai-Septembre; *dans les bois et particulièrement dans les jardins.*

Cet arbre est presque spontané dans le pays.

CCLIV. ONOBRYCHIS. *Esparcette.* (Légumineuses). Cal. à 5 lobes; ailes des corolles égales au calice; légum. monosperme, aiguillonné.

529. *O. sativa*, Lam. — *E. cultivée.* — *Hedysarum Onobrychis*, L. — *Tammen krok.* (*Sainfoin*). Tige de 3 à 6 décim., striée, dressée, rameuse; stipul. caulinaires, scarieuses; feuil. de 8 à 9 paires de foliol. lancéolées, étroites, mucronées; pétiol. velu; pédonc. axillaires, très-longs, portant un épi de fl. roses, rayées de pourpre. v. Mai; *commun sur les collines et dans les prés secs.* (Desm.)

On en fait des prairies artificielles.

CCLIV bis. HEDYSARUM. *Sainfoin.* (Légumineuses). Cal. à 5 lobes; carène assez grande, très-obtuse; légum. à articulations monospermes.

529 bis. *H. coronarium*, L. — *S. des jardiniers.* — *Spaenschenkrok.* (*Sainfoin d'Espagne.*) Tiges de 3 à 6 décim., striées, rameuses; stipul. caulinaires, linéaires; feuil. à 7 ou 9 folioles, ovales, un peu velues; la terminale plus grande; pédoncule strié, velu, plus long que les feuil., portant un épi de fl. grandes, rouges, rarement blanches, dressées ou peu ouvertes; légum. glabres, couverts de tubercules aigus. v. Juillet.

Cette plante, regardée comme trisannuelle par le Bon Jardinier, est originaire d'Italie. On la cultive pour ses fleurs odorantes.

CCLV. TRIFOLIUM. *Trèfle.* (Légumineuses). Fleurs en tête; légum. renversé, une fois plus court que le cal.

530. *T. pratense*, L. — *T. des prés.* — *Gemeyne klavers.* Tige de 3 à 4 décim., ascendantes, peu rameuses, presque glabres; feuil. de 3 foliol. ovales, velues en leurs bords; stipul. membraneuses à la base du pétiole, terminées par un filet aigu; folioles souvent chargées d'une tâche blanche en croissant; fl. purpurines, monopétales (par la soudure des étamines avec les 4 pétales qui constituent la corolle). v. Été; *commun dans les prés.* (Vand. M.)

Cette plante est un fourrage excellent et très-abondant, agréable à tous les bestiaux.

531. *T. arvense*, L. — *T. des champs.* — *Haezen-voet.* Tige de 3 décim., dressée, velue, rameuse, grêle; feuil. de 3 foliol. étroites; fl. petites, rougeâtres, formant des têtes ovales très-velues. A. Été; *très-commun dans les champs.* (Vand. M.)

On cultive une variété de cette espèce dont les foliol. sont arrondies, les fl. rouges, en épis alongés et hispides.

532. *T. repens*, L. — *T. rampant.* — *Witte klavers.* Tige glabre et rampante; feuil. pétiolées, de 3 foliol. obovales, dentelées; stipul. amplexicaules; pédonc. axillaires, longs; pédicel. filiformes garnis d'une bractée scarieuse à la base; fl. blanches, pendantes et brunes à la maturité; cal. un peu rougeâtre au sommet, à 5 dents inégales, subulées, plus courtes que la corolle. v. Été; *commun dans les prairies.* (Vand. M )

533. *T. filiformis*, L. — *T. filiforme.* — *Kleyne geele klavers.* (*Trèfle jaune*). Tige de 3 décim., étalées, pubescentes; stipul. lancéolées, entières, un peu velues; foliol. cunéiformes, dentelées; l'impaire pétiolée; tête de 6 à 12 fl. peu serrées; cal. glabre, à dents inégales; cor. d'un jaune pâle. A. Été; *commun dans les prés.* (Vand. M.)

534. *T. campestre*, L. — *T. champêtre.* — *Veld-klavers.* Tige de 3 décim., dressée, ferme, rameuse, un peu velue; stipul. lancéolées, entières, ciliées, plus courtes que le pétiol.; foliol. obovales; l'impaire pétiolée, articulée loin des 2 autres; têtes ovales, de 20 à

30 fl. jaunes, un peu brunes après l'anthèse; cal. velu, à dents très-inégales. A. Été; *commun dans les moissons. etc.*

CCLVI. MELILOTUS. *Mélilot.* (Légumineuses). Ce genre diffère du précédent par le légum. qui dépasse le calice, et surtout par les étam. qui ne sont point portées par la corolle.

535. *M. officinalis*, L. — *M. officinal.* — *Welriekende of goedriekende klaver.* Tige de 3 à 9 décim., droite, ferme, rameuse et glabre; stipul. sétacées, entières; feuil. composées de 3 foliol. ovales-oblongues, dentées; la terminale articulée loin des 2 autres; fl. jaunes, nombreuses, réfléchies, en épis axillaires, 2 fois plus longs que les feuil.; calice bossu au sommet. B. Été; *rarement dans les prés, mais dans les jardins.*

Les fleurs de cette plante ont une forte odeur de foin; elles sont émollientes, adoucissantes, anodines et résolutives; on en fait rarement usage à l'intérieur, quoiqu'on les recommande dans la néphrétique, les rhumatismes et même dans les fleurs blanches. On en prépare une eau distillée propre aux maladies des yeux dont elle calme les souffrances.

CCLVII. LOTUS. *Lotier.* (Légumineuses). Cal. tubuleux, à 5 lobes égaux; ailes plus courtes que l'étendard; légum. oblong; feuil. 3 — foliolées; stipul. grandes, foliacées.

536. *L. corniculatus*, L. — *L. corniculé.* — *Gekroonde klavers.* Tige de 2 à 3 décim., redressée, un peu velue; stipul. ovales, entières; foliol. obovales, aiguës, un peu velues; pédonc. longs, axillaires, de 5 à 10 fl. jaunes, en tête déprimée, garnie d'une feuille à la base; cal. velu; légum. cylindriques. V. Été; *commun dans les prairies et sur les pelouses.* (H. V.)

NOTA. Cette plante varie beaucoup selon les lieux où elle croit; dans les terrains secs, elle est petite et gazonnée; dans les lieux fertiles, elle s'élève d'avantage et ses fleurs sont plus grandes; dans les lieux couverts, elle s'élève jusqu'à 1 mètre. Elle est alors velue. Toutes ces variétés sont remarquables par leurs fleurs jaunes, rougeâtres et brillantes, en forme d'ombelle ou de couronne.

CCLVIII. MEDICAGO. *Luzerne.* (Légumineuses). Cal. campanulé, à 5 dents; carène un peu écartée de l'étendard; légum. en coquille; feuil. 3 — foliolées, la terminale écartée.

537. *M. Sativa*, L. — *L. cultivée.* — *Bourgons-hoy.* Tige de 3 à 6 décim., droite, anguleuse et rameuse; stipul. lancéolées, aiguës, entières; foliol. ovales-oblongues, dentées au sommet, pubescentes; fl. axillaires, jaunâtres, violettes ou purpurines; fr. formant 1 ou 2 tours de cercle. V. Été; *spontané sur les murs et dans les pâturages.* (Desm.)

538. *M. lupulina*, L. — *L. houblonnée.* — *Ander kleyne klavers.* Tiges de 2 à 3 décim., renversées, rameuses; stipul. élargies, dentées;

foliol. ovales-cunéiformes, glabres ou velues; fl. jaunes, très-petites, ramassées en tête; légum. réniformes, ridés, noircissant à la maturité. ⚥. Été; *dans les prés secs.* (Desm.)

539. *M. falcata*, L. — *L. en faucille.* — *Sickel wyze klavers.* Tiges de 3 décim., ascendantes, anguleuses, glabres; stipul. lancéolées, aiguës, entières; foliol. étroites, alongées, tronquées, denticulées et mucronées; fleurs en grappes lâches, jaunâtres, mêlées de bleu, de rouge ou de violet, légum. falqués ou formant un tour de cercle. ᵥ.; *sur les murs et le long des chemins.* (Desm. et Lestib.)

540. *M. polymorpha*, L. — *L. multiforme.* — *K. met kromme stekers.* Tige de 3 décim., diffuse, souvent glabre; stipul. lancéolées, dentées; foliol. cunéiformes, très-échancrées au sommet, entières sur les 2 côtés, souvent marquées d'une tâche noire; pédonc. axillaire, à 1 ou 2 fleurs; légum. en coquille, garni sur le dos d'aiguillons subulés. ⚥. Été; *plante naturalisée, très-commune dans les champs.* (Desm. et Lestib. Thém.) (BB. p. 437.)

## CLASSE XVIII.

### POLYADELPHIE.

Étamines réunies en plusieurs collections distinctes.

ICOSANDRIE. — 20 ÉTAMINES INSÉRÉES SUR LE CALICE.

CCLIX. CITRUS. *Citronnier.* (Hespéridées). Genre exotique, à cal. 5 — fide; 5 pétal. oblongs; anthères à 20 filets connés en divers corps; baie à 9 loges visiculeuses.

541. *C. aurantium*, L. — *C. Oranger.* — *Oranie-boom.* Arbre à bois-blanc, dur; feuil. persistantes, ovales-lancéolées; pétiol. bordé d'une aile foliacée; fl. blanches, odorantes, en bouquet, fr. sphérique. L.; *cultivé.* (BB.)

Originaire des Indes, l'oranger a été apporté en Europe par les Vénitiens et les Génois vers le XIII.ᵉ siècle. Ses feuilles sont employées comme antispasmodiques et antiépileptiques. Ses fleurs servent à préparer une eau dite de *Naphe*, des plus employées en médecine. L'huile volatile de fleurs d'oranger porte le nom particulier de *néroli*. Les fruits, nommés oranges, contiennent un suc acidule qui les fait rechercher. Les écorces vertes sont appelées *curaçao*. Enfin, on appelle *petits grains* et *orangettes* les oranges tombées de l'arbre étant toutes petites.

On distingue deux variétés de cet arbre, l'une à fr. doux, l'autre à fr. amer. La première variété a le pétiole presque nu, tandis qu'il est ailé dans la deuxième variété.

POLYANDRIE. — ÉTAMINES NOMBREUSES.

CCLIX bis. HYPERICUM. *Millepertuis*. (Hypéricées). Cal. 5 — parti; 5 pétal; étam. en 3 faisceaux; 3 à 5 styles; caps. 3 — loculaire.

*FOLIOLES DU CALICE ENTIÈRES.*

441 bis. *H. perforatum*, L. — *M. commun.* — *Herbe de St.-Jean.* (1) — *St.-Jans-kruyd.* Tige de 6 à 9 décim., branchue, à 2 angles saillans; feuil. opposées, glabres, ovales-oblongues, obtuses et parsemées de points transparents; fl. jaunes, assez grandes, en corymbe terminal; sépal. lancéolés; étam. terminées par un point noir. v. Été; *le long des bois et dans les prés secs.* (Vand. M.)

Les fleurs de cette plante sont vulnéraires, résolutives, vermifuges, utiles dans la disurie et le crachement de sang. Ses nombreuses propriétés lui ont valu autrefois le nom de *fuga Demonum*.

542. *H. quadrangulare*, L. — *M. à 4 angles.* — *Herts-hoy.*(*Acyron*). Tige de 3 à 6 décim., droite, quadrangulaire; feuil. opposées, amplexicaules, ovales, glabres, munies de glandes transparentes, et bordées d'une rangée de points noirs; fl. jaunes, terminales, assez petites, en panicule médiocre. v. Été; *dans les prés et les marais.* (Desm.)

M. Lestiboudois, père, dit que les feuil. de cette espèce sont dépourvues de points transparens. (BB. p. 72.)

543. *H. humifusum*, L. — *M. couché.* — *Kleyn St.-Jans-kruyd.* Tiges d'un à 2 décim., filiformes, rameuses, couchées; feuil. opposées, ovales-oblongues, glabres, bordées de points noirs, souvent parsemées de glandes transparentes; fl. solitaires, axillaires et terminales. v. Été; *dans les lieux secs, à Morbecque, à Sercus, etc.* (Vand. M. et H. V.)

** *FOLIOLES DU CALICE BORDÉES DE DENTS OU DE CILS GLANDULEUX.*

544. *H. hirsutum*, L. — *M. velu.* — *Groot St.-Jans-Kruyd.* Tige de 6 à 9 décim., dressée, cylindrique et velue; feuil. opposées, ovales, elliptiques, molles et velues, parsemées de glandes transparentes, sans points noirs; fl. jaunes en panicule alongée; sépal. lancéolés, à dents glanduleuses; pétal. chargés de points noirs. v.; *dans les bois.* (Desm.)

544 bis. *H. pulchrum*, L. — *M. élégant.* — *Schoon St.-Jans-kruyd.* Tige de 3 à 6 décim. cylindrique, dressée, branchue, glabre; feuil. opposées, amplexicaules, cordiformes, obtuses, parsemées de glandes transparentes, sans points noirs, glabres, à bords souvent révolutés; fl. terminales, en panicule peu garnie; sépal. ovales, à dents glanduleuses; pétal. bordés de points noirs. v. Été; *dans la forêt de Nieppe.* (Huissen.)

---

(1) Le même nom est également donné à l'*armoise vulgaire*.

545. *H. Elodes*, L. — *M. des marais.* — *Water St.-Jans-kruyd.* Tige de 2 décim., faible, rampante à la base; feuil. ovales-arrondies, sessiles, pubescentes, blanchâtres et glanduleuses; fl. jaunes, dorées, épanouies seulement vers le milieu du jour; cal. serrés, glabres et bordés de cils glanduleux. v. Août-septembre; *dans les bois humides.* (Desm.)

CCLIX ter. ANDROSÆMUM. *Androsème.* (Hypéricées). Ce genre diffère du précédent par son fruit charnu.

545 bis. *A. officinale*, All. — *A. officinal.* — *Mans bloed.* — *Hypericum Androsæmum*, L. (*toute saine*). Tige de 6 à 9 décim., ligneuse, à 2 angles peu marqués; feuil. grandes, ovales, presque sessiles, glabres, nerveuses et non glanduleuses; fl. jaunes, en petites ombelles terminales; 5 sépal. ovales, entiers, réfléchis, dont 2 plus petits; baie noirâtre. L. Été; *dans les bosquets des jardins.* (Vand. M.)

Cette plante passe pour vulnéraire, résolutive et vermifuge; elle a une odeur de résine très-désagréable.

## CLASSE XIX.

### SYNGÉNÉSIE. (1)

Étamines libres par les filets, mais réunies par les anthères et formant un tube cylindrique.

### POLYGAMIE ÉGALE.

TOUS LES FLEURONS OU DEMI FLEURONS HERMAPHRODITES ET FERTILES.

CCLX. TRAGOPOGON. *Salsifix.* (Composées). *Chicoracées.* Invol. simple; réceptacle ponctué; aigrette plumeuse, pédicellée.

546. *T. pratense*, L. — *S. des prés.* — *Morgen-sterre.* Tige de 3 à 6 décim., cylindrique, lisse; feuil. longues, glabres, amplexicaules, canaliculées, étroites et pointues; fl. jaunes, terminales, grandes; invol. de 8 folioles égales aux fleurs. D.; *commun dans les prairies en bas d'Hazebrouck.*

Sa racine est amère, diurétique et apéritive.

CCLXI. SCORZONERA. *Scorsonère.* (Composées). *Chicoracées.* Invol. imbriqué d'écailles scarieuses sur la marge; réceptacle nu; aigrette plumeuse, sessile.

547. *S. hispanica*, L. — *S. d'Espagne.* — *Spaensch-adder-kruyd.* (*Cercifi ou salsifis d'Espagne.*) Tige de 6 décim., ferme, striée, rameuse,

(1) La syngénésie se divise en *polygamie égale, polygamie superflue, polygamie frustranée, polygamie nécessaire* et *polygamie séparée.*

glabre ou un peu cotonneuse; feuil. planes ou ondulées, ovales-lancéolées, rétrécies en pétioles; les supérieures amplexicaules, très-aiguës et denticulées; fl. jaunes, terminales; pédonc. velus; invol. à écailles fort larges. v. Mai-Juin; *cultivé*.

La racine de Scorzonère est longue, pivotante et à écorce noire. Elle est employée comme aliment. Les médecins lui contestent la propriété sudorifique qu'on lui attribue.

548. *S. angustifolia*, L. — *S. subulée*. — *Nederlandsch-adderkruyd*. Tige velue à la base; feuil. en alène, entières; pédonc. épaissis; fl. jaunes, un peu rougeâtres, solitaires et terminales. B.; *dans les pâturages*. (Desm. et Lestib. père.)

CCLXII. SONCHUS. *Laitron*. (Composées). *Chicoracées*. Invol. élargi à la base, resserré au sommet; aigrette sessile.

549. *S. oleraceus*, L. — *L. des lieux cultivés*. — *Haezen lattouwe*. Tige de 3 à 6 décim., lisse, tendre, fistuleuse; feuil. plus ou moins lyrées, amplexicaules, bordées de cils épineux, auriculées à la base; lobe terminal, grand, triangulaire; fl. jaunes. A.; *dans les lieux cultivés*. (Vand. M.)

OBS. On trouve dans les mêmes lieux et notamment dans les jardins une autre espèce que je place au rang des variétés, c'est le *S. asper*, L., qui ne diffère du *S. oleraceus* que par ses feuilles frisées et décidément épineuses. On arrache ces deux plantes comme herbe inutile; mais ceux qui nourrissent des vaches, des lapins et autres animaux domestiques les recueillent avec soin.

550. *S. arvensis*, L. — *L. des champs*. — *Groot haviks-kruyd*. (*Hieracium majus*, Lob.) Tige d'un mètre, velue, fistuleuse, rameuse au sommet; feuil. lancéolées, ciliées-épineuses, pinnatifides, amplexicaules, arrondies à la base; lobe terminal étroit, alongé; fl. jaunes, terminales, presque en forme d'ombelle; pédonc. et invol. hérissés de poils glanduleux, jaunâtres. v. Été; *dans les champs*. (Huissen et Vand. M.)

551. *S. palustris*, L. — *L. des marais*. — *Water haviks-kruyd*. Diffère surtout du précédent par sa tige encore plus élevée; ses fl. plus petites; les feuil. munies à la base d'oreillettes longues et pointues. v.; *dans les marais*. (Lestib. Thém.)

CCLXIII. LACTUCA. *Laitue*. (Composées). *Chicoracées*. Invol. imbriqué, cylindrique; aigrette pédicellée, capillaire.

552. *L. sativa*, L. — *L. cultivée*. — *Lattouwe*. (Salade.) Tige de 3 à 6 décim., glabre; feuil. molles, tendres, inermes; les inférieures arrondies, rétrécies à la base; les supérieures cordiformes, amplexicaules, à dents fines; fl. jaunes, petites, dressées, en panicule. A.

On distingue trois variétés principales de cette plante que *l'on cultive dans les jardins potagers*.

1.° La *laitue pommée*, dont les feuilles sont pressées, chiffonnées et forment une tête globuleuse.

2.° La *laitue frisée*, dont les feuilles sont découpées, dentées, crépues.

3.° La *laitue romaine*, dont les feuil. sont droites, alongées, non chiffonnées, peu serrées, en tête alongée.

Cette plante est une des plus anciennement et le plus généralement cultivée. Elle est légèrement assoupissante ; elle est de difficile digestion pour ceux qui ont l'estomac faible. On l'ordonne pour dissiper l'engorgement du foie. L'histoire rapporte que l'empereur Auguste, affecté d'une maladie hypocondriaque, dût sa guérison à l'usage de cette plante, et que Vaillant, célèbre botaniste, l'employa pour se guérir d'une fièvre tierce, occasionnée par des obstructions. La *thridace*, employée en médecine comme calmant, n'est autre chose que l'extrait de laitue cultivée.

CCLXIV. LEONTODON. *Pissenlit.* (Composées). *Chicoracées.* Invol. imbriqué d'écailles un peu lâches ; réceptacle nu ; aigrette plumeuse.

553. *L. taraxacum*, L. — *P. commun.* — *Pisse bed.* Hampe d'un à 3 décim., tendre, fistuleuse, souvent glabre ; feuil. radicales, runcinées, très-variables, quelquefois sub-hispides ; fl. jaune, grande, terminale ; invol. à écail. réfléchies inférieurement. v. Été ; *partout.*

Cette plante est diurétique et désobstructive ; elle convient dans les fièvres intermittentes, dans la cachexie et dans la jaunisse. On en fait un extrait et une tisane.

554. *L. hispidum.* L. — *P. des prés.* — *Papen-kruyd.* Cette espèce ressemble à la précédente, dont elle diffère par sa villosité et ses aigrettes sessiles. v.; *dans les pâtures.*

555. *L. autumnale*, L. — *P. automnal.* — *Vierde haviks-kruyd*, D. Tige de 3 à 5 décim., rameuse, glabre, nue en bas ; feuil. radicales nombreuses, glabres ou un peu velues, pinnatifides, à lobes souvent linéaires ; fl. jaunes, terminales ; pédonc. écailleux, un peu renflés sous l'involucre. v. Juillet-octobre ; *le long des chemins.* (Desm. et Lestib. père.)

Cette espèce varie par ses feuilles plus ou moins incisées.

CCLXV. HIERACIUM. *Épervière.* (Composées). *Chicoracées.* Invol. imbriqué, serré, ovoïde ; réceptacle alvéolaire ; aigrette sessile, peu fournie.

Nota. La détermination et la classification des espèces de ce genre, est l'un des points les plus difficiles de la botanique européenne. (FF.)

* HAMPE OU TIGE NUE.

556. *H. pilosella*, L. — *E. piloselle.* — *Kleyn haviks-kruyd of nagel kruyd.* Hampe d'un décim. et demi, hérissée, 1 — flore, émettant du collet des jets feuillés ; feuil. ovales, entières, spatulées, garnies de poils blancs et écartés, blanches et cotonneuses au-dessous ; fl. jaune ; invol. chargé de poils noirâtres. v.; *dans les terres sablonneuses du*

mont des *Récollets et du bois Vandamme, au bord des chemins et près le pont de Campagne, à l'endroit appelé Groot-Dyk.* (H. V., V. M. et Huissen.)

Cette plante est amère, astringente, vulnéraire, fébrifuge et convient dans les vomissemens cholériques. (Dod.)

557. *H. auricula*, L. — *E. auriculée.* — *Kruypende nagel-kruyd of Ratten-oor.* Cette espèce diffère de la précédente par ses feuilles dépourvues de duvet cotonneux et rayonnant à leur surface inférieure, ainsi que par sa hampe multiflore. v.; *sur les murs et les collines.* (Vand. M)

** TIGE FEUILLÉE.

558. *H. umbellatum*, L. — *E. en ombelle.* — *Derde haviks-kruyd of Hieracium*, III, D. Tige de 6 à 12 décim., un peu velue, souvent rougeâtre; feuil. linéaires, éparses, garnies de quelques dents; fl. jaunes, terminales; pédonc. rameux, presque en forme d'ombelle. v. Septembre; *dans le bois dit Tovereeg-Wal et dans les prés secs.* (Huissen.)

CCLXVI. CREPIS. *Crépide.* (Composées). *Chicoracées.* Invol. un peu dilaté à la base; écailles extérieures écartées; aigrette simple, sessile.

559. *C. biennis*, L. — *C. bisannuelle.* — *Hairig-haviks-kruyd.* Tige de 9 à 12 décim., dure, anguleuse, velue, rude; feuil. runcinées, hérissées au-dessous de poils rudes; fl. jaunes, grandes, en corymbe; pédonc. un peu hérissés; invol. d'un vert noirâtre, un peu velu, non farineux. B. Été; *commun dans les prés.* (Desm.)

560. *C. Virens*, L. — *C. verdâtre.* — *Groenagtig haviks-kruyd.* Tige de 3 à 6 décim., dressée, lisse, un peu hérissée à sa base seulement, à rameaux presque en corymbe; feuil. glabres, alongées, runcinées; les supérieures étroites, linéaires, dentées, hastées; fl. petites, jaunes; invol. farineux, pubescent, verdâtre, à écail. extérieures dressées. A. Été; *dans les prés, le long des champs et surtout au bord des chemins.* (Desm. et H. V.)

Cette espèce varie selon le terrain, quant à sa stature, à la forme et à la position de ses feuilles.

NOTA. Le *C. dioscoridis*, L., paraît exotique; il est encore douteux, dit M. Thém. Lestiboudois, que cette plante se trouve en France. (Flore du Nord, p. 210.)

CCLXVII. HYOSERIS. *Hyoséride.* (Composées). *Chicoracées.* Invol. simple, entouré à la base de petites écailles; réceptacle nu; aigrette poilue et caliculée.

* TIGE NUE.

561. *H. minima*, L. — *H. fluette.* — *Hieracium*, IX, Dod. Tige d'un décim. et demi, nue, grêle, rameuse, glabre, rougeâtre à sa base, renflée sous les fleurs; feuil. radicales, en rosette, obovales, ciliées;

à dents aiguës; invol. ovale, obtus, ventru; fl. jaunes. v.; *dans les lieux sablonneux.* (Desm.)

561 bis. *H. scabra*, L. — *H. rude.* — *Rhagadiolus scaber*, All. Le nom spécifique de cette plante est propre à induire en erreur, car elle est lisse et presqu'entièrement glabre; rac. pivotante, poussant plusieurs feuil. longues de 2 décim., étroites, alongées, pétiolées, pinnatifides, à lobes obtus et dentés; hampes ne dépassant pas la longueur des feuil. et remarquablement renflées vers l'extrémité; fl. jaunes, assez petites, à 8 ou 10 fleurons; invol. de 8 ou 10 foliol. oblongues, concaves, outre quelques autres très-petites, qui se trouvent à la base. A.; Juillet; *champ de trèfle, petit sentier de la Motte-au-Bois.* (Huissen.)

** TIGE FEUILLÉE.

562. *H. hedypnois*, L. — *H. dormeuse.* — *Bollekens haviks-kruyd of hyoseris globulifera*, Lam. Tige de 3 à 5 décim., rameuse, verte, cylindrique et garnie de quelques poils droits, très-courts, rudes; feuil. élargies au sommet, garnies de dents écartées; les supérieures sub-amplexicaules, lancéolées; fl. jaunes, terminales, médiocres; pédonc. renflés au sommet; invol. glabre, globuleux à la maturité. A. Été; *à Borre, au bord des champs.* (Vand. M.)

CCLXVIII. HYPOCHÆRIS. *Porcelle.* (Composées). **Chicoracées.** Invol. imbriqué; récept. paléacé; aigrette plumeuse, stipitée.

563. *H. radicata*, L. — *P. à longues racines.* — *Gewortelt haviks-kruyd of hieracium radicatum.* Tige de 3 à 5 décim., rameuse, nue, lisse, garnies de quelques écail. foliacées; feuil. radicales oblongues, lyrées, à lobes obtus, hispides; fl. jaunes, terminales, solitaires; pédonc. un peu écailleux; invol. un peu ventru, noirâtre, glabre ou très-peu hérissé. v. Été; *commun dans les prés et au bord des champs.* (Vand. M.)

CCLXIX. LAMPSANA. *Lampsane.* (Composées). **Chicoracées.** Invol. caliculé; chaque écaille intérieure canaliculée; réceptacle nu.

564. *L. communis*, L. — *L. commune.* — *Lampsana*, Dod. Tige de 6 décim., rameuse, souvent rougeâtre, striée; feuil. inférieures pétiolées, velues, lyrées, à lobe terminal grand, arrondi, denté; les supérieures lancéolées, entières; fl. jaunes, petites, en panicule terminale. A.; Mai-Juin-Juillet; *dans les haies.* (Vand. M.)

CCLXX. HELMINTHIA. *Helminthie.* (Composées). **Chicoracées.** Invol. à 1 seul rang d'écailles entourées à la base d'un autre rang de folioles très-larges; aigrette stipitée.

565. *H. echioïdes*, L. — *H. vipérine.* — *Slangen-kruyd.* Tige de 3 à 6 décim., rameuse, chargée, ainsi que toute la plante, de poils très piquans; feuil. lancéolées, entières, amplexicaules; les inférieures si-

nuées, rétrécies à la base; foliol. extérieures de l'invol. cordiformes, très-épineuses; les intérieures membraneuses sur les bords, épineuses sur la ligne médiane, garnies sur le dos, vers le haut, d'un appendice foliacé, épineux; fl. jaunes, terminales. ᴀ. Août-Septembre. (Desmyttère.)

CCLXXI. CICHORIUM. *Chicorée.* (Composées). *Chicoracées.* Invol. caliculé; réceptacle sub-paillassé; aigrettes sessiles, formées d'écail. très-petites.

566. *C. Intybus*, L. — *C. sauvage et cultivée.* — *Wilde en tamme Suykereyen.* Tige de 3 à 9 décim., velue, ferme, rameuse; feuilles runcinées, un peu velues sur les nervures; fl. bleues, presque sessiles, axillaires; écail. de l'invol. ciliées. v. Été; *au bord des champs.* (Vand. M.)

Cette plante est cultivée dans les jardins pour l'usage de la médecine et de l'économie domestique.

567. *C. Endivia*, L. — *C. Endive.* — *Gemeyne Andyvie.* Cette plante n'est, à proprement parler, qu'une variété de l'espèce précédente; elle en diffère par ses feuil. glabres, entières ou dentées; ses fleurs, les unes sessiles, les autres à longs pédoncules. ᴀ.

Trois sous-variétés de cette plante sont cultivées dans les jardins : 1.° la *Scarole* ou *Endive à larges feuilles*, 2.° l'*Endive blanche* ou *petite Endive*, dont les feuilles sont étroites; 3.° l'*Endive frisée*, dont les feuilles sont découpées et crépues.

Ces plantes sont très-saines à manger; mais lorsqu'elles pourrissent, elles deviennent vénéneuses.

CCLXXII. ARCTIUM. *Bardane.* (Composées). *Cynarocéphales.* Invol. globuleux, à écail. courbées en hameçon par le sommet.

568. *A. Lappa-major*, G. — *B. majeure.* — *Dokke wortel of groote klissen.* Tige de 6 décim., tomenteuse, rameuse et dressée; feuil. grandes, alongées, cordiformes, pubescentes et blanchâtres au-dessous, garnies de dents mucronées; fl. purpurines, de la grosseur d'une noix, solitaires au sommet des pédoncules; invol. glabres. ʙ. Été; *dans les lieux secs, le long des chemins.* (Vand. M.)

La racine de cette plante est cordiale, béchique, apéritive, vulnéraire et détersive.

Selon Chomel, les feuilles de Bardane appliquées sur le cancer, lors même qu'il est ouvert, en adoucissent la douleur et mondifient les ulcères.

569. *A. Lappa-minor*, DC. — *B. mineure.* — *Kleyne klissen of Bedelaers-luyzen.* Cette espèce ne semble qu'une variété de la précédente, dont elle diffère par ses involucres plus petits; ses fl. en grappes sur les pédonc.; ses feuil. moins obtuses. ʙ.; *commun le long des chemins.* (Vand. M.) — Mêmes vertus que le précédent.

CCLXXIII. SERRATULA. *Sarrette.* (Composées). (*Circium*). *Cyna-*

*rocéphales*. Invol. cylindrique, imbriqué, inerme, c'est-à-dire sans écail. épineuses; récept. garni de paillettes simples; aigrette plumeuse.

570. *S. arvensis*, L. — *S. des champs*. — *Aldergemeynsten weg-Distel of akker-Distel*. (*Chardon hémorrhoïdal*.) Rac. traçante; tige de 6 décim., dressée, glabre, paniculée; feuil. amplexicaules, pinnatifides, crépues, très-épineuses à la marge, cotonneuses au-dessous; fl. purpurines ou blanchâtres, terminales; aigrette blanchâtre. ʙ. Été; *très-commun le long des chemins*. (Vand. M.)

571. *S. tinctoria*, L. — *S. des teinturiers*. — *Ververs Distel*. Tige de 3 à 6 décim., dressée, rameuse, glabre; feuil. dentées ou pinnées, à lobes serrulés, le terminal plus grand; fl. purpurines ou blanches, en corymbe terminal; aigrette jaunâtre. ᴠ.; *dans les bois*. (Desm.)

Cette plante passe pour vulnéraire; son suc fournit une belle teinture jaune.

CCLXXIV. CARDUUS. *Chardon*. (Composées). *Cynarocéphales*. Invol. ovale, imbriqué d'écailles épineuses; réceptacle poilu.

* FEUILLES SESSILES.

572. *C. marianus*, L. — *C. Marie*. — *Onzer-Vrouwen-Distel*. Tige de 6 décim., dressée, rameuse, cannelée; feuil. grandes, sinuées, amplexicaules, glabres, épineuses et parsemées de taches blanches; fl. purpurines, solitaires, grandes; écail. de l'invol. ovales, bordées d'épines canaliculées. ᴀ. Été; *dans les lieux incultes*. (Vand. M.)

Sa racine, ses feuilles et ses graines sont sudorifiques, diurétiques, fébrifuges et conviennent dans la pleurésie.

** FEUILLES DÉCURRENTES.

573. *C. crispus*, L. — *C. crépu*. — *Eersten wilden Distel*, D. Tige de 6 à 9 décim., dressée, branchue, glabre; feuil. décurrentes, oblongues, sinuées, crépues, très-épineuses, velues au-dessous; fl. purpurines ou blanches, ovoïdes, agrégées; pédonc. courts, très-épineux; écail. de l'involucre étalées, peu piquantes. ᴀ.; Été; *très-commun le long des chemins; dans les fossés secs, etc*. (Lestib. Thém.)

574. *C. acanthoïdes*, L. — *C. acanthin*. — *Derden wilden Distel*, Dod. Tige de 6 à 9 décim., branchue, cannelée, cotonneuse, garnie d'une aile courante, dentée et très-épineuse; feuil. sinuées, laciniées, anguleuses, décurrentes, épineuses à la marge; fl. d'un pourpre foncé, ramassées, terminales; écail. de l'invol. droites. ᴀ.; *le long des chemins*. (Lestib. père.)

575. *C. nutans*, L. — *C. penché*. — *Onopixos van Guilandinus*. Tige de 3 à 6 décim., épaisse, cannelée, branchue; feuil. lancéolées,

découpées, décurrentes, blanchâtres, épineuses; fl. purpurines ou blanches, très-grosses, penchées, solitaires; pédonc. souvent nu, cotonneux; écail. de l'invol. lancéolées, cuspidées, ouvertes, garnies d'un duvet aranéeux peu abondant. ʙ. Été; *sur les berges et le long des chemins.* (Desm.)

CCLXXV. CIRCIUM. *Circe.* (Composées). **Cynarocéphales.** Écail. de l'invol. peu ou point épineuses; aigrette plumeuse.

576. C. *lanceolatum*, Sc. — *C. lancéolé.* — **Scherpen Distel.** Tige de 3 à 6 décim., dressée, rameuse, un peu velue; feuil. décurrentes, blanchâtres au-dessous, découpées en lanières souvent géminées, étroites, lancéolées et terminées par une épine; fl. grosses, terminales, sessiles. ʙ. Été; *très-commun le long des chemins.* (Vand. M.)

577. C. *acaule*, Lam. — *C. nain.* — *Distel zonder steel.* Tige nulle ou d'un quart de décim.; feuil. radicales, étalées, velues au-dessous sur les nervures, vertes, oblongues, à découpures anguleuses, épineuses; fl. purpurine, solitaire, grosse; invol. ovale; écail. imbriquées, lancéolées, inermes, un peu ciliées. v. Été; *dans les lieux secs.* (Desm.)

578. C. *dissectum*, BB. — *C. disséqué.* — *Nederlandschen peerde Distel.* Tige de 6 décim., droite, simple, striée, grêle; feuil. non décurrentes, pinnatifides, ailées, terminées par une épine; fl. purpurines, droites; invol. court, ovale, imbriqué d'écailles aiguës. v.; *dans les prés humides.* (H. V.)

579. C. *oleraceum*, All. — *C. des lieux cultivés.* — *Distel der weyden.* (*Cnicus*, L.) Tige d'un mètre, cannelée, peu rameuse; feuil. glabres, vertes, ciliées-épineuses : les inférieures très-grandes, pinnatifides; les supérieures amplexicaules, indivises, ovales; fl. d'un jaune pâle, agglomérées, entourées de grandes bractées ovales, entières, concaves, ciliées. v. Mai-Juin; *commun dans les bois marécageux.* (Desm).

CCLXXVI. CYNARA. *Artichaut.* (Composées). **Cynarocéphales.** Invol. dilaté, imbriqué d'écail. charnues, émarginées avec une pointe; récept. charnu, couvert de soie; aigrette plumeuse, longue.

580. C *Scolymus*, L. — *A. commun.* — *Artichokken.* Tige de 6 à 9 décim., épaisse et cotonneuse; feuil. alternes, grandes, molles, presque épineuses, découpées, un peu ailées, pinnées et dentées; écail. de l'invol. épaisses, ovales et charnues. v. Été; *cultivé pour l'usage de la table.* — Cette plante est originaire du Languedoc.

On mange ordinairement la base de l'invol. et le réceptacle de ses fleurs. Sa racine est diurétique et apéritive.

CCLXXVII. CARLINA. *Carline.* (Composées). **Cynarocéphales.** Invol. radié par des écailles marginales, longues et colorées; récept. paléacé, aigrette plumeuse.

581. *C. vulgaris*, L. — *C. vulgaire*. — *Everwortel of gemeynen Distel van Lobel*. Tige de 4 décim.; feuil. inférieures pinnatifides et épineuses; les caulinaires lancéolées, ciliées, blanches en-dessous; fl. terminales en corymbe; invol. à rayons blancs. A. Juillet-Août; *dans les lieux arides.*

Cette plante, prise en breuvage avec un peu de vin, fait mourir les vers, elle désenfle les hydropiques et résiste au venin des serpens.

CCLXXVIII. BIDENS. *Bident.* (Composées). *Corymbifères.* Invol. imbriqué; fl. souvent flosculeuses, ou rarement radiées; récept. paléacé.

582. *B. tripartita*, L. — *B. chanvrin. (Eupatoire femelle.) Water hepatorie*, D. Tige de 3 à 6 décim., cannelée, cylindrique, branchue et rougeâtre; feuil. divisées en 3 ou 4 folioles oblongues et dentées; fl. jaunes, garnies de 4 ou 5 bractées, presque entières; gr. à 2 arêtes. A. Été; *sur le bord des fossés entre Strazeele et Vieux-Berquin.*

583. *B. cernua*, L. — *B. penché.* — *Coreopsis bidens.* Tige de 6 décim., striée, lisse; feuil. lancéolées, dentées, amplexicaules et sans divisions; invol. garni de bractées lancéolées et colorées; fl. jaunes, terminales, penchées; gr. à 4 arêtes. A. Été; *le long des chemins humides.* Ces deux plantes sont résolutives, sternutatoires et tinctoriales.

CCLXXIX. EUPATORIUM. *Eupatoire.* (Composées). *Corymbifères.* Invol. imbriqué, oblong; récept. nu; styl. long; demi 2-fide; aigrette plumeuse.

584. *E. cannabinum*, L. — *E. chanvrin.* — *Boelkers kruyd. Water kemp of koninginne kruyd.* Tige de 9 à 15 décim., sub 4-angulaire, rameuse et velue; feuil. sub-pétiolées, à 3 lanières digitées, lancéolées, dentées en scie, l'intermédiaire plus longue; fl. rougeâtres, en corymbe terminal et compacte. v.; *commun le long des eaux, dans le ruisseau de Borre*, etc. (Vand. M.)

Cette plante est regardée comme hépathique, apéritive, antihystérique, béchique et vulnéraire.

CCLXXIX bis. SANTOLINA. *Santoline.* (Composées). *Corymbifères.* Invol. hémisphérique, imbriqué; tous les fleurons tubuleux, hermaphrodites; récept. paléacé.

584 bis. *S. cupressiformis*, BB. — *S. cupressiforme.* — *Eerste Worm-kruyd.* Tige souligneuse, rameuse et basse; feuil. linéaires, chargées d'un nombre de petites dentures rapprochées, ce qui les fait paraître carrées; toute la plante est blanchâtre; fl. jaunes, solitaires; pédonc. longs et grêles. L. Été.

Cette plante, originaire de Provence, *est cultivée dans les jardins.* Elle est stomachique et anthelmintique.

## POLYGAMIE SUPERFLUE.

FLEURONS DU CENTRE HERMAPHRODITES; CEUX DE LA CIRCONFÉRENCE FEMELLES.

CCLXXX. **TANACETUM**. *Tanaisie*. (Composées). *Corymbifères*. Invol. hémisphérique, imbriqué; corolles du rayon 3-fides, souvent nulles; récept. nu; gr. couronnée d'un rebord membraneux.

NOTA. Le rayon ne paraît que dans les plus grandes chaleurs de l'été.

585. *T. vulgare*, L. — *T. vulgaire*. — *Tweede worm-kruyd*. Tige de 6 à 9 décim., striée, dure, rameuse; feuil. larges, d'un vert foncé, glanduleuses au-dessous, 2-pinnatifides, à 2 lobes aigus, nombreux, quelquefois crépus. (*T. crispum*, Dod.); fl. jaunes en corymbe terminal. v.; *assez commun au krekels-berg à Morbecque*. (Vand. M.)

Cette plante est amère, vermifuge, stomachique, anodine, antihystérique et apéritive.

585 bis. *T. Balsamita*, L. — *T. Baumière*. — *Kost-kruyd*. (*Coq des jardins*.) Tiges de 6 à 9 décim., rameuses; feuil. ovales, dentées, velues, d'un vert blanchâtre, pétiolées, chargées de très-petites glandes à la face inférieure; les supérieures sessiles, auriculées à la base; fl. jaunes, petites, terminales, en corymbe. v. Août.

Originaire de Provence, cette espèce, *cultivée dans nos jardins*, est amère, aromatique, d'une odeur suave; elle est stomachique, carminative et emménagogue.

CCLXXXI. **ARTEMISIA**. *Armoise*. (Composées). *Corymbifères*. Invol. imbriqué, serré; tous les fleurons tubuleux.

\* RÉCEPTACLE NU.

586. *A. vulgaris*, L. — *A. commune*. — *Byvoet of Sint-Jans-Kruyd*. Tige de 6 à 9 décim., dressées, rougeâtres, striées; feuil. alternes, glabres, cotonneuses au-dessous, pinnatifides, incisées; fl. rougeâtres, en grappes simples, recourbées. v.; *au bord des champs à Borre, près le Treurniet*. (Vand. M.)

L'Armoise est emménagogue, antihystérique, apéritive et antispasmodique. Son nom vient de la reine *Artemisia*, qui, la première, en fit usage.

\*\* RÉCEPTACLE GARNI DE POILS.

586 bis. *A. absinthium*, L. — *A. absinthe*. — *Alsem*. Tige de 6 décim., dressée, dure, cannelée et rameuse; feuil. alternes, pétiolées, blanchâtres, bi ou tripinnatifides, à lobes ovales-lancéolés, obtus; fl. jaunâtres, petites, globuleuses, penchées, en grappes terminales; invol. cotonneux. v.; *cultivé dans les jardins*. (1).

---

(1) NOTA. On donne le nom de *grande absinthe* à l'espèce mentionnée, tandis qu'on appelle *petite absinthe, absinthe romaine*, l'Armoise pontique.

L'absinthe a une odeur pénétrante très-forte, une saveur aromatique d'une amertume proverbiale; elle est stomachique, tonique, anti acide, anti-putride, fébrifuge, vermifuge et emménagogue. Son abus détruit le velouté de l'estomac et devient pernicieux. (1)

CCLXXXII. GNAPHALIUM. *Gnaphale.* (Composées). *Corymbifères.* Fleurons tubuleux, tous hermaphrodites ou les extérieurs femelles; invol. souvent scarieux ou cotonneux; récept. nu; aigrette à poils simples ou dentelés au sommet.

587. *G. arvense*, Lam. — *G. des champs.* — *Eerste katoen kruyd of filago*, L. (*Cotonnière.*) Tige de 3 décim., dressée, rameuse, cotonneuse; feuil. étroites, cotonneuses, ramassées; fl. axillaires, en épis; invol. cotonneux. ⚇. Juillet-Août; *dans les champs sablonneux.* (Desm.)

587 bis. *G. uliginosum*, L. — *G. des marais.* — *Tweede katoenkruyd.* Tige d'un décim. et demi, diffuse, rameuse, très-cotonneuse; feuil. étroites, cotonneuses des deux côtés; fl. agglomérées en tête terminale, entourée de feuil.; invol. noirâtres. ⚇.; Juillet; *dans les champs humides, le long du canal d'Hazebrouck.* (Huissen).

588. *G. Germanicum*, L. — *G. d'Allemagne.* — *Derde katoen kruyd, Ruer kruyd of filago impia*, D. Tige d'un à 2 décim., dichotome, cotonneuse; feuil. lancéolées, un peu élargies, molles; fl. en têtes arrondies, placées dans les bifurcations de la tige; invol. à 5 angles; écail. très-acérées, scarieuses et jaunâtres au sommet. ⚇. Été; *dans les champs.* (Desm. et Vand. M.)

CCLXXXIII. TUSSILAGO. *Tussilage.* (Composées). *Corymbifères.* Invol. d'un seul rang d'écailles; fl. radiées ou flosculeuses; récept. nu; aigrette simple, sessile.

*FLEUR RADIÉE; HAMPE 1-FLORE.

589. *T. Farfara*, L. — *T. Pas-d'âne.* — *Hoest-bladt, perds-voet of filius ante patrem*, D. Hampe de 2 décim., rougeâtre, cotonneuse, garnie d'écailles foliacées, lancéolées, cotonneuses au-dessus; feuil. radicales, pétiolées, sub-cordiformes, arrondies, anguleuses, dentelées, cotonneuses au-dessous, naissant après les fleurs; fl. solitaire, terminale, jaune. ⚇. Mars; *dans les terrains glaiseux, au bord des champs.*

Les fleurs de cette plante sont adoucissantes et pectorales. (Vand. M.)

---

(1) D'autres espèces du genre *Artemisia* sont encore cultivées, telles que l'*aurone*, l'*absinthe pontique*, l'*absinthe maritime*, dont les propriétés se rapprochent plus ou moins de l'espèce première. L'*estragon* qu'on élève dans les jardins est employé pour l'assaisonnement des salades; il exhale une odeur agréable; ses feuilles mâchées font couler la salive.

** FLEURS FLOSCULEULES; HAMPE MULTIFLORE.

590. *T. Petasites*, L. — *T. chapellière*. — *Pestilentie wortel*. Hampe simple, épaisse, chargée d'écail.; feuil. radicales, très-grandes, pétiolées, cordiformes, dentelées, lobées, obtuses, pubescentes au-dessous, naissant après les fleurs; fl. purpurines, nombreuses, en épi terminal; pédicel. garnis d'une bractée; rac. rampante. v. Avril; *au bord des rivières*. (Desmyttère.)

Ses racines sont apéritives et regardées comme antiasmathiques.

CCLXXIV. SENECIO. *Seneçon*. (Composées). *Corymbifères*. Invol. d'un seul rang d'écail. noirâtres au sommet, entourées de quelques bractées à la base; fl. flosculeuses ou radiées; récept. nu; aigrette simple.

* FLEURS FLOSCULEUSES.

591. *S. vulgaris*, L. — *S. commun*. — *Eerste kruys-kruyd*. Tige de 3 décim., glabre, tendre, fistuleuse, rameuse; feuil. amplexicaules, un peu charnues, pinnatifides, à lobes écartés, dentés, glabres ou un peu cotonneux au-dessous; fl. paniculées, cylindriques, un peu penchées, pédicellées, jaunes. A. Toute l'année; *dans les lieux cultivés*. (Vand. M.)

Cette plante est émolliente, adoucissante et résolutive.

** FLEURS RADIÉES.

592. *S. sylvaticus*, L. — *S. des bois*. — *Tweede-kruys-kruyd*. Tige de 3 à 9 décim., dressée, pubescente, rameuse au sommet; feuil. radicales oblongues, presque entières; les caulinaires pinnatifides, à lobes écartés, presque glabres; fl. jaunes, petites, cylindriques, en corymbe terminal. A. Été; *à la forêt de Nieppe*. (Huissen).

592 bis. *S. Jacobœa*, L. — *S. Jacobée*. — *Sint-Jacobs-kruyd*. Tige de 3 à 6 décim., presque glabre, souvent rougeâtre, fistuleuse; feuil. à lobes dentés, obtus, presque glabres, d'un vert foncé; fl. jaunes, nombreuses, en corymbe terminal. v. Été, *dans les pâtures et au bord des champs*. (Vand. M.)

593. *S. paludosus*, L. — *S. des marais*. — *Ander Sint-Jacobskruyd*. Tige de 6 à 12 décim. ou plus, dressée, simple, glabre ou un peu cotonneuse; feuil. lancéolées, très-longues, sessiles, aiguës, fortement dentées en scie, cotonneuses au-dessous; fl. jaunes, en corymbe terminal. v. Été; *le long des eaux*. (Desmyttère.)

CCLXXXV. SOLIDAGO. *Solidage*. (Composées). *Corymbifères*. Invol. imbriqué; fl. radiées, à 5 ou 6 rayons jaunes; récept. nu; aigrette simple.

594. *S. virga-aurea*, L. — *S. verge d'or*. — *Gulden roede*. Tige de 6 à 9 décim., striée, rougeâtre, pubescente; feuil. ovales, aiguës, rétrécies en pétiole, serretées ou entières, pâles et un peu velues au-

dessous; les supérieures plus étroites; fl. en épi terminal, rameux v. Septembre; *au mont des Récollets.* (Huissen et Vand. M.)

Cette plante est amère, incisive, vulnéraire et détersive.

CCLXXXVI. INULA. *Inule.* (Composées). *Corymbifères.* Invol. imbriqué; récept. nu; fl. radiées, jaunes; anth. terminées à la base par 2 soies; aigrette poilue.

595. *I. pulicaria*, L. — *I. pulicaire.* — *Vlooi-kruyd of kleyne coniza*, D. (*Herbe aux puces.*) Tige de 2 à 3 décim., rameuse, velue; feuil. amplexicaules, un peu blanchâtres, assez petites, oblongues, très-ondulées; fl. assez petites; invol. très-velu; rayons très-courts ou nuls. ⚥. Août; *dans les lieux humides.* (Desmyttère.)

Cette plante est amère et piquante; l'infusion de ses feuilles prise intérieurement est emménagogue; étant prise avec du vinaigre elle sert au mal caduc. On attribue à la pulicaire la vertu de chasser les serpens, les cousins et surtout de faire mourir les puces, d'où est dérivé son nom spécifique.

596. *I. dyssenterica*, L. — *I. connizière.* — *Middelbaer donderkruyd of Coniza media*, D. Tige de 3 à 5 décim., dressée, rameuse et cotonneuse; feuil. amplexicaules, alongées, cotonneuses au-dessous, velues au-dessus; fl. pédonculées en corymbes; rayons très-réguliers; invol. cotonneux. v. Été; *commun le long des fossés.* (Vand. M.)

CCLXXXVI bis. DAHLIA. *Dahlie.* (Composées). Genre exotique de l'ordre naturel des *corymbifères.*

596 bis. *D. coccinea*, Cav. — *D. écarlate.* — *Gemeynen Dahlia.* (*Georgine.*) Tige de 6 à 18 décim., herbacée, rameuse, glabre ou pubescente; feuil. irrégulièrement pinnées, à folioles ovales, dentées, décurrentes; rameaux terminés par des capitules de fl. grandes, radiées, longuement pédonculées. v. Été.

Originaire du Mexique, le Dahlia a été introduit en France vers l'an 1800. Cette plante fut présentée d'abord comme ayant les racines comestibles; mais on leur a trouvé une saveur poivrée et aromatisée qui les a fait repousser jusqu'à présent par les hommes et par les animaux.

Les variétés de cette espèce, à fl. doubles, *presque cultivées partout*, sont extraordinairement nombreuses. (B. Jard.)

CCLXXXVII. DORONICUM. *Doronic.* (Composées). *Corymbifères.* Écail. de l'invol. longues, ouvertes, sur un ou 2 rangs; fl. radiées; rayons femelles sans aigrette; fleurons hermaphrodites, à aigrette simple, sessile.

597. *D. plantagineum*, L. — *D. à feuil. de plantin.* — *Schorpioen wortel of kleyn Doronicum.* Tige de 6 décim., verte, glabre et un peu branchue; feuil. radicales, pétiolées, ovales, un peu crénelées; les cau-

linaires alternes, amplexicaules et pointues ; fl. grandes, jaunes, solitaires au sommet des rameaux ; la tige souvent 1-flore. v. Mai ; *dans les bois sablonneux.* (Desmyttère.)

Cette plante est originaire de la Suisse.

CCLXXXVII bis. TAGETES. *Tagète.* (Composées). *Corymbifères.* Invol. monophylle, denté, cannelé ; fl. radiées ; aigrette formée de 5 paillettes souvent soudées.

597 bis. *T. patula*, L. — *T. étalée.* — ***Indiaensche gas-bloeme.*** Tige de 3 décim., striée, rameuse ; feuil. pinnées ; lobes à dents souvent aristées ; pédonc. longs, fistuleux, peu renflés ; fl. solitaires, d'un jaune obscur, rougeâtre ; rayons très-larges, veloutés. A. Été.

Plante originaire du Mexique, *cultivée dans les jardins.* (BB.)

CCLXXXVIII. BELLIS. *Paquerette.* (Composées). *Corymbifères.* Invol. hémisphérique ; écail. sur un seul rang ; fl. radiées ; récept. nu, conique ; aigrette. O.

598. *B. perennis*, L. — *P. vivace.* — ***Kleyne Margriete of paesche bloeme.*** Hampe d'un décim., uniflore ; invol. velu ; disque jaune ; rayons blancs, souvent rougeâtres au-dessous ; feuil. radicales, spatulées, souvent crénelées, velues. v. Presque toute l'année ; *commun sur les pelouses.*

Ses feuilles sont vulnéraires, détersives et un peu astringentes. On cultive dans les parterres plusieurs variétés de cette plante à fl. doubles.

CCLXXXIX. CHRYSANTHEMUM. *Chrysanthème*, (Composées.) *Corymbifères.* Invol. hémisphérique ; écail. imbriquées, scarieuses en leurs bords ; recept. nu ; fl. radiées.

599. *C. Leucanthemum*, L. — *C. Leucanthème.* — ***Groote Margriete of Sint-Jans-bloeme.*** Tige de 3 à 6 décim., simple ou rameuse, striée ; feuil. radicales spatulées, rétrécies en pétiole ; les caulinaires amplexicaules, oblongues, obtuses et dentées irrégulièrement en scie ; fl. solitaires, pédonculées, grandes ; les rayons blancs et le disque jaune. v. Été ; *commun au bord des champs.*

Nota. Linné a réuni les *Chrysanthemum* aux *Leucanthemum* de Tournefort. *Chrysanthemum* signifie *fleur jaune* ; cependant ce genre renferme plusieurs espèces à fl. blanches ; telle est celle dont je viens de parler.

599 bis. *C. coronarium*, L. — *C. des jardiniers.* — ***Ander soorte.*** Tige de 6 décim., dressée, rameuse ; feuil. amplexicaules, pinnatifides, à lobes étroits, divisés, à dents très-aiguës ; fl. nombreuses, terminales, d'un jaune pâle ; pédonc. longs, 1-flores. A. Été ; *cultivé dans les jardins où ses fleurs deviennent doubles.*

CCXC. ACHILLEA. *Achillée.* (Composées). *Corymbifères.* Invol.

ovoïde, imbriqué; fl. radiées; les demi fleurons élargis et terminés par 2 ou 3 dents; récept. paléacé; aigrette nulle.

600. *A. millefolium*, L. — *A. mille feuilles.* — *Duysent-bladt.* Tiges de 3 à 6 décim., dressées, velues; feuil. alongées, velues, 2-pinnées, à découpures nombreuses, linéaires, pointues et dentées; fl. nombreuses, terminales, blanches ou rougeâtres, petites. v. Été; *commun au bord des champs.* (Vand. M.)

Cette plante est vulnéraire, astringente, détersive et résolutive. Taberna Montanus la regarde comme anti épileptique.

601. *A. ptarmica*, L. — *A. sternutatoire.* — *Derde nies kruyd.* Tige de 3 à 6 décim., simple; feuil. éparses, sessiles, linéaires, lancéolées, serrulées et âpres sur les bords, aiguës, glabres; fl. peu nombreuses, terminales, en corymbe; écail. de l'invol. brunâtres sur les bords; 10 rayons blancs, à 2 ou 3 dents obtuses; disque jaune. v. Été; *dans les prés humides à Sercus, à Vieux-Berquin*, etc. (H. V.)

Sa variété à fleurs doubles porte le nom de *bouton d'argent*.

La feuille de cette plante, réduite en poudre, est sternutatoire, résolutive et détersive.

CCXCI. MATRICARIA. *Matricaire.* (Composées). *Corymbifères.* Invol. hémisphérique, imbriqué; écailles marginales solides, un peu aiguës; récept. nu; aigrette 0.

602. *M. Camomilla*, L. — *M. Camomille.* — *Moeder kruyd of chamoemelum*, vulg., D., *of Leucanthemum chamoemelum*, BB. Tige de 3 à 5 décim., rameuse, glabre et souvent rougeâtre; feuil. 2-pinnées, à lobes presque capillaires; fl. à rayons blancs; disque jaune; invol. presque plan; écail. lancéolées, obtuses, scarieuses au sommet. A. Été; *très-commun dans les champs.* (Desmyttère).

On l'emploie dans les fomentations et dans les cataplasmes émollients.

603. *M. Parthenium*, L. — *M. odorante.* — *Opregt moeder kruyd.* Tige de 6 décim., dressée, striée, branchue; feuil. ailées, à folioles 1 ou 2 fois pinnatifides, à lobes un peu obtus, larges, d'un vert blanchâtre, velues, parsemées de glandes transparentes (visibles surtout à l'état sec); fl. en corymbe; disque jaune; rayons blancs; invol. pubescent; écail. un peu glanduleuses, scarieuses, pâles et déchirées au sommet. v. Juillet-Août; *dans les lieux secs et contre les vieilles murailles.* (Vand. M.)

Cette plante est tonique, stomachique, anthelmintique, emménagogue et anti hystérique; son odeur est forte, pénétrante, désagréable; sa saveur est amère; pilée et appliquée sur les endroits où la goutte se fait sentir, elle en soulage les douleurs.

CCXCII. ANTHEMIS. *Camomille.* (Composées.) *Corymbifères.* Invol.

hémisphérique, imbriqué; fleurons du rayon lancéolés, nombreux; récept. paléacé.; aigrette O.

604. *A. nobilis*, L. — *C. odorante ou romaine*. — *Chamœmelum odoratum*, D. — *Welriekende of romsche kamille*. Tiges de 2 décim., rameuses et renversées; feuil. 2 — pinnatifides, à lobes courts, linéaires, aigus; fl. solitaires, terminales; rayons blancs; disque jaune; invol. à écail. scarieuses, obtuses. v. Juillet; *dans les jardins*.

Ses fleurs deviennent doubles par la culture; elles sont fébrifuges, anodines, stomachiques, carminatives, anti spasmodiques, très-résolutives et d'une odeur agréable.

605. *A. cotula*, L. — *C. puante*. — *Stinkende kamille*. (*Maroute*.) Tige de 3 à 6 décim., dressée, rameuse, presque toujours glabre; feuil. 2 ou 3-pinnées, à lobes linéaires, alongés; fl. terminales; invol. à écail. un peu scarieuses; disque jaune; rayons blancs; récept. conique, paléacé seulement au sommet. A.

Cette plante est *commune dans nos champs*, pendant l'été; elle a une odeur fétide et caractéristique qui la fait facilement reconnaître; elle passe pour anti hystérique, anti spasmodique, carminative, anodine et fébrifuge.

605 bis. *A. tinctoria*, L. — *C. des teinturiers*. — *Ververs kamille*. Tige de 6 décim., dressée, dure, striée, velue et blanchâtre dans le haut; feuil. blanchâtres au-dessous, 2 ou 3-pinnatifides; lobes courts, étroits, aigus; fl. jaunes, assez grandes; pédonc. longs, blanchâtres, uniflores; invol. très-serré, blanchâtre; écail. scarieuses et colorées au sommet; récept. plan; paillettes munies d'une nervure prolongée en pointe. v.

Cette espèce, originaire de l'Allemagne, *est cultivée dans nos jardins*. Elle est vulnéraire, apéritive et détersive, on s'en sert pour teindre les laines en jaune. (BB.)

CCXCIII. ERIGERON. *Vergerette*. (Composées). *Corymbifères*. Invol. imbriqué; fleurons du rayon nombreux, très-étroits; récept. nu; aigrette poilue.

606. *E. acre*, L. — *V. âcre*. — *Vierde kruys kruyd*, Dod. Tiges de 3 à 6 décim., rameuses à la base, redressées, velues, rudes; feuil. sessiles, éparses, lancéolées-oblongues, entières, velues; les inférieures quelquefois dentées; fl. pédonculées; invol. hérissé; tube des cor. velu; demi fleurons bleus ou rougeâtres. v. Été; *sur les murs*. (Desm.)

607. *E. canadense*, L. — *V. du Canada*. — *Groote conyza*, D. Tige de 6 à 9 décim., dressée, striée, un peu rameuse et hérissée; feuil. nombreuses, éparses, linéaires-lancéolées, longues, dentées,

SYNGÉNÉSIE POLYGAMIE SUPERFLUE.

incisées, ciliées, rudes; fl. très-nombreuses, petites, portées sur des pédoncules rameux et formant une longue panicule serrée; demi-fleurons très-petits, d'un blanc rosé; invol. presque glabre. ʌ. Août; *naturalisé dans les lieux secs et se semant partout.* (Desm. et Lestib. Thém.)

CCXCIII bis. ASTER. *Aster.* (Composées). *Corymbifères.* Ce genre ne diffère du précédent que par ses demi-fleurons moins étroits; son invol. souvent plus lâche.

607 bis. *A. chinensis*, L. — *A. de la Chine.* — *Chineesche-sterrebloeme.* (Reine-Marguerite.) Tige de 3 à 6 décim., hérissée; feuil. inférieures ovales, dentées-incisées, pétiolées; les supérieures sessiles, sub-entières; fl. très-grandes, solitaires au sommet des rameaux; écail. de l'invol. grandes, foliacées, obtuses, ciliées. ʌ. Août; *plusieurs variétés de cette espèce à couleur rouge ou violette, etc., sont cultivées dans les jardins.*

607 ter. *A. cordifolius*, L. — *A. à feuilles en cœur.* — *Sterrebloeme met herte-wyze-bladeren.* Tige de 9 décim., grêle, d'un rouge foncé, flexueuse; feuil. pétiolées, inégalement cordiformes, aiguës, fortement dentées; pétioles bordés d'une aile courante, en forme de gouttière; fl. petites, nombreuses, en panicule feuillée; disque jaunâtre; rayons d'un violet pâle. ᴠ. Août-Septembre.

*Cette plante, originaire de l'Amérique septentrionale, est également cultivée dans les jardins. — On cultive encore pour l'ornement des jardins beaucoup d'autres espèces d'Aster.*

## POLYGAMIE FRUSTRANÉE.

FLEURONS DU CENTRE HERMAPHRODITES; CEUX DE LA CIRCONFÉRENCE NEUTRES OU STÉRILES.

CCXCIV. HELIANTHUS. *Hélianthe.* — *Zonne bloeme.* (Composées). *Corymbifères.* Invol. imbriqué, squarreux; fl. radiées; récept. paléacé, large; fleurons hermaphrodites, ventrus; rayons jaunes, neutres; gr. couronnées de 2 arêtes molles, caduques.

Ce genre exotique renferme trois espèces cultivées dans les jardins, ce sont: l'*H. annuus* (*grand soleil*), l'*H. multiflorus* et l'*H. tuberosus* (*topinambour, poire de terre*). Les racines de cette dernière espèce sont alimentaires; leur saveur est douce et approche de celle du col d'artichaut.

CCXCIV bis. CENTAUREA. *Centaurée.* (Composées). *Cynarocéphales.* Invol. variable; récept. garni de paillettes divisées en lanières étroites; aigrette simple, sessile, à poils roides.

* ÉCAIL. DE L'INVOL. INERMES, CILIÉES.

608. *C. jacea*, L. — *C. jacée.* — *Jacea der weyden.* (BB.) Tige de 3 à 6 décim., dressée, anguleuse et rameuse; feuil. radicales,

sinuées et dentées ; les caulinaires lancéolées, entières ; fleurons extérieurs plus grands que les autres ; écail. de l'invol. frangées, presque ciliées, sans pointe v. Été ; *dans les prés secs, vers les bois* (rare.)

609. *C. nigra*, L. — *C. noire.* — *Zwarte Jacea*, D. et BB. Tige de 3 décim., dressée ; feuil. lancéolées, garnies de quelques dents anguleuses et distantes ; fl. purpurines, terminales ; tous les fleurons égaux ; écail. de l'invol. ciliées et terminées par une pointe noire et aiguë. v.; *commun dans les prés secs.*

610. *C. cyanus*, L. — *C. bluet.* — *Rogge bloeme of koorn bloeme.* (*Barbeau, casse-lunette.*) Tige de 3 à 6 décim., blanchâtre, anguleuse, rameuse ; feuil. longues, étroites, aiguës, tomenteuses ; les inférieures à 1 ou 2 dents perpendiculaires ; pédonc. assez longs ; fl. terminales bleues (blanches, roses ou pourprées par la culture) ; fleurons neutres très-grands, à 7 ou 8 lobes inégaux ; écail. extérieures de l'invol. bordées de noir, serretées-ciliées ; les intérieures lancéolées, denticulées au sommet. v. Eté.

Cette plante est *spontanée dans les moissons*; ses fleurs passent pour opthalmiques. — L'eau distillée de la fleur est réputée excellente pour la rougeur et l'inflammation des yeux. Les fleurons extérieurs fournissent une couleur violette qui rougit par les acides ; on s'en sert pour peindre en miniature.

Les moutons, les vaches et les chèvres mangent cette plante, tandis que les chevaux la laissent intacte.

On cultive dans les jardins l'espèce *C. montana*, L., dont les feuilles sont ovales-lancéolées, aiguës, tomenteuses et décurrentes.

** ÉCAIL. DE L'INVOL. ÉPINEUSES.

611. *C. calcitrapa*, L. — *C. chausse trape.* — *Sterre distel.* Tiges de 3 décim., striées, branchues, étalées ; feuil. pinnatifides (ou seulement dentées), à découpures étroites, cuspidées ; fl. purpurines ou blanches ; invol. alongé, entouré de feuilles ; écail. terminées par une épine très-grande, jaunâtre, garnie sur les côtés de la base d'épines beaucoup plus petites ; fleurons tous hermaphrodites. ʙ. Été ; *commun le long des chemins.* (Vand. M. et Desm.)

Toutes les parties de cette plante sont en usage. Ses racines et ses semences sont apéritives, diurétiques et fébrifuges. On s'en sert contre la pierre et la néphrétique.

## POLYGAMIE NÉCESSAIRE.

FLEURONS DU CENTRE MALES ET STÉRILES ; CEUX DE LA CIRCONFÉRENCE FEMELLES ET FERTILES.

CCXCV. CALENDULA. *Souci.* (Composées). *Corymbifères.* Invol. à écailles égales, sur un seul rang; fl. radiées; récept. nu; aigrette O; sem. du disque membraneuses, irrégulières, courbées.

612. *C. officinalis*, L. — *S. officinal.* — *Goude-bloemen.* Tige de 3 à 4 décim., rameuse, couverte de poils courts, glanduleux, articulés; feuil. alternes, sessiles, glabres, charnues, très-entières; les inférieures plus grandes, en forme de spatule; les supérieures plus petites, presque lancéolées, aiguës; fl. grandes, solitaires, terminales, de couleur orangée; invol. glabre; écail. aiguës; sem. du centre courbées en arc, hérissées d'aspérités sur leur dos; celles de la circonférence élargies, obtuses, en forme de nacelle, rudes sur leur dos en carène. A. Juillet.

Cette plante est naturalisée dans nos jardins. Ses feuilles et surtout ses fleurs sont regardées comme emménagogues et anti-hystériques.

CCXCV bis. SILPHIUM. *Silphium.* (Composées). *Corymbifères.* Invol. raboteux; récept. paléacé; aigrette marginée, bicorne.

612 bis. *S. connatum*, L. — *S. conné.* — *Reuze-bloeme.* Tige de 9 à 18 décim., quadrangulaire, rude à la base, lisse supérieurement; feuil. opposées, connées; fl. jaunes en capitules semblables à ceux de l'*Hélianthe*. v. Août-Septembre.

Cette plante rustique, originaire de l'Amérique septentrionale, est propre à la décoration des grands jardins. (B. Jard.)

## POLYGAMIE SÉPARÉE.

### INVOLUCRES PROPRES RÉUNIS DANS UN INVOLUCRE COMMUN.

CCXCV ter. ECHINOPS. *Échinope.* (Composées). *Cynarocéphales.* Fl. en tête sphérique; invol. commun, petit, peu apparent; récept. commun, globuleux; fl. entourées d'un invol. particulier à folioles imbriquées.

612 ter. *E. sphærocephalus*, L. — *E. blanche.* — *Romschen distel.* (*Boulette*). Tige épaisse, cannelée; feuil. ailées ou pinnatifides, un peu épineuses, blanchâtres au-dessous; fl. ramassées en boule; fleurons blancs; étam. bleues. B. Juillet.

Cette plante est propre aux jardins pittoresques; *elle est indigène en France.*

612 quater. *E. ritro*, L. — *E. bleue.* — *Ander soorte.* Cette espèce est beaucoup plus petite que la précédente; ses feuilles sont pinnatifides, glabres au-dessus; sa tige est 1-flore; sa fl. est sphérique et d'un beau bleu. v. *Originaire d'Italie.*

OBS. Les Cucurbitacées et les genres Solanum (*morelle*), Viola (*violette*), ont 5 anthères soudées, mais les fl. sont séparées et non réunies sur un réceptacle commun. (*Syngénésie monogamie*, L.)

## CLASSE XX.

**GYNANDRIE.** — ÉTAMINES ADHÉRENTES AU PISTIL, OU POSÉES SUR LUI.

**DIANDRIE.** — DEUX ÉTAMINES.

CCXCVI. **ORCHIS.** *Orchis.* (Orchidées). Base du labelle prolongée au-dessous en un éperon saillant.

*TUBERCULES ENTIERS.

613. *O. morio*, L. — *O. bouffon*. — *Eerste standel-kruyd of Triorchis serapias mas*, Fuch. 559. Tige d'un à 2 décim., dressée; feuil. radicales, lancéolées, courtes; épi lâche; fl. purpurines ou blanches, 5 lobes du cal. connivens; label. large, à 4 lobes courts, obtus, les 2 latéraux plus larges, un peu plus longs, crénelés, souvent réfléchis; éperon plus court que l'ov., obtus ou échancré. v. Avril-Mai; *commun sur les pelouses.* (Desm. et Vand. M.)

614. *O. mascula*, L. — *O. mâle*. — *Tweede standel-kruyd of Testiculus morionis mas*, D. Diffère du précédent parce que 2 des div. supérieures du calice sont écartées et redressées; feuil. oblongues, lancéolées, souvent tâchetées; label. à 4 lobes, les 2 du milieu plus longs; éperon court, obtus, presque droit. v. Mai; *commun dans les prairies.* (H. V.)

615. *O. militaris*, L. — *O. militaire*. — *Derde standel-kruyd*. Tige de 6 à 9 décim.; feuil. larges, ovales-lancéolées; épi gros; fl. d'un rouge pâle, garnies d'une très-petite bractée; lobes supérieurs du cal. connivens; label. à 3 lobes, les 2 latéraux linéaires, le moyen large, à 2 lobes profonds, écartés, entiers, avec une pointe au milieu; éperon courbé, court, obtus. v. Mai; *dans les bois.* (BB.)

616. *O. simia*, Lam. — *O. singe*. — *Vierde standel-kruyd of O. simium referens*, M. Tige de 3 à 4 décim.; fl. en épi court, blanches, tâchées de pourpre; lobes supérieurs ramassés en pointe; l'inférieur représente un petit singe suspendu, dont les bras sont formés par les 2 div. latérales supérieures et les cuisses par les 2 divisions inférieures qui terminent le corps : les divisions sont très-étroites, rougeâtres à leur extrémité, la 5.ᵉ est une toute petite languette apparente. v. Juin; *dans les prés secs.* (BB.)

Cette plante, suivant Linné, n'est qu'une variété de la précédente.

617. *O. bifolia*, L. — *O. à 2 feuil.* — *Vyfde standel-kruyd of gemeyn twee bladt*. Tige de 3 à 5 décim.; 2 ou 3 feuil. ovales, grandes, obtuses, luisantes; les caulinaires petites, lancéolées-linéaires; épi long;

fl. blanches, écartées, odorantes ; label. linéaire, verdâtre ; éperon très-long, renflé à son extrémité. v. Mai-Juin. *Mont des Cattes.* (Huissen.)

** TUBERCULES DIGITÉS.

618. *O. latifolia*, L. — *O. à larges feuilles.* — *Handekens of zesde standel-kruyd.* — *Satyrium fœmina,* Blacw. t. 405. Tige de 3 à 6 décim., fistuleuse ; feuil. oblongues, lancéolées, souvent tâchetées ; épi serré, cylindrique ; fl. purpurines ou blanchâtres ; 3 lobes supérieurs connivens, 2 latéraux écartés ; label. tâcheté et rayé de violet, crénelé, à 2 lobes latéraux peu marqués, réfléchis, le médian saillant, court ; éperon conique ; bractées plus longues que les fleurs. v. Mai-Juin ; *très-commun dans les prés humides.* (Desmyttère.)

619. *O. maculata*, L. — *O. tâché.* — *Satyrium basilicum fœmina of zevenste standel-kruyd.* Ressemble au précédent dont il diffère par la tige pleine ; les feuil. lancéolées-linéaires ; l'épi conique ; les bractées plus courtes que les fleurs ; label. à 3 lobes, les 2 latéraux dentés, le médian petit, entier, pointu ; intérieur de l'éperon marqué d'une ligne saillante. v. ; *dans les prairies.* (Vand. M.)

620. *O. conopsea*, L. — *O. à long éperon.* — *Satyrium basilicum mas of achste standel-kruyd.* — Tige de 3 à 5 décim. ; feuil. lancéolées-linéaires, aiguës ; épi alongé, lâche ; fl. petites, purpurines, odorantes ; lobes latéraux très-écartés, les 3 supérieurs connivens ; label. à 3 lobes presque égaux ; éperon grêle, 2 fois plus long que l'ov. v. ; *au bord des fossés.* (Desmyttère.)

Nota. La racine des *Orchis* constitue le *Salep*, substance alimentaire, béchique et adoucissante.

Ces plantes, suivant Linné, sont aphrodisiaques, c'est-à-dire qu'elles augmentent la faculté génératrice.

CCXCVII. SATYRIUM. *Satyrion.* (Orchidées.) *Orchis,* DC. Base du labelle présentant un éperon court, en forme de bourse ; ou bien nectaire scrotiforme, souvent enflé, didyme.

621. *S. viride*, L. — *S. verdâtre.* — *Standel-kruyd met groene bloemen.* (Vail. t. 30, f. 6, 7, 8). Tige d'un à 3 décim. ; feuil. ovales-lancéolées ; épi grêle, lâche ; fl. d'un vert jaunâtre ; lobes supérieurs connivens ; label. étroit, pendant, à 3 lobes linéaires, le médian très-court ; bractées plus longues que la fleur ; tubercules palmés. v. Juin ; *dans les prés humides.* (Desmyttère.)

CCXCVIII OPHRYS. *Ophrys.* (Orchidées.) Base du labelle sans éperon ; ou nectaire caréné au-dessous.

622. *O. arachnites*, L. — *O. fausse-araignée.* — *Tiende standel-kruyd of O. serapias,* D. Tige de 2 à 3 décim., feuillue ; label. velu,

à 3 lobes, les 2 latéraux très-petits, en forme de dents, le médian arrondi, entier, ou à peine 3-lobé; les 2 lobes intérieurs du cal. très-courts. v.; *dans les prairies de Cassel.* (Desmyttère.)

623. *O. nidus-avis*, L. — *O. nid d'oiseau.* — *Elfste standel-kruyd of vogel-nest.* Tige de 3 décim., garnie d'écailles sèches, roussâtres; épi cylindrique; fl. roussâtres, nombreuses; lobes supérieurs un peu ramassés; label. pendant, à 2 lobes arrondis, divergens; bractées égales à la moitié de l'ov.; rac. fasciculées, serrées, formant une espèce de nid d'oiseau. v. Mai-Juin; *dans les bois.* (Desmyttère.)

624. *O. ovata*, L. — *O. ovale.* — *Twalfste soorte, Dobbel-bladt of Epipactis.* Tige de 3 décim., pubescente, inférieurement garnie de 2 feuil. opposées, larges, ovales, un peu nerveuses; fl. nombreuses, en épi grêle, jaunâtre ou d'un vert pâle. v. Mai-Juin; *très-commun dans les bois.* (Huissen.)

625. *O. loeselii*, L. — *O. de loesel.* — *Dertiende soorte of bifolium bulbosum*, D. Tige d'un à 2 décim., droite, grêle, assez ferme, nue, triangulaire et bulbeuse à la base; 2 feuil. radicales, engaînantes, membraneuses, ovales-lancéolées; 2 à 8 fleurs écartées, d'un jaune verdâtre; 5 divisions linéaires, alongées; label. supérieur canaliculé, marqué de chaque côté d'une légère crénelure. v. Juin; *dans les marais.* (Desmyttère.)

CCXCIX. SERAPIAS. *Helléborine.* (Orchidées.) Cal. ouvert; label. concave supérieurement; ov. pédonculé, non tordu.

626. *S. palustris*, L. — *H. des marais.* — *Veertiende standel-kruyd of groene-damas-bloeme.* Tige de 3 à 5 décim., pubescente au sommet; feuil. inférieures ovales, lancéolées, ensiformes et engaînantes; les supérieures lancéolées, sessiles; fl. grandes, verdâtres, variées de pourpre, ramassées de 10 à 15 en un épi lâche; label. plus long que les autres lobes, terminé par un appendice fort obtus, portant à la base une callosité sillonnée. v. Juillet-Août; *commun dans les prés marécageux.* (Thém. Lestib.)

## POLYANDRIE. — ÉTAMINES NOMBREUSES.

CCC. ARUM. *Gouet.* (Aroïdes). Spath. monophylle, en cornet; spadice nu au-dessus, femelle au-dessous, staminifère dans le milieu.

627. *A. vulgare maculatum et immaculatum*, L. — *G. commun.* — *Koe, kalfs-voet of koorts-wortel.* (*Pied de veau*). Hampe de 2 déc.; feuil. radicales pétiolées, sagittées, lisses, souvent tâchées de noir; châton de fleurs enveloppé d'une spathe verdâtre, en forme de cornet; spadice claviforme, dont le sommet se colore et tombe à la maturité; baies

rouges. v. Mai; *commun dans les haies, les bois et surtout dans la forêt de Nieppe.* (Vand. M.)

Les racines fraîches et charnues de cette plante sont âcres et caustiques. Elles perdent ces propriétés par la dessiccation et alors on les emploie comme purgatives, incisives et expectorantes.

La découverte annoncée par un botaniste du pays, d'une nouvelle variété d'*Arum*, dans le *ruisseau de l'Ysser*, s'est réduite à la présence du *sagittaria sagittifolia*, dont les feuilles ont quelque ressemblance avec l'*Arum vulgare-immaculatum*.

## CLASSE XXI.

***** PAR SÉPARATION DES SEXES.

### MONOECIE.

Fleurs mâles séparées des femelles sur la même plante.

### MONANDRIE. — UNE ÉTAMINE.

CCCI. CHARA. *Charagne*. (Charées.) Fructifications placées le long des rameaux, à l'aisselle des 3 ou 4 folioles incomplètement verticillées; fl. mâle: anthère soumise à l'ovaire; fl. femelle : cal. 4-phylle; cor 0; stigm. 5-fide; 1 sem. ou noix striée spiralement, à 1 loge polysperme.

628. *C. vulgaris*, L. — *C. vulgaire.* — *Stinkende-peerd-steert.* Tiges très-rameuses, arrondies, un peu scabres; verticilles de 8 rameaux linéaires, obtus, inarticulés; 4 bractées, 2 égales aux fructifications et 2 plus longues. A. Été; *commun dans le canal d'Hazebrouck.* (Vand. M.)

Cette plante a une odeur fétide.

629. *C. hispida*, L. — *C. hérissée.* — *Steekende-peerd-steert.* Tiges glauques, à aiguillons recourbés, fasciculés ou solitaires ; 6 ou 7 rameaux verticillés, articulés, courts, aigus. A.; *dans les eaux stagnantes.* (Desmyttère.)

630. *C. tomentosa*, L. — *C. tomenteuse.* — *Ander soorte.* Tige plus petite que dans l'espèce précédente, plus épaisse, munie d'aiguillons au sommet; bractées ovales, renflées, doubles des fructifications. A.; *commun dans les fossés.* (Desm.)

### DIANDRIE. — DEUX ÉTAMINES.

CCCII. LEMNA. *Lenticule*. (Lemnées). *Lenticula*, BB. Cal. monophyl.; cor. 0; 2 étam. se développant successivement; 1 style; caps.

1-loculaire; fl. hermaphrodites ou monoïques. *Plantes couvrant toute la surface des eaux.*

631. ***L. trisulca***, L. — *L. trilobée.* — *Water dryvuldigheyd of Trinitas aquatica*, D. Pétiole filiforme, se dilatant en une feuille lancéolée, et formant une nervure jusqu'à son milieu; de cette nervure sortent, de chaque côté, 2 autres feuilles, qui, lorsqu'elles sont encore sessiles, paraissent former une feuille à 3 lobes; ces feuil. adhèrent ainsi entre elles en très-grand nombre. A.; *dans les eaux stagnantes.*

Cette plante est souvent submergée; elle s'élève à la surface de l'eau pour fleurir. (Desm. et Thém. Lestib.)

632. ***L. minor***, L. — *L. exiguë.* — *Kleyne water linzen.* Feuil. ovales, arrondies, planes, sans pétioles, produisant une feuil., puis une deuxième qui se séparent; chaque feuil. produit vers le centre une seule racine. A.; *dans les fossés.* (Desm. et Vand. M.)

La petite lenticule passe pour rafraîchissante et adoucissante. On l'applique en cataplasme pour appaiser la goutte et l'inflammation des parties.

633. ***L. gibba***, L. — *L. gonflée.* — *Ander water linzen.* Cette espèce diffère de la précédente par ses feuil. très-convexes par dessous; la rac. naissant près de la base. A.; *dans les eaux stagnantes.*

### TRIANDRIE. — TROIS ÉTAMINES.

CCCIII. FICUS. ***Figuier.*** (Monimiées). Récept. charnu, presque fermé, garni à sa surface intérieure de fl. serrées, pédicellées; cal. des fl. mâles à 3-5 lobes acuminés; celui des fl. femelles à 5 lobes; 2 stigm.; fr. à 1 graine enfoncée dans le réceptacle.

634. ***F. Carica***, L. — *F. commun.* — *Vygeboom.* Arbrisseau tortueux; écorce grisâtre; feuil. alternes, pétiolées, palmées, rudes et chagrinées en dessus, fournissant un suc âcre et laiteux; 2 stipul. supra-axillaires, caduques; bourgeons pointus. L.

Le figuier est originaire des provinces méridionales; il croit dans toutes sortes de terrains. Il se plaît particulièrement sur les coteaux exposés au midi. Si on veut faire acquérir, dit Chomel, une plus grande dimension au fruit de cet arbre, on doit l'enduire d'un peu d'huile; ce qui le développe considérablement.

Pline rapporte que Carthage n'a dû sa destruction qu'aux figuiers que l'on cultivait dans ses environs, et que c'était pour s'emparer de leurs fruits que les Romains ont entrepris la troisième guerre punique.

Les figues sont nourrissantes, pectorales, propres à adoucir la toux et les rhumes opiniâtres. Appliquées extérieurement, elles sont résolutives et émollientes.

CCCIII bis. TYPHA. *Massette.* (Typhées). Fl. mâle : chaton cylindrique; cal. 3-phylle; cor. 0; fl. femelle : chaton cylindrique au-dessous des mâles ; cal. velu; cor. 0; 1 sem. à aigrette capillaire.

634. *T. latifolia*, L. — *M. à larges feuil.* — *Dodden of matten lisch.* Tige de 12 à 18 décim.; épis mâles et femelles cylindriques, immédiatement placés l'un au-dessus de l'autre; feuil. radicales ensiformes. v. Juin-Juillet; *dans les fossés fangeux.*

634 bis. *T. angustifolia*, L. — *M. à feuil. étroites.* — *Dodden met smalle bladeren.* Diffère du précédent par ses feuil. plus étroites; l'épi femelle distant du mâle de 3 centimètres environ. v.; *dans les mêmes lieux.* (Desmyttère.)

CCCIV. SPARGANIUM. *Rubanier.* (Typhées). Fl. mâles et femelles en épis globuleux, distincts, sessiles, le long de la tige et des rameaux; cal. 3-phylle; drupe monosperme.

635. *S. ramosum*, L. — *R. rameux.* — *Platanaria of eerste rietgas.* Tige de 3 à 6 décim., un peu flexueuse; feuil. radicales, flottantes; les caulinaires émergées, carénées; pédoncules axillaires, portant chacun 2 ou 3 épis femelles, distans, et un grand nombre d'épis mâles rapprochés ; écailles du calice dilatées au sommet. v. Juin-Août ; *dans la becque de Borre, près le chemin de fer.*

636. *S. simplex*, L. — *R. simple.* — *Tweeden platanaria.* Le rubanier simple diffère du rameux par ses feuil. plus étroites, moins pliées ; ses épis peu nombreux, sessiles le long de la tige ; l'inférieur est porté sur un court pédoncule, qui ne soutient qu'une tête. v.; *dans les mêmes lieux.*

637. *S. natans*, L. — *R. flottant.* — *Derden platanaria.* Tige de 3 à 6 décim., grêle, simple; feuil. planes, longues, obtuses, flottantes ; fl. sessiles, axillaires, en têtes très-petites; cal. à écail. ovales. Juin-Août. A.; *dans les étangs.* (Desmyttère et Vand. M.)

CCCV. ZEA. *Maïs.* (Graminées). Fl. mâles sur des épis distincts; bâle calcinale biflore, sans poils; bâle florale sans poils; fl. femelle : bâle calcinale et florale à 2 valves; 1 style, filiforme, pendant; sem. solitaires, plongées dans un récept. oblong.

638. *Z. maïs*, L. — *M. cultivé.* — *Tursch koorn.* (*Blé de Turquie.*) Chaume de 9 à 15 décim., grosse; feuil. très-larges, rudes en leurs bords, garnies d'une grosse nervure médiane; gr. grosses, déprimées, jaunes, violettes ou rouges. A.; Eté.

Cette plante est originaire de l'Amérique méridionale où elle se cultive, de même qu'en Asie et en Afrique, pour la nourriture des peuples.

En Italie, on en prépare des pâtes fort agréables et nourrissantes.

Le maïs, en Flandre, n'a d'autre emploi que pour engraisser la volaille.

CCCVI. **CAREX**. *Laiche*. (Cypéracées.) Fl. garnies d'une écail.; fl. femelle : 1, style à 2 ou 3 stigm.; ov. entouré d'un périanthe urcéolé. fl. mâle à 3 étam.; périanthe nul.

* 2 STIGM.; FRUIT UN PEU APPLATI.
A. ÉPI SOLITAIRE, TRÈS-SIMPLE.

639. C. *dioïca*, L. — *L. dioïque.* — *Gramen* (1) *cyperoïdes minimum.* Tiges d'un décim. et demi, triangulaires, glabres, terminées les unes par un épi femelle cylindrique; les autres par un épi mâle plus court; feuil. glabres, fines, sub-triangulaires, presque égales à la tige. v. Mai; *dans les prés humides et dans les endroits tourbeux.*

640. C. *pulicaris*, L. — *L. pucière.* — *Gramen pulicare.* Tiges de 2 décim., cylindriques, lisses; épi formé au sommet de fl. mâles serrées, à la base de fl. femelles écartées, déjetées en bas à la maturité; feuil. glabres, fines, roides, plus courtes que la tige; sem. imitant de petites puces pendantes. v. Mai; *dans les marais fangeux.*

B. PLUSIEURS ÉPIS ANDROGYNES, MALES AU SOMMET.

641. C. *Vulpina*, L. — *L. jaunâtre.* — *Gramen vulpinum alterum.* Tige de 3 à 6 décim., triangulaire, rude dans le haut; épi alongé; épiets plus ou moins écartés, garnis de bractées terminées en pointe filiforme; feuil. larges, rudes sur le dos et les bords, plus longues que la tige. v. Mai, *très-commun dans les marais.* (Lestib. Thém.)

642. C. *muricata*, L. — *L. rude.* — *Gramen muricatum.* Tige de 2 décim., grêle, triangulaire, souvent plus longues que les feuil.; épiets sessiles, écartés, courts, arrondis, hérissés; feuil. alongées, étroites, rudes sur les bords. v.; *mêmes lieux.*

643. C. *paniculata*, L. — *L. en panicule.* — *Gr. paniculatum.* Tiges de 3 à 6 décim., triangulaires, rudes, terminées par 20 à 30 épiets disposés en panicule rameuse; écail. rousses, à bords blancs; feuil. longues, carénées, rudes. v. Avril-Mai; *dans les marais.* (Desm.)

C. PLUSIEURS ÉPIS ANDROGYNES, FEMELLES AU SOMMET.

644. C. *stellulata*, G. — *L. étoilée.* — *Gramen stellulatum.* Tige triangulaire; feuil. étroites, rudes, plus longues que la tige; 3 ou 4 épiets écartés, sessiles, ovales, munis d'une bractée; la plus inférieure dégénérant souvent en feuille; urcéoles jaunâtres, acérés, divergens. v. Avril-Mai; *assez commun.* (Lestib. Thém.)

645. C. *remota*, L. — *L. espacée.* — *Gramen axillare.* Tige grêle, triangulaire, garnie de feuil. étroites, longues; 5 à 8 épiets ovales, sessiles, pâles, les inférieurs très-écartés, pourvus de bractées plus

---

(1) *Gramen*, mot latin qui signifie *herbe*, en flamand *gas*.

MONŒCIE TRIANDRIE.

longues que la tige; urcéoles un peu dentés sur les bords au sommet. v. Mai; *dans les bois.* (Desmyttère).

\*\* 3 STIGM.; FRUIT TRIANGULAIRE. — A. UN ÉPI MÂLE.

646. C. *tomentosa*, L. — *L. cotonneuse.* — *Gramen tomentosum.* Tige de 2 à 3 décim., grêle, triangulaire, lisse; feuil. étroites, beaucoup plus courtes que la tige; 2 ou 3 épis: le supérieur mâle, grêle, pointu et droit, l'inférieur femelle, sessile, arrondi, garni d'une bractée foliacée; urcéole globuleux, cotonneux, aussi long que les écailles; écail. rousses avec la nervure verte. v.; *printemps. Cassel et ses environs.* (Desmyttère).

647. C. *pilulifera*, L. — *L. à pilules.* — *Gramen piluliferum.* Diffère du précédent par ses urcéoles plus ovoïdes, à bec plus alongé, à poils plus courts, plus serrés. v. Mai; *dans les marais.*

648. C. *hirta*, L. — *L. hérissée.* — *Gramen hirtum.* Tige de 2 à 4 décim., triangulaire, lisse et glabre; feuil. velues, un peu rudes; 2 ou 3 épis mâles, rapprochés, à écailles velues, 1-2 ou 3 femelles écartés, pédonculés, garnis de bractées foliacées, et munis d'écailles glabres, denticulées, verdâtres; urcéoles ovales, aigus, hérissés, à 2 dents longues. v. Mai; *très-commun dans les lieux humides.* Lestib. Thém.)

C. PLUSIEURS ÉPIS UNISEXUELS; URCÉOLES GLABRES, OU SEULEMENT CILIÉS SUR LES ANGLES.

1. UN ÉPI MÂLE.

649. C. *flava*, L. — *L. jaune.* — *Gramen flavum.* Tige de 2 à 3 décim., un peu rude; feuil. planes, un peu rudes, aussi longues que la tige; épi mâle terminal, droit, grêle, roussâtre; 1 ou 3 épis femelles, sessiles ou courtement pédicellés, globuleux, garnis de bractées foliacées; urcéoles ventrus, surmonté d'un bec acéré, bifide ou entier, recourbé à la maturité. v. Mai; *très-commun.* (Desmyttère.)

650. C. *distans*, L. — *L. distante.* — *Gr. cyperoïdes gracile.* Tiges de 3 à 6 décim., triangulaires, lisses; feuil. courtes, planes, rudes; épi mâle cylindrique, terminal; 2 à 4 épis femelles, écartés, ovoïdes, à pédoncules renfermés dans la gaîne des feuilles florales; écail. rousses, mucronées; urcéoles tri-gones, striés, aigus, bifides. v. Printemps; *dans les lieux humides, à la forêt de Nieppe.* (Huissen.)

651. C. *pallescens*, L. — *L. pâle.* — *Gramen pallescente.* Tiges de 3 à 6 décim., triangulaires, rudes; feuil. étroites, souvent pubescentes; épi mâle, grêle, droit, roussâtre; 2 à 3 épis femelles, pédonculés, ovales, penchés, garnis de bractées, dont l'inférieure dépasse la tige; écail. pointues, verdâtres; urcéoles plus courts que les

écail., ovales, sans bec. v. Avril-Mai; *dans les lieux humides.* (Desmyttère.)

652. *C. panicea*, L. — *L. panicée.* — *Gramen paniceum.* Tige de 3 à 6 décim., sub triangulaire, presque nue; feuil. glauques, assez courtes; épi mâle cylindrique; 1 à 3 épis femelles, éloignés, oblongs, pauciflores, à pédoncule grêle, en partie caché dans la gaîne des feuilles florales; écail. ovales, brunes sur les bords, verdâtres au centre; urcéoles ovales, obtus ou à bec court, entier. v. Printemps; *très-commun dans les marais.* (Desmyttère.)

653. *C. patula*, L. — *L. étalée.* — *Gramen capillare.* Tiges de 3 à 6 décim., sub-triangulaires, grêles; feuil. planes, un peu rudes; épi mâle, grêle; 3 à 5 épis femelles, grêles, alongés, penchés; pédonc. longs, cachés en partie dans la gaîne de la feuil. florale; écail. pointues, verdâtres, moins longues que les urcéoles qui sont écartés, terminés en bec pointu, bifide. v. Mai; *commun dans le bois Vandamme, près les Huit-Rues.*

654. *C. pseudo-cyperus*, L. — *L. à feuil. de souchet.* — *Gramen umbellatum.* Tige de 3 à 6 décim., triangulaires, scabres et feuillées; feuil. larges, carénées, rudes; épi mâle, grêle; 3 ou 4 épis femelles, uni-latéraux, alongés, pendans à la maturité, à pédonc. longs, sortant des gaînes des feuilles florales; écail. sétacées, hispides; urcéoles oblongs, striés, à bec long, bifurqué. v. Mai; *très-commun dans les marais.* (V. M.)

### 2. DEUX OU PLUSIEURS ÉPIS MALES.

655. *C. vesicaria*, L. — *L. en vessies.* — *Gr. vesicarium.* Tige de 3 à 9 décim., triangulaire; épis mâles au nombre de 2 ou 3, grêles et pâles; épis femelles alongés, pédonculés, verdâtres; urcéoles renflés, presque vésiculaires. v. *dans les marais couverts.* (Desmyttère.)

656. *C. paludosa*, L. — *L. des marais.* — *Gr. aquaticum alterum.* Tiges de 6 à 12 décim., triangulaires, rudes; feuil. âpres; gaînes se déchirant en réseau; 1 à 4 épis mâles, ramassés, presque 3-gones; 3 ou 4 femelles, un peu pédonculés, garnis de bractées plus longues que les tiges; écailles brunes, aiguës dans les épis mâles, obtuses dans les femelles; urcéoles ovales, oblongs, striés, à pointe courte. v. Au printemps; *commun le long des ruisseaux.* (Huissen. et Vand. M.)

657. *C. riparia*, L. — *L. de rives.* — *Gramen riparium.* Diffère du précédent par ses épis mâles plus épais; ses épis femelles à écail. acérées; ses urcéoles à bec alongé, à 2 pointes divergentes. v. *très-commun le long des eaux.* (Lestib. Thém.)

### TÉTRANDRIE. — QUATRE ÉTAMINES.

CCCVII. BETULA. *Bouleau.* (Bétulacées.) Fl. mâles en châtons grêles;

écailles assez grandes, portant 3 ou 4 écail. plus petites, au bas de chacune desquelles sont 4 étam.; fl. femelles au nombre de 2 ou 3 sur chaque écaille, en chatons arrondis.

658. *B. alba*, L. — *B. blanc.* — *Berken-boom.* Arbre de 16 à 20 m.; épiderme blanc, se détachant par feuillets très-minces; rameaux grêles, rougeâtres, tombans; feuil. pétiolées, glabres, ovales, un peu triangulaires, acuminées, dentées en scie; chatons mâles, géminés, paraissant avant les feuil., à écail. ciliées. L. Avril; *dans les bois.*

Ses rameaux sont employés à faire des balais et son bois des sabots.

659. *B. Alnus*, L. — *B. Vergne.* — *Elsen-boom. (Aulne.)* Arbre de 13 à 14 m.; écorce brune, gercée; feuil. obovales, arrondies, glutineuses, pétiolées, dentelées, un peu velues au-dessous dans les aisselles des nervures; chatons portés sur des pédonc. rameux, paraissant après les feuil. L. Mars-Avril; *dans les lieux humides.*

Ses feuilles sont astringentes et résolutives; on en fait des gargarismes pour les maux de gorge. Son bois sert à faire des échelles, des perches et des tuyaux de fontaine qui résistent très-longtemps. Son écorce sert à teindre en noir. Les teinturiers, les chapeliers s'en servent au lieu de noix de galle pour noircir les préparations martiales.

CCCVIII. BUXUS. *Buis.* (Euphorbiacées). Fleurs glomérulées; fl. mâle : cal. 3-phylle; 2 pétales; un principe d'ovaire; fl. femelle : cal. 4-phylle; 3 pétal; caps. à 3 becs, à 3 loges; 3 semences.

660. *B. sempervirens*, L. — *B. arborescent.* — *Busse-boom of palm-boom.* Arbrisseau de 5 à 8 m., tortueux; bois dur, jaune; rameaux sub-quadrangulaires; feuil. opposées, persistantes, ovales, luisantes, échancrées au sommet, sub-pétiolées; fl. jaunâtres. L. Mars-Avril; *cultivé dans les jardins.*

Le *B. fructicosa*, Lam., n'est qu'une variété du précédent. On s'en sert pour former des bordures.

CCCIX. URTICA. *Ortie.* (Urticées). Fl. mâles en grappes; cal. 4-fide; 4 étam.; les femelles : en grappes ou en tête; cal. 2-phylle; 1 stigm. velu; fr. monosperme.

661. *U. dioïca*, L. — *O. dioïque.* — *Groote heete netels.* Tiges de 6 à 9 décim., quadrangulaires, rameuses; feuil. pétiolées, cordiformes, pointues, dentées; fl. souvent dioïques, en grappes linéaires, pendantes, souvent géminées dans chaque aisselle. V.; *le long des fossés, sur les décombres, etc.*

Toute la plante est couverte de poils creux, contenant une liqueur corrosive qui, dès qu'on touche la tige ou les feuilles, s'introduit dans les pores de la peau et y occasionne une cuisson douloureuse.

662. *U. urens*, L. — *O. brûlante.* — *Kleyne heete netels.* (Ortie

grièche.) Cette espèce diffère de la précédente, par ses tiges plus courtes; ses fl. monoïques, en grappes presque sessiles, les unes mâles, d'autres femelles; ses feuil. ovales ou arrondies, obtuses; ses aiguillons plus nombreux; fl. id. A.

L'ortie brûlante n'est pas moins commune que la dioïque. *Elle se trouve dans les mêmes lieux.*

CCCX. MORUS. *Mûrier.* (Monimiées). Fl. en châtons unisexuels; fl. mâles : cal. à 4 lobes; fl. femelles : cal. à 4 lobes devenant pulpeux; ov. libre; baie formée par la soudure de toutes les fleurs d'un châton.

663. *M. nigra*, L. — *M. noir.* — *Zwarten moerbeziën-boom.* Arbre de 10 à 14 m.; écorce grise, épaisse; feuil. alternes, pétiolées, cordiformes, pointues, dentées, rudes au toucher; fr. (la Mûre) noirâtre, succulent. L. Cultivé.

Le suc du fruit de cet arbre sert à faire un sirop rafraîchissant, propre à guérir les maux de gorge.

664. *M. alba*, L. — *M. blanc.* — *Witten moerbeziën boom.* Celui-ci diffère du précédent par son fruit plus petit, blanchâtre, moins succulent; ses feuilles moins épaisses, lisses, plus échancrées à la base, quelquefois irrégulièrement lobées. L.

Le mûrier blanc a été apporté en France sous le règne de Charles IX. On le cultive pour la nourriture des vers à soie.

### PENTANDRIE. — CINQ ÉTAMINES.

CCCXI. AMARANTHUS. *Amaranthe.* (Amaranthacées.) Cal. de 3 à 5 foliol.; fl. mâles de 3 à 5 étam.; fl. femelles à 3 styles; 3 stigm.; caps. monosperme, à 3 becs.

665. *A. blitum*, L. — *A. blète.* — *Witten-Blitum.* Tige de 3 décim., cannelée, rameuse et renversée; feuil. ovales, obtuses, alternes, d'un vert blanchâtre, décurrentes sur le pétiole, échancrées au sommet; fl. glomérulées, en épi axillaire, accompagnées de bractées très-petites, à bords scarieux. A. Septembre; *le long des murs des villages.* (BB.)

### OCTANDRIE. — HUIT ÉTAMINES.

CCCXII. MYRIOPHYLLUM. *Volant.* (Onagraires). Cal. 4-phylle; cor. O; Fl. mâles : 8 étam.; fl. femelles : 4 ov. libres, monospermes.

666. *M. spicatum*, L. — *V. à épi.* — *Ander water duysent bladt.* Tiges longues, rameuses, flottantes; feuil. verticillées, 4 ou 5-nées, pinnées; à lobes capillaires; fl. sessiles, en épi terminal, émergé, nu, grêle, interrompu; les mâles supérieures. v.; *commun dans les fossés.* (Thém. Lestib.)

667. *M. verticillatum*, L. — *M. verticillé.* — *Ander-soorte.* Cette

espèce diffère de la précédente par ses fl. accompagnées de feuil.; elles sont souvent hermaphrodites. v.; *dans les fossés vaseux.*

POLYANDRIE. — DIX ÉTAMINES ET AU-DELÀ.

CCCXIII. SAGITTARIA. *Fléchière.* (Alismacées). Cal. à 6 divisions, les intérieures pétaloïdes; fl. mâle à 20 étam.; fl. femelle : ov. nombreux, comprimés, monospermes.

668. *S. sagittifolia*, L. — *F. sagittée.* — *Serpents-tonge.* (*Sagittaire aquatique.*) Hampe nue, anguleuse; fl. en épi terminal, pédicellées, verticillées 3 à 3, garnies d'une bractée; sépales pétaloïdes blancs avec un point rouge à la base; feuil. radicales, les extérieures sessiles, submergées, lancéolées-linéaires; les autres émergées, sagittées, à pétioles triangulaires. v. Été; *dans l'Yser, canton de Cassel, et dans le canal d'Hazebrouck, en deça de la forêt de Nieppe.* (Desmyttère et Vand. M.)

CCCXIV. POTERIUM. *Pimprenelle.* (Rosacées). *Sanguisorbées.* Cor. 0; cal. coloré, 4 lobé, muni de 3 écail. à la base; fl. mâle : 30 à 40 étam.; fl. femelle : 2 ov. renfermés dans le tube du calice, chacun munis d'un style et d'un stigm. en pinceau.

669. *P. sanguisorba*, L. — *P. sanguisorbe.* — *Kleyne pimpernel.* Tige de 3 décim., un peu anguleuse, velue; feuil. de 11 à 15 foliol. ovales, arrondies, profondément dentées, un peu velues et glauques au-dessous; pétiole velu; fleurs rougeâtres, en têtes ovales ou arrondies, souvent hermaphrodites, quelquefois unisexuelles; fl. femelles supérieures; lobes du cal. terminés par une houppe de très-petits poils; styl. rougeâtre; bractées ciliées. v.; *sur les collines et dans les jardins.*

Cette plante est vulnéraire et astringente. Ses feuilles sont recherchées pour la salade, à cause de leur saveur qui a rapport avec celle de concombre.

CCCXV. QUERCUS. *Chêne.* (Corylacées). Fl. mâles en chatons grêles; 5 à 10 étam. insérées sur une écail. campanulée, à 5-10 lobes.; fl. femelle entourée d'une cupule écailleuse, hémisphérique; 2 à 5 styles; 1 sem. ou gland.

670. *Q. robur*, L. — *C. rouvre.* — *Eiken-boom of Eik.* Arbre très-élevé; bois très-dur; feuil. presque sessiles, profondément sinuées, glabres, élargies au sommet; pédonc. axillaires, d'un demi décimètre, portant 2 glands alternes sans pédicel. L.; *très-commun dans nos bois.*

Il est regardé comme le roi des arbres.

Sa variété *Q. sessiliflora*, L., est remarquable par son tronc moins élevé; le bois moins dur; les glands sessiles agglomérés; les feuilles velues dans l'aisselle des nervures.

CCCXVI. JUGLANS. *Noyer*. (Juglandées). Fl. mâles en chatons, munies d'une écail. 3-lobée de chaque côté, et de 2 écail. triangulaires sur le dos; 12 à 24 étam. placées sur un disque glanduleux; fl. femelles solitaires, à 2 styles; fr. peu charnu, à noyau sillonné.

671. *J. regia*, L. — *N. commun*. — *Notelaer of Note-boom*. Arbre fort haut; feuil. grandes, imparipinnées, de 5 à 9 foliol. ovales-oblongues, très-entières, velues dans l'angle des nervures; chatons mâles compactes; fl. femelles souvent géminées. L. Mars-Avril; *cultivé*.

Le fruit de cet arbre (la noix), se sert sur les tables, ou non parfaitement mûr et portant le nom de *cerneau*, ou mûr et récent ou sec. On en retire par expression une huile destinée à l'usage interne ou externe.

CCCXVII. FAGUS. *Hêtre*. (Corylacées). Fl. mâles en chatons; cal. 6-parti; 12 étam.; fl. femelles : cal. à 6 dents; 3 styles; caps. muriquée à 2 semences.

\* CHATONS MALES GLOBULEUX; OV. A 3 LOGES; GR. HUILEUSE.

672. *F. sylvatica*, L. — *H. des forêts*. — *Beuken-boom*. *(Faux)*. Arbre élevé; rameaux étalés; écorce unie, grisâtre; feuil. ovales, ondulées, quelquefois rougeâtres, garnies de poils soyeux au-dessous; invol. ou cal. garni d'épines molles; gr. triangulaires, ailées, lisses. L.; *commun dans les bois*.

Son bois sert à faire du charbon connu sous le nom de *charbon de faux*; son amande est bonne à manger.

\*\* CHATONS MALES LINÉAIRES; OV. DE 6 A 7 LOGES; GRAINE FARINEUSE.

673 *F. Castanea*, L. — *H. Châtaignier*. — *Opregten kastanie boom*. (*Autre marronnier*.) Arbre très-élevé; feuil. elliptiques, fortement dentées, pétiolées, glabres; chatons mâles alongés; fr. hérissé de pointes dures. L. Juin; *dans les bois*. (Rare.) Son fruit est comestible.

CCCXVIII. CARPINUS. *Charme*. (Corylacées). Fleurs en chatons; les mâles à cal. 1-phylle; écail. ciliée; cor. O; 8 à 20 étam.; les femelles à 2 ovaires; 2 styles à chacun; noix ovale.

674. *C. Betulus*, L. — *C. commun*. — *Haeg-beuk of wiel-boom*. Arbre médiocre, anguleux; bois dur; feuil. pétiolées, glabres, ovales, aiguës, plissées, serretées; capules velues. L. Avril; *commun dans les bois*.

Il a pour variété la *charmille* dont la tige est plus petite. Ce dernier sert à former des haies.

CCCXIX. CORYLUS. *Coudrier*. (Corylacées.) Fl. mâles : cal. 1-phylle,

OBS. Le genre *Corylus* doit rentrer dans la *monœcie octandrie*, à cause de ses 8 étamines.

3-fide, en forme d'écail., 1-flore et en châtons grêles ; cor. 0 ; 8 étam.; fl. femelles en groupes : cal. 2-phylle, lacéré; cor. 0; 2 styles; noix ovale.

675. C. *Avellana*, L. — *C. Noisetier*. — *Hazel-note-boom of hazelaer*. Arbrisseau à tiges droites, rameuses, velues au sommet ; feuil. cordiformes, acuminées, velues au-dessous, dentées, un peu pétiolées; stipules caduques, ovales-lancéolées. L. Février; *commun dans nos bois*. Sa graine est huileuse et comestible.

## MONADELPHIE.

ÉTAMINES SOUDÉES PAR LEURS FILETS EN UN SEUL FAISCEAU.

CCCXX. PINUS. *Pin*. (Conifères). Fl. mâles en châtons : cal. 4-phylle; cor. 0; plusieurs étamines ; anth. nues; fl. femelles : cal. strobile; écail. 2-flores; cor. 0; 1 pistil; cône à aile membraneuse.

676. P. *sylvestris*, L. — *P. sauvage*. — *Hars-boom of wilden Pynboom*. Arbre droit, élevé, nu, mais plus souvent rameux dès sa base; feuil. linéaires, étroites, un peu glauques, géminées ; gaînes courtes, garnies à la base d'une écaille rousse; cônes courts, petits, pointus et nombreux. L.; *au Mont noir, près Bailleul*.

On cultive dans les jardins plusieurs espèces du genre *Pin*, comme le *pin maritime*, le *P. de Corse*, le *P. pignon*, le *P. du lord Weimouth*, le *P. mélèze* (*Pinus Larix*), le *P. Cèdre du Liban* et les deux *P. Sapins* (*P. Abies*.) (1).

Ces arbres sont utiles comme bois de chauffage et de construction. Leur suc est résineux; recueilli par des entailles faites au tronc, il constitue la térébenthine, le galipot ou la poix de Bourgogne. L'essence de térébenthine est le produit de la distillation de cette substance; la colophane en est le résidu. La poix noire et le goudron sont formés par la combustion des branches et du tronc.

CCCXX bis. THUYA. *Thuya*. (Conifères). *Cupressinées*. Fl. femelles en cône, dressées, garnies d'écail. biflores ; fl. mâles en châtons de 6 écail., formant 3 rangs et portant à la base 4 anthères.

676 bis. *T. orientalis*, L. — *T. oriental*. — *Oosterschen boom des levens*. Arbre élevé; rameaux dressés; feuil. très-petites, imbriquées,

---

(1) *Quoique réunis sous le même nom générique de* PINUS, *les sapins peuvent être distingués des Pins par un signe constant et facile à reconnaître. Tous les sapins ont les feuilles solitaires, c'est-à-dire insérées une à une sur les jeunes rameaux; dans les pins, au contraire, les feuilles naissent 2, 3 ou 5 ensemble, en petits faisceaux entourés à leur base d'une gaîne commune.*

marquées d'une bosse sur le dos ; écail. des cônes garnies au sommet d'une pointe recourbée ; fr. ovoïde. L. Avril. Originaire de la Chine. *Cultivé.*

676 ter. *T. occidentalis*, L. — *T. occidental.* — *Westerschen boom des levens.* Celui-ci est moins élevé que le précédent ; ses rameaux sont lâches et ouverts ; écail. des cônes lisses ; fr. entouré d'une aile membraneuse. L. Originaire de la Sibérie et du Canada. *Cultivé.*

CCCXX ter. CUPRESSUS. *Cyprès* (Conifères). *Cupressinées.* Chatons mâles, formés de 15 à 20 écail. peltées, sur 4 rangs, portant à la base 4 anth. ; cônes globuleux, formés de 8 à 10 écail. peltées, très-serrées ; cal. perforé au sommet.

676 quater. *C. sempervirens*, L. — *C. commun.* — *Kerkhof-boom.* Arbre droit ; rameaux dressés ; feuil. petites, obtuses, imbriquées sur 4 rangs ; chatons mâles ovoïdes, formés de 12 à 16 écail. ; cônes épars. L. Originaire du Levant. *Cultivé.*

Le cyprès croit dans tous les terrains, mais il vient mieux dans les pays chauds où il produit beaucoup de térébenthine. Dans les temps anciens on l'exposait aux portes des maisons des morts. Ses fruits (cônes), appelés *noix de cyprès* ou *galbuli*, sont astringents et fébrifuges.

CCCXX quater. RICINUS *Ricin.* (Euphorbiacées). Fl. mâles : cal. à 5 divisions ; étam. nombreuses, rameuses ; fl. femelles : cal. à 3 div. ; 3 styles bifides ; caps. tuberculeuse-épineuse, à 3 coques.

676 quinquies. *R. communis*, L. — *R. commun.* — *Wonder boom of kruys boom.* (Palma Christi.) Tige couverte d'une poussière glauque ; feuil. peltées, de 5 à 7 lobes, garnies de dents glanduleuses ; pétioles garnis d'une glande au sommet, d'une autre vers la base et souvent d'une aux 2 côtés de la base ; une stipule caduque, opposée à chaque feuille et embrassant toute la tige. L. Originaire de l'Afrique.

Ce végétal et ses semences sont très-anciennement connues, puisque la Bible, les ouvrages d'Hérodote, d'Hippocrate et de Dioscoride en parlent sous des noms différens.

Cette plante est cultivée avec avantage dans le midi de la France. Dans nos jardins c'est une herbe vigoureuse ; dans les pays chauds c'est un arbre. L'huile extraite de sa graine est vermifuge et purgative. Son usage en médecine est considérable.

## SYNGÉNÉSIE.

ÉTAMINES LIBRES PAR LES FILETS ; MAIS RÉUNIES PAR LES ANTHÈRES ET FORMANT UN TUBE CYLINDRIQUE.

CCCXXI. CUCUMIS. *Concombre.* (Cucurbitacées). Fl. mâle : cal. à

5 dents; cor. en 5 parties; 3 filets; Fl. femelle : cal. 5-denté; cor. en 5 parties; pistil 3-fide; baie 3-loculaire; gr. comprimées, nichées dans des cellules remplies de pulpe.

677. C. *sativus*, L. — *C. cultivé*. — *Konkommer*. Tige renversée, grimpante, hispide; feuil. palmées, à 5 angles aigus; fl. pédonculées, petites; fr. tuberculeux, un peu cylindrique, à chair blanche et ferme, non sucrée. A. Été; *cultivé dans les jardins*.

Le fruit de cette plante est froid et indigeste.

Le *cornichon* en est une variété, à fr. vert, plus petit que le précédent, tout hérissé de pointes rudes et à chair ferme. On le cueille à peine développé et on le confit dans le vinaigre pour le faire servir d'assaisonnement.

677 bis. C. *Melo*, L. — *C. Melon*. — *Meloen*. Tige renversée, grimpante, hispide; feuil. lobées, à découpures arrondies; fl. pédonculées, petites; fr. gros, à côtes ou sans côtes, souvent chargées de lignes saillantes, réticulées. A. Été. Originaire d'Asie; *cultivé dans les grands jardins*.

La chair de melon est un fruit alimentaire, sucré et rafraîchissant qui doit être pris avec modération, parce que l'excès en est dangereux.

CCCXXI bis. CUCURBITA. *Courge*. (Cucurbitacées). Ce genre diffère du précédent par ses gr. entourées d'un rebord arrondi, placées dans des cellules sans pulpe. Ses espèces cultivées sont la *calebasse*, la *citrouille* et le *potiron*. Leurs semences sont émulsives et rafraîchissantes.

CCCXXII. BRYONIA. *Bryone*. (Cucurbitacées). Fl. monoïques et dioïques; 5 étam. en 3 paquets; baie petite, globuleuse, de 4 à 6 gr. renversées.

678. *B. dioica*, L. — *B. dioïque*. — *Wilden wyngaerd*. (Couleuvrée.) Tiges grimpantes, grêles, cannelées, un peu velues; feuil. hispides, tuberculeuses, cordiformes, à 3 lobes; le médian 3-fide, alongé, aigu; sinus arrondis; vrilles longues, simples; fl. dioïques, petites, d'un jaune verdâtre, en grappes axillaires; les mâles longuement pédonculées; baies rouges; racine très-grosse et charnue. V. Été; *dans les haies*.

679. *B. alba*, L. — *B. blanche*. — *Anderen wilden wyngaerd*. Cette espèce avec laquelle on avait confondu le *B. dioica*, s'en distingue par ses fleurs monoïques; ses baies noires; ses feuil. à 5 lobes égaux moins divisés. V.

La racine de ces deux plantes est grosse, blanche et affecte toutes sortes de formes; elle est féculente, purgative, hydragogue, incisive et diurétique; on l'emploie dans la cachexie, l'hydropisie, l'asthme humide et l'hydrothorax.

## CLASSE XXII.
### DIOECIE.

Fleurs mâles sur une plante; fl. femelles sur une autre de la même espèce.

**MONANDRIE.** — UNE ÉTAMINE OU ANTHÈRE.

CCCXXIII. NAIAS. (*Naïades.*) Fleurs monoïques ou dioïques; cal. 0 ou de 2 à 4 lobes; fl. mâle : anth. à 1 ou à 4 loges, contenue dans le cal.; fl. femelle : ov. ovoïde; styl. simple; stigm. sessile, obtus; caps. à 1 gr., recouverte par le cal.

680. *N. major*, Dec. — *N. vulgaire.* — *Waternimf of water godin.* L. Plante dressée, très-rameuse, dichotome; tige hérissée, rude; feuil. opposées et ternées, linéaires-oblongues, droites, sinuées, dentelées, un peu épineuses. A.; Août-Septembre; trouvé par M. Huissen *dans un fossé rempli d'eau, chemin d'Hondeghem.*

**DIANDRIE.** — DEUX ÉTAMINES.

CCCXXIII bis. SALIX. *Saule.* (Salicinées). Fleurs en chatons : les mâles à écail. entières, portant à la base un corps glanduleux et 1 à 5 étam.; les femelles à écail. semblables; 2 à 4 stigm.; caps. 1-loculaire, 2-valve; sem. aigrettées.

680 bis. *S. alba*, L. — *S. blanc.* — *Witten wilge of wilgen-boom.* Arbre élevé; écorce grise, crevassée; celle des rameaux lisse, verdâtre; feuil. lancéolées, dentées en scie; pubescentes de chaque côté; dernières dentelures glanduleuses; chatons naissant après les feuilles; fl. mâles à 2 étam. L.; *commun le long des chemins.* (Vand. M.)

Son écorce est astringente et fébrifuge. On en retire la *salicine*, substance blanche, cristalline, soluble dans l'eau et ayant l'apparence du *sulfate de quinine* qu'on avait dit qu'elle remplaçait avec avantage. Mais il s'en faut de beaucoup qu'il en soit ainsi, car il faut des masses de salicine pour remplacer, et encore pas toujours, une petite quantité de sulfate de quinine. (Dorvault. *Répertoire de pharm.*)

Le saule blanc se trouve le plus souvent dans ce pays sous forme de têtards; les longues branches dont sa tête est couronnée sont employées à faire des cercles.

681. *S. amygdalina*, L. — *S. amandier.* — *Drymans wilge of amandel wilge.* Arbre de 2 à 3 m.; écorce lisse, noirâtre ou purpurine; feuil. ovales, lancéolées, serrulées; pétiole court; stipul. arrondies; chatons paraissant après les feuilles, portant 4 ou 5 feuil. à leur base;

axe cotonneux; fl. mâles à 3 étam.; écail. un peu velues; caps. pédicellées. L.; *dans les lieux humides.* (Desmyttère.)

682. *S. babylonica*, L. — *S. pleureur.* — *Treurwilge.* Arbre de 6 à 10 m.; rameaux très-grêles, tombans; feuil. linéaires, finement dentées; chatons naissant après les feuilles, grêles, cylindriques; axe velu; écail. glabres. L.

Quoique cultivé dans les jardins d'agrément, on le trouve encore dans les cimetières où il représente l'emblême de la douleur. (Desmyttère.)

683. *S. vitellina*, L. — *S. jaune.* — *Bindt wilge of widauw.* (Osier jaune.) Arbrisseau d'une hauteur médiocre; rameaux grêles et flexibles; feuil. dentées en scie, ovales, aiguës, glabres; dentelures cartilagineuses; pétioles ponctués par des callosités. L.; *dans les lieux humides.* (Vand. M.)

Ses branches servent à faire des liens et des paniers.

684. *S. incana*, L. — *S. drapé.* — *Wilge met roose maryn bladt.* Arbrisseau de 2 à 3 m.; écorce d'un vert brun, lisse ou ponctuée; feuil. longues, linéaires, pointues, glabres au-dessus, tomenteuses au-dessous, entières, à bords révolutés; chatons naissant avant les feuilles (idem dans les 4 espèces suivantes.) L.; *le long des eaux.* (Vand. M.)

684 bis. *S. viminalis*, L. — *S. à longues feuil.* — *Bleeck groene bindt wilge.* (Osier blanc et vert.) Arbrisseau de 4 à 5 m.; rameaux droits, flexibles, glabres; écorce brune ou verte; feuil. lancéolées-linéaires, très-longues, pointues, à peine dentées, soyeuses au-dessous. L.; Avril-Mai; *dans les lieux humides.* (Lestib. Thém.)

685. *S. depressa*, L. — *S. déprimé.* — *Nederleggende wilge.* Tige renversée, très-petite; feuil. entières, ovales-oblongues, soyeuses au-dessous, quelquefois au-dessus, révolutées. L.; Mai; *dans les lieux humides et montagneux.* (Desmyttère.)

On doit rapporter à cette espèce le *S. repens*, qui fleurit à la même époque.

686. *S. capræa*, L. — *S. marceau.* — *Wilge met breede bladeren.* Arbre de 5 à 7 m.; écorce cendrée; feuil. ovales-arrondies, obtuses, pubescentes au-dessus, tomenteuses et blanches au-dessous, épaisses; pétiolées, crénelées ou ondulées. L.; *dans les bois.* (Huissen.)

687. *S. aurita*, L. — *S. à oreillettes.* — *Wilge met Oorekens.* Arbre qui diffère du précédent en ce qu'il est moins élevé; ses feuilles sont très-entières, velues des deux côtés, ovales, appendiculées. L.; *dans les mêmes lieux.* (Huissen).

## TÉTRANDRIE. — QUATRE ÉTAMINES.

CCCXXIII ter. VISCUM. *Gui.* (Loranthacées). Fl. mâle : cal. en 4 parties; cor. 0 ; filets 0; anth. adhérentes au cal.; fl. femelle : cal. 4-phylle, supérieur ; cor. O; styl. O; baie monosperme ; sem. cordiforme.

687 bis. *V. album*, L. — *G. blanc*. — *Marentakken*. Tige de 3 à 5 décim., rameuse, diffuse, ligneuse et parasite; feuil. obtuses, dures, très-entières et opposées; fl. 2 à 3 ensemble, axillaires; baie blanche et gluante. L. Mars ; *cette plante naît sur l'écorce de la plupart des arbres, entr'autres sur le chêne, le pommier, le poirier, le châtaignier, l'aubépine, etc.* (Chomel et Lestib. Thém.)

Elle est employée pour les maladies nerveuses et surtout pour l'épilepsie. Les merles et les grives se nourrissent de ses semences, les digèrent et les déposent sur les arbres que je viens de citer.

Ce sous-arbrisseau était un objet de vénération pour les Gaulois, dans les temps qu'ils étaient gouvernés par les Druides. On l'a nommé pour cette raison *herba sacra*.

CCCXXIII quater. MYRICA. *Myrica*. (Myricées). Fleurs en chatons; écail. cordiformes ; fl. mâles à 4 étam. ; fl. femelles à ov. 1-loculaire, monosperme; 2 styles.

687 ter. *M. gale*, L. — *M. galé*. — *Brabandschen myrten-boom*. (*Piment odorant*.) Arbrisseau de 3 à 6 décim., rameux ; feuil. dures, oblongues, plus larges à l'extrémité supérieure, dentées, velues au-dessous, courtement pétiolées; bords révolutés; caps. ovoïdes, parcourues de chaque côté par une suture, terminées par 2 petites cornes entre lesquelles s'insèrent les styles. L. Avril-Mai; *dans les lieux tourbeux*. (Desmyttère.)

Toutes ses parties exhalent une odeur aromatique; ses feuilles et ses fruits surtout laissent transsuder de petits grains globuleux, résineux, jaunes, dont on se sert pour chasser les teignes.

## PENTANDRIE. — CINQ ÉTAMINES.

CCCXXIV. SPINACIA. *Épinard*. (Atriplicées). Fleurs mâles en grappes terminales; cal. 5-fide ; fl. femelles axillaires, glomérulées; cal. 2 ou 4-fide; fr. monosperme.

688. *S. oleracea*, L. — *E. potager*. — *Spinagie*. Tige de 3 à 6 décim., dressée, rameuse, glabre; feuilles pétiolées, hastées, souvent incisées à la base; divisions du calice soudées à la maturité et garnies de 2 à 4 cornes divergentes ʙ. Mai ; *cultivé dans les jardins*.

On distingue deux variétés de cette plante : l'une à feuil. sagittées, aiguës et à semences hérissées de pointes; l'autre à feuilles ovales-oblongues et à semences lisses. Ces feuil. sont nourrissantes et laxatives.

CCCXXIV bis. CANNABIS. *Chanvre*. (Urticées). Fleurs mâles en grappes axillaires ; cal. 5-parti ; 5 étam.; les fém. sessiles, axillaires.

géminées; cal. fendu latéralement; 2 stigm. filiformes; embryon courbé; périsperme très-petit.

688 bis. *C. sativa*, L. — *C. cultivé.* — **Kemp-zaed.** Tige de à 9 18 décim., simple, dressée, rude, un peu hispide; feuil. pétiolées, portées sur une éminence de la tige, opposées, à 5 ou 7 foliol. lancéolées, acuminées, fortement dentées, les 2 extérieures quelquefois entières dans les mâles; 2 stipul. adhérentes à la tige; cal. des fl. mâles mucroné, garni de poils au centre; les bords des loges de l'anth. sont rentrans au sommet; ov. globuleux. A.; *cette plante est spontanée dans toute l'Europe.* (Gaspard Bauhin).

Tout le monde sait que les tiges de chanvre, trempées un certain temps dans l'eau, fournissent ensuite la matière de la plupart de nos toiles, mais que l'eau dans laquelle cette plante a séjourné longtemps, devient insalubre et qu'il est important d'éviter que cette eau ne se communique à quelque ruisseau ou fontaine voisine.

La semence de chanvre appelée *chénevis*, fournit une huile par expression, qui n'est pas seulement bonne à brûler, mais qui, au rapport de *Dioscoride* et de *Sylvius*, a la propriété de guérir les tumeurs et les squirres.

CCCXXV. HUMULUS. *Houblon.* (Urticées.) Fleurs mâles en grappes; cal. 5-phylle; les femelles en cônes formés par des écail. foliacées.

689. *H. lupulus*, L. — *H. grimpant.* — **Hoppe, hoppe-kruyd of hommel.** Tiges grêles, dures, anguleuses et grimpantes, hérissées de très-petits aiguillons; feuil. pétiolées, cordiformes, dentées, acuminées, souvent 3-lobées; fl. mâles en grappes axillaires, souvent opposées; fl. femelles en cônes pédonculés, axillaires, opposés, réunis en grappes; le calice laisse suinter des grains résineux, jaunes, appelés Lupuline. v.; *dans les terres humides.* (Vand. M.)

Cette plante est cultivée particulièrement *dans les environs de Boeschepe, et de Poperinghe* (Belgique), pour la fabrication de la bière à laquelle elle communique de l'amertume et par suite l'empêche de s'aigrir. Ses fleurs sont anti-scorbutiques, dépuratives, fébrifuges et toniques; on mange les jeunes pousses comme les asperges.

Linné rapporte que le houblon, agité par un grand vent, excite un bruit qui imite le tonnerre entendu de loin.

## HEXANDRIE. — SIX ÉTAMINES.

CCCXXVI. TAMUS. *Tamne.* (Asparagées.) Fleur mâles : cal. à 6 divisions; fl. femelles : baie infère, à 3 loges polyspermes.

690. *T. communis*, L. — *T. commun.* — *Onzer-vrouwen-zegel.*

Tiges longues, volubiles, lisses; feuil. pétiolées, alternes, cordiformes, acuminées; 2 glandes subulées à la base du pétiole; fl. mâles en grappes alongées, axillaires; fl. femelles sur des pédoncules axillaires, courts, panciflores; baies rouges, ovales. v. Juin-Juillet; *dans les bois.* (Desmyttère).

La racine de cette plante est vulnéraire et résolutive.

## OCTANDRIE. — HUIT ÉTAMINES.

CCCXXVII. POPULUS. *Peuplier.* (Salicinées). Fleurs en chatons cylindriques, à écail. déchirées au sommet; fl. mâles de 8 à 30 étam. placées dans un calice oblique au sommet; fl. femelles entourées d'un cal. semblable; caps. à 2 valves, à bords rentrans; 4 stigmates.

\* JEUNES POUSSES COTONNEUSES; 8 ÉTAM.

691. P. *alba*, L. — *P. blanc.* — Abeel *of* Abeel-boom. Arbre très-élevé; feuil. sub-triangulaires, dentées, un peu pointues, sub-lobées, vertes, un peu luisantes au-dessus, blanches et cotonneuses au-dessous; chatons à écail. jaunâtres. L.; *dans les bois et le long des chemins.*

Son bois sert à faire des charpentes légères.

692. P. *tremula*, L. — *P. tremble.* — Ratelaer. Arbre de 14 à 17 m.; écorce lisse, blanchâtre; feuil. arrondies, plus larges que longues, glabres; pétioles grêles, très-longs. L.; Mars-Avril; *commun dans les bois humides.* (Lestib. Thém.)

\*\* JEUNES POUSSES GLABRES; 12 ÉTAM. OU PLUS.

693. P. *nigra*, L. — P. *noir.* — Gemeynen Popelier. Arbre de 14 à 17 m.; rameaux étalés; bourgeons glutineux; feuil. glabres, ovales-deltoïdes, aiguës, dentées au sommet; pétioles égaux aux feuilles; fl. mâles à 16 étam.; écail. glabres. L. Mars; *commun le long des chemins.*

Les bourgeons de cet arbre, d'une odeur aromatique, font la base de l'*Onguent populeum*, dont on se sert dans l'inflammation des hémorrhoïdes, ainsi que dans l'hippiatrique.

654. P. *fastigiata*, L. — P. *pyramidal.* — Italiaenschen Popelier. Celui-ci diffère du précédent par ses feuil. le plus souvent échancrées en cœur à la base. Il surpasse tous les végétaux de notre climat par la hauteur et la rapidité de sa croissance. L.; *cet arbre est cultivé dans les avenues.* — Son bois a peu de solidité.

## ENNÉANDRIE. — NEUF ÉTAMINES.

CCCXXVIII. MERCURIALIS. *Mercuriale.* (Euphorbiacées). Cal. 3-phylle; fl. mâles en grappes axillaires; 9 à 12 étam.; anth. globuleuses, didymes; fl. femelles axillaires, souvent géminées; 2 styles; fr. à 2 coques monospermes.

695. *M. annua*, L. — *M. annuelle.* — *Tam bingel-kruyd.* (*Foirolle.*) Tige dressée, rameuse, glabre; feuil. opposées, ovales-lancéolées, aiguës, pétiolées, d'un vert clair, glabres, dentées, garnies de 2 stipul.; épis mâles, interrompus, grêles; fl. femelles presque sessiles; fr. velus. A.; *dans les lieux cultivés.* (Vand. M.)

Ses feuilles sont purgatives. Froissées entre les mains, elles exhalent une odeur nauséabonde.

696. *M. perennis*, L. — *M. vivace.* — *Wild bingel-kruyd.* Cette espèce diffère de la précédente par sa tige simple et velue; ses feuil. d'un vert foncé, rudes, hispides; ses fl. femelles, pédonculées. v. Mars-Avril; *dans les bois.*

CCCXXIX. HYDROCHARIS. *Morène.* (Hydrocharidées.) Cal. à 6 sépal., 3 intérieurs plus grands, pétaloïdes; Fleurs mâles : 3 filets intérieurs, stylifères; Fl. femelles : 6 styles; caps. à 6 loges, polysperme, inférieure.

697. *H. morsus-Ranæ*, L. — *M. grenouillette.* — *Vorschen-beet of pute-beet.* Plante aquatique, nageante, stolonifère; feuil. pédonculées, orbiculaires, réniformes, enveloppées d'abord dans une spâthe polyphylle; fl. blanches, jaunâtres à la base. v. Juin-Juillet; *dans les fossés en bas d'Hazebrouck.* (Vand. M.)

## MONADELPHIE.

ÉTAMINES SOUDÉES PAR LEURS FILETS EN UN SEUL FAISCEAU.

CCCXXX. RUSCUS. *Fragon.* (Asparagées). Cal. à 6 divisions; fl. mâles : anth. insérées sur un godet; fl. femelles munies d'un godet stérile; 1 ov.; 1 styl.; baie globuleuse, à 3 loges dispermes.

698. *R. aculeatus*, L. — *F. piquant.* — *Stekende-palm.* (*Petit-houx.*) Tige de 3 à 6 décim., ligneuse, rameuse, striée dans le haut; feuil. alternes, sessiles, tordues, ovales, coriaces, cuspidées, garnies d'une stipule subulée, infra-axillaire; fl. blanchâtres, solitaires, insérées sur le milieu de la face supérieure des feuilles, garnies d'une bractée; baie rouge. v. Mai; *dans les bois.* (BB.)

La racine et les baies de cette plante sont apéritives et emménagogues.

CCCXXX bis. TAXUS. *If.* (Conifères.) *Taxinées.* Fleurs en chatons; les mâles à calice 3-phylle (cône); anthères en bouclier, 8-fides; fl. femelles : style 0; 1 sem. dans le calicule en baie.

698 bis. *T. baccata*, L. — *I. commun.* — *Iben boom.* Arbre élevé; rameaux durs, garnis de feuilles linéaires, pointues, d'un vert noirâtre, persistantes, nombreuses et très-rapprochées, presque opposées sur les rameaux; calicule globuleux, d'un rouge orangé. L. Mai.

L'if sert à former des enclos impénétrables, mais cet usage diminue, parce qu'il occupe trop d'espace et qu'il retient les insectes. Les jeunes pousses de ce végétal sont un poison très-actif pour les chevaux et les ânes. Il y a des milliers d'exemples, dit Bulliard, qui nous empêchent d'en douter. On assure que si l'on jette au fond d'une eau dormante un fagot d'if, les poissons ne tardent pas à venir à la surface comme s'ils étaient énivrés.

CCCXXX ter. JUNIPERUS. *Genévrier*. (Conifères.) Fl. 1-2-oïques, chatons mâles à écail. verticillées, peltées, portant à la base 2 à 4 anth.; cônes à écail. peu nombreuses, opposées, charnues, se soudant entre elles, recouvrant chacune 1 fl.; cal. perforé au sommet.

698 ter. **J. communis**, L. — *G. commun*. — Genever boom. Tige de 2 m. environ, tortueuse, souvent en buisson; feuil. subulées, piquantes, verticillées 3 à 3, persistantes, marquées d'une ligne glauque au-dessous; baies petites, vertes, puis noirâtres. L. Mars-Avril; *près St.-Omer*. (Thém. Lestib.)

Les baies de cet arbrisseau sont employées comme toniques et diurétiques. Sa résine est employée sous le nom de *Sandaraque*.

698 quater. **J. Sabina**, L. — *G. Sabine*. — Zavel boom. Arbre de 2 à 3 m., très-branchu; écorce rougeâtre; feuil. opposées, un peu décurrentes, très-petites, appliquées contre les rameaux; baies petites, bleuâtres, L.

Originaire du midi de la France, ce végétal est un emménagogue dangereux; il passe pour diurétique, vermifuge, anti-septique et détersif. On ne doit, par conséquent, faire usage de ses feuilles qu'avec beaucoup de prudence.

## CLASSE XXIII.

### POLYGAMIE.

Fleurs hermaphrodites, fl. mâles et fl. femelles sur une même plante ou sur des individus différens.

### MONOECIE.

FLEURS MALES SÉPARÉES DES FEMELLES SUR LA MÊME PLANTE.

CCCXXXI. PARIETARIA. *Pariétaire*. (Urticées.) Petits groupes souvent de 3 fleurs, 1 femelle, les autres hermaphrodites, entourées d'un invol. souvent de 7 folioles; fl. hermaphrodites à cal. 4-parti; 4 étam. à filet élastique; 1 stigm. en pinceau; fr. monosperme; Fl. femelles semblables; 1 style; 1 sem. nue, alongée.

699. **P. officinalis**, L. — *P. officinale*. — Glas-kruyd. Tige de 6 décim., rameuse, velue; feuil. alternes, pétiolées, ovales-lancéolées, velues

et nerveuses au-dessous, luisantes au-dessus; fl. axillaires; étam. se redressant avec élasticité lorsqu'on les touche; stigm. souvent accroché par les poils du calice; ov. plus gros dans les femelles, fertile dans les hermaphrodites. v.; *commun le long des murs*. (Vand. M.)

Cette plante est vulnéraire, incisive, diurétique, sudorifique et emménagogue.

## DIŒCIE.

FLEURS MALES SUR UNE PLANTE, FL. FEMELLES SUR UNE AUTRE DE LA MÊME ESPÈCE.

CCCXXXII. FRAXINUS. *Frêne.* (Jasminées.) *Ornus*, T. Fleurs hermaphrodites : cal. très-court; 4 pétal.; anthères pédicellées; fl. femelles : 1 pistil.; caps. membraneuse, monosperme par avortement.

700. *F. Ornus*, L. — *F. pétalé*. — *Kleynen Esschen*. Arbre de 7 à 8 m.; feuil. opposées, impari-pinnées, à folioles ovales-lancéolées, dentées, acuminées; fl. en panicule, odorantes, blanches; fr. étroit, obtus. L. Mai; *dans les bois*. (Desmyttère.)

C'est du *F. Ornus*, conjointement avec le *F. rotundifolia*, arbres qui croissent dans presque toute l'Europe, qu'on retire en Sicile et en Calabre le suc sucré concret, connu sous le nom de *manne*, dont l'usage comme purgatif doux est d'une si grande importance en médecine.

C'est également sur ces arbres, recherchés surtout par les *cantharides*, qu'on récolte ces insectes en Espagne et dans le midi de la France.

## *CLASSE XXIV.*

PAR OCCULTATION DES PARTIES CONSTITUANTES DES SEXES.

### CRYPTOGAMIE.

Fleurs dont les parties sexuelles sont cachées ou invisibles ou indéterminées.

### FOUGÈRES.

PLANTES DONT LA FRUCTIFICATION OCCULTE EST SITUÉE OU SUR LE DOS DES FEUILLES, OU EN ÉPI TERMINAL, OU EN GLOBULE PRÈS DES RACINES.

CCCXXXIII. EQUISETUM. *Prêle.* (Équisétacées). Tiges articulées, pourvues d'une gaine dentée ou crénelée à chaque articulation, simples ou garnies au-dessous de chaque gaine de rameaux verticillés, munis d'une petite gaine particulière à leur base, articulés et engainés comme la tige; épi à fructifications en écusson, s'ouvrant par la base multi-valve.

701. *E. arvense*, L. — *P. des champs*. — *Kleyn peerd-steert*. (Dod. herb. p. 98.) Tiges stériles, de 3 décim. environ, garnies de

rameaux verticillés et de gaînes courtes, terminées par 8 à 10 dents courtes, acérées; tiges fructifères plus petites, nues, à gaînes grandes, renflées, dentées profondément. v.; *dans les champs humides*. (Vand. M.)

702. *E. fluviatile*, L. — *P. majeure.* — *Groot peerd-steert.* (*Hippuris*, Dod. herb. p. 98). Tiges stériles de 2 décim., épaisses, striées, lisses, garnies d'un grand nombre d'articulations rapprochées, et de 20 à 40 feuilles ou rameaux verticillés, menus et articulés; gaînes terminées par environ 20 dents profondes; tiges fructifères plus petites, nues, à gaînes simples; épi d'un demi décim., v.; *bas du Mont-Noir et du Mont-Rouge* (J. Cussac), *dans les fossés et surtout dans la becque de Borre, près le Sec-Bois.* (Vand. M.)

Cette plante est astringente, propre à guérir le crachement de sang et la dyssenterie. (Gaspard Bauhin, Hist. des pl., t. 1, p. 18.)

703. *E. sylvaticum*, L. — *P. des bois.* — *Bosch peerd-steert.* Tiges fructifères garnies de gaînes amples et rapprochées, ayant au sommet quelques verticilles de rameaux non développés; tiges stériles à gaînes d'abord rapprochées, puis écartées, terminées par 10 dents profondes, rousses; rameaux très-menus, longs, garnis de ramules verticillés; gaînes des rameaux à 3 dents divariquées. v.; *bas du Mont-Noir à Saint-Jean-Cappel.* (J. Cussac.)

703 bis. *E. palustre*, L. — *P. des marais.* — *Ander water-peerd-steert.* Tiges de 3 décim., toutes fructifères, un peu rudes, fortement striées; verticilles de 6 à 8 rameaux; gaînes un peu évasées, à 8 ou 10 dents aiguës, noirâtres; gaînes des rameaux assez grandes; la première petite, noire. v.; *commun dans les marais.* (Desmyttère.)

704. *E. hyemale*, L. — *P. d'hiver.* — *Winter peerd-steert.* Tige de 6 à 9 décim., sans rameaux; articulations écartées; gaînes noirâtres à la base et au sommet, roussâtres ou blanchâtres au milieu, à peine crénelées au bord; la gaîne supérieure est plus grande et terminée par 4 dents acérées. v. Vers le printemps; *dans les lieux humides à Sercus.* (Vand. M.)

CCCXXXIV. OPHIOGLOSSUM. *Ophioglosse.* (Fougères). Caps. semi 2 valves, enfoncées dans la substance de l'épi et disposées sur 2 rangs; elles s'ouvrent par des fentes transversales, placées sur les deux côtés de l'épi.

705. *O. vulgatum*, L. — *O. vulgaire.* — *Adders-tonge.* (Dod. herb. p. 201). Tige grêle, simple, garnie vers le milieu d'une feuille simple, amplexicaule, entière, obtuse; épi terminal, simple, grêle, bordé par 2 lignes de renflements arrondis qui correspondent aux capsules et surmonté d'une pointe nue. v.; *assez commun dans les fonds humides des bois.* (Vand. M.)

Tous les auteurs conviennent que cette plante est vulnéraire, soit prise intérieurement, soit appliquée extérieurement. Césalpin l'estime pour les ulcères et pour les descentes des enfans. Dodonée dit que Baptista Sardus prétendait guérir les descentes par l'usage de la poudre de cette herbe.

CCCXXXV. OSMUNDA. *Osmonde.* (Fougères.) Caps. pédicellées, coriaces, divisées jusqu'au milieu en 2 valves; elles naissent en grand nombre sur les feuilles qu'elles déforment et changent en grappe.

706-707. *O. regalis*, L. — *O. royale.* — *Water-varen.* (Dod. herb. p. 760). Feuil. de 9 à 15 décim., radicales, 2-pinnées; feuil. opposées, (je les trouve un peu éparses), oblongues, lancéolées, sessiles, sub-cordiformes, très-finement serrulées; feuil. fructifères changées en une grappe paniculée par les capsules nombreuses qui les recouvrent. v.; *dans les bois et les lieux humides.* (Deswarte, D. M.)

La racine de l'osmonde est vulnéraire, astringente. On la dit bonne dans la descente, pour la colique et les maladies du foie. Elle est reconnue propre aux enfans noués auxquels on fait prendre la décoction.

708. *O. spicant*, L. — *O. en épi.* — *Bosch-Varen.* (Blecnum). Feuil. radicales, en touffe; les extérieures étalées, pinnées, stériles; celles du centre dressées, à pinnules plus étroites, plus alongées, plus écartées, bordées de 2 lignes de fructifications très-rapprochées, recouvrant presque toute la surface de la pinnule. v.; *très-commun dans le bois du Mont des Récollets.* (J. Cussac).

CCCXXXVI. PTERIS. *Aquiline.* (Fougères.) Caps. en ligne non interrompue, sur le bord de la feuille qui se replie pour les recouvrir.

709. *P. aquilina*, L. — *A. impériale.* — *Varen-Wyfken.* (Dod. herb. p. 738.) Feuilles de 9 à 15 décim.; 3 à 6 folioles pinnées; pinnules nombreuses, glabres au-dessus, velues au-dessous; les terminales toujours entières; racine oblongue, brune; lorsqu'elle est coupée en travers[1], ses fibres représentent l'aigle autrichien. v.; *très-commun dans les bois.* (Desmyttère.)

Cette plante est astringente et vermifuge. Ses cendres sont employées en Angleterre pour blanchir le linge.

CCCXXXVII. SCOLOPENDRIUM. *Scolopendre.* (Fougères). *Asplenium*, L. Caps. en lignes perpendiculaires à la nervure principale, recouvertes d'un tégument qui s'ouvre longitudinalement en 2 valves; chacune d'elles est fixée par son bord adhérent le long d'une nervure secondaire.

710. *S. officinale*, L. — *S. officinale.* — *Herts-tonge.* (Dod. herb. p. 763.) Souches hérissées; feuil. simples, en cœur, lingulées, très-

étroites; pétiol. couverts d'écail. roussâtres. v.; *au pied des vieux murs, entre les joints des pierres.* (Vand. M.)

Ses feuilles sont estimées pour combattre les maladies du foie et de la rate.

CCCXXXVIII. ASPLENIUM. *Doradille.* (Fougères.) Caps. en lignes droites, alternes, recouvertes d'un tégument 1-valve, attaché à une nervure secondaire, et s'ouvrant de dedans en-dehors.

711. *A. Rutamuraria*, L. — *D. des murs. (Sauve-vie.)* — *Steen-Ruyte.* (Dod. herb. p. 768.) Feuil. d'un demi à un décim.; pétiol. nus inférieurement; foliol. trilobées ou décomposées, obtuses, denticulées chargées de 3 à 8 lignes de capsules. v.; *commun sur les vieux murs.*

Hofmann et le docteur Michel assurent que cette plante est utile contre le scorbut.

712. *A. trichomanes*, L. — *D. polytric.* — *Wederdood.* (Dod. herb. p. 769.) Feuil. d'environ 1 décim., nombreuses, étroites, ailées, composées de plus de 30 foliol. petites, arrondies, crénelées, sessiles, sur un pétiole grêle, pourpre; caps. formant 6 à 8 lignes sur le dos des folioles. v.; *mêmes lieux.* (Vand. M.)

Le polytric est incisif; il convient dans la coqueluche des enfans, dans l'asthme humide, dans l'obstruction des viscères du bas ventre et principalement dans celles de la rate.

CCCXXXIX. POLYPODIUM. *Polypode.* (Fougères). Caps. en groupes arrondis, épars, dépourvus de tégument.

713. *P. vulgare*, L. — *P. commun.* — *Veelvoet, boom-varen of Eiken-varen.* Feuil. de 2 décim., très-profondément pinnatifides; pinnules lancéolées, confluentes, presque dentées; groupes de caps. formant 2 lignes sur chaque foliole; rac. écailleuses. v.; *sur les vieux arbres et les vieilles murailles.* (Vand. M.)

On préfère celui qui se trouve au pied du chêne. Sa racine est plus hépathique qu'elle n'est purgative.

CCCXL. POLYSTICUM. *Polystic.* (Fougères). *Polypodium*, L. Caps. en paquets arrondis; tégument attaché par un seul point au centre ou sur le bord.

714. *P. filix mas*, DC. — *P. fougère mâle.* — *Varen manneken.* (Dod. herb. p. 758.) Feuil. de 5 décim., pinnées; pinnules allant en grandissant jusqu'au milieu de la feuille, diminuant ensuite jusqu'au sommet; elles sont profondément pinnatifides; les folioles sont un peu confluentes à la base, ovales-obtuses, dentées, un peu inclinées vers le pétiole qui est blanchâtre, recouvert d'écailles; caps. réniformes; souche paillassée. v.; *commun dans nos bois.* (Vand. M.)

La souche radicale de la fougère est apéritive, vermifuge et antihydropique.

715. P. *aculeatum*, L. — *P. à aiguillons.* — *Stekende varen.* Souche garnie de beaucoup de fibres noires; pétioles tout couverts d'écail. rousses; feuil. 2-pinnées; foliol. nombreuses, rapprochées, dentées, rétrécies à la base, à sommet terminé par une pointe, ainsi que les dents; l'angle supérieur de leur base est saillant et forme une espèce d'oreillette. v.; *dans le bois du Mont des Récollets.* (Desmyttère.)

## MOUSSES.

PLANTES HERBACÉES A FRUCTIFICATIONS OCCULTES, ANTHÉRIFORMES, OU EN ROSETTE, OU EN GODET.

CCCXLI. LYCOPODIUM. *Lycopode.* (Lycopodiées). Fructifications placées dans l'aisselle des feuilles ou de bractées particulières; elles sont de deux sortes : l'une renfermant une poussière abondante, inflammable; l'autre, qu'on ne voit pas toujours, contient un ou plusieurs corpuscules pleins d'une substance gélatineuse.

716. *L. clavatum*, L. — *L. à massue.* — *Wolfs-klauwen.* (Dod. herb. p. 771.) Tige de 6 à 12 décim., rampante, rameuse; feuil. très-rapprochées, presque imbriquées, recourbées, terminées par un poil blanc; pédonc. à l'extrémité des rameaux, longs, écailleux, terminés par 2 ou 3 épis garnis d'écail. imbriquées; urnes répandant à leur maturité une poussière jaunâtre qui s'enflamme avec rapidité et fulmine à l'instar de la poudre à canon.

Cette plante vient *dans les bois.* (Desmyttère.)

La poussière du Lycopode est la poudre qui sert presque exclusivement en pharmacie pour enrouler les pilules. Les artificiers l'emploient sous le nom de *soufre végétal* pour faire des flammes.

CCCXLII. BRYUM. *Bry.* (Mousses.) Coiffe cuculiforme; urne à orifice droit; péristome extérieur à 16 dents lancéolées, l'intérieur à cils réunis en une membrane plissée, déchirée sur le bord en lanières et en cils placés alternativement.

717. *B. cæspititium*, L. — *B. en gazon.* — *Gemeyn mos of most.* Tiges très-courtes, en touffes serrées; feuil. lancéolées, acérées, étroites, imbriquées, d'un vert clair, munies d'une nervure; pédoncules solitaires, terminaux; urnes pendantes, oblongues, un peu resserrées à l'orifice, rougeâtres en mûrissant, striées; opercules mamelonnés; *très-commun sur les murs.* (Vand. M.)

718. *B. pulvinatum*, L. — *B. coussinet.* — *Tweede soorte.* Mousses formant des petits gazons très-serrés, denses, convexes, orbiculaires, d'un vert obscur; tiges de 2 à 6 millim.; feuil. lancéolées, pliées en

gouttière, terminées chacune par un poil blanc qui fait paraître le gazon velu; pédoncules naissant tantôt au sommet des tiges, tantôt latéralement, fort courts, réfléchis et courbés; urnes ovales, pendantes; *sur les vieux murs et dans les lieux humides.* (BB.)

719. *B. argenteum*, L. — *B. argenté.* — *Derde soorte.* Tige de 6 à 11 millim., ramassées en petit gazon serré, luisant, d'une couleur argentée; feuil. très-petites, imbriquées et serrées les unes contre les autres; pédoncules de 8 à 12 millim. naissant de la base des tiges; urnes ovales, petites et pendantes; *sur les murs et les pierres.* (Vand M.)

CCCXLIII. HYPNUM. *Hypne.* (Mousses). Péristome externe à 16 dents aiguës, l'interne à 16 lanières, entre chacune desquelles on trouve 1 à 3 cils; urnes latérales; coiffe cuculliforme; 1 périchèse; tiges rameuses.

720. *H. rutabulum*, L. — *H. fourgon.* — *Aldergemeynste most.* Tige de 5 à 10 centim., couchée; rameaux redressés; feuil. ovales, lancéolées, petites, très-pointues, vertes et luisantes, munies d'une nervure; pédoncule de 12 à 15 l., rouge, couvert de papilles rudes (visibles au microscope); urne ovoïde, courbe; opercule conique, aigu; *extrêmement commun sur la terre, au pied des arbres, etc.* (Lestib. Thém.)

## ALGUES.

PLANTES MOINS PARFAITES QUE LES PRÉCÉDENTES, A FRUCTIFICATION MOINS SENSIBLE; CE SONT OU DES CUPULES, OU DES VÉSICULES, OU DES POUSSIÈRES RÉPANDUES SUR LEUR SURFACE QUI EST D'UNE CONSISTANCE OU CORIACE, OU FIBREUSE.

CCCXLIV. MARCHANTIA. *Marchantie.* (Hépathiques). Expansions foliacées, portant des corps reproducteurs de diverses formes.

721. *M. polymorpha*, L. — *M. protée.* — *Water lever-kruyd, Hepathica fontana of Lichen Petrœus.* Expansions membraneuses, planes, rampantes, lobées, obtuses à leur sommet, vertes, chargées de petits points et garnies de racines capillaires sur leur surface inférieure; pédicules d'un quart de décim. portant à leur sommet un plateau découpé au-delà de moitié, en 6 digitations disposées en étoile; *dans les cours humides, entre les joints des pierres.* (Vand. M.)

Le marchantie a pris le nom de Lichen, parce qu'il est souverain pour guérir cette sorte de dartre, que les grecs appellent Lichen. Il entrait jadis dans le sirop de chicorée, si utile dans les maladies du foie : on en mit aussi une poignée dans les bouillons apéritifs et rafraîchissans. Césalpin assure qu'il guérit la jaunisse par l'emploi de la décoction. Schroder rapporte que cette espèce d'hépatique arrête le sang des blessures.

CCCXLV. PHYSCIA. *Physcie*. (Lichenées). Thallus sub-crustacé, divisé en lanières planes et alongées; scutelles orbiculaires, sessiles, naissant sur le bord du thallus.

722. P. *prunastri*, DC. — P. *du Prunellier*. — *Sleeboom-Lichen*. Thallus mou, membraneux, ridé, bosselé, d'un blanc cendré au-dessus, blanc de lait au-dessous; lobes droits, linéaires, obtus, un peu pointus, chargés çà et là de paquets de poussière blanche; scutelles rares, brunes; *commun sur les arbres*.

CCCXLVI. ANABAINA. *Anabaine*. (Arthrodiées). *Oscillariées*. Filamens cylindriques, doués d'un mouvement de progression par reptation, formés d'un tube transparent qui contient un filet composé d'articles ovoïdes, inégaux.

723. A. *flos-aquæ*, Bor. — A. *fleur d'eau*. — *Water bloeme*. (*Byssus*, L.) Filamens droits, transparens, parallèles, formant une croûte très-molle, d'un vert pâle, flottant *sur les eaux tranquilles*.

CCCXLVII. ANTHOPHYSIS. *Anthophyse*. (Arthrodiées). *Zoocarpées*. Filamens simples ou divisés, tubuleux, entrelacés ou parallèles, articulés d'une manière à peine visible, produisant au sommet des rosettes formées de corpuscules transparens, sphériques, doués de mouvement de rotation. Ces rosettes se détachent bientôt pour se mouvoir en différens sens, et les corpuscules ne tardent pas à se séparer.

724. A. *Mulleri*, Bor. — A. *de Muller*. — *Volvax vegetans*. Filamens microscopiques, en touffes presque impalpables, irrégulièrement rameux ou fourchus, pâles; *dans l'eau douce*. (Lestib. Thém.)

## CHAMPIGNONS.

VÉGÉTAUX SOUVENT PARASITES, DE CONSISTANCE MUCILAGINEUSE, CHARNUE OU TUBÉREUSE, JAMAIS COLORÉS EN VERT, D'UNE FORME EXTRÊMEMENT VARIABLE.

CCCXLVIII. AGARICUS. (Champignons.) *Funginées*. Chapeau ordinairement pédiculé, garni au-dessous de lames ou feuillets minces, rarement anastomosés, entre lesquels sont les sporidies.

725. A. *campestris*, L. — A. *champêtre*. — *Kampernoelie, duyvels-broot of padde-stoel*. (*Champignon comestible*.) Pédicule épais, plein, court, blanc; chapeau hémisphérique, dans sa jeunesse, qui s'étend et devient quelquefois très-large; la peau qui recouvre le chapeau est grisâtre et s'enlève aisément; lames couleur rose qui deviennent noires en vieillissant; *commun dans les prés secs, à Oxelaere, Cassel, etc*. (H. V.)

On peut l'obtenir de culture au moyen de couches de fumier, sur lesquelles on projette du blanc de champignon.

Ons. On doit rejeter tous les champignons plats ou concaves, colorés de quelque manière que ce soit ; tous ceux dont l'odeur est désagréable, qui naissent dans les lieux trop humides ou trop privés des rayons du soleil, qui ont une apparence muqueuse ou livide. — Les remèdes à employer dans les cas d'empoisonnement par ces végétaux, sont l'éther et l'émétique : l'éther pour calmer les accidents déjà déclarés ; l'émétique pour évacuer ce qui reste de poison dans le canal alimentaire.

# SUPPLÉMENT

### Selon le système de Linné (1).

## CLASSE II.

### DIANDRIE-MONOGYNIE.

### 2 ÉTAMINES. — 1 PISTIL.

CCCXLIX. VERONICA. *Véronique.* (Personées). Voir pour les caractères de ce genre, page 10, N.° VI.

726. *V. montana*, L. — *V. de montagne.* — *Berg-Eeren-prys.* Tiges de 2 décim. et demi, renversées, velues; feuil. opposées, pétiolées, ovales-arrondies, à dents arrondies, velues et rougeâtres par dessous; fl. en grappes axillaires, lâches : pédicelle plus long que les fl., grêle; bractées linéaires; cor. bleue; caps. très-comprimée, échancrée, ciliée. v. Trouvé dans la *forêt de Nieppe*, le 20 mai 1830, par M. J. Cussac.

CCCXLIX bis. SYRINGA. *Lilas.* (Jasminées). Voir LILAC, page 10, genre IV.

726 bis. *S. persica*, Lam. — *L. de perse.* — *Perzischen-syringa.* Arbrisseau de 9 à 15 décim.; feuil. lancéolées, entières; fl. rougeâtres, en grappes lâches. L. Avril-Mai.

Apporté de Perse vers 1670, cet arbrisseau est maintenant *cultivé partout.* Son fruit, encore vert, est regardé comme fébrifuge, propriété dont jouit surtout le *lilas commun*, N.° 5.

(1) Linné (Charles), né en 1707, dans la province de Smolande, en Suède, le plus célèbre médecin-naturaliste de nos jours, auteur du système sexuel des végétaux, mourut en 1778, après avoir vu la réforme qu'il avait introduite dans la Botanique, accueillie du plus grand nombre des savans et de la plupart des écoles de l'Europe.

CCCL. JASMINUM. *Jasmin.* (Jasminées). Cal. à 5 lobes ; cor. infundibuliforme ; baie à 2 graines.

727. *J. officinale*, L. — *J. officinal.* — *Witten Jasmyn.* Arbrisseau de 12 à 18 décim., rameux, vert et flexible ; feuil. opposées, impari-pinnées, l'impaire pétiolée, plus grande ; fl. blanches, terminales ; cal. à 5 div. filiformes. L. Mai-Juin.

Le jasmin officinal est originaire des Indes. Cet arbuste est très propre à l'ornement des jardins. Ses fleurs sont céphaliques et antispasmodiques. On en retire une huile volatile employée en parfumerie.

728. *J. fruticans*, L. — *J. à feuil. de Cytise.* — *Geelen jasmyn.* Arbrisseau de 9 à 15 décim. ; rameaux anguleux et verts ; feuil. alternes, simples ou ternées ; fl. jaunes, terminales ; cal. à lobes sétacés. L. Mai ; *naturalisé dans ce pays.* (BB.)

CCCLI. PHILLYREA. *Filaria.* Cal. à 4 dents ; cor. à tube très court, à limbe 4-lobé ; baie monosperme.

729. *P. latifolia*, L. — *F. à larges feuil.* — *Breeden Filaria.* Arbre moyen, très-branchu ; écorce cendrée ; feuil. opposées, dures, luisantes, glabres, ovales, un peu en cœur, entières ou dentées en scie ; fl. verdâtres, en paquets axillaires. L. Juin.

730. *P. angustifolia*, L. — *F. à feuil. étroites.* — *Smallen filaria.* Cette espèce, regardée par Gérard comme variété de la précédente, se distingue par ses feuil. linéaires-lancéolées, très-entières, et par ses fl. blanchâtres. L. Mai-Juin.

Ces deux arbrisseaux, originaires des provinces méridionales, servent à l'ornement de nos bosquets. (FF.)

CCCLII. ROSMARINUS. *Romarin.* (Labiées). Cal. à 2 lèvres : la supérieure à 3 dents très-petites ; l'inférieure à 2 lobes ; cor. saillante, inégale, à lèvre supérieure 2-parti ; filets des étam. longs, courbes, simples, avec une dent.

731. *R. officinalis*, L. — *R. officinal.* — *Rozemaryn.* Arbrisseau de 9 à 18 décim., très-rameux ; feuil. étroites, linéaires, obtuses, dures, cotonneuses au-dessous, à bords révolutés ; fl. bleuâtres ou blanches, ponctuées, géminées. L. Juin.

Originaire de Provence, cet arbrisseau *est cultivé dans nos jardins* où il résiste aux gelées lorsqu'elles ne sont pas trop fortes. Ses feuilles font la base de l'eau de la reine, remède employé dans les vertiges, les défaillances, les vapeurs hystériques et hypocondriaques. Ses fleurs étaient connues autrefois sous le nom de *flores anthos*, ce qui signifie *fleurs par excellence.*

CCCLIII. SALVIA. *Sauge.* (Labiées). Voir page 12, genre X.

732. *S. officinalis*, L. — *S. officinale.* — *Wynkel salie.* Tige sous-

ligneuse, blanche-cotonneuse; rameaux à 4 angles obtus; feuil. pétiolées, ovales-elliptiques, aiguës, crénelées, finement ridées, quelquefois panachées de couleurs diverses; fl. d'un bleu rougeâtre, terminales, en épi interrompu. L. Juillet.

La sauge officinale vient du même pays que le romarin; ses feuilles sont aromatiques, toniques, cordiales, stomachiques, amères et fébrifuges. Chomel leur attribue la propriété d'arrêter la gangrène.

## CLASSE III.

### TRIANDRIE-MONOGYNIE.

3 ÉTAMINES. — 1 STYLE.

CCCLIII bis. CENTRANTHUS. *Centranthe.* (Valérianées). Ce genre diffère du *Valeriana* parce qu'il n'a qu'une étamine et que la cor. est prolongée à sa base en un long éperon. Quoique à fleurs *monandriques*, Linné a placé cette plante dans la classe à 3 étamines, pour ses rapports plus directs avec le genre que je viens d'indiquer.

732 bis. *C. ruber*, DC. — *C. rouge.* — *Valeriaene of rood Speerkruyd.* (*Valeriana rubra*, L.) Tige de 6 à 9 décim., lisse, branchue, cylindrique; feuil. larges, lancéolées, amplexicaules, glauques, quelquefois dentées à la base; fl. en panicule terminale; cor. d'un rouge clair; tube long; limbe irrégulier; étam. saillante; styl. très-long; stigm. 3-fide, très-petit. v. Été.

Originaire de Provence, cette plante est *cultivée dans nos jardins et naturalisée en Belgique.* (BB.)

CCCLIII ter. IRIS. *Iris.* (Iridées). V. p. 14, genre XXVI.

732 ter. *I. germanica*, L. — *I. germanique.* — *Blauw-lisch.* (*Flambe.*) Tige de 6 décim.; feuil. ensiformes (gladiées), pointues, plus courtes que la tige; 4 à 5 fl. grandes, pédonculées; tube un peu plus long que l'ov.; lobes intérieurs émarginés, bleus; les extérieurs violets, veinés à la base, barbus. v. Mai.

Cette espèce est la plus ancienne et la plus généralement *cultivée dans les parterres.* Sa racine fraîche est un purgatif hydragogue, assez violent et même dangereux, mais moins étant sèche; elle est alors incisive et apéritive; on s'en sert avec avantage dans l'hydropisie.

Une autre espèce à fleur bleue, *commune dans les jardins*, est l'*Iris xiphium*, L., dont la racine est bulbeuse; les feuil. longues, linéaires, canaliculées et d'un blanc argentin dans la partie creuse.

Quant à l'*Iris pseudo-acorus*, L. (V. page 14), ses graines ont été employées pour remplacer le café.

CCCLIV. CROCUS. *Safran.* (Iridées). Voir page 14, genre XV.

733. *C. sativus*, L. — *S. cultivé* ou *S. d'automne.* — *Herfstsaffraen.* Diffère du *C. vernus* par le stigm. plus élevé que les étam., souvent penché, à 3 lobes profonds, épaissis au sommet, tandis que dans l'espèce printanière le stigm. est plus court que les étam., droit, quelquefois un peu découpé. v.

Le safran cultivé est cordial, pectoral, somnifère, anodin, antihystérique, alexitère et apéritif. Linné dit qu'on peut en prendre jusqu'à 2 grammes. Passé cette dose, il devient un poison narcotique et léthargique, il attaque les nerfs, ébranle le cerveau, provoque le rire sardonique, le délire, le sommeil et la mort.

CCCLIV bis. GLADIOLUS. *Glayeul.* (Iridées). Cal à tube court, courbé, à 6 lobes irréguliers, presque disposés en 2 lèvres; stigm. étalé, à 3 lobes profonds.

733 bis. *G. communis*, L. — *G. commun.* — *Zweerd-kruyd.* Tige de 3 à 6 décim.; feuil. gladiées; fl. purpurines, sessiles, garnies de 2 bractées foliacées; épi souvent latéral; bulbe arrondi. v. Mai.

Cette plante, originaire de Provence, est *cultivée dans nos jardins* avec d'autres espèces exotiques.

CCCLIV ter. SCIRPUS. *Scirpe.* (Cypéracées). Voir page 15, genre XIX.

733 ter. *S. annuus*, All. — *S. annuel.* — *Water-gasplandt.* Tiges d'un décim., gazonnantes, dressées, trigones, très-grêles, garnies à la base de feuil. linéaires, striées, planes, un peu velues à la base, ciliées, rudes et obtuses au sommet; invol. à 2 ou 4 folioles inégales, la plus longue dépassant peu l'ombelle, à 2-8 pédonc. simples, grêles, très-inégaux; épillets ovales-acuminés; écail. ovales, la plupart arrondies au sommet, brunes, membraneuses au bord, marquées au milieu d'une ligne verte non saillante à 3 nervures et prolongée en arête dans les écail. inférieures. A. Avril; *bord d'un fossé dans le bas de Vieux-Berquin.* (Huissen.)

733 quater. *S. Michelianus*, L. — *S. de Micheli.* — *Michielsgas.* Tiges d'un décim. et demi, trigones, étalées, garnies d'une ou 2 feuil. planes; capitule globuleux, aggloméré, muni d'un invol. de 5 à 9 foliol. très-inégales, les 2 ou 3 extérieures plus longues que la tige; fl., verdâtres. v.; *dans un étang d'eau croupissante ou stagnante près Vieux-Berquin.* (Huissen.)

734. *S. mucronatus*, L. — *S. pointu.* — *Scherp-gas.* Tige à 3 angles membraneux; feuil. engaînantes, roides, carénées; épillets sessiles au sommet de la tige, garnis d'une bractée foliacée, roide, trigone, paraissant la continuation de la tige, courbée après la floraison;

fr. entouré de quelques soies. v.; *dans un fossé d'eau stagnante, à Morbecque.* (Huissen.)

CCCLV. POA. *Paturin.* (Graminées.) Voir page 19, genre XXIX.

734 bis. *P. trivialis*, L. — *P. rude.* — *Hard-gas.* Chaume de 3 à 9 décim., rude sous la panicule; feuil. planes; gaîne rude; ligule pointue; panic. étalée, d'un vert pourpre; épillets à 3 fl. pubescentes à la base; écail. extérieure de la bâle à 3 nervures. v. Mai-Juin; *commun dans les prés.* (Thém. Lestib.)

735. *P. palustris*, DC. — *P. des marais.* — *Ander-water-gas.* Diffère du précédent par ses gaînes et son chaume presque lisses; sa panicule multiflore, étroite, oblongue; ses épillets glabres, 5-flores; l'écail. extérieure de la bâle à 5 nervures. v. Mai-Juin; *dans les prés humides.* (Idem.)

---

## *CLASSE V.*

### PENTANDRIE-MONOGYNIE.

5 ÉTAMINES. — STYLE SIMPLE.

CCCLVI. ECHIUM. *Vipérine.* (Borraginées.) (1) Cor. tubuleuse, limbe oblique, à 5 lobes inégaux.

736. *E. vulgare*, L. — *V. vulgaire.* — *Slangen-hoofd.* Tige de 6 décim., dressée, hérissée de poils tuberculeux, d'un rouge noirâtre; feuil. longues, étroites, velues, rudes; les radicales étalées; les caulinaires éparses; fl. bleues ou rougeâtres, en épis 1-latéraux. ʙ. Été; *commun près St.-Pierre-lez-Calais.* (H. V.)

Cette plante, *rare dans notre pays*, possède les mêmes vertus que la bourrache, c'est-à-dire qu'elle est diurétique, adoucissante, humectante, expectorante et béchique.

CCCLVII. HELIOTROPIUM. *Héliotrope.* (Borraginées). Cal. tubuleux, 5-denté; cor. hippocratériforme, 5-fide, à dents entremêlées; gorge close (épi tourné d'un seul côté, recourbé.)

737. *H. peruvianum*, L. — *H. du Pérou.* — *Zonnewende van America.* Tige souligneuse de 6 à 12 décim.; feuil. lancéolées, ovales, elliptiques, ridées, velues et pétiolées; épis rameux, 1-latéraux; fl. bleuâtres, très-odorantes. ʟ. Été. (BB.)

---

(1) Toutes les plantes que Tournefort et Jussieu ont rangées dans la famille des borraginées, dont le genre *Borrago*, L. est le type, sont hérissées de poils. On les reconnaît lorsqu'elles sont sèches à des écailles ou tâches blanches qui sont sur les feuilles.

Cet arbrisseau, précieux pour son odeur, se conserve l'hiver en serre chaude.

738. *H. europæum*, L. — *H. d'Europe*. — **Gemeyne zonnewende van Europa.** (*Herbe aux verrues.*) Tige de 3 décim., rameuse, dressée, velue, rude; feuil. pétiolées, ovales, obtuses, un peu ridées, pubescentes, d'un vert blanchâtre; fl. blanches, petites, nombreuses, en épis géminés, 1-latéraux. ⚥. Été; *dans les champs sablonneux et les jardins*. (BB.)

Les feuilles de cette plante passent pour détersives, résolutives et dessicatives. On en fait usage dans le cancer, quoique ses vertus soient douteuses. On a prétendu aussi que son suc fait tomber les verrues.

CCCLVIII. CYCLAMEN. *Cyclame*. (Primulacées). Cor. en rosette, réfléchie, à tube très-court, à gorge éminente; caps. globuleuse, charnue.

739. *C. europæum*, L. — *C. d'Europe*. — *Verkens-broot*. (*Pain de pourceau*.) Rac. grosse, arrondie, charnue, noirâtre, fournissant des fibres très-menues; feuil. radicales, pétiolées, cordiformes, arrondies, dentées, tâchées de blanc; hampes 1-flores, grêles; fl. penchées, blanches, à gorge rougeâtre. v.

Sortie des forêts, cette plante est venue prendre place parmi les fleurs de nos jardins. Sa racine est âcre, fortement purgative et vermifuge.

Une espèce de la même classe, de la même famille, mais non du même genre, ayant quelque rapport avec la plante dont il s'agit, est le *Dodecatheon-madia*, L. (*Giroselle de Virginie*), que l'on voit souvent chez les fleuristes.

CCCLVIII bis. VINCA. *Pervenche*. (Apocinées). Voir p. 42, genre LXXXVII.

739 bis. *V. major*, L. — *P. majeure*. — *Groote vinken of maegdepalm*. Cette espèce ressemble à la *petite pervenche* (N.° 188) dont elle diffère par ses tiges moins couchées; ses feuil. plus grandes et plus pointues, un peu velues en leurs bords; ses fl. plus grandes, sur des pédonc. droits; le cal. aussi long que le tube. v. ou ʟ.; *dans les bois*.

On la cultive pour sa beauté; elle peut être substituée à sa congénère.

CCCLIX. PHLOX. *Flox*. (Polémoniacées). Cal. à 5 div. réunies par une membrane; cor. à tube long, un peu courbe, velu en-dedans vers le bas; limbe plan, 5-parti; étam. naissant à différentes hauteurs sur le tube.

Les principales espèces que l'on cultive, sont les suivantes :

740. *P. paniculata*, L. Remarquable par ses feuil. lancéolées, rudes sur les bords et ses fl. rougeâtres en corymbes paniculés. v.; *originaire de l'Amérique septentrionale*.

741. *P. maculata*, L. Se distingue par ses feuil. lancéolées, lisses;

sa grappe opposée, en corymbe, et plus particulièrement par sa tige un peu rude et tâchetée de violet. v.; *originaire de la Virginie.*

742. *P. suaveolens*, Lam. Regardée comme variété de la précédente dont elle diffère par sa tige très-glabre, non tâchetée et par ses fl. blanches un peu odorantes. v.; Été.

743. *P. divaricata*, L. Caractérisée par sa tige poilue et bifide; ses feuil. larges, lancéolées; les supérieures alternes; fl. d'un bleu tendre. v.

CCCLIX bis. POLEMONIUM. *Polémoine.* (Polémoniacées). Cal. 5-lobé; cor. en roue, à tube court; limbe 5-parti; gorge fermée par la base des étam. et par des poils placés entre celles-ci.

743 bis. *P. cœruleum*, L. — *P. bleu.* — *Grieksch speer-kruyd.* (*Valériane grecque.*) Tige de 3 à 6 décim., herbacée, dressée, glabre; feuil. alternes, pinnées, de 15 à 20 folioles ovales-lancéolées, pointues, glabres; pédonc. axillaires, multiflores, garnis de bractées; fl. bleues ou blanches, en bouquet terminal. v. Été.

Cette plante, originaire d'Asie, est *cultivée dans les parterres.*

CCCLX. CAMPANULA. *Campanula.* (Campanulacées). Voir p. 36, genre LXXI.

Indépendamment des espèces indigènes déjà mentionnées, on trouve souvent dans les jardins les campanules suivantes :

744. *C. latifolia*, L. Distinguée par ses feuil. larges, lancéolées; les fl. en épi, très-belles, grandes, bleues ou d'un blanc pur.

745. *C. grandifolia*, L. Remarquable par ses rameaux terminés par une seule fl. bleue ou blanche et surtout par son calice à 5 lames qui recouvrent la capsule dans sa partie inférieure.

Cette espèce porte ordinairement le nom de *carillon.*

746. *C. pyramidalis*, L. Sa forme et sa hauteur font facilement reconnaître cette plante dont les feuil. sont lisses, dentées en scie, ovoïdes dans le bas, les caulinaires lancéolées; il y a presque de bas en haut des rameaux à fleurs, le long de la tige qui est simple.

747. *C. urticifolia*, L. Enfin, cette dernière espèce, reconnaissable à ses feuil. de la forme de celles des orties, est souvent très-importune dans les jardins où elle se multiplie considérablement.

CCCLXI. SYMPHORICARPOS. *Symphorine.* (Caprifoliées). Cal. à 4 dents; cor. tubulée, à 5 div. inégales; baie blanche, globuleuse, couronnée.

748. *S. racemosa*, L. — *S. à grappes.* — *Soorte van Geyle bladt.* Arbrisseau rameux; feuil. pétiolées, opposées, ovales, arrondies; fl. en grappes d'un blanc rougeâtre. L.

Souvent *dans les jardins*, où il produit un effet agréable par ses fruits d'un beau blanc, de la forme et de la grosseur d'une cerise ordinaire.

CCCLXII. PHYSALIS. *Coqueret.* (Solanées). Cal. à 5 lobes, renflé à la maturité; cor. en roue, à 5 lobes; anth. droites, rapprochées; baie globuleuse, à 2 loges.

749. P. *alkekengi*, L. — *C. alkékenge.* — *Blaes-kers, winter-kers of krieken van over zee.* Tige de 3 décim., rameuse; feuil. pétiolées, géminées, ovales, pointues, quelquefois sinueuses; fl. pédonculées, solitaires; ov. porté sur un disque safrané; cal. vésiculeux et rouge à la maturité; baie rouge. v. Eté; *dans les lieux couverts.* (BB.)

Ses fruits sont diurétiques, rafraîchissans et anodins; on les emploie en décoction dans les rétentions d'urine, les coliques néphrétiques et dans l'hydropisie.

CCCLXIII. LYCIUM. *Lyciet.* (Solanées). Cal. court, tubuleux; cor. infundibuliforme, à tube court; limbe 5-lobé; filets des étam. velus à la base; stigm. sillonné; baie arrondie.

750. *L. europæum*, L. — *L. d'Europe.* — *Wolfs-doorn.* Arbrisseau droit, branchu et épineux; rameaux déliés et flexibles; feuil. ovales, entières, ou à bords sinueux, souvent en paquets; fl. axillaires, purpurines; cal. à 5 dents. L. Été.

Cet arbrisseau, originaire de la Provence, est cultivé *dans nos jardins.*

CCCLXIV. NERIUM. *Oléandre.* (Apocinées). Cor. en entonnoir; tube dilaté au sommet; gorge munie de 5 appendices pétaloïdes, découpés; limbe à 5 lobes obliques.

751. *N. Oleander*, L. — *O. Laurier-rose.* — *Oleander-boom.* Arbrisseau de 12 à 18 décim., droit, grêle; écorce grisâtre; feuil. opposées, ternées, lancéolées, étroites, pointues, entières, glabres et coriaces; fl. roses ou blanches, en bouquet lâche et terminal; le cal. porte un rang de glandes subulées, analogues à celle du *Vinca*, mais placées en-dehors de la cor. L. Juin-Juillet.

Cet arbrisseau, originaire des provinces méridionales, est très-vénéneux. On le cultive pour la beauté de ses fleurs.

CCCLXV. IMPATIENS. *Impatiente.* (Balsaminées). Cal. 2-phylle; cor. 4-pétal., irrégulière, à éperon cuculé; caps. supérieures à 5 valves.

752. *I. Balsamina*, L. — *I. Balsamine.* — *Balsamien.* Tige de 4 décim., dressée, tendre, succulente; feuil. alternes, sessiles, lancéolaires, pointues, garnies de dents petites, très-aiguës; fl. grandes, axillaires, fasciculées, rouges ou de couleur variée; pédonc. 1-flores; éperon courbé; pétal. latéraux 2-partis, calleux vers le milieu; caps. velues, pendantes. A. Été.

Cette plante, originaire de l'Inde, est *cultivée dans les parterres.*

## PENTANDRIE-DIGYNIE.

### 5 ÉTAMINES. — 2 STYLES.

**CCCLXVI. ANGELICA.** *Angélique.* (Ombellifères). Cal. presque 5-denté; cor. égale, à pétal. recourbés; fr. arrondi, anguleux, strié et glabre.

753. *A. Archangelica*, L. — *A. Archangélique.* — *Opregt Engelkruyd.* Tige de 9 à 12 décim., épaisse, fistuleuse, striée, souvent rougeâtre à la base; feuil. 2-3 pinnées; foliol. grandes, ovales-lancéolées, dentées, souvent lobées; fl. verdâtres; ombelles globuleuses, à rayons très-nombreux; involucel. égalant les ombellules. B.; *cultivé dans les jardins.*

Cette plante, originaire des Alpes, a une odeur aromatique, douce et agréable; on se sert de sa racine, de sa tige et de ses semences qui sont cordiales, stomachiques, sudorifiques, carminatives et emménagogues.

**CCCLXVI bis. IMPERATORIA.** *Impératoire.* (Ombellifères). Voir page 51, genre CX.

753 bis. *I. Ostrutium*, L. — *I. majeure.* — *Meester-wortel.* Tige de 6 décim., épaisse, cylindrique; feuil. pétiolées, divisées en 3 folioles larges, trilobées et dentées; ombelle grande; involucelle à folioles très-étroites, plus courtes que les ombellules; fl. blanches, petites, v. Été; *dans les prés montagneux et surtout dans les jardins.* (Vand. M.)

La racine de cette plante est aromatique et légèrement amère; elle est stomachique, carminative, incisive, emménagogue, sudorifique et alexipharmaque.

**CCCLXVII. CORIANDRUM.** *Coriandre.* (Ombellifères). Cal. à 5 dents; pétal. courbés en cœur, inégaux; fr. sphérique; involucre souvent nul; 1 involucelle.

754. *C. sativum*, L. — *C. cultivée.* — *Koriander-zaed.* Tige de 6 décim., glabre et rameuse; feuil. inférieures 2 fois ailées, à folioles assez larges, arrondies, lobées et dentées, les autres découpées, très-menues; ombelle garnie parfois d'une foliole; ombellules pauciflores; involucelle 3-5 phylle; fl. blanches; fr. strié. A. Été.

La coriandre, originaire d'Italie, est *cultivée dans les jardins* pour sa graine qui est usitée en pharmacie et dans l'art du brasseur. L'odeur de cette plante fraîche est désagréable, et ses semences sèches sont aromatiques, stomachiques et carminatives. On assure que le suc de ses feuilles, pris en boisson, est aussi vénéneux que la ciguë; qu'il affaiblit d'abord la mémoire, qu'il excite des vertiges, de grandes douleurs dans les entrailles, et qu'étant bu en grande quantité, il cause la mort.

**CCCLXVIII. CHÆROPHYLLUM.** *Cerfeuil.* (Ombellifères.) Voir page 50, genre CIX. Espèce 225.

755. *C. hirsutum*, L. — *C. hérissé.* — *Tweede soorte van wilde*

*kervel*. Tige de 3 à 6 décim., rameuse, plus ou moins hérissée, fistuleuse ; feuil. 2-3 pinnées, à nervures velues ; folioles larges, incisées, aiguës ; ombelle grande, à 12 ou 15 rayons, souvent garnie d'une foliole ; involucelle de 5 ou 7 folioles lancéolées, ciliées, presque égales aux pédicelles ; fr. striés, grêles et terminés par 2 styles droits, formant un angle aigu. v. Juin ; *commun dans les prairies à Hondeghem.*

Cette espèce, que j'ai confondue avec le *C. sylvestre*, L. (V. page 50), a, comme celui-ci, une odeur presque fétide, un goût âcre et un peu amer. On emploie ces deux plantes indifféremment et on s'en sert quelquefois pour arrêter les progrès de la gangrène. Elles sont souvent prises par les empiriques pour la véritable *ciguë*, dont elles ont un peu l'aspect, ce qui les a fait appeler par quelques auteurs *Cicutaria vulgaris*, variétés : A. et B.

755 bis. *C. odoratum*, Lam. — *C. odorant.* — *Welriekende kervel.* (Scandix, L.) Tige de 6 à 9 décim., épaisse, fistuleuse, velue, cannelée ; feuil. grandes, larges, molles, velues, 3-pinnées, souvent marquetées de blanc ; folioles pinnatifides, à lobes aigus ; ombel. de 10 à 15 rayons ; involucelle à folioles velues, plus longues que les pédicelles ; fr. cannelés, noirâtres, luisans. v. Été ; *cultivé dans les jardins.* (BB)

Cette plante, originaire des Alpes, a une odeur d'anis ; on peut s'en servir pour la cuisine à l'instar du cerfeuil ordinaire.

CCCLXIX. ANETHUM. *Aneth.* (Ombellifères). Cal. entier ; pétal. roulés ; fr. oblong, comprimé, strié ; invol. et involucelle O.

756. *A. fœniculum*, L. — *A. fenouil.* — *Venkel.* Tige de 12 à 18 décim., cylindrique, lisse, rameuse, verte ; feuil. décomposées ; folioles capillaires, longues ; ombelles amples et terminales ; fl. jaunes, fr. à peine comprimés. D. ou v. ; *près St.-Omer, dans les lieux secs et surtout dans les jardins où on le sème.* (Vand. M.)

Cette plante a une odeur douce et un goût agréable. On l'emploie dans les cuisines pour aromatiser les poissons. Ses fruits seminoïdes sont apéritifs, carminatifs, diurétiques, stomachiques et augmentent le lait des nourrices. On s'en sert comme cordial dans la médecine vétérinaire.

757. *A. graveolens*, L. — *A. odorant.* — *Dille of wind-zaed.* Ne diffère du précédent que par ses fruits comprimés. A. ; *dans les mêmes lieux.*

Outre les vertus carminatives de ses fr. seminoïdes, on attribue à cette plante la propriété d'adoucir le hoquet. (Chomel).

CCCLXX. ASTRANTIA. *Radiaire.* (Ombellifères). *Genre anomal.* Cal. à 5 dents ; pétal. 2-lobés, courbés ; fr. ovoïde, garni de côtes fongueuses, ridées transversalement ; fl. jaunes ou blanches.

758. *A. major*, L. — *R. à grandes feuilles.* — *Strael bloeme.*

(*Sanicle femelle.*) Tige de 3 à 9 décim., dressées, rameuses; feuil. pétiolées, palmées, à 5 lobes profonds, lancéolés, aigus, dentés, ciliés, d'un vert noirâtre; ombelles terminales de 3 à 5 rayons; invol. foliacé; ombellule de 30 à 40 rayons; fl. petites, un grand nombre sans vestige d'ov.; involucelle de 15 à 20 folioles lancéolées, aiguës, 3-nerves, roses ou blanchâtres. v. Juillet; *cultivé dans les parterres.*

CCCLXX bis. SISON. **Sison.** (Ombellifères). Cal. à bord peu apparent; pétal. presque ronds, à sommet très-large, obtus, fléchi en-dedans; fr. ovale, strié; invol. presque 4-phylle.

758 bis. *S. amomum*, L. — *S. amome.* — *Welriekende eppe.* Tige de 5 décim., grêle et droite; feuil. ailées, de 5 à 7 folioles ovales, lancéolées, pointues, finement dentées ou incisées; ombel. de 6 rayons et quelquefois de 4; fl. blanches. B. Juin; *assez abondant dans les taillis à Juquière, près St.-Omer.* (J. Cussac.)

## PENTANDRIE-TRIGYNIE.

5 ÉTAMINES. — 3 STYLES OU STIGMATES.

CCCLXXI. VIBURNUM. **Viorne.** (Caprifoliées). Voir page 52, genre CXV.

759. *V. Tinus*, L. — *V. Laurier-Tin.* — *Tin-boom.* Arbrisseau d'un à 2 m., rameux; feuil. opposées, pétiolées, ovales, pointues, persistantes, lisses; d'un vert foncé au-dessus, plus ou moins velues au-dessous; fl. blanches ou un peu rougeâtres, en forme d'ombelle. L. Mai; *originaire de la Provence.*

Quoique cultivé pour ses feuilles brillantes et persistantes, et surtout parce qu'il fleurit de bonne heure, cet arbrisseau est regardé comme vénéneux.

760. *V. Lantana*, L. — *V. cotonneuse.* — *Kleynen meel-boom.* Arbrisseau de 2 m., rameux; feuil. pétiolées, opposées, assez larges, ovales, denticulées, cotonneuses au-dessous; fl. blanches, terminales, en ombelle; baies verdâtres, noires à la maturité. L. Mai; *dans les bois.* (BB.)

CCCLXXII. STAPHYLEA. **Staphylier.** (Célastrinées). Cal. 5-fide; disque en godet; 5 pétal.; ov. à 2 ou 3 lobes; 2 ou 3 styles; 2 ou 3 caps. vésiculeuses soudées par leur moitié inférieure.

761. *S. pinnata*, L. — *S. ailé.* — *Blaes-note.* (*Nez coupé*). Arbrisseau de 3 m.; feuil. ailées de 5 ou 7 folioles, avec une impaire, ovales-oblongues, dentées et pointues; fl. blanches, disposées en grappes longues et pendantes; fr. de 2 caps. vésiculaires. L. Mai.

Originaire de l'Alsace, cet arbrisseau est *cultivé dans nos jardins.* (BB.)

CCCLXXIII. RHUS. *Sumac.* (Térébenthacées). Cal. 5-parti ; 5 pétal.; 3 styl. courts ; drupe 1-sperme.

762. *R. typhina*, L. — *S. amarante.* — *Smac-boom.* Arbre médiocre; rameaux couverts d'un duvet bai, très-serré; pétiol. non ailés, velus; feuil. de 8 à 10 paires de folioles ovales-lancéolées, dentées en scie, blanches et poilues en-dessous ; fl. écarlates, en thyrse compacte; fr. pourpres, hérissés. L.; *cultivé dans les jardins.* (FF.)

## CLASSE VI.

### HEXANDRIE-MONOGYNIE.

6 ÉTAMINES. — STYLE SIMPLE.

CCCLXXIV. TRADESCANTIA. *Éphémère.* (Joncées). Cal. 3-phylle ; 3 pétal.; filets à poils articulés; caps. à 3 loges.

763. *T. virginica*, L. — *E. de Virginie.* — **Ephemerine der bloemisten.** Tiges de 3 à 6 décim., nombreuses, rameuses, articulées, herbacées; feuil. lancéolées-linéaires ; fl. à 3 pétal. d'un beau bleu, réunies en ombelle terminale; pédonc. et cal. un peu velus. v. Mai-Octobre.

Plante rustique, très-jolie, dont plusieurs var. à fl. purpurines et blanches, de même qu'une autre à fleurs doubles, sont *cultivées dans nos jardins.*

CCCLXXIV bis. LUZULA. *Luzule.* (Joncées). Cal. à 6 divisions scarieuses ; 3 stigm.; caps. à 1 loge, à 3 valves, à 3 graines attachées au fond de la loge; feuil. planes, souvent poilues.

763 bis. *L. campestris*, DC. — *L. des champs.* — **Kleyne Luzula, soorte van biesen.** Tige d'un décim. et demi; feuil. un peu étalées; 3 ou 4 épis terminaux, presque globuleux, penchés, celui du milieu sessile ; cal. brun, aigu, plus long que la caps.; gr. rousses, ovoïdes. v. Mai ; *très-commun dans les bois.* (Lestib. Thém.)

763 ter. *L. maxima*, DC. — *L. à larges feuilles.* — **Groote Luzula.** Tige de 3 à 6 décim.; feuil. grandes, fermes; fl. d'un roux mêlé de blanc, en corymbe composé; pédonc. divergens, 3-4 fl.; cal. très-acéré, égal à la caps. v. Mai-Juin; *au Mont des Récollets.* (Huissen.)

CCCLXXV. LEUCOIUM. *Nivéole.* (Narcissées). Cal. campanulé, à 6 divisions égales, épaissies au sommet ; stigm. simple, aigu.

764. *L. vernum*, L. — *N. printanière.* — **Witte Tydeloosen met een bloeme.** (Perce-neige.) Hampe d'un à 3 décim., comprimée, fistu-

leuse; fl. unique, terminale, penchée, blanche, verte au sommet; spathe membraneuse en ses bords; style en massue; feuil. radicales, engaînantes, un peu canaliculées, obtuses. v. Février-Mars; *dans les bosquets.* (BB.)

765. *L. œstivum*, L. — *N. d'été.* — *Witte Tydeloosen met veele bloemen.* Hampe plus élevée que dans le précédent, multiflore, fleurissant en mai. v.; *dans les fossés près d'Hazebrouck.* (Vand. M.)

CCCLXXV bis. ALLIUM. *Ail.* (Liliacées). Voir page 55, N.° CXXIV, pour les caractères du genre.

765 bis. *A. moly*, L. — *A. doré.* — *Gouden-Look.* Hampe de 2 décim. et demi, presque cylindrique; feuil. 2 ou 3, lancéolées, aiguës, embrassant la base de la hampe; spathe membraneuse s'ouvrant en 2 valves aiguës; fl. grandes, pédicellées, jaunes, aiguës; ombelle très-ouverte. v. Mai; *cultivé dans les parterres.*

## CLASSE VIII.

### OCTANDRIE-MONOGYNIE.

8 ÉTAMINES. — 1 STYLE OU STIGMATE.

CCCLXXVI. TROPÆOLUM. *Capucine.* (Tropæolées). Cal. monophylle, à éperon; 5 pétal. inégaux; 3 baies sèches.

766. *T. majus*, L. — *C. à larges feuilles*, — *Indiaensche-kersse.* Tiges longues, grimpantes; feuil. orbiculaires un peu sinuées, peltées: angle qui répond à la nervure médiane mucroné; fl. grandes, orangées, pédonculées, axillaires. A. Été; *cultivé.* (BB.)

Cette plante, originaire du Pérou, a été introduite en 1684. Un fait remarquable, selon le rapport de Linné, c'est que les fleurs produisent une explosion électrique avant le crépuscule.

Chomel dit que la capucine jouit des mêmes vertus que le cresson, dont elle porte le nom indien, et qu'on peut s'en servir dans les mêmes cas.

CCCLXXVII. FUCHSIA. *Fuchsia.* (Onagraires). Ce genre exotique, dédié à Fuschs, botaniste allemand, renferme un grand nombre d'espèces élégantes, dont les fl. tubuleuses, pendantes, renflées à la gorge, ont ordinairement leurs divisions relevées en-dessus, ce qui leur donne la forme d'un chapeau chinois. — (Pour les espèces, voir le Bon Jardinier.)

# CLASSE X.

## DÉCANDRIE-DIGYNIE.

### 10 ÉTAMINES. — 2 STYLES.

CCCLXXVIII. SAPONARIA. *Saponaire.* (Caryophyllées). Cal. tubuleux, 5-denté, sans écailles à la base; 5 pétal.; onglets aussi longs que le cal.; caps. 1-loculaire.

767. *S. officinalis*, L. — *S. officinale.* — *Zeep-kruyd.* Tige de 3 à 6 décim., cylindrique, anguleuse au sommet, glabre, articulée, branchue; feuil. sessiles, ovales-lancéolées, rétrécies à la base, un peu connées, 3-nerves; fl. blanches ou rougeâtres, grandes, en panicule terminale, serrée; pédicelles très-courts, garnis d'une bractée. v. Été.

Cette plante, qui croit au bord des champs en France et en Belgique, est *cultivée dans nos jardins.* Elle est savonneuse et par conséquent employée contre les obstructions du bas ventre; elle est de plus un bon dépuratif contre les vices de la lymphe, contre les dartres et les autres maladies de la peau.

# CLASSE XII.

## ICOSANDRIE-PENTAGYNIE.

### 20 ÉTAMINES OU PLUS, INSÉRÉES SUR LE CALICE. — 5 STYLES OU PISTILS.

CCCLXXIX. SPIRÆA. *Spirée.* (Rosacées). Voir page 83, genre CLXXV. — Espèces exotiques ligneuses.

768. *S. Salicifolia*, L. — *S. à feuilles de saule.* — *Eersten Spiree-boom.* Arbrisseau de 9 décim.; rameaux grêles; écorce lisse, jaunâtre; feuil. glabres, éparses, lancéolées, obtuses, dentées en scie; fl. rosées, en grappes paniculées, serrées; bractées linéaires, pubescentes; pétal. arrondis. L. Originaire de la Tartarie; *cultivé dans les jardins.* (BB)

769. *S. Hypericifolia*, L. — *S. à feuilles de millepertuis.* — *Tweeden Spiree-boom.* Arbrisseau de 6 à 9 décim.; rameaux grêles, étalés; écorce d'un brun rougeâtre; feuil. obovales, sub-cunéiformes, glabres, entières; fl. blanches, en corymbes sessiles, latéraux. L.

Cette espèce ainsi que la suivante sont originaires du Canada. (BB.)

770. *S. Opulifolia*, L. — *S. à feuil. d'Obier.* — *Derden Spiree-boom.* Arbrisseau de 12 à 18 décim.; écorce brune, se détachant en lambeaux; feuil. lobées, crénelées ou doublement dentées, glabres,

un peu blanchâtres au-dessous ; pétioles assez longs; fl. blanches, assez petites, en corymbes terminaux; 3 ou 4 caps. un peu renflées, aiguës. L.; *cultivé*. (BB.)

770 bis. *S. Japonica*, L. — *S. Corète*. — *Vierden Spiree-boom*, *Kerria* of *Corchorus Japonicus*. Arbrisseau à tiges vertes, à feuil. ovales, aiguës, crénelées ; fl. jaunes, simples dans l'espèce, mais nombreuses, très-doubles dans la variété cultivée. L. Mars ; *dans les jardins*. (Bon Jardinier.)

## ICOSANDRIE-POLYGINIE.

20 ÉTAMINES OU PLUS, INSÉRÉES SUR LE CALICE. — PLUS DE 5 PISTILS.

CCCLXXX. ROSA. *Rosier*. (Rosacées). Voir page 84, genre CLXXVI.

771. *R. pimpinellœfolia*, L. — *R. pimprenelle*. — *Pimpernelle-roos*. Arbrisseau de 12 décim.; feuil. elliptiques, simplement dentées, glabres; aiguillons droits ; fl. blanches, un peu jaunâtres au fond; lobes du cal. entiers. L.; *dans les bois et surtout dans les jardins*.

NOTA. pour compléter ma description du *Rosa centifolia*, L., (V. page 84, N.° 370) j'ajoute qu'il existe un grand nombre de variétés de cette espèce, parmi lesquelles je rapporte ici celle dont la fl. connue sous le nom de *rose-œillet*, se fait remarquer par ses pétal. acuminés ou à 3 dents, et qui se rétrécissent à la base en un véritable onglet ; cette var. est beaucoup plus petite que l'espèce. — Indépendamment de ses vertus déjà indiquées, je rappelle que les pharmaciens et les parfumeurs récoltent les fleurs de cette variété pour en obtenir l'*Eau* et l'*Essence de Rose*.

Quant à l'espèce *Rosa gallica* (p. 85, N.° 373), ses fleurs sont connues en médecine sous le nom de *Roses de Provins*.

CCCLXXXI. RUBUS. *Ronce*. (Rosacées.) V. p. 85, genre CLXXVII.

772. *R. idœus*, L. — *R. framboisier*. — *Framboos-boom*. Tige de 9 à 12 décim., dressée, un peu blanchâtre, à aiguillons petits et peu piquants; feuil. inférieures, ailées, à 5 folioles ovales-oblongues, pointues, dentées, blanches au-dessous ; les supérieures ternées ; folioles latérales sessiles ; fl. blanches; pédonc. velus, peu rameux, terminaux; fr. (frambroise) rouge ou blanc, velu, d'une odeur très-suave. L.; *on le trouve quelquefois dans les bois*. (Lestib. Thém.)

773. *R. odoratus*, L. — *R. odorante*. — *Welriekende Braemen*. Tige de 12 à 18 décim., dressée, rameuse, inerme, chargée de poils nombreux, noirâtres, glanduleux et visqueux; feuil. pétiolées, grandes, palmées, à 5 lobes aigus, dentés inégalement, glabres; fl. en petits corymbes latéraux et terminaux; cal. glanduleux, à lobes terminés par une longue pointe ; pétal. roses, arrondis, très-ouverts; fr. globuleux, noirâtres, pubescens. L.

Cette espèce *cultivée* est originaire du Canada. (BB.)

## *CLASSE XIII.*

### POLYANDRIE-MONOGYNIE.

ÉTAM. PLUS DE 20 INSÉRÉES SUR LE RÉCEPTACLE.
1 STYLE OU STIGMATE.

CCCLXXXII. CAPPARIS. *Caprier.* (Capparidées). Cal. 4-phylle; 4 pétal; silique longuement stipitée; stigm. obtus.

774. *C. spinosa*, L. — *C. épineux.* — *Kapper-boom.* Arbrisseau à rameaux sarmenteux, longs de 6 décim., cylindriques, glabres; feuil. alternes, sub-orbiculaires, entières, mucronées, parfois rougeâtres; pétiol. garni à la base de 2 aguillons recourbés; fl. grandes, d'un blanc rougeâtre. L.

Cet arbrisseau cultivé est originaire de l'Asie; les boutons de ses fl. appelés *câpres*, ont la vertu d'exciter l'appétit, de faire cesser le scorbut et de tuer les vers. L'écorce de sa racine est apéritive et emménagogue.

HEXAGYNIE. — 6 STYLES OU STIGMATES.

CCCLXXXII bis. STRATIOTES. *Stratiote.* (Hydrocharidées.) Quoique placée dans la *polyandrie hexagynie*, cette plante est dioïque; son cal. est à 6 sépal., 3 intérieurs pétaloïdes, 3 extérieurs verdâtres; fl. mâles d'environ 12 étam. et plusieurs stériles; fl. femelles à 6 stigm. bifurqués; baie à 6 angles.

774 bis. *S. aloïdes*, L. — *S. Aloès-d'eau.* — *Krabben klauw of Water-Aloës.* (Herb. Dod. p. 933). Plante flottante; souche très-courte, stolonifère, à rac. longues, cylindriques, s'enfonçant dans la vase; feuil. nombreuses, en rosette, lancéolées, cassantes, bordées de dents épineuses; hampes 1-flores; fl. blanches. v. Juin; *très-abondant dans les fossés à Éperlecques et à Watten, près St.-Omer.* (J. Cussac).

## *CLASSE XIV.*

### DIDYNAMIE-GYMNOSPERMIE.

4 ÉTAM., DONT 2 LONGUES ET 2 PLUS COURTES. — FR. EN FORME
DE 4 SEM. NUES AU FOND DU CALICE.

CCCLXXXII ter. LAVANDULA. *Lavande.* (Labiées). Cal. ovoïde, à 2 lèvres; la supérieure entière; cor. à tube long; lèvre supérieure 2-lobée; l'inférieure à 3 lobes presque égaux.

774 ter. *L. spica*, L. — *L. spic.* — *Lavendel.* Tige de 6 décim.,

ligneuse; rameaux nombreux, dressés, nus au sommet; feuil. linéaires-lancéolées, entières et blanchâtres; fl. bleues, en épi terminal, interrompu; verticilles garnis de 2 bractées opposées, ovales, acuminées; cal. cotonneux, bleuâtre au sommet. L. Été; *généralement cultivé dans les jardins.* (Vand. M.)

Cette plante (surtout son calice), a une odeur aromatique et pénétrante; sa saveur est âcre, amère, cordiale, céphalique, emménagogue et antihystérique. On l'enferme sèche dans les armoires et les garde-robes, parce que son odeur chasse les mites et les teignes.

## *CLASSE XVII.*

### DIADELPHIE - DÉCANDRIE.

10 ÉTAMINES SOUDÉES EN 2 FAISCEAUX.

CCCLXXXIII. ULEX. *Ajonc.* (Légumineuses). Cal. à 2 folioles grandes, concaves; la supérieure sub-bidentée; l'inférieure sub-tridentée; cor. à peine saillante; légum. renflé, à peine saillant; étam. presque monadelphes.

775. *U. Europœus*, L. — *A. d'Europe.* — *Stekende Brem of tweede Duyvels bed strooï.* Tige de 9 à 18 décim., ligneuse, sillonnée, rameuse, diffuse, garnie d'épines nombreuses, axillaires, glabres, vertes, sillonnées, rameuses; feuil. très-petites, linéaires, velues, cuspidées; pédicelles assez courts, naissant au sommet des ramifications inférieures des épines, garnis à la base d'une petite bractée ovale, scarieuse, velue, et au sommet de 2 bractées opposées; cal. nerveux, velu; cor. jaune; carène un peu velue sur le dos, plus courte que les ailes; étendard échancré, plié en long; fr. égal. au calice, hérissé de poils roux. L. Mars-Avril-Mai; *dans les bois secs et dans les bruyères.* (Huissen.)

## *CLASSE XIX.*

### SYNGÉNÉSIE.

ÉTAMINES RÉUNIES PAR LES ANTHÈRES ET FORMANT UN TUBE CYLINDRIQUE.

#### POLYGAMIE ÉGALE.

TOUS LES FLEURONS OU DEMI-FLEURONS HERMAPHRODITES ET FERTILES.

CCCLXXXIV. HIERACIUM. *Épervière.* (Composées.) **Chicoracées.** V. page 131 pour les caractères du genre.

776. *H. pumilum*, L. — *E. de Jacquin.* — *Soorte van haviks-*

*kruyd.* Tige d'un décim., couchée-ascendante, rameuse, glabre; souvent rouge à la base; feuil. cendrées-livides, ovales, inégalement dentées à la base, à pétiole ailé-denté; pédonc. et invol. cotonneux; fl. d'un jaune pâle. v. Juillet-Août; *digue du Groot-Dyk, près le pont de Campagne.* (Huissen.)

### POLYGAMIE-SUPERFLUE.

FLEURONS DU CENTRE HERMAPHRODITES; CEUX DE LA CIRCONFÉRENCE FEMELLES.

CCCLXXXV. GNAPHALIUM. *Gnaphale.* (Composées.) *Corymbifères.* Voir page 139 pour les caractères du genre.

777. *G. dioicum*, L. — *G. dioïque.* — *Katte-poot, soorte van katoen-kruyd.* (*Pied de chat*). Tige d'un décim. environ, droite, simple, cotonneuse et à rejets rampans; feuil. blanches au-dessous, éparses, linéaires, aiguës; les radicales spatulées; fl. dioïques: les femelles portées sur une tige plus élevée; invol. oblong; écail. alongées, d'un rose très-pâle; les mâles à invol. globuleux; écail. arrondies, d'une couleur plus foncée. v.; *dans les bruyères.* (Huissen).

Cette plante passe pour un peu astringente, quoique ses fleurs soient incisives, béchiques et pectorales.

778. *G. margaritaceum*, L. — *G. perlée.* — *Perel-bloeme.* (*Immortelle de Virginie*). Tige de 3 à 9 décim., herbacée, dressée, cotonneuse, rameuse au sommet; feuil. linéaires-lancéolées, acuminées, cotonneuses et roulées au-dessous par les bords; fl. jaune-soufre; invol. argenté. v. Août-Septembre; *naturalisé dans les jardins.* (B. Jard.)

CCCLXXXVI. INULA. *Inule.* (Composées). *Corymbifères.* Voir page 141, pour les caractères du genre.

779. *I. Helenium*, L. — *I. Aunée.* — *Alants-wortel.* — *Enula campana*, D. Tige de 12 à 15 décim., grosse, dressée, cannelée, velue; feuil. ovales-oblongues, larges, amplexicaules, dentelées, aiguës, cotonneuses au-dessous; les radicales très-grandes, pétiolées, décurrentes sur le pétiole; fl. très-grandes, paniculées; écail. de l'invol. très-larges, foliacées, cotonneuses; les intérieures scarieuses. v. Été; *dans les marais et surtout dans les jardins.* (Thém. Lestib. et Vand. M:)

La racine de cette plante est amère, aromatique, tonique, anti-catarrhale, diurétique, stomachique, vermifuge et emménagogue. Parkinson en recommande la décoction pour les douleurs de la sciatique et même pour les mouvemens convulsifs: on l'ordonne pour la colique de Poitou, pour l'hydropisie, la cachexie et les autres maladies chroniques; à l'extérieur, elle a été employée contre la gale.

NOTA. L'aunée officinale est un excellent remède, dont l'usage s'est toujours soutenu avec succès.

## CLASSE XXI.

### MONOECIE-TRIANDRIE.

V. pages 151 et 152.

CCCLXXXVII. CAREX. *Laiche.* (Cypéracées.) V. p. 154, N.º CCCVI pour la description du genre.

780. *C. maxima*, Scop. — *L. élevée.* — *Aldergrootsten gas plant.* Tiges de 12 à 18 décim., triangulaires, recouvertes dans toute leur longueur de feuil. larges, fermes, rudes; épi mâle terminal, long, roussâtre; 5-6 épis femelles, longs d'un décim., grêles, pédonculés, sortant de la gaîne des feuil. florales, pendans à la maturité; écail. brunâtres avec une ligne verte. v. 20 mai 1850. *Trouvé à la forêt de Nieppe, par M. J. Cussac, botaniste distingué du département du Nord.*

781. *C. elongata*, L. — *L. alongée.* — *Volgende soorte.* Tiges de 3 à 6 décim., triangulaires, rudes sur les bords; feuil. planes, presque égales à la tige; 6 à 12 épiets oblongs, sessiles, peu écartés, d'un roux pâle, garnis de bractées ovales-aiguës; urcéoles (capsules) pâles, divergens, 2 fois plus longs que les écail., amincis et denticulés au sommet. v. *Trouvé à la même dâte, dans les mêmes lieux, par le même botaniste.*

### PLANTE INDIGÈNE OMISE.

CCCLXXXVIII. MELICA. *Mélique.* (Graminées). Genre de la *triandrie digynie.* V. p. 19.

782. *M. uniflora*, Retzius. — *M. uniflore.* — *Melike met een bloeme*, Chaume de 2-3 décim., droit, grêle; gaîne des feuil. presque quadrangulaire, terminée d'un côté par un appendice membraneux, aigu, presque triangulaire, opposé à la feuille; de l'autre par un limbe plane, alongé, étalé; panic. lâche, peu fournie de fleurs; celles-ci sont portées sur des pédicelles filiformes, droits ou un peu penchés; bâles glabres, grandes, rougeâtres, renfermant une seule fleur hermaphrodite outre le rudiment de fl. stérile qui se trouve dans toutes les Méliques. v.

NOTA. Cette espèce, dont la présence n'avait point été constatée dans le pays avant le 14 juin 1850, vient d'être découverte par M. J. Cussac *au Mont des Récollets, près Cassel, où cette plante paraît assez commune.*

## Additions et corrections.

Page 10, ligne 6, Troëne commun.—*Ryn-wilge, mondhout* of *keel-kruyd.*
- 13, — 30 et 36, Groote wilde en kleyne Valeriaene.—*Speerkruyd.*
- 15, — 19, Groot-Water-Riet. — *Water biesen* of *vyver-biesen.*
- 28, — 12, Galiet. — *Galium* of *Walstrooi.*
- 30, — 17, Cuscute d'Europe. — *Vilt-kruyd* of *Duyvels naey-gaeren.*
- 30, — 14, Avant CUSCUTA mettez LIII.
- 49, — 31, *Tonnezaed*, ajoutez *of water-kervel.*
- 67, — 25, Bocwiet. — *Boekweit.*
- 69, — 14, Gainier. — *Arbre de Judée.* — *Judas-boom.*
- 87, — 21, Chélidoine majeure. — *Groote gouwe, stinkende gouwe* of *groot Schelle-kruyd. (Grande éclaire.)*
- 93, — 41, Ficaire fausse-renoncule. — *Kleyne gouwe.* — *Kleyn speen-kruyd* of *kleyn schelle-kruyd. (Petite éclaire.)*
- 106, — 6, Schrophulaire noueuse. — *Groot speen-kruyd* of *klier-kruyd.*
- 171, — 11, Mettez avant anthères pédicellées : 2 *étamines.*
- 179, — 14, Après *filaria*, mettez *(Jasminées.)*
- 182, — 3, Avant le genre *Poa*, mettez *Digynie.* — 2 *styles.*
- 184, — 28, Ovoïdes, ajoutez *ou cordiformes.*

### ERRATA.

Page 8, ligne 13, paranthèses, *lisez* parenthèses.
- 9, — 26, autumnale, *lisez* autumnalis.
- — — — autumnale, *lisez* automnale.
- 14, — 28, uniformes, *lisez* ensiformes.
- 36, — 18, convolvolus, *lisez* convolvulus.
- 43, — 4, leur anth., *lisez* leurs anth.
- 48, — 30, spondilium, *lisez* spondylium.
- 50, — 24, chœrophyllum, *lisez* chærophyllum.
- 75, — 29, pentendra, *lisez* pentandra.
- 77, — 17, foliacés ovales, *lisez* folioles ovales.
- — — 18, par appendices, *lisez* par des appendices.
- 91, — 13, sépal, *lisez* pétal.
- 117, — 7, passerage, *lisez* passe-rose.
- 127, — 23, visiculeuses, *lisez* vésiculeuses.
- 141, — 17, dyssenterica, *lisez* dysenterica.
- — — — connizière, *lisez* conyzière.

# TABLE ALPHABÉTIQUE
### des noms latins des genres.

## A.

| | | | | | |
|---|---|---|---|---|---|
| Abies (V. *Pinus*) | page 161 | *calis*). | page 47 | Brassica. | page 113 |
| Acanthus. | 106 | Antirrhinum. | 105 | Briza. | 20 |
| Acer. | 64 | Apium. | 52 | Bromus. | 21 |
| Achillea. | 142 | Aquilegia. | 90 | Brunella. | 102 |
| Aconitum. | 90 | Arabis. | 112 | Bryonia. | 163 |
| Acorus. | 58 | Arctium. | 134 | Bryum. | 175 |
| Adonis. | 92 | Arenaria. | 72 | Bunium. | 47 |
| Adoxa. | 68 | Artemisia. | 138 | Buplevrum. | 46 |
| Æsculus. | 63 | Arum. | 150 | Butomus. | 68 |
| Æthusa. | 50 | Arundo. | 23 | Buxus. | 157 |
| Agaricus. | 177 | Asarum. | 76 | Byssus. (V. *anabaina*.) | 177 |
| Agrimonia. | 77 | Asparagus. | 60 | | |
| Agrostis. | 18 | Asperula. | 27 | **C.** | |
| Aira. | 18 | Asplenium. | 174 | | |
| Ajuga. | 95 | Aster. | 145 | Calendula. | 146 |
| Alcea. | 116 | Astrantia. | 187 | Callitriche. | 9 |
| Alchemilla. | 30 | Atriplex. | 44 | Caltha. | 94 |
| Alisma. | 63 | Atriplicées. (Famille à laquelle plusieurs auteurs ont donné pour type le Chenopodium. | | Campanula. | 36-184 |
| Allium. | 55-190 | | | Cannabis. | 166 |
| Alopecurus. | 17 | | | Capparis. | 193 |
| Althæa. | 116 | | | Cardamine. | 110 |
| Amaranthus. | 158 | | | Carduus. | 135 |
| Amygdalus. | 80 | Atropa. | 39 | Carex | 154-196 |
| Anabaina. | 177 | Avena. | 22 | Carlina. | 136 |
| Anagallis. | 36 | | | Carpinus. | 160 |
| Anchusa. | 32 | **B.** | | Caucalis. | 47 |
| Androsæmum. | 129 | Ballota. | 100 | Centaurea. | 145 |
| Anemone. | 91 | Bellis. | 142 | Centranthus. | 180 |
| Anethum. | 187 | Berberis. | 60 | Cerastium. | 74 |
| Angelica. | 186 | Beta. | 45 | Cercis. | 69 |
| Anthemis. | 143 | Betonica. | 99 | Chara. | 151 |
| Anthericum. | 58 | Betula. | 156 | Chærophyllum. | 50-186 |
| Anthophysis. | 177 | Bidens. | 137 | Cheiranthus. | 112 |
| Anthoxantum. (*Anthoxanthum*.) | 13 | Blechnum. (V. *Osmunda*, L.) | 173 | Chelidonium. | 87 |
| | | | | Chenopodium. | 43 |
| Anthriscus (V. *cau-* | | Borrago. | 33-182 | Chironia. | 40 |

## C.

| | |
|---|---|
| Chrysanthemum. p. | 142 |
| Chrysosplenium. | 70 |
| Cichorium. | 134 |
| Cicuta (V. Conium). | 47 |
| Circæa. | 10 |
| Circium. | 136 |
| Citrus. | 127 |
| Clematis. | 91 |
| Clinopodium. | 100 |
| Cochlearia. | 108 |
| Colchicum. | 62 |
| Colutea. | 124 |
| Conium. | 47 |
| Convallaria. | 60 |
| Convolvulus. | 36 |
| Coriandrum. | 186 |
| Cornus. | 29 |
| Coronilla. | 123 |
| Corylus. | 160 |
| Crassula. | 55 |
| Cratægus. | 82 |
| Crepis. | 132 |
| Crocus. | 14-181 |
| Cucumis. | 162 |
| Cucurbita. | 163 |
| Cupressus. | 162 |
| Cuscuta. | 30 |
| Cyclamen. | 183 |
| Cynara. | 136 |
| Cynoglossum. | 32 |
| Cynosurus. | 20 |
| Cyperus. | 15 |
| Cytisus. | 124 |

## D.

| | |
|---|---|
| Dactylis. | 20 |
| Dahlia. | 141 |
| Daphne. | 66 |
| Datura. | 38 |
| Daucus. | 47 |
| Delphinium. (Éperon de Chevalier. | 89 |
| Dianthus. | 70 |
| Dictamnus. | 69 |
| Dipsacus. | 26 |
| Digitalis. page | 105 |
| Doronicum. | 141 |
| Draba. | 107 |
| Drosera. | 54 |

## E.

| | |
|---|---|
| Echinops. | 147 |
| Echium. | 182 |
| Epilobium. | 65 |
| Epipactis (V. ophrys) | 150 |
| Equisetum. | 171 |
| Erica. | 65 |
| Erigeron. | 144 |
| Eriophorum. | 15 |
| Erodium. | 115 |
| Ervum. | 123 |
| Eryngium. | 46 |
| Erysimum. | 111 |
| Erythræa (V. Chironia). | 41 |
| Eupatorium. | 137 |
| Euphorbia. | 78 |
| Euphrasia. | 103 |
| Evonymus. | 41 |

## F.

| | |
|---|---|
| Faba. | 120 |
| Fagus. | 160 |
| Festuca. | 20 |
| Ficaria. | 93 |
| Ficus. | 152 |
| Fragaria. | 85 |
| Fraxinus. | 171 |
| Fritillaria. | 57 |
| Fuchsia. | 190 |
| Fumaria. | 117 |

## G.

| | |
|---|---|
| Galanthus. | 55 |
| Galeobdolon. | 99 |
| Galeopsis. | 98 |
| Galium. | 28 |
| Genista. | 118 |
| Gentiana. | 45 |
| Geranium. | 115 |
| Geum. | 86 |
| Gladiolus. page | 181 |
| Glecoma. | 98 |
| Globularia. | 26 |
| Glyceria. | 21 |
| Gnaphalium. | 139-195 |
| Gratiola. | 12 |

## H.

| | |
|---|---|
| Hedera. | 42 |
| Hedysarum. | 124 |
| Helianthus. | 145 |
| Heliotropium. | 182 |
| Helleborus. | 94 |
| Helminthia. | 133 |
| Hepatica. | 91 |
| Heracleum. | 48 |
| Herniaria. | 45 |
| Hesperis. | 112 |
| Hieracium. | 131 |
| Hippuris. | 9-172 |
| Holcus. | 23 |
| Hordeum. | 24 |
| Hottonia. | 35 |
| Humulus. | 167 |
| Hyacinthus. | 58 |
| Hydrocotyle. | 46 |
| Hydrocharis. | 169 |
| Hyoseris. | 132 |
| Hyoscyamus. | 39 |
| Hypericum. | 128 |
| Hypochœris. | 133 |
| Hypnum. | 176 |
| Hyssopus. | 96 |

## I.

| | |
|---|---|
| Iberis. | 108 |
| Ilex. | 30 |
| Impatiens. | 185 |
| Imperatoria. | 51-186 |
| Inula. | 141-195 |
| Iris. | 14-180 |
| Isatis. | 109 |

## J.

| | |
|---|---|
| Jasminum. | 179 |
| Juglans. | 160 |
| Juncus. | 58 |
| Juniperus. | 170 |

## TABLE ALPHABÉTIQUE

### K.
..................

### L.
| | |
|---|---|
| Lactuca. | 130 |
| Lamium. | 98 |
| Lampsana. | 133 |
| Larix. (V. Pinus.) | 161 |
| Lathyrus. | 120 |
| Lavandula. | 193 |
| Laurus. | 68 |
| Lemna. | 151 |
| Leontodon. | 131 |
| Leucoium. | 189 |
| Ligustrum. | 10 |
| Lilac. | 10-178 |
| Lilium. | 58 |
| Linaria. | 104 |
| Linum. | 53 |
| Lithospermum. | 32 |
| Lolium. | 23 |
| Lonicera. | 37 |
| Lotus. | 126 |
| Lunaria. | 109 |
| Lupinus. | 119 |
| Luzula. | 189 |
| Lychnis. | 73 |
| Lycium. | 185 |
| Lycopodium. | 175 |
| Lycopsis. | 34 |
| Lycopus. | 13 |
| Lysimachia. | 35 |
| Lythrum. | 77 |

### M.
| | |
|---|---|
| Maïs. (V. Zea) | 153 |
| Malus. (V. Pyrus.) | 83 |
| Malva. | 116 |
| Marchantia. | 176 |
| Marrubium. | 100 |
| Matricaria. | 143 |
| Medicago. | 126 |
| Melampyrum. | 103 |
| Melica. | 19-196 |
| Melilotus. | 126 |
| Melissa. | 101 |
| Mentha. page | 97 |
| Menyanthes. | 34 |
| Mercurialis. | 168 |
| Mespilus. | 82 |
| Mimulus. | 106 |
| Montia. | 25 |
| Morus. | 158 |
| Muscari. | 58 |
| Myagrum. | 107 |
| Myosotis. | 32 |
| Myosurus. | 55 |
| Myrica. | 166 |
| Myriophyllum. | 158 |
| Myrtus. | 79 |

### N.
| | |
|---|---|
| Naïas. | 164 |
| Narcissus. | 55 |
| Nardus. | 16 |
| Neottia (V. Ophrys). | 149 |
| Nepeta. | 96 |
| Nerium. | 185 |
| Nicotiana. | 39 |
| Nigella. (N. Damascena.) | 90 |
| Nymphæa. | 88 |

### O.
| | |
|---|---|
| Œnanthe. | 49 |
| Œnothera. | 64 |
| Onobrychis. | 124 |
| Ononis. | 119 |
| Ophioglossum. | 172 |
| Ophrys. | 149 |
| Orchis. | 148 |
| Origanum. | 100 |
| Ornithogalum. | 57 |
| Orobanche. | 106 |
| Osmunda. | 173 |
| Oxalis. | 73 |

### P.
| | |
|---|---|
| Pæonia. | 89 |
| Panicum. | 16 |
| Papaver. | 87 |
| Parietaria. page | 170 |
| Paris. | 67 |
| Parnassia. | 53 |
| Pastinaca. | 51 |
| Pedicularis. | 103 |
| Pelargonium. | 115 |
| Persica. (V. amygdalys.) | 80 |
| Peucedanum. | 51 |
| Phalaris. | 16 |
| Phaseolus. | 119 |
| Phleum. | 18 |
| Philadelphus. | 80 |
| Phillyrea | 179 |
| Phlox. | 183 |
| Physalis. | 185 |
| Physcia. | 177 |
| Phyteuma. | 37 |
| Phytolacca. | 76 |
| Pimpinella. | 51 |
| Pinus. | 161 |
| Pisum. | 121 |
| Plantago. | 29 |
| Platanthera. (V. Orchis bifolia.) | 148 |
| Poa. | 19-182 |
| Polemonium. | 184 |
| Polygala. | 117 |
| Polygonum. | 66 |
| Polypodium. | 174 |
| Polysticum. | 174 |
| Populus. | 168 |
| Portulaca. | 76 |
| Potamogeton. | 30 |
| Potentilla. | 85 |
| Poterium. | 159 |
| Primula. | 34 |
| Prunus. | 81 |
| Pteris. | 173 |
| Pulmonaria. | 33 |
| Punica. | 80 |
| Pyrus. | 83 |

### Q.
| | |
|---|---|
| Quercus. | 159 |

## R.

| | |
|---|---|
| Radiola. | Page 54 |
| Ranunculus. | 92 |
| Reseda. | 77 |
| Rhamnus. | 41 |
| Rhaphanus. | 114 |
| Rhinanthus. | 102 |
| Rhus. | 189 |
| Ribes. | 41 |
| Ricinus. | 162 |
| Robinia. | 123 |
| Rosa. | 84-192 |
| Rosmarinus. | 179 |
| Rossolis. (V. Drosera.) | 54 |
| Rubus. | 85-192 |
| Rumex. | 61 |
| Ruscus. | 169 |
| Ruta. | 69 |

## S.

| | |
|---|---|
| Sagina. | 31 |
| Sagittaria. | 159 |
| Salix. | 164 |
| Salvia. | 12-179 |
| Sambucus. | 53 |
| Samolus. | 37 |
| Sanguisorba. | 29 |
| Sanicula. | 46 |
| Santolina. | 137 |
| Saponaria. | 191 |
| Satureia. | 96 |
| Satyrium. | 149 |
| Saxifraga. | 70 |
| Scabiosa. | 26 |
| Scandix. | 50-187 |
| Scleranthus. | 70 |
| Schœnus. | |
| Scilla. (V. Hyacinthus.) | 58 |
| Scirpus. | 15-181 |
| Scolopendrium. | 173 |
| Scorodonia. (V. Teucrium.) | 95 |
| Scorzonera. | 129 |
| Scrophularia. | 106 |
| Scutellaria. | 102 |
| Secale. | 24 |
| Sedum. | 72 |
| Selinum. | 48 |
| Sempervivum. | 79 |
| Senecio. | 140 |
| Serapias. | 150 |
| Serratula. | 134 |
| Silene. | 71 |
| Silphium. | 147 |
| Sinapis. | 113 |
| Sison. | 188 |
| Sisymbrium. | 110 |
| Sium. | 48 |
| Solanum. | 40 |
| Solidago. | 140 |
| Sonchus. | 130 |
| Sorbus. | 82 |
| Sparganium. | 153 |
| Spartium. | 118 |
| Spergula. | 75 |
| Spinacia. | 166 |
| Spiræa. | 83-191 |
| Stachys. | 99 |
| Staphylea. | 188 |
| Statice. | 54 |
| Stellaria. | 71 |
| Stratiotes. | 193 |
| Symphitum. (Symphytum.) | 33 |
| Symphoricarpos. | 184 |
| Syringa. | 10-80-178 |

## T.

| | |
|---|---|
| Tagetes. | 142 |
| Tamus. | 167 |
| Tanacetum. | 138 |
| Taxus. | 169 |
| Teucrium. | 95 |
| Thalictrum. | 91 |
| Thlaspi. | 107 |
| Thuya. | 161 |
| Thymus. | 101 |
| Tilia. | 89 |
| Tormentilla. | 86 |
| Tradescantia. | 189 |
| Tragopogon. | 129 |
| Trifolium. | 125 |
| Triticum. | 25 |
| Tropæolum. | 190 |
| Tulipa. | 57 |
| Tussilago. | 139 |
| Typha. | 153 |

## U.

| | |
|---|---|
| Ulex. | 194 |
| Ulmus. | 45 |
| Urtica. | 157 |
| Utricularia. | 12 |

## V.

| | |
|---|---|
| Vaccinium. | 64 |
| Valeriana. | 13 |
| Valerianella. | 14 |
| Verbascum. | 38 |
| Verbena. | 12 |
| Veronica. | 10-178 |
| Viburnum. | 52-188 |
| Vicia. | 122 |
| Villarsia. (V. Menyanthes, L.) | 34 |
| Vinca. | 42-183 |
| Viola. | 42 |
| Viscum. | 165 |
| Vitis. | 42 |

## Z.

| | |
|---|---|
| Zea (Maïs). | 153 |

FIN DE LA TABLE.

# AVIS.

Le lecteur est prié de vouloir bien faire à la main les corrections suivantes :

Page 4, ligne 38, spicies, *mettez* species.
    12, — 25, à 5 loges, *mettez* à 5 lobes.
    14, — 26, psendo, *mettez* pseudo.
    21, — 3, intérieure, *mettez* inférieure.
    36, — 13, assez rares, *mettez* assez rare.
    38, — 13, de buissons, *mettez* des buissons.
    47, — 9, tortylium, *mettez* Tordylium.
    49, — 1, lalifolium, *mettez* latifolium.
    — — 5, augustifolium, *mettez* angustifolium.
    62, — 36, nachte, *mettez* naekte.
    139, — 40, armoise, *mettez* armoise.
    140, — 1, petasiles, *mettez* petasites.
    176, — 33, le marchantie, *mettez* le marchantia.

NOTA. — *Le même avis est applicable à la ponctuation dont une partie rend ce soin tout-à-fait indispensable.*

H. VANDAMME.

HAZEBROUCK. — IMPRIMERIE DE L. GUERMONPREZ.

# APPENDICE.

# FLORE

## DE L'ARRONDISSEMENT D'HAZEBROUCK

ou

### Description des Plantes du Nord de la France.

Ouvrage élémentaire, méthodique et médical, disposé selon le système de Linné, avec la concordance des familles naturelles de Jussieu;

### Par *VANDAMME (Henri)*,

**Pharmacien à Hazebrouck.**

*ex rerum cognitione*
*nascitur ordo.*

### PARIS.

J.-B. Baillière, libraire de l'Académie impériale de Médecine, rue Haute-Feuille, 19.

Labé, libraire de la Faculté de Médecine, Place de l'École de Médecine, 23, (ancien N° 4).

### HAZEBROUCK.

L'Auteur, Grand'Place, N° 9.

1854.

*L'Éditeur regardera comme contrefaits tous les exemplaires qui ne seront pas revêtus de la signature de l'auteur.*

*B. Vandamme*

Imp. de L. VAN ELSLANDT, rue de Dunkerque, à Saint-Omer.

# PRÉFACE.

L'appendice que nous offrons aujourd'hui aux amis de la science est le complément nécessaire de la FLORE DE 1850.

Quelques-uns de nos lecteurs ayant paru regretter de ne voir dans la précédente publication ni Table des Noms français, ni développemens suffisans dans les notions préliminaires pour l'intelligence de nos descriptions, nous avons cru qu'il était indispensable de joindre à ce travail non seulement une Table française, mais un Vocabulaire explicatif des termes techniques, afin de mettre notre œuvre à la portée de tous.

Cet appendice renferme avec les nouvelles découvertes faites jusqu'à ce jour dans le Nord de la France, l'*indication exacte des lieux* où croissent les plantes dont la description a été faite dans la Flore de 1850, et qui laissait à désirer sous ce rapport.

Ces découvertes, comme on le verra à chacun de leurs articles, sont dues à divers Botanistes, dont le *nom en abrégé* accompagne souvent même les plantes les moins rares.

Dans la première Préface (page 5), nous nous étions proposé de ne point dépasser les limites de l'arrondissement d'Hazebrouck, centre de la Flore; mais les conseils de plusieurs amis nous ont porté à nous étendre sur les environs, en sorte qu'une partie de la Belgique, les arrondissemens de Lille, de Douai, de Cambrai, d'Avesnes, de Valenciennes et de Dunkerque (Nord), ceux de St-Omer, de Boulogne, de Montreuil, de Béthune et de St-Pol (Pas-de-Calais), ont été réunis dans l'étendue de notre cadre.

Quelques mots, sur les hommes les plus illustres de la science, ont également paru convenir dans cette Préface, nous voulons parler de MM. DE TOURNEFORT, DE JUSSIEU, et DE LINNÉ.

TOURNEFORT, né à Aix, département des Bouches-du-Rhône, l'an 1656, professeur de Botanique au Jardin du Roi en 1690, *auteur de plusieurs Mémoires intéressans*, d'un ouvrage ayant pour titre : *Institutiones rei herbariæ*, ou Élémens de Botanique, d'un autre ouvrage intitulé *Histoire des Plantes des environs de Paris*, ainsi que d'une *Méthode* ou *Système* fondé sur les différentes formes de la Corolle. Ce célèbre botaniste mourut en 1708, victime d'un accident qui lui arriva en sortant d'une des séances de l'Académie.

JUSSIEU (Antoine-Laurent de) naquit à Lyon en 1748. Héritier des talens et des vertus de ses oncles (*Antoine, Bernard* et *Joseph*), il s'adonna comme eux dans sa jeunesse, à l'étude de la médecine et de la botanique, et se distingua également dans cette double carrière.

Il fut choisi en 1770 pour professer la botanique au Jardin des Plantes à Paris, et l'Académie l'adopta en 1779.

Cet illustre savant a publié en 1789 un ouvrage sous le titre de *Genera plantarum*, dans lequel il trace non seulement les affinités de tous les végétaux connus, mais où il développe encore dans toute leur étendue les principes qui l'ont guidé, soit dans ses recherches, soit dans les rapprochemens qu'il a jugé conformes à la marche de la nature. C'est à cet immortel ouvrage que nous renvoyons le lecteur pour l'étude de la méthode naturelle.

LINNÉ (Charles), né en 1707, dans la province de Smolande en Suède, mort en 1778, célèbre médecin-naturaliste, professeur de Botanique à l'Université d'Upsal, *auteur du Système sexuel des Végétaux*, avait reçu de la nature le talent nécessaire pour la réforme dont la botanique avait besoin. Ce fut en 1737 qu'après s'être fait connaître par plusieurs ouvrages, et après avoir démontré par une foule d'expériences, que les étamines et les pistils étaient les organes sexuels des plantes, il se servit des caractères que ces organes peuvent fournir, comme d'une base solide, pour élever un système ingénieux dans lequel tous les végétaux viennent pour ainsi dire se placer d'eux-mêmes. Les fonctions des étamines et des pistils bien connues fourniront au célèbre professeur d'Upsal des caractères de plus grande valeur qu'il préféra dans l'établissement de ses genres. Il rejeta les genres secondaires de Tournefort, et travailla de nouveau ceux du premier ordre; ajoutant aux uns et aux autres les caractères tirés des étamines, du pistil, de même que ceux du calice, de la corolle et du fruit, lorsqu'ils avaient été négligés, ayant toujours égard au nombre, à la forme, à la proportion et à la situation de ces organes. Alors parut cette belle suite de genres ou nouveaux ou retouchés, travaillés d'après un plan uniforme, qui assurent à leur auteur l'estime et la reconnaissance des races futures, et qui seront à jamais un fondement solide sur lequel reposera sûrement la science des végétaux.

Afin de rapprocher ce système de la Méthode naturelle de Jussieu, nous avons établi une concordance entre les deux Méthodes en plaçant en tête de nos descriptions le *nom de la famille naturelle* à laquelle appartient chaque genre près duquel nous l'avons fait figurer entre parenthèses.

Le lecteur trouvera dans la première Préface (page 6) l'exposition de cette Méthode combinée qui nous a servi de guide dans l'ouvrage que nous avons entrepris.

L'appendice devant faire partie du volume de la Flore de 1850, nous avons continué la même pagination dans ce travail qui se termine par la *Table des Noms français* contenus dans l'ouvrage entier.

Hazebrouck, le 1er Août 1853.

**H. VANDAMME.**

# VOCABULAIRE

## EXPLICATIF DES TERMES TECHNIQUES.

### A.

*Accrescent*, partie du végétal qui persiste et prend de l'accroissement, lorsque les parties voisines ont cessé de croître.

*Acéré*, étroit, dur, en pointe aiguë.

*Acotylédons (agames ou cryptogames)*, plantes dépourvues d'embryon.

*Acuminé*, se terminant insensiblement en pointe effilée.

*Aigrette*, esp. de brosse qui surmonte les gr. des fl. composées.

*Aiguillons*, V. p. VIII. (1)

*Ailes*, parties latérales d'une corolle papillonacée. Parties membraneuses de quelques fruits.

*Amande*, V. p. VIII.

*Amplexicaule*, dont la base élargie embrasse la tige.

*Anthère*, V. p. VI.

*Anthose*, syn. de *floraison*.

*Appendice*, partie accessoire.

*Appendiculé*, garni d'appendices.

*Apprimé*, serré contre le support, c'est l'opposé d'étalé.

*Arbre*, plante ligneuse et durable, n'ayant qu'un seul et principal tronc qui s'élève et dont les ramifications sont garnies de bourgeons.

*Arbrisseau*, petit arbre, dont la tige ramifiée à la base, est garnie de bourgeons, comme le groseillier, le rosier, l'aubépine.

*Arbuste* ou *sous arbrisseau*, plante ligneuse, plus petite que l'arbrisseau et qui ne produit des bourgeons qu'au renouvellement de la sève. Exemple, la bruyère.

*Arête*, filet plus ou moins roide terminant une partie quelconque.

*Aristé*, pourvu d'une pointe fine.

*Ascendant*, courbé horizontalement et se relevant ensuite au sommet.

*Atténué*, diminuant de largeur ou d'épaisseur de la base au sommet ou du sommet à la base.

*Axillaire*, placé à l'aisselle ou angle d'insertion des rameaux ou des feuilles.

### B

*Baie*, petit fruit mou, succulent, charnu, d'une forme ordinairement arrondie ou ovale, renfermant une ou plusieurs semences au milieu d'une pulpe.

*Bâle*, enveloppe florale des graminées.

*Barbe*, poil droit.

*Barbu*, couvert de poils droits.

*Bifide*, divisé en deux branches ou en deux lobes.

*Bifurqué*, en forme de fourche à deux dents.

*Bisannuel*, qui vit deux ans.

---

(1) Les organes marqués d'un renvoi indiquent en chiffres romains le N° de la page ont été décrits dans les Notions préliminaires.

*Bivalve*, à deux valves.

*Bourgeon, bouton, œil*, (syn.) l'*œil* est un petit stylet verdâtre et pointu qu'on aperçoit aux aisselles des feuilles, et qui n'est pour ainsi dire, que le germe du *bouton*. Le *bouton* (gemma) est le même germe grossi, et dont la forme plus ou moins ovale ou ronde, annonce s'il ne contient que des feuilles et du bois, ou s'il renferme les rudimens précieux des fleurs et des fruits. Le *bourgeon* est le bouton même épanoui et développé. Le printemps voit naître l'*œil*; l'*œil* devient *bouton* vers le solstice; il se nourrit pendant l'automne; il est *bourgeon* au printemps suivant.

*Bractées*, V. p. VIII.
*Bulbe*, V. *oignon*.

### C.

*Caduc*, tombant avant que les organes voisins aient achevé leur végétation.
*Calice*, V. p. VII.
*Campanulé*, dilaté en forme de cloche.
*Canaliculé*, creusé en gouttière par un sillon longitudinal.
*Cannelé*, relevé d'angles saillans, séparés par des sillons peu profonds et parallèles.
*Capillaire*, fin et délié comme un cheveu.
*Capsule*, V. p. VII.
*Carène*, partie inférieure d'une corolle papillonacée, provenant de la soudure de deux pétales.
*Caréné*, creusé d'un côté et saillant de l'autre, comme la carène d'un vaisseau.
*Casque*, partie supérieure de la fleur des orchidées et de quelques autres fleurs irrégulières.
*Caulinaire*, qui tient à la tige.
*Cellule*, espace de la capsule où sont logées les semences.
*Chaume*, tige noueuse des graminées.
*Chicoracées*, plante herbacées et lactescentes, formant le troisième ordre de la grande famille des composées ou synanthérées.
*Cilié*, bordé de cils ou poils parallèles.
*Cils*, poils droits disposés en série au bord d'une partie quelconque.
*Collet*, partie intermédiaire entre la racine et la tige.
*Composées* ou *Synanthérées*, grande famille de plantes, dont les fleurs sont formées par la réunion de petites fleurs particulières *(fleurons)*, disposées sur le même réceptacle, et enveloppées par un calice commun *(involucre)*, formé lui-même d'une ou de plusieurs écailles; ces fleurs ayant en outre une corolle monopétale insérée sur l'ovaire, et les étamines réunies par leurs anthères.
*Cône* ou *Strobile*, V. p. VII.
*Connées* (feuilles), opposées et tout-à-fait soudées par la base. Ex. le chèvre-feuille des jardins.
*Cordiforme*, ayant la base élargie et échancrée en forme de cœur.
*Corolle*, V. p. VI.
*Corymbe*, disposition des fleurs dont les pédoncules qui les portent partent de différens points de la tige et s'élèvent tous à la même hauteur.
*Corymbifères*, plantes dont les tiges et les rameaux portent des

fleurs en corymbes très ouverts, quelquefois très rapprochés. Elles forment l'ordre premier de la famille des composées.

*Cotylédons*, premières feuil. du végétal qui alimentent l'embryon.

*Couchée* (tige), étendue sur la terre sans s'enraciner.

*Cryptogames*, plantes dont les organes sexuels sont cachés, douteux ou invisibles.

*Cunéiforme*, sommet obtus et élargi, base amincie et rétrécie en forme de coin à fendre le bois.

*Cupule*, petit godet qui, dans certaines plantes porte les organes de la fructification. — Espèce de godet qui porte le gland du chêne.

*Cynarocéphales* ou *Carduacées* (tête d'artichaut), famil. de plantes qui forme le second ordre des dicotylédones monopétales, et se range entre les chicoracées et les corymbifères.

### D.

*Décurrentes* (feuilles), sessiles dont la lame se prolonge inférieurement le long de la tige.

*Déhiscent*, se dit des fruits qui s'ouvrent naturellement.

*Dichotome*, divisé en bifurcations, qui elles mêmes sont bifurquées de nouveau.

*Dicotylédons*, végétaux à deux cotylédons.

*Digité*, à divisions étalées comme les doigts de la main.

*Disque*, petit plateau qui couronne un ovaire infère, et sur lequel reposent les étamines et les pétales, comme dans les ombellifères. Le même nom est donné à la partie centrale des fleurs radiées

*Distique*, sur deux rangs.
*Divariqué*, écarté, élargi.
*Drupe*, V. p. VII.

### E.

*Écailles*, V. p. VIII.

*Elliptique*, beaucoup plus long que large, se rétrécissant insensiblement par un contour arrondi du milieu au deux bouts qui sont égaux.

*Embryon*, rudiment d'un végétal constitué par la *radicule*, la *plumule* et le corps *cotylédonaire*.

*Émergé*, sortant de l'eau.

*Endocarpe*, V. p. VII.

*Ensiforme*, en forme de lame d'épée.

*Éperon*, espèce de cornet qu'on observe à la base de certaines fleurs irrégulières.

*Épi*, partie des plantes graminées placée au sommet de leur tige, et qui renferme les graines rangées de chaque côté, et implantées dans une espèce de calice qu'on appelle *bâle* ou *glume*.

*Épicarpe*, V. p. VII.

*Épillet*, réunion de plusieurs fleurs graminées contenues dans la même glume.

*Épines*, V. p. VIII.

*Épisperme*, V. p. VIII.

*Étalé*, écarté du point d'insertion en formant un angle droit.

*Étamines*, V. p. VI.

*Étendard*, partie supérieure d'une corolle papillonacée.

### F.

*Fasciculé*, partant du même point et réuni en faisceau.

*Feuilles*, V. p. V.

*Filet*, V. p. VI.

*Filiforme*, ténu comme un fil.

*Fistuleux,* creux dans toute sa longueur.
*Fleurs,* V. p. VI.
*Foliacé,* de la nature des feuilles.
*Folioles,* V. p. VI.
*Fruit,* V. p. VII.
*Fusiforme,* terminé en pointe comme un fuseau.

### G.

*Gaîne,* pétiole aminci en forme de tube.
*Géminé,* disposé deux à deux sans être opposé.
*Gemme,* V. *Bourgeon.*
*Gemmule,* V. *Plumule.*
*Glabre,* dépourvu de poils.
*Glandes,* V. p. VIII
*Glanduleux,* chargé de glandes ou de la nature des glandes.
*Glauque,* couleur vert de mer.
*Globuleux,* à peu près rond.
*Glume,* bâle calicinale enveloppe extérieure de la fleur des graminées, composée de deux écailles.
*Gorge,* V. p. VII.
*Gousse,* V. p. VII.
*Grappe,* on donne ce nom aux fleurs et aux fruits, lorsque ces fleurs et les grains de ces fruits sont distribués sur un soutien branchu. Ex. le fruit de la vigne.
*Graine,* V. p. VII.
*Grêle,* menu et alongé.

### H.

*Hampe,* espèce de tige herbacée qui est dépourvue de feuilles, sort immédiatement de la racine, et est destinée à porter la fleur et les fruits.
*Hasté,* en forme de fer de hallebarde.
*Hémisphérique,* en forme de boule coupée par son milieu.

*Hérissé,* garni de poils droits et roides.
*Hile* ou *Ombilic,* V. p. VIII.
*Hispides,* garni de poils roides.
*Humifuse,* (tige) étalée sur la terre.
*Hybride,* plante provenant du croisement de deux esp. voisines.
*Hypocratériforme* ou *en soucoupe,* (corolle) monopétale à tube droit et à limbe très évasé, comme dans la pervenche.

### I.

*Imbriqué,* disposé en recouvrement comme les tuiles d'un toit.
*Indéhiscent,* qui ne s'ouvre pas naturellement.
*Inerme,* sans piquans.
*Infère* ou *Adhérent,* se dit d'un ovaire lorsqu'il est soudé avec le tube du calice.
*Infundibuliforme,* en forme d'entonnoir.
*Interrupté-pinnées,* (feuilles) pinnées dont les folioles sont alternativement grandes et petites.
*Involucre,* réunion de folioles entourant étroitement une partie.

### L.

*Label,* division inférieure de la fleur des orchidées.
*Labiée* (corolle), limbe divisé transversalement en deux parties dissemblables nommées *lèvres,* l'une supérieure, l'autre inférieure
*Lacéré,* découpé en partitions irrégulières et comme déchiquetées.
*Lâche,* composé de parties très écartées.
*Lame,* V. p. VII.
*Lancéolé,* élargi et s'alongeant insensiblement par les deux bouts comme un fer de lance.

*Légume,* V. p. VII.
*Libre,* n'adhérent à aucune partie.
*Ligneux,* de la nature du bois.
*Ligule,* appendice membraneux qui garnit le point de réunion de la gaine et de la base de la feuille des graminées.
*Limbe,* V. p. VII.
*Linéaire,* alongé et d'égale largeur dans toute son étendue.
*Lisse,* n'offrant ni poils ni aspérités.
*Lobes,* parties saillantes séparées par des sinus ou échancrures.
*Locuste,* ensemble des fleurs graminées contenues dans une *glume* ou bâle calicinale.
*Lyré,* en forme de lyre : sommet élargi, côtés découpés en lobes plus petits et plus écartés inférieurement.

### M.

*Marcescent,* persistant, quoique desséché.
*Marginé,* entouré d'un bord.
*Membraneux,* souple et mince comme une membrane.
*Méthode,* arrangement qui n'adopte aucune partie des plantes à l'exclusion des autres, mais se saisit indistinctement de toutes celles qui peuvent lui offrir des caractères saillans, ce qui facilite la conservation des groupes naturels qui forment saillie dans le tableau général des végétaux.
*Monocotylédons,* végétaux à un seul cotylédon.
*Monosperme,* à un seul grain.
*Mucroné,* terminé par une petite pointe isolée, droite et roide.
*Multifide,* à divisions nombreuses.

*Multiple,* composé de plusieurs parties distinctes.
*Muriqué,* couvert de pointes courtes et élargies à la base.
*Mutique,* sans arêtes ni pointes.

### N.

*Napiforme,* en forme de navet.
*Naviculaire,* en for. de nacelle.
*Nectaire,* appendice offrant une glande qui sécrète un suc mucososucré.
*Nervures,* ramifications des filets du pétiole ou des fibres naissant de la tige, formant la charpente de la feuille.
*Noix,* V. p. VII.
*Nul,* se dit d'une partie qui manque. On l'exprime par le signe O.
*Nutant,* penché.

### O.

*Ob,* devant un adjectif, indique que la disposition qu'exprime celui-ci est inverse.
*Oblique,* s'écartant également de la direction horizontale et de la perpendiculaire.
*Oblong,* plus long que large.
*Obovale,* ovale renversé, c'est-à-dire, dont l'extrémité la plus étroite est en bas.
*Obtus,* à sommet arrondi et sans pointe.
*Oignon,* on désigne par ce nom la manière d'être des racines de plusieurs plantes, telles que le lis, les jacinthes, les tulipes.
*Ombelle,* fleur en forme de parasol. Tous les pédoncules insérés au même point se divisent en pédicelles insérés aussi à un point commun. Chaque branche de l'ombelle se nomme *rayon,* soutenant une petite ombelle particlle nommée *ombelhule.*

*Ombilic*, V. p. VIII.
*Ondulé*, marqué d'inégalités en forme d'ondulations.
*Onglet*, V. p. VII.
*Onguiculé*, muni d'un onglet.
*Opercule*, partie qui surmonte et ferme l'urne des mousses.
*Opposé*, placé par paire en opposition.
*Ovale*, en forme d'œuf, dont la partie la plus large est en bas.
*Ovoïde*, approchant de la forme ovale.

## P.

*Paillettes*, lames minces et étroites, habituellement sèches et transparentes, qui sont mêlées aux fleurs, sur le réceptacle de plusieurs composées.
*Palais*, renflement qui ferme la gorge de plusieurs corolles irrégulières.
*Paléacé*, couvert de paillettes.
*Palmé*, composé de divisions disposées comme une main dont les doigts sont ouverts.
*Panicule*, inflorescence dont le support commun porte des ramifications écartées et alongées.
*Pédalée* ou *Pédiaire*, (feuille) dont le pétiole est divisé au sommet en deux branches écartées, qui portent, sur leur côté intérieur, plusieurs folioles ou divisions profondes.
*Pédicelles*, V. p. VIII.
*Pédicule*, tige des champignons et de plusieurs plantes dont les parties de la fructification ne sont pas bien apparentes, comme dans les lichens et les moisissures.
*Pédoncule*, V. p. VIII.
*Pelté*, attaché par le milieu d'une surface arrond. en for. de bouclier.

*Périanthe*, enveloppe de la fleur. Le *Périanthe* est *simple*, s'il n'y a qu'un calice, et *double* s'il y a un calice et une corolle.
*Péricarpe*, V. p. VII.
*Péridium*, partie des champignons qui contient les bourgeons séminifères.
*Périgone*, le lis et la plupart des autres liliacées semblent n'avoir qu'une seule enveloppe florale imitant une corolle, c'est ce que M. Decandolle nomme *périgone*. Ses divisions qui répondent aux pétales des autres fleurs sont nommées *Tépales*.
*Périsperme*, partie de l'amande qui n'est pas l'embryon, n'adhère presque jamais avec lui, ne présente pas d'organisation vasculaire, manque dans plusieurs graines, et offre une consistance, ou cornée, ou ligneuse, ou charnue, ou féculeuse, ou grenue, etc.
*Péristôme*, ouverture du bord de l'urne des mousses.
*Persistant*, prolongeant sa durée au-delà des limites ordinaires.
*Personée*, (corolle) à deux lèvres, l'une supérieure, l'autre inférieure, et accompagnant un ovaire simple et entier.
*Pétales*, V. p. VII.
*Pétiole*, V. p. VIII.
*Pinnatifide*, (feuille) ayant de chaque côté des lobes assez profonds et parallèles.
*Pinnule*, lobe ou foliole des feuilles de fougère.
*Pistil*, V. p. VI.
*Pivotante*, (racine) perpendiculaire.
*Placenta*, partie interne du pé-

ricarpe, sur laquelle reposent immédiatement les semences.

*Plumule*, partie de l'embryon constituée par la *tigelle* et la *gemmule*, et destinée à devenir la tige.

*Pluriloculaire*, à plusieurs loges.

*Podogyne*, style aminci à la base.

*Poils*, V. p. VIII.

*Poilu*, parsemé de poils longs et sans rigidité. — L'*Aigrette* est *poilue*, lorsque les poils sont simples, et ne portent pas d'autres petits poils en barbe de plume.

*Polysperme*, ayant beaucoup de graines.

*Prolifère*, un organe est prolifère, lorsqu'il donne accidentellement un organe semblable, c'est ainsi qu'une fleur se trouve quelquefois superposée à une autre fleur.

*Pubescent*, couvert d'un duvet court et mou.

## Q.

*Quadrangulaire*, à 4 angles.

*Quaterné*, placé quatre à quatre.

## R.

*Racine*. V. p. V.

*Radical*, partant de la racine ou tenant à la racine.

*Radicule*, partie inférieure de l'embryon, destinée à devenir la racine.

*Réceptacle*, point d'insertion de toutes les parties de la fleur. On en distingue de trois sortes : celui de la fl. où sont réunis le pistil, les étamines, la corolle et le calice; celui du fruit, lorsqu'il diffère de celui de la fl., et celui de la semence que l'on nomme *placenta*. V. ce mot.

*Réfléchi*, courbé vers la terre.

*Rhizome*, tige souterraine.

*Roide*, grêle et ne cédant pas à la flexion.

*Rotacée*, (corolle) monopétale à tube court et à limbe très étalé, en forme de roue.

*Rugueux* ou *Ridé*, marqué d'élévations, séparées par des sillons en forme de rides.

*Runciné*, découpé latéralement en lobes aigus et recourbés.

## S.

*Sagitté*, sommet aigu; base à deux lobes aigus et écartés en forme de fer de flèche.

*Sarcocarpe*, V. p. VII.

*Sarmenteux*, produisant de longues ramifications ligneuses, rampantes ou grimpantes.

*Scabre*, rude au toucher.

*Scarieux*, mince, sec et transparent.

*Scrotiforme*, formé de deux parties ovoïdes ou arrondies, et réunies par leur sommet.

*Scutelliforme*, large et arrondi en bouclier.

*Semence*. V. p. VII.

*Semi*, devant un mot signifie moitié.

*Semi Sagitté*, représentant la moitié d'un fer de flèche coupé verticalement.

*Sépales*, V. p. VII.

*Serrulé*, bordé de petites dents courbées comme les dents d'une scie.

*Sertule*, assemblage de plusieurs pédoncules uniflores naissant tous d'un même point. On donne à cette inflorescence le nom d'*Ombelle simple*.

*Sessile*, dépourvu de tout support.

*Sétacé*, menu et roide comme une soie ou un crin.

*Silicule*, V. p. VII.

*Silique*, V. p. VII.

*Spadice*, réceptacle commun des aroïdes.

*Spathe*, expansion foliacée ou membraneuse, ou colorée qui enveloppe certaines fleurs. Ce n'est qu'une espèce de *bractée* ou *feuille florale* entourant la partie d'où elle naît. Exemple, dans les narcisses, l'ail, l'arum, etc.

*Spire*, tour de spirale.

*Sporidies*, organes reproducteurs des champignons corpusculaires.

*Stigmate*, V. p. VI.

*Stipe*, tige des arbres monocotylédonés.

*Stipité*, pourvu d'un support aminci.

*Stipules*, V. p. VIII.

*Stolonifères*, plantes portant des stolons.

*Stolons*, jets rampans qui s'enracinent. Exemple le fraisier.

*Strié*, marqué de petits sillons longitudinaux.

*Style*, V. p. VI.

*Sub*, devant un mot signifie presque.

*Subéreux*, élastique et poreux comme du liège.

*Submergé*, enfoncé dans l'eau.

*Subulé*, linéaire et rétréci en pointe comme une alène (*subulum*).

*Supère* (ovaire), lorsqu'il n'est pas adhérent au calice.

*Synanthérées*, nom donné à la grande famille des plantes à fl. composées, c'est-à-dire, à la réunion des chicoracées, des cynarocéphales et des corymbifères.

*Système*, en botanique, on nomme ainsi un ordre général fondé partout sur le même principe et qui n'a pour base qu'une seule partie de la plante, à l'exclusion des autres, comme le système de Tournefort qui est fondé sur la corolle, celui de Linné sur les étamines. Les auteurs confondent souvent le mot *Système* et *Méthode*. (Voir ce mot).

T.

*Tépales*, divisions du périgone.

*Terminal*, placé au sommet.

*Terné*, opposé trois à trois.

*Tétragone*, carré ou à quatre pans.

*Thyrse*, disposition des fleurs qui se confond souvent avec l'épi, avec la grappe et avec la panicule.

*Tige*, V. p. V.

*Toruleux*, oblong, solide, alternativement renflé et contracté sans articulation.

*Triquètre*, à trois faces.

*Tronc*, tige des arbres dicotylédonés.

*Tronqué*, coupé net.

*Trophosperme*, V. p. VIII.

*Tube*, V. p. VII.

*Tubéreux*, muni de tubercules.

*Turbiné* ou *en toupie*, conique et un peu resserré au sommet.

*Turion*, jeune pousse partant de la racine des plantes vivaces.

## U.

*Unciné*, terminé par une pointe recourbée en crochet.

*Urcéole* (périanthe), enveloppe florale des cypéracées.

*Urcéolé*, renflé au milieu, contracté aux deux extrémités.

*Urne*, petite capsule des mousses.

*Utricule*, syn. de *Cellule*. (V. ce mot).

## V.

*Valve*, partie extérieure des loges.

*Veine*, ramification de troisième ordre du pétiole dans les feuilles.

*Veiné*, marqué de veines apparentes.

*Velu*, garni de poils mous, nombreux et couchés.

*Ventru*, enflé au milieu.

*Verruqueux*, garni de petites aspérités.

*Verticille*, assemblage de feuilles et de fleurs disposées autour de la tige ou autour de ses rameaux.

*Verticillé*, disposé en verticille ou anneau.

*Volubile*, se tournant en spirale autour d'un support.

*Vrilles,* espèce de rameaux sans feuilles, flexibles et se roulant en spirale autour des corps voisins, comme dans la vigne.

# PRIÈRE DE LINNÉ.

Dieu tout-puissant, je vous rends les plus humbles et les plus ardentes actions de grâces pour les immenses bienfaits dont votre bonne et tendre Providence m'a comblé dans tout le cours de ma vie. Dès mon jeune âge vous m'avez conduit comme par la main, vous avez dirigé tous mes pas, et sous les ailes de cette paternelle Providence, j'ai traversé avec des mœurs pures et un cœur innocent les dangereuses années consacrées à l'étude des sciences.

Je vous rends grâces de ce que vous m'avez préservé des nombreux périls auxquels je me suis si souvent exposé dans les longs voyages que l'amour de la Science m'a fait entreprendre sur le sol de la patrie et dans les pays étrangers.

Je vous remercie de ce que dans les dures privations de la pauvreté et les autres épreuves de la vie, vous êtes toujours venu à mon secours, comme un père attentif aux besoins de son enfant.

Enfin, je vous remercie de m'avoir donné cette force de caractère et cette rectitude d'esprit qui m'ont soutenu au milieu des biens et des maux, des plaisirs et des peines, et dans toutes les vicissitudes dont ma vie a été traversée.

LINNÆUS, *orat. de necessitate peregrinationis herbariæ intrà patriam instituendæ, in fine).*

# SYSTÈME.

## CLASSES, ORDRES, GENRES, ESPÈCES & VARIÉTÉS.

### CLASSE I.
#### * Par nombre des Étamines.

MONANDRIE. — UNE ÉTAMINE.

MONOGYNIE. — UN PISTIL.

† *Centranthus ruber*, D. C.—*Centranthe rouge.*—*Rood Speerkruyd.* p. 180 (esp. 732), cor. éperonnée à la base ; 1 seule étamine. (1)
† *Alchemilla aphanes*, L.—*Alchemille des champs.*—*Onzer Vrouwen mantel.* (Pied de lion) ; 1 à 4 étam. ; p. 30 (esp. 121.)

DIGYNIE. — DEUX PISTILS.

† *Festuca monandra*, L. — *Fétuque à 1 étamine.*

TÉTRA-OCTOGYNIE. — QUATRE A HUIT PISTILS.

† *Zannichellia palustris*, L. — *Zannichelle des marais.*
Cette plante, commune dans les eaux de la Belgique et dans celles des environs de Dunkerque, est décrite dans la *monœcie manandrie.* (Cl. XXI.)

### CLASSE II.

DIANDRIE. — DEUX ÉTAMINES.

MONOGYNIE. — UN PISTIL.

† *Fraxinus ornus*, L. — *Frêne pétalé.* p. 171. † *Lemna*, L.— *Lenticule.* p. 151.

### CLASSE III.

TRIANDRIE. — TROIS ÉTAMINES.

MONOGYNIE. — UN STYLE.

† *Valeriana dioica*, L. — *Valériane dioïque.* — *Kleyn Speerkuryd.* p. 13 (esp. 24), *dans les fortifications de St-Venant, arrondissement de Béthune.* (II.)

---

(1) Les genres et espèces précédés de ce signe † participent par variation à la sous-division qu'ils terminent, mais sont décrits à leur vraie place.

TRIANDRIE-MONOGYNIE.

CCCLXXXIX. SCIRPUS. *Scirpe.* (Cypéracées) p. 15.
783. *S. Compressus*, pers. — *S. comprimé.* — *Carex uliginosa*, L. Tige d'1 à 3 décim., dressée, feuillée et cylindracée à la base, triquètre au sommet, lisse; feuil. roides, linéaires, aiguës, striées, planes, un peu carénées; épillets nombreux, sessiles, distiques, réunis en un épi oblong, comprimé, terminal, et muni à la base d'une bractée plus ou moins longue; écail. d'un roux-châtain, striées et pliées en carène; ov. entouré de soies garnies de petits aiguillons recourbés. v. Mai-Juillet. ; *dans les prés humides et tourbeux, marais d'Ardres, arr. de St-Omer.* (J. C.), *dans les prés en-deçà du village de Sercus, arr. d'Hazebrouck* (H. V.), *Emmerin, arr. de Lille.* (Thém. Lestib.)
784. *S. Maritimus*, L. — *S. maritime.* — *S. Cyperoides*, Lam. Tige de 6 à 9 décim., trigone, feuillée; feuil. engaînantes, planes, marquées d'une nervure saillante; épillets très gros, fasciculés au sommet de pédonc. inégaux, formant un sertule terminal, garni de 3 bractées foliacées; écail. brunes à 3 pointes; fr. entourés de 3 soies. v. Juin-Juillet; *dans les fortifications de Dunkerque.* (J. C.)
† *S. Sylvaticus*, L. — *S. des bois.* p. 15 (esp. 34); *commun à la base du Mont-Noir* (J. C.), *bord du canal d'Hazebrouck, près l'endroit appelé la Large.* (H. V.)

DIGYNIE. — DEUX STYLES.

CCCXC. PHALARIS. *Phalaris.* (graminées). p. 16.
785. *P. Pubescens*, Lam. — *P. Pubescent.* — Chaume glabre, droit, rameux; panic. resserrée en épi oblong et cylindrique, serré, pubescent, mélangé de vert et de blanc; glumes ciliées, renfermant 1 ou 2 à 3 fl.; arêtes droites, très courtes, partant un peu au dessous du sommet de la valve externe des bâles, et semblant être le prolongement de leur nervure. A.
Cette graminée est facile à reconnaître à ses feuil. planes, molles, pubescentes, sur toute leur surface, et munies d'une languette de poils à l'entrée de leur gaîne. M. Huissen, dans sa liste botanique, assure que cette plante croît *dans les prés des environs d'Hazebrouck.*
786. *P. Arenaria*, Kœil. — *P. des Sables.* — *Phleum*, L. Chaumes d'environ 1 décim., en touffes; feuil. courtes, roides; gaînes renflées; épi ovale, cylindrique, verdâtre; écail. de la glume fortement ciliées sur le dos et sur un de leurs bords, du même côté; bâles courtes, velues; écail. intérieure large, tronquée, multidentée; la supérieure étroite, ayant à sa base un rudiment de fleur à peine visible. v.; *commun sur les bords de la mer à Dunkerque.* (J. C. et Lestib.)

CCCXCI. AGROSTIS. *Agrostis.* (graminées). p. 18.

* FL. SANS ARÊTE OU BARBE.

787. *A. effusa*, Lam. — *A. étalé.* — *Milium effusum*, L. Chaume de 8 à 12 décim., dressé, grêle, faible, lisse, strié; feuil. lancéolées-

linéaires, planes, rudes audessous; ligule oblongue, obtuse, lacérée; panic. droite, très lâche, à rameaux semi-verticillés, étalés ou penchés; épillets écartés, mutiques; glumes parsemées d'aspérités fines, verdâtres et mêlées de blanc ou de violet. v. Mai-Juillet; *dans les bois couverts et montueux; dans la forêt de Nieppe, commun ça et là.* (J. C. et H. V.)

788. *A. Vulgaris*, L. — *A. commun.* — *Valsch-gas.* (faux paturin). Chaume de 4 à 7 décim., d'abord un peu couché, droit à l'époque de la floraison; feuil. planes, un peu rudes sur les bords; panic. étalée, finiment ramifiée, un peu resserrée avant et après la floraison, ordinairement violette ou brunâtre; les pédicelles et les glumes (vus à la loupe) sont hérissés de très petits poils; écail. extérieure de la bâle à 3 pointes, l'intérieure plus petite, 2-dentée. v. Été; *commun dans les bois, les prés et les champs; Aire, Merville, Steenvoorde, etc.* (H. V.)

CCCXCII. FESTUCA. *Fétuque.* (graminées). p. 20.

789. *F. dumetorum*, L. — *F. des buissons.* — *Festuca subulicola.* D. C. Chaume de 2 à 5 décim., dressé, lisse; feuil. glauques, roides, toutes enroulées, sétacées; ligule ciliée, très courte; panic. unilatérale, un peu lâche à la base, à rameaux géminés, simple et presque en épi au sommet; épillets alongés, de 5 à 6 fl. glauques, velues, pubescentes, brièvement aristées. Juin; *taillis des dunes à Dunkerque* (J.C.)

Var. *F. Cinerea*, Vill. panic. non resserrée en épi, *dans les sables maritimes, à Ostende, Dunkerque, Bergues; à Lille le long de la digue.* (Thém. Lestib.)

† *F. elatior*, L. — *F. élevée.* — *Grooten festuka.* p. 20 (esp. 66); *commun au bois du Général Vandamme.* (H. V.)

CCCXCIII. DANTHONIA. *Danthonie.* (graminées). Glumes grandes, concaves, multiflores; bâles à deux écailles; l'extérieure échancrée, avec une arête courte au fond de l'échancrure; l'intérieure 2-dentée.

790. *D. decumbens*, D. C. — *D. inclinée:* — *Festuca.* L. Chaumes de 3 à 6 décim., d'abord dressés, puis inclinés; feuil. un peu roulées; gaînes un peu velues, garnies de 2 houppes de poils à l'entrée; panic. simple, resserrée en épi; locustes peu nombreuses, ovales, quelquefois un peu violettes, à 3 ou 4 fleurs. v. Juin-Juillet; *commun à la forêt de Clairmarais* (J.C.); *à Cysoing, dans les allées des bois secs* (BB).

CCCXCIV. BROMUS. *Brome.* (graminées). p. 21.

791. *B. aspera*, L. — *B. âpre.* — *Bromos.* Dod. Chaume de 9 à 12 décim.; gaînes des feuil. très poilues; limbe velu; panic. grande, très lâche, rameuse, penchée; locustes alongées à 8 ou 12 fl. écartées; pédicelles très rudes, solitaires ou géminés, rameux; bâles

un peu velues, alongées, denticulées au sommet; arête un peu plus courte que la bâle, naissant sensiblement audessous du sommet. v. Juin-Juillet; *commun à la forêt de Clairmarais* (J. C.)*; route de Bailleul au mont Noir.* (J. C. et H. V.)

CCCXCV. AVENA. *Avoine.* (graminées). p. 22.

792. *A. bulbosa*, L.—*A. bulbeuse.*—*Arrhenatherum bulbosum*, P.B. *(chiendent à chapelet).* Diffère de l'*A. elatior* (esp. 81) par son port plus grêle, sa racine formée d'une série de bulbes superposés ; ses nœuds inférieurs pubescents; ses feuil. vertes plus étroites ; sa panic. plus petite, lancéolée-oblongue. v. Juin-Juillet ; *champs, bois; à la base du mont Noir, près Bailleul.* (J. C.)

CCCXCVI. ARUNDO. *Roseau.* (graminées). p. 23.

793. *A. epigeios*, L. — *R. terrestre.* — *Deyeuxia*, P. B. Chaume de 6 à 12 décim.; feuil. lancéolées-linéaires, rudes sur les bords; ligule longue, pointue; panic. très étalée; pédicelles rudes; fl. ramassées ; glumes verdâtres (quelquefois violettes), grêles, lancéolées, acuminées, rudes sur le dos et sur les bords; l'écail. extérieure à 1, l'intérieure à 3 nervures ; bâle moitié plus courte, à 2 feuil. inégales, l'extérieure bifide, à 4 nervures, émettant au milieu du dos une arête droite, qui la dépasse à peine; poils de la base nombreux, presque aussi longs que la glume. v. Été; *forêt de Clairmarais, forêt d'Éperlecques, près St-Omer; mont Noir, près Bailleul.* (J. C. et H. V.)

794. *A. arenaria*, L.—*R. des sables.*—*Calamagrostis*, Roth. Feuil. longues, roulées, piquantes; ligule grande incisée; chaume de 6 à 9 décim.; panic. spiciforme, jaunâtre ; écail. de la glume égales, un peu carénées au sommet; bâle un peu courte, entourée de poils courts; 1 écaille portant près du sommet une arête très courte, grosse; l'autre munie quelquefois d'un rudiment d'arête. v. Juillet; *sables maritimes de Dunkerque* (J. C.)*; commun entre Calais et Boulogne* (Th. L.)

† *A. calamagrostis*, L.— *R. plumeux.* — *Pluym-riet. (calamagrostis laceolata*, Roth.) p. 23 (esp. 84). Juillet; *forêt et village de Clairmarais, près St-Omer.* (J. C.)

## CLASSE IV.

TÉTRANDRIE. — QUATRE ÉTAMINES.

MONOGYNIE. — UN PISTIL.

† *Dipsacus pilosus*, L. — *Cardère velue.* — *Schapers-roede* (verge de pasteur); *dans les haies; Lille, porte de Roubaix; Flers, Verlinghem* (Thém. Lestib.)*; St-Pierre-lez-Calais.* (H. V.)

CCCXCVII. GALIUM. *Gaillet.* (rubiacées). p. 28.

795. *G. supinum*, Lam. — *G. couché.* — *Nederleggende walstrooi.*

Tiges d'1 à 2 décim., nombreuses, rameuses, grêles, lisses, étalées; verticilles de 6 à 8 feuil. lancéolées-linéaires, aiguës, terminées par un poil, petites, fermes, rudes et accrochantes sur les bords; fl. pédonculées, fort petites, à lobes aigus. v. Mai-Juin ; *lieux arides ; mont des Calles.* (H.)

CCCXCVIII. PLANTAGO. *Plantain.* (plantaginées). p. 29.

796. *P. maritima*, L. — *P. maritime.* — *Zeeplandt.* Rac. épaisse, ligneuse; collet hérissé de poils laineux, roussâtres; feuil. linéaires, charnues, demi-cylindriques, entières, quelquefois un peu dentées, longues d'un demi décimètre; hampe plus longue que les feuilles, cylindrique, pubescente, dressée ou ascendante ; épi cylindrique, serré; bractées concaves, obtuses, glabres; fl. un peu velues (à une forte loupe). v. Été ; *dans les sables le long des côtes* (Thém. Lestib); *dans les fortifications de Dunkerque, vers le phare.* (J. C.)

TÉTRAGYNIE. — QUATRE STYLES OU STIGMATES.

† *Potamogeton heterophyllum*, L. — *Potamogète hétérophylle (épi d'eau.)* — *Fonteyne-kruyd.* p. 31 (esp. 126) ; *à Emmerin, près Lille* (Thém. Lestib.)

† *P. lucens*, L.—*P. luisant.*—*Ander fonteyne-kruyd.* p. 31 (esp.127); *commun dans les ruisseaux; à Esquermes, Haubourdin, Emmerin.* (BB.)

## *CLASSE V.*

PENTANDRIE. — CINQ ÉTAMINES.

MONOGYNIE. — UN PISTIL OU STYLE SIMPLE.

CCCXCIX. ASPERUGO. *Rapette.* (borraginées). Cal. 5-lobé, inégalement accrescent, à 2 lèvres irrégulièrement dentées à la maturité; cor. à tube court; limbe 5-lobé ; 5 écail. obtuses, conniventes; axe central du fruit alongé à la maturité, terminé par le style très petit et entouré à la base par un rebord membraneux.

797. *A. procumbens*, L. — *R. couchée.* — *Kleyne Raspe.* Toute la plante est recouverte de petites pointes recourbées en bas et accrochantes ; tiges de 3 à 9 décim., couchées ; feuil. ovales, rétrécies à la base, alternes dans le bas, sub opposées en haut; fl. petites, axillaires, sessiles, bleues. A. Été; *Téteghem, talus limitant les Dunes* (J. C.); *dans les haies, à Dunkerque.* (Thém. Lestib.)

CCCC. ANCHUSA. *Buglosse.* (borraginées). p. 32.

798. *A. italica*, Retz. — *B. d'Italie.* — *Ander Ossen-tonge (bourrache bâtarde).* Tige de 3 à 6 décim., droite, rameuse, hérissée de poils blancs, piquans; feuil. luisantes, hispides, ovales-oblongues ou lancéolées, ondulées, sessiles, les inférieures rétrécies en pétiole ;

grappes géminées, munies de bractées linéaires-lancéolées et formant une panic. terminale ; divisions du calice linéaires-aiguës, égalant ou dépassant le tube de la corolle ; écail. de la cor. oblongues et surmontées par des pinceaux de poils blancs. v. Mai-Août ; *champs et lieux pierreux* (H.V.); *Petite Synthe, près Dunkerque.* (J.C.)

† *Cynoglossum officinale*, L. — *Cynoglosse officinale*. — *Hondstonge (langue de chien)*. p. 32 (esp. 139.); *Dunkerque vers le phare; Téteghem*, etc. (J. C. et H. V.)

† *Pulmonaria officinalis*, L. — *Pulmonaire officinale*. — *Longerkruyd*. p. 33. (esp. 140). Type à feuil. radicales cordiformes à la base. Fort jolie plante trouvée par M. J. Cussac, *au mont des Récollets au levant et au midi où elle croît çà et là*. (2 Avril 1852).

† *Menyanthes nymphoïdes*, L. — *Ményanthe flottant*. — *Kleyne plompen. (Villarsia*, Vent.) p. 35. (esp. 148.); *dans les fossés à Éperlecques et à Watten, près St-Omer* (J. C.); *à Estaires* (Thém. Lestib.); *dans le canal d'Aire à la Bassée* (de la Fons.)

† *Lysimachia nemorum*, L. — *Lysimaque des bois*. — *Bosch wederick*. p. 35 (esp. 151.) ; *abondant au Mont des Récollets* (H.), *mont Rouge*, *mont Noir et mont de Kemmel*. (J. C.)

† *Samolus valerandi*, L. — *Samole de valerand*. — *Water pimpernel (pimprenelle aquatique)*. p. 37 (esp. 164.) ; *au bord des ruisseaux* (Desm.)

CCCCI. CONVOLVULUS. *Liseron*. (convolvulacées.) p. 36.

799. *C. soldanella*, L. — *L. soldanelle*. — *Zeewinde*. Tige grêle, couchée ; feuil. pétiolées, réniformes; pédonc. axillaires, solitaires, garnis près du cal. de 2 bractées grandes, ovales ; cor. grande, évasée, purpurine; 2 stigm. gros, courts, épais. v. Été ; *dans les sables de Dunkerque*. (Thém. Lestib.)

Cette plante jouit des mêmes vertus que ses Congénères, c'est-à-dire qu'elle est purgative et hydragogue.

CCCCII. JASIONE. *Jasione*. (lobéliacées). Cor. régulière, à 5 lanières linéaires; anth. soudées à la base; stigm. en massue; fl. en tête.

800. *J. montana*, L. — *J. de montagne*. Tiges de 3 à 6 décim., grêles, un peu branchue, striées, hérissées ; feuil. étroites, linéaires, sessiles, éparses, ondulées, hérissées ; fl. petites, terminales, pédicellées, bleues ou blanches; cal. à 5 divisions subulées; ov. turbiné. A. Juillet-Août; *dans les sables à Dunkerque*. (J. C.)

CCCCIII. GLAUX. *Glaux*. (primulacées). Cal. coloré, en cloche, à 5 lobes obtus; cor. O, ou quelquefois d'un seul pétale; 5 étam. hypogynes, alternes avec les divisions du cal.; 1 style ; stigm. capité; caps. uniloculaire, 5-valve; gr. enfoncées dans un placenta central, globuleux, stipité.

801. *G. maritima*, L.—*G. maritime.* Tiges d'environ 1 décim., rameuses, étalées; feuil. petites, ovales, rapprochées, opposées ou ternées, sessiles, glauques, un peu charnues; fl. axillaires d'un blanc rosé. v.; *bord de la mer* (B B.), *lieux marécageux des Dunes.* (J. C.)

CCCCIV. VIOLA. *Violette.* (violacées). p. 42.

802. *V. lancifolia*, Thor. — *V. en fer de lance.* — *Wilde violet.* Tiges nombreuses toutes fleurissantes, de 1 à 2 décim., rameuses, étalées ou redressées; feuil. ovales ou ovales-lancéolées, crénelées, aiguës, à base un peu décurrente sur le pétiole, glabre ou à peu près; stipul. lancéolées, étroites, aiguës, un peu foliacées, dentées, celles des feuil. supérieures égalant ou dépassant les pétioles; pédonc. axillaires très longs; éperon gros, blanchâtre, plus long que les appendices du cal. qui est anguleux; pé al. oblongs, d'un bleu très clair, parfois blancs à la base; l'inférieur un peu caréné; caps. ovale, aiguë. v. Avril-Juin; *lieux secs, dunes de Dunkerque.* (J. C.)

† *V. canina*, L. — *V. sauvage.* — *Honde violet, of ander wilde violet.* p. 43 (esp. 191); *lieux couverts; le long des haies en bas d'Hazebrouck; Hondeghem; Bavinchove, etc.* (H. V.)

† *V. tricolor*, var. *Subulosa*, D. C. —*V. pensée.*—*Drikeurige violet.* p. 43 (esp. 192); *commun dans les sables des dunes à Dunkerque.* (J.C.)

† *V. palustris*, L. — *V. des marais.*—*Water-violet.* p. 43 (esp. 190); *base du mont Noir* (France) *et du mont Rouge* (extrême frontière belge), *près Bailleul*, parmi les *Sphagnum*.

M. J. Cussac qui a bien voulu nous indiquer les localités ci-dessus, où il a découvert cette rare et belle plante, ajoute qu'il a la conviction que la même espèce doit également se trouver *à la base du Mont Cassel*, quoique le mauvais temps ne lui ait pas permis de s'en assurer.

DIGYNIE. — DEUX STYLES OU STIGMATES.

CCCCV. SALSOLA. *Soude.* (salsolacées.) Cal. à 5 divisions munies sur le dos, après la floraison, d'un appendice scarieux; 5 étam.; 2 à 3 stigm.; fr. déprimés; gr. à test membraneux. Plantes charnues, salées; fl. verdâtres, axillaires, solitaires, munies de 2 bractées.

803. *S. kali*, L.—*S. kali.*—*Alkali*, Dod. Tige très rameuse, étalée, diffuse, striée de rouge, pubescente; feuil. triquètres, subulées, épineuses au sommet, étalées; appendice scarieux, déchiré, sinué, étalé, égalant les div. aiguës du calice. Juillet-Août; *sables maritimes, sur la plage à Dunkerque.* (J. C.)

CCCCVI GENTIANA. *Gentiane.* (gentianées.) p. 45.

804. *G. lutea*, L. — *G. jaune.* — *Groote gentiaene.* Tige s'élevant jusqu'à 1 mètre, droite, simple, cylindrique, lisse, robuste; feuil.

ovales, elliptiques, nerveuses, embrassantes, les radicales très rétrécies en pétiole; fl. nombreuses; pédicelles en verticilles axillaires; cal. membraneux en forme de spathe; cor. profondément divisée en 5 à 8 lobes alongés et aigus; fl. jaunes. v. Juin-Août; *cultivé dans les jardins des herboristes, mais croissant naturellement vers Limbourg.* (BB.)

La gentiane est regardée comme le roi des amers indigènes. Sa racine est un tonique, un stomachique et un fébrifuge très employé. Les vétérinaires s'en servent fréquemment dans la dispepsie des chevaux. Elle est la principale substance de leur thériaque.

Le nom de gentiane vient de celui d'un roi d'Illyrie, *Gentius*, qui le premier fit connaitre les vertus de cette plante.

805. *G. cruciata*, L. — *G. croisette.* — *Kruyswyze gentiane.* Tige de 3 à 6 décim., anguleuse, ascendante; feuil. oblongues, lancéolées, obtuses, lisses, à 3 ou 5 nervures, soudées en gaine à la base, les inférieures à gaines alongées, élargies au sommet; fl. sessiles, axillaires, verticillées, les supérieures entassées; cor. quadrifides, non barbues, à tube renflé au sommet; fl. bleues. v. Juin-Août; *champs en bas d'Hazebrouck* H.,

† *G. pneumonanthe*, L. — *G. pneumonanthe.* — *Kleyne gentiaene.* p. 45 (esp. 204); *Belgique, bois de Vribens, près Langemarck* (J. C.); *environs de Cassel, dans les lieux humides.* (Desm.

CCCCVII. ULMUS. Orme. (ulmacées). p. 45.

806. *U. campestris*, L. — *O. champêtre.* — *Olmboom, alm of almenhout.* Ce végétal compte 6 variétés : Var. A *(U. vulgaris)*, feuil. larges, rudes. — Var. B *(U. stricta)*, feuil. étroites, rudes et portant le nom d'ormille. — Var. c *(U. glabra)*, feuil. glabres. — Var. D *(U. latifolia)*, feuil. glabres, très larges. — Var. E *(U. fungora)*, *orme de Hollande*, écorce subéreuse; de cette dernière on distingue plusieurs sous-variétés, une arborescente, une autre à tige basse dont on forme des haies, une autre naine. — Var. F *(U. mediolina)*, *O. moyen; O. pyramidal: O. tortillard:* feuil. petites; rameaux serrés; tronc tortueux; fibres entrelacées. (BB.)

L'orme est un excellent bois de construction, de chauffage et de charronnage; c'est surtout la variété F qui est recherchée pour ce dernier usage. C'est aussi son écorce qui a été vantée contre les maladies de la peau.

CCCCVIII. CAUCALIS. Caucalide. (ombellifères). p. 47.

807. *C. nodiflora*, Lam. — *C. nodiflore.* — *Tordylium*, L. — *(Torilis nodosa*, Gartn.) Tige de 3 décim., très rameuse à la base, redressée, à poils appliqués, dirigés vers le bas; feuil. 2-pinnées; folioles linéaires lancéolées, petites, aiguës, hispides; ombelles opposées aux

## PENTANDRIE DIGYNIE.

feuilles, simples, sessiles, ou à pédoncules courts, hérissés de poils dirigés vers le haut; involucelle à folioles linéaires; fr. tuberculeux ou garnis de pointes hameçonnées et couvertes de petits crochets (vus à la loupe). A.; *au bord des champs secs* (BB.); *abondant au pied du mur du bassin de la marine à Dunkerque.* (J.C.)

† *Conium maculatum*, L.—*Ciguë commune.*—*Grooten scherlinck*. p. 48 (esp. 213); *Morbecque, au parc* (H.); *dans les fortifications d'Ardres.* (J.C.)

† *Selinum palustre*, L.—*Sélin des marais.*—*Peucedanum*, Manch. p. 48 (esp. 214); *Juillet, à Clairmarais, près St-Omer.* (J. C.)

† *Œnanthe fistulosa*, L.—*Œnanthe fistuleuse.*—*Goedriekende waterbiezen.* p. 49 (esp. 221); *dans les fossés remplis d'eau à Ebblinghem et en bas d'Hazebrouck.* (H.V.)

† *Imperatoria sylvestris*, L.— *Impératoire sauvage.*—*Wild-Engelkruyd (Angélique sauvage).* p. 51 (esp. 227); *lieux couverts en bas de Morbecque* (Vand. M.); *talus du canal d'Hazebrouck, dans la forêt de Nieppe, en deçà de la Motte au Bois.* (25 août 1852, H. V.)

TRIGYNIE. — TROIS STYLES OU STIGMATES.

† *Sambucus liciniata*, C B. Variété cultivée de nos espèces indigènes, *(S. nigra et S. ebulus)*, décrites p. 53, dont les folioles sont très découpées. *Bosquets des jardins.* (H. V.)

TÉTRAGYNIE. — QUATRE STIGMATES.

† *Parnassia palustris*, L. — *Parnassie des marais.* — *Gramen parnassium*, Dod., p. 53 (esp. 238); *Dunkerque, endroits marécageux de la plage* (J.C.); *dans les lieux humides des environs de Cassel.* (Desm.)

PENTAGYNIE. — CINQ STYLES.

CCCCIX. ARMERIA. Armérie. (plumbaginées). Cal. en entonnoir, à 5 plis, à 5 nervures et à 5 lobes scarieux; 5 pétal. étalés, soudés en anneau par leur base; 5 étam. à filets un peu dilatés, adnés au fond de la corolle; 5 stigm. soudés et barbus à la base; caps. pentagone, incluse.

808. *A. maritima*, W.— *A. maritime.* Souches produisant des tiges nombreuses, très courtes, et des gazons de feuil. linéaires, planes et à une nervure, un peu obtuses, glabres ou ciliées à la base; hampes d'environ 1 décim., grêles, un peu velues; écail. extérieures de l'invol. mucronées, les autres très scarieuses; cal. hérissé sur toute sa surface, à dents très courtes, mucronées; pétal. marginés, rosés. Mai-Août; *lieux herbeux maritimes à Dunkerque.* (J.C.)

† *Drosera rotundifolia*, L. — *Rossolis à feuil. rondes.* — *Zonne dauw.* p. 54 (esp. 242); *Emmerin. près Lille* (BB); *bois de Vribens, près Langemarck.* (J.C).

## CLASSE VI.

HEXANDRIE. — six étamines.
MONOGYNIE. — un pistil ou style simple.

CCCCX. NARCISSUS. — *Narcisse.* (narcissées) p. 55.

809. *N. Jonquilla*, L. — *N. Jonquille.* — *Kleyne Jonckillen.* (herb. Dod. p. 354). Feuilles radicales filiformes, canaliculées; hampe de 3 décim.; 3 à 6 fl. jaunes, odorantes, à tube grêle, fort long; nectaire un peu campanulé, très court. v. Mai.
Originaire du Midi, cette plante est *cultivée dans quelques-uns de nos jardins.* (H.V.)

† *Allium ursinum*, L. — *Ail pétiolé.*—*Beeren-look.* p. 56 (esp. 248); *base du mont Rouge en regard de Westouter* (J.C.); *lieux couverts près la place de Walloncappel; Morbecque; Lynde, etc.* (H.V.)

† *Scilla nutans*, Sm. — *Scille penchée.* — *Wilden hiacint.* p. 58 (esp. 256); *au mont des Récollets, près Cassel.* (H.)

† *Acorus calamus*, L. — *Acore odorant.* — *Lisch-wortel.* p. 58 (esp. 258); *dans les fossés près la Motte au Bois, Thiennes, etc.* (H.V.)

CCCCXI. JUNCUS. *Jonc.* (joncées), p. 58.

810. *J. gerardi*, Lois. — *J. de gérard.* — *Gerards-biezen*, diffère du *J. bulbosus*, L. (esp. 262), par sa tige plus élevée; ses feuil. moins roides; sa panic. plus grêle, plus roide; ses fl. plus petites; ses caps. plus étroites, plus longues; sa bractée dépassant la panicule. v. *dans les prés humides, route de Téteghem, près Dunkerque.* (J.C.)

† *Asparagus officinalis*, L. — *Asperge officinale.* — *Spargie.* p. 60 (esp. 267); *Dunkerque, taillis derrière la citadelle, çà et là.* (J.C.)
Var. B. *Sativus.* On en mange les jeunes pousses.

† *Luzula campestris*, D.C. — *Luzule des champs.* p. 189 (esp. 763 bis), *bord d'une pâture entre Staple et les Cinq Rues.* (H.)

POLYGYNIE. — ovaires nombreux.

† *Alisma plantago*, L. — *Fluteau plantain d'eau.* — *Water wegebrée*, (*pain de grenouille*). p. 63 (esp. 283); *commun dans les fossés en bas d'Hazebrouck.* (H.V.)
La racine de cette plante a été préconisée contre l'hydrophobie, vulgairement appelée la rage.

## CLASSE VII.

HEPTANDRIE. — sept étamines.
MONOGYNIE. — un pistil.

† *Æsculus hippocastanum*, L. — *Marronnier d'Inde.* — *Peerde kastanien*, p. 63 (esp. 285.)

OCTANDRIE MONOGYNIE.   227

## CLASSE VIII.
OCTANDRIE. — HUIT ÉTAMINES.
MONOGYNIE. — UN STYLE OU STIGMATE.

CCCCXII. CHLORA. *Chlore.* (gentianées). Cor. en soucoupe à 8 ou 6-10-12 lobes; stigm. à 2-4 lobes oblongs; caps. à 1 loge; gr. attachées aux bords des valves.

811. *C. perfoliata*, L.— *C. connée.* — *Klora deur bladt.* Tige de 3 à 6 décim., dressée, rameuse vers le haut; feuill. ovales, aiguës, connées, glauques; fl. terminales, pédonculées; cor. jaune, plus longue que le cal., dont les lobes sont profonds, linéaires. A. Juillet-Août; *dans les bois, vers Mons (Belgique); Boulogne, Calais, St-Omer.* (BB.)

† *Vaccinium mirtillus*, L. — *Airelle mirtille.* — *Zwarten mirt.* p. 64 (esp. 287); *mont de Kemmel, mont Noir et mont Rouge; forêt d'Éperlecques et de Ruminghem.* (J. C.)

† *Erica tetralix*, L. — *Bruyère quaternée.* — *Groote heyde.* p. 65 (esp. 295.); *Belgique, bois de Vribens, près Langemarck* (J.C.); *lieux humides; mont des Cattes, mont de Boeschèpe.* (H.)

TRIGYNIE. — TROIS STYLES OU STIGMATES.
CCCCXIII. POLYGONUM. *Renouée.* (polygonées). p. 66.

812. *P. hydropiper*, L. — *R. poivre d'eau.* — *Water-peper. (Persicaire brûlante.* Tige de 3 à 6 décim., redressée; feuil. lancéolées, pointues, glabres, non-tachées, finement denticulées, ponctuées; pétioles très courts; stipul. tronquée, garnie de cils caducs; fl. peu colorées, souvent à 3 lobes, en épis lâches et grêles; 6 étam.; 2 stig.; fr. ovoïde, applati. A. Septembre; *dans les fossés humides, à Cysoing* (BB.), *commun à St-Omer, Ardres, etc.* (J. C.)

Cette plante est excitante et diurétique; appliquée fraîche sur la peau, elle est, dit-on, rubéfiante et vésicatoire. On l'emploie à l'extérieur comme détersive. (Cazin.)

TÉTRAGYNIE. — QUATRE STYLES OU STIGMATES.

† *Paris quadrifolia*, L. — *Parisette à 4 feuil.* — *Vosse druiven.* p. 67 (esp. 305); *au mont des Récollets, près Cassel* (J. C.) Quant à ses vertus, on trouve dans le *Traité des Plantes médicinales indigènes de M. Cazin*, p. 348, le passage suivant :

« La Parisette est émétique, purgative et narcotique. On l'a conseillée dans la manie, les spasmes, la coqueluche, l'épilepsie. Ses fruits peuvent produire l'empoisonnement. »

« Cette plante a une odeur vireuse, narcotique. Tout annonce en elle un médicament énergique que les observateurs ne devraient pas laisser dans l'oubli. L'action de ses fruits et de ses feuilles sur l'organisme paraît assez analogue à celle des narcotiques. »

## CLASSE IX.

ENNÉANDRIE. — NEUF ÉTAMINES.
MONOGYNIE. — UN PISTIL.

† *Laurus nobilis*, L. — *Laurier commun*. — *Lauwer boom*. p. 68 (esp. 307.)

HEXAGYNIE. — SIX PISTILS.

*Butomus umbellatus*, L. — *Butome en ombelle*. — *Gebloembd waterlisch, (Jonc fleuri)*. p. 69 (esp. 308); *dans les eaux près la Motte-au-Bois*. (H. V.)

## CLASSE X.

DÉCANDRIE. — DIX ÉTAMINES LIBRES.
DIGYNIE. — DEUX STYLES.

† *Saponaria officinalis*, L. — *Saponaire officinale*. — *Zeep kruyd*. p.191 (esp. 767); *au bord des champs; Gand, Bruxelles, Mons*. (BB.)

TRIGYNIE. — TROIS STYLES OU STIGMATES.

CCCCXIV. SILENE. *Silène*. (Caryophyllées). p. 71.

\* CAL. GLABRE.

813. *S. inflata*, Sm. — *S. enflée*. — *Cucubalus behen*. L. Tige de 3 à 6 décim., dressée, glabre, rameuse, cylindrique, lisse; feuil. sessiles, lancéolées, aiguës, glabres, glauques; les radicales spatulées; fl. blanches, paniculées, penchées, quelquefois monoïques; cal. vésiculeux, veiné; pétales linéaires, bifurqués, souvent sans appendices; styl. très longs. v. Été; *dans les champs à Desvres* (BB.); *Dunkerque, Téteghem, dans les Dunes*. (J. C.)

\* CAL. VELU.

814. *S. conica*, L. — *S. conique*. Tige de 2 décim., souvent simple, pubescente; feuil. oblongues, lancéolées-linéaires, aiguës, molles, velues; fl. rougeâtres, terminales (quelquefois une seule fleur); cal. conique, à 3 stries vertes, à 5 dents profondes, aiguës, conniventes entre les pétales qui sont roses, bifides, couronnés d'appendices; podogyne assez court; caps. ovale; gr. petites, un peu tuberculeuses. A. Été; *dans les Dunes de Dunkerque; Gravelines; Calais, etc.* (J. C. et Thém. Lestib.)

CCCCXV. STELLARIA. *Stellaire*. (caryopyllées). p. 71.

815. *S. glauca*, With. — *S. glauque*. Diffère du *S. graminea* (esp. 316), par ses feuil. glauques, nullement scabres, les florales scarieuses; les pétal. doubles du cal. fendus presque jusqu'à la base; *lieux inondés, Emmerin* (Thém. Lestib.); *Clairmarais, près St-Omer*. (J.C.)

## DÉCANDRIE TRIGYNIE.

† *S. holostea*, L. — *S. holostée.* — *Groot-sterre-kruyd.* (p. 71.); dans le bois Vandamme et dans les haies à Walloncappel. (H.)

CCCCXVI. ARENARIA. *Sabline.* (caryophyllées), p. 71.

816. *A. marginata*, DC. — *S. à gr. bordées.* — *Arenaria marina.* Sm. tiges de 2 à 4 décim., tombantes et ascendantes, rameuses; feuil. semi-cylindriques, linéaires, filiformes, charnues; sépal. lancéolés, obtus, beaucoup plus courts que la caps.; gr. obovales, arrondies, comprimées, toutes bordées d'une large membrane blanche; fl. grandes, blanches ou rosées. A. Juillet-Août; *très commun sur la plage entre Dunkerque et Gravelines* (BB); *vers le phare à Dunkerque* (J.C.)

817. *A. peploïdes*, L. — *S. maritime.* Tiges d'1 à 2 décim., succulentes, couchées, rameuses; feuil. sessiles, ovales, aiguës, un peu connées, rapprochées, charnues, carénées, sans nervures; fl. blanches, petites, ramassées au sommet des tiges; sépal. sub-aigus, charnus, de la longueur des pétales; caps. arrondies, 3-valves, plus longues que le calice; gr. très grosses, obovales, finement ponctuées, noirâtres et luisantes. v. Juin-Juillet; *dans les Dunes entre Gravelines et Dunkerque* (BB), *sable de la plage.* (J.C.)

† *Arenaria trinervia*, L. — *S. nerveuse.* p. 72 (esp. 317); *dans les bois; Lille, Beaudour* (Thém. Lestib.); *dans les champs de trèfle en bas de Morbecque.* (H.)

PENTAGYNIE. — CINQ STYLES OU STIGMATES.

† *Lychnis flos-cuculi*, L. — *Lampette fleur de coucou.* — **Vriendin der weyden** *(Amourette des prés).* p. 73 (esp. 328); *prés humides, forêt de Nieppe, etc.* (H.V.)

NOTA. — Le 29 Juin 1853, j'ai vu confondre et acheter, par un pharmacien, cette plante pour de la *petite centaurée*, malgré l'énorme différence des caractères botaniques de ces deux espèces de végétaux.

† *Cerastium aquaticum*, L. — *Céraiste aquatique.* p. 75 (esp. 335); *bord de la becque, le long d'un sentier conduisant aux prairies, derrière le chaurfour en bas d'Hazebrouck.* (H.V.)

† *Spergula nodosa*, L. — *Spargoute noueuse.* p. 75 (esp. 338); *bord d'un fossé, rue du deuxième moulin à l'huile, le long du canal d'Hazebrouck* (H.); *Clairmarais, près St-Omer.* (J.C.)

## *CLASSE XI.*

DODÉCANDRIE. — DOUZE A DIX-NEUF ÉTAMINES.

TRIGYNIE. — TROIS STYLES OU STIGMATES.

CCCCXVII. EUPHORBIA. *Euphorbe.* (euphorbiacées). *Tithymalus*, Tourn. — *Esula quorumdam.* p. 78.

818. *E. verrucosa*, L. — *E. verruqueux*. — *Euphorbia dulcis*, Sm. non L. — *E. flavicoma*, D.C. Rac. épaisse, produisant des tiges dures, nombreuses, de 4 à 6 décim., simples ou rameuses, formant des touffes lâches, un peu étalées à la base, puis ascendantes; feuil. presque sessiles, ovales ou oblongues, finement serrulées au sommet, pubescentes au-dessous dans leur jeunesse; ombelle à 5 rayons dressés, une ou deux fois trifides; folioles de l'involucre ovales, celles des involucelles elliptiques-obtuses, rétrécies à la base; caps. arrondies, couvertes de petites verrues cylindriques, mamelonnées; gr. lisses, ovoïdes; ombelles d'un beau jaune au printemps, verdissant ensuite. v. Avril-Juin-Septembre; *terrain argilleux, bord des chemins; champ de blé, drève du Biest à Hazebrouck*. (H.)

† *E. dulcis*, L. — *E. doux*. p. 78 (esp. 344); *assez rare, mont des Récollets, près Cassel*. (J. C.)

## CLASSE XII.
** PAR NOMBRE ET INSERTION DES ÉTAMINES.
### ICOSANDRIE.

20 à 60 étam. ou plus, insérées sur le bord interne du calice ou sur les pétales qui s'y insèrent eux-mêmes.

POLYGYNIE. — PLUS DE CINQ PISTILS.

CCCCXVIII. FRAGARIA. *Fraisier*. (rosacées). p. 85.

819. *F. collina*, Ehr. — *F. des collines*. — *Berg-freezen*. (*F. hispida*, Dub.) Plante d'1 à 3 décim., grêle, velue; folioles cunéiformes, obovales, dentées, couvertes surtout audessous, de poils couchés, soyeux, argentés; poils des pétioles très étalés; ceux des pédoncules apprimés; cal. soyeux, redressé, apprimé sur le fruit; fr. aromatique, ne se détachant pas spontanément, et faisant entendre un petit bruit lorsqu'on le cueille; fl. blanches. v. Mai-Juin; *bois secs, pelouses arides des coteaux* (Bor.); *forêt de Nieppe*. (H.)

## CLASSE XIII.
### POLYANDRIE.

20 à 100 étamines ou plus, attachées immédiatement au réceptacle.

MONOGYNIE. — UN STYLE OU STIGMATE.

CCCCXIX. CISTUS. *Ciste*. (cistées.) Cal. à 5 folioles; cor. de 5 pétal; étam. nombreuses; 1 style; stigm. en tête; caps. à 3-5-10 valves.

820. *C. helianthemum*, L. — *C. hélianthème*. — *Helianthemum vulgare*, Gœrtn. Tiges d'1 décim. et demi, grêles, velues, rameuses, diffuses; feuil. opposées, pubescentes, un peu pétiolées, ovales-oblon-

gues, blanchâtres audessous ; bords révolutés ; spitul. lancéolées ; fl. jaunes, pédicillées, en épi terminal ; cal. presque glabre ; style courbé à la base, sub claviforme ; stigmate simple. v. Été, *lieux secs; Soignies* (Thém. Lestib.); *dans les sables à Téteghem, près Dunkerque.* (J. C.)

## HEXAGYNIE. — SIX STYLES OU STIGMATES.

† *Stratiotes aloïdes*, L.—*Stratiote aloès d'eau.—Krabben klauw of water-aloës.* p. 193 (esp. 774 *bis*); *très abondant à Eperlecques et à Watten, près St-Omer* (J. C.); *Lille, Courtray, Gand.* (B B.)

« La propagation si rapide de cette plante *dans les environs de St-*
« *Omer* est un fait curieux à constater, surtout si l'on considère qu'elle
« est privée là *comme à Lille*, d'une des parties les plus essentielles
« à ce point de vue, la *fleur-femelle !* Il est vrai que la plante en ques-
« tion supplée à cette absence par les *stolons* qu'elle émet chaque
« printemps. J'ai constaté, le 20 Mai 1852, sur un grand nombre de
« pieds la présence de plusieurs de ces organes encore attachés à la
« plante-mère, et portant chacun un individu nouveau, fait déjà an-
« noncé par Roussel. »

« Aux localités de cette plante indiquées par moi dans les environs
« de St-Omer, vous pouvez ajouter le *Clairmarais !* (notamment à
« la Canarderie), et enfin *tous les fossés creusés le long du chemin de*
» *fer, depuis St-Omer jusque près d'Audruicq*, lesquels en sont litté-
« ralement couverts, ainsi qu'il est facile de s'en assurer lorsqu'on
« parcourt cette voie, même en Chemin de fer. »

( Note communiquée par M. J. Cussac ).

## POLYGYNIE. — PLUS DE SIX PISTILS.

CCCCXX. THALICTRUM. *Pigamon.* (renonculacées). p. 91.

821 *T. minus*, L. — *P. mineur. — Kleyne zand-ruyte.* Tige de 3 décim., flexueuse, rameuse, glauque ; feuil. 3-pinnées ; folioles nombreuses, très petites, arrondies, à 3 lobes entiers ou dentés ; fl. penchées, d'un blanc jaunâtre, en panicule étalée ; fr. amincis aux 2 bouts, striés. v. Été ; *Dunkerque, çà et là, taillis derrière la citadelle.* (J. C.)

CCCCXXI. RANUNCULUS. *Renoncule.* (renonculacées). p. 92.

822. *R. divaricatus*, Schranck. — *R. divariquée. — Water haenevoet, (R. aquatilis,* var B, L.) Tige anguleuse, peu rameuse, grêle, alongée ; feuil. toutes submergées, presque sessiles, multifides, à la ciniures sétacées courtes, roides, étalées et rayonnantes en forme de cercle plane, ne se réunissant pas en pinceau, hors de l'eau ; pétal. obovales, beaucoup plus grands que le calice ; caps. hispides, gonflées, atténuées en un bec alongé, comprimé, crochu, n'offrant plus à la maturité qu'une petite pointe droite ; fl. blanches. v. Juin-Septembre ; *eaux paisibles, route de Dunkerque aux petites Moëres.* (J. C.)

† *R. lingua*, L. — *R. langue.* — *Groote egel coolen.* p. 92 (esp. 400); dans les marais d'*Emmerin*, canton d'*Haubourdin*, près Lille. (H. V.)

† *R. flammula*, L. — *R. flammette.* p. 92 (esp. 401); prés humides à *Lynde, Sercus, Renescure.* (H. V.)

† *R. bulbosus*, L. — *R. bulbeuse.* p. 93 (esp. 405); *Hazebrouck*, route de *Merville.* (H.)

† *Caltha palustris*, L. — *Populage des marais.* p. 94 (esp. 408); dans les prés marécageux, à *Borre, Caestre, Hondeghem.* (H.V.) Cette plante est âcre et vésicante.

## CLASSE XIV.
*** PAR NOMBRE ET PROPORTION DES ÉTAMINES.
### DIDYNAMIE. (1)
Quatre étamines, dont deux longues et deux plus courtes, égales entr'elles.
### GYMNOSPERMIE.
FR. EN FORME DE 4 SEMENCES NUES AU FOND DU CALICE.

CCCCXXII. LEONURUS. *Agripaume.* (labiées.) Cal. cylindrique, à 5 angles, à 5 dents acuminées; cor. à 2 lèvres : la supérieure concave, entière, velue en dehors; l'inférieure réfléchie, à 3 lobes égaux; anth. parsemées de points brillans.

823. *L. cardiaca*, L. — *A. cardiaque.* — *Cardiaca trilobata*, Lam. Tige de 9 décim., dressée, ferme, branchue; feuil. pétiolées, ridées, d'un vert foncé au-dessus; les inférieures larges, arrondies, à 3 ou 5 lobes dentés, incisés; les moyennes lancéolées, à 3 lobes entiers, aigus; les supérieures souvent entières; fl. sessiles, serrées, verticillées; bractées-linéaires; lobes du cal. piquans; cor. purpurines ou blanches; lèvre supérieure se déjetant en arrière; étam. velues; gr. terminées par une touffe de poils. v. Août; *lieux incultes; Dunkerque, Petite Synthe.* (J. C.)

CCCCXXIII. MENTHA. *Menthe.* (labiées). p. 97.

824. *M. Sativa*, L. — *M. cultivée.* — *Tamme munt.* Diffère de la *M. aquatique* (esp. 418), par ses verticilles axillaires et non en tête. v. Juin-Août; *bord de fossé, le long d'un champ près la Cannewelle à Hazebrouck.* (H.)

† *M. Hirsuta*, L. — *M. hérissée.* — Var. B. de la *M. aquatique*; commun dans les fossés. (H.)

† *Stachys arvensis*, L. — *Épiaire des champs.* p. 100 (esp. 428); *bord des champs à Bavinchove, le long de la route de Cassel à St-Omer* (H.V.)

---

(1) Les plantes de cette classe ont, presqu'en général, la tige quadrangulaire et les feuilles opposées.

† *Marrubium vulgare*, L. — *Marrube commun*. p. 100 (esp. 430) ; Dunkerque, derrière le Parc de la marine. (J. C.)

† *Thymus serpillum*, L. — *Thym serpollet*. p. 101 (esp. 435) ; *mont des Cattes*, *mont de Boeschèpe* (nord) ; *mont Plaisir*, *près Frévent* (Pas-de-Calais).

Linné attribue au Serpollet donné en infusion la propriété de dissiper l'ivresse et la céphalalgie qu'elle cause. Les bains préparés avec cette plante, comme toutes les plantes aromatiques, sont utiles dans la faiblesse générale, les rhumatismes chroniques, les scrophules, le rachitis et la paralysie.

† *Brunella vulgaris*, T. — *Brunelle commune*. p. 102 (esp. 441) ; commun dans les prés et au bord des champs. Sa propriété consolidante lui a valu le nom de *petite consoude* (H. V.)

CCCCXXIV. SCUTELLARIA. *Toque*. (labiées). p. 102.

Les Toques se distinguent de toutes les labiées par la lèvre supérieure de leur calice qui porte une écaille saillante et concave.

† *S. galericulata*, L. — *T. tertianaire*. p. 102 (esp. 439) ; *forêt de Nieppe*, *bord du canal d'Hazebrouck, en deçà de la Motte-au-Bois* (H.V.)

† *S. minor*, L. — *T. naine*. p. 102 (esp. 440) ; *base du mont Noir et du mont Rouge, forêt d'Éperlecques, près St-Omer*. (J. C.)

Cette plante croît parmi les *Sphagnum*, sorte de mousse dont nous parlerons plus loin.

ANGIOSPERMIE. — SEMENCES RENFERMÉES DANS UN PÉRICARPE.

CCCCXXV. BARTSIA. *Bartsie*. (personées.) Cal. coloré, non renflé, à 4 lobes ; cor. courbée, tubuleuse, à 2 lèvres, la supérieure dressée, entière, l'inférieure petite, réfléchie, à 3 lobes ; anth. plus ou moins velues ; caps. ovale, comprimée, acuminée, à 2 loges, à 2 valves.

825. *B. trixago*, L.—*B. changeante*.—*Lasiopera rhinantha*, Linck et Hoff. Plante de 3 à 5 décim., roide, simple ou rameuse, plus ou moins velue ou pubescente ; feuil. lancéolées, dentées en scie, à dents obtuses, ordinairement alongées ; bractées longuement ovales, les supérieures très entières ; anth. hérissées ; casque de la cor. court, demi-cylindrique ; gr. très petites, non aîlées. Juin ; *mont des Cattes*. (Huissen.)

† *Pedicularis sylvatica*, L.—*Pédiculaire des bois*. p. 104 (esp. 448) ; *assez commun dans les prairies qui avoisinent le mont Noir*. (J. C.)

CCCCXXVI. LINARIA. *Linaire*. (personées). p. 104.

826. *L. triphylla*, M. — *L. Ternée*. — *Dry-bladts-vlas*, Dod. (*antirrhinum*, L.) Plante de 3 à 5 décim., ferme, dressée, glabre, glauque ; feuil. ternées, ovales-elliptiques, obtuses, les supérieures un

peu rétrécies aux deux bouts; divisions du cal. oblongues ou ovales lancéolées, obtuses; éperon aigu, courbé, presque de la longueur de la corolle; fl. en épi; cor. bleue; palais jaune. ʌ. Été; *dans les champs à Hondeghem.* (Desmazières.)

CCCCXXVII. ANTIRRHINUM. *Muflier.* (personées). p. 105.

827. *A. Orontium*, L. — *M. rubicond.* — *Doodts-hoofd.* Tige de 2 à 4 décim., dressée, peu rameuse; feuil. lancéolées, linéaires, glabres, la plupart opposées, sessiles; fl. rouges, solitaires, axillaires, écartées, presque sessiles; lobe médian de la lèvre inférieure étroit, d'abord relevé, recourbé en crochet au sommet; lobes du cal. linéaires, très longs, ʌ. Été; *dans les champs à Roosbeeke, près Roulers* (J.C.); *Lille, Gand, Mons, Flines.* (B B.)

Cette plante porte le nom de *tête de mort.* Quoique vénéneuse, elle est mentionnée dans les ouvrages, mais sans spécification de vertus. (Dorvault.)

CCCCXXVIII. OROBANCHE. *Orobanche.* (personées). p. 106.

828. *O. epithymum*, D C. — *O. Serpollet.* — *Tym-Raepe.* Tiges de 3 à 6 décim., croissant ordinairement en touffes, d'un jaune terne ou rougeâtre, pubescentes, glanduleuses, un peu visqueuses; écail. éparses, ovales-acuminées; sépal. nerveux, lancéolés, subulés, acuminés, plus longs que le tube de la corolle, entiers ou à 1 dent aiguë, divariqués; cor. campanulée, un peu arquée, couverte en dehors de poils glanduleux naissant d'un petit tubercule; lèvres inégales à bords dentés et crépus, la supérieure un peu courbée en avant au sommet, à 2 lobes ouverts, l'inférieure à lobe moyen plus long que les latéraux; étam. insérées, à des points différens, près la base de la cor., parsemées de poils épars à la base, un peu glanduleuse au sommet, ainsi que le style; stigm. d'un rouge obscur, à disque finement velouté, non bordé; fl. d'un blanc jaunâtre ou rougeâtre, à odeur de giroflée. v. Mai-Juin; pelouses sèches sur le *thymus serpillum* (H. V.); *Téteghem, près Dunkerque, lisière des dunes.* (J. C.)

## CLASSE XV.
## TÉTRADYNAMIE.

6 étam. dont 4 sont plus longues et 2 plus courtes opposées l'une à l'autre.
## SILICULEUSE.

SILICULE DONT LA LONGUEUR DÉPASSE TRÈS PEU LA LARGEUR.

CCCCXXIX. DRABA. *Drave.* (crucifères). p. 107.

829. *D. nivalis*, Wild. — *D. des neiges.* — *Draba stellata*, Fl. D. Hampes d'1 décim., dressées, nues, ou d'1 à 3 feuill. très glabres ou étoilées-pubescentes à la base; feuil. dressées en rosette lâche, linéai-

res-lancéolées, ciliées et parsemées de poils étoilés; fl. blanches; pétal. tronqués, échancrés; silicules ovales-oblongues, glabres, veinées, plus longues que les pédicelles glabres; stigm sessile, cylindrique, échancré. v.: *dans un champ près Robecque, arrondissement de Béthune.* (H.)

CCCCXXX. LEPIDIUM. *Passerage.* (crucifères). Cal. ouvert, égal à la base; pétal. entiers; silicule comprimée, déhiscente, ovale, arrondie ou elliptique, à 2 loges monospermes, et à 2 valves en nacelle carénées ou ailées sur le dos; gr. comprimées ou triangulaires.

830. *L. campestre*, Br. — *P. champêtre.* — *Thlaspi*, L. Plante de 3 à 6 décim., couverte de poils grisâtres, très courts; tiges droites, cylindriques, rameuses au sommet, ou dès la base; feuil. radicales, pétiolées, ovales-oblongues, sinuées-dentées ou lyrées, les caulinaires sessiles, amplexicaules-sagittées, denticulées, appliquées contre la tige; silicules ovales, bordées, échancrées, à lobes courts, arrondis, glabres et ponctués de papilles blanchâtres; style très court, dépassant à peine les lobes de la silicule; fl. petites, blanchâtres; en grappes alongées; pédicelles velus. ⚭. Mai-Juin-Juillet; *Wervick, Comines* (BB); *Merris* (H.V.); *abondant à Strazeele, station et voie de fer.* (J. C.)

† *Cochlearia officinalis*, L. Cranson officinal, p. 109 (esp. 465); *Dunkerque, talus des fortifications, au bord des eaux; assez commun au bord de la jetée.* (J. C.)

† *C. armoricia*, L. — *C. rustique. (Raifort sauvage).* p. 109 (esp. 466); *Téteghem, talus limitant les dunes* (J. C.); *lieux humides, Abbaye de Loos.* (BB.)

CCCCXXXI. CAKILE. *Caquillier.* (crucifères). Silicule à 2 articles superposés, indéhiscents, l'inférieur à une graine dressée, le supérieur comprimé, à une graine renversée.

831. *C. maritima*, Scop. — *C. maritime.* — *Zée-rakette. (Bunias cakile*, L.) Tige de 3 décim., très rameuse, diffuse, lisse; feuil. rétrécies à la base, glabres, un peu charnues, pinnatifides, à lobes distans, entiers ou dentés; fl. d'un blanc rougeâtre, en grappes terminales; 1 glande sous les grandes étamines; article supérieur de la silicul. ovale, un peu nerveux à l'état sec, aminci en un style court et ensiforme. ⚭. Juin-Juillet; *dans les sables à Dunkerque.* (H.V. et J.C.)

## SILIQUEUSE.

SILIQUE DONT LA LONGUEUR SURPASSE AU MOINS QUATRE FOIS LA LARGEUR.

† *Sisymbrium sophia*, L.—*Sagesse des chirurgiens*, p.111 (esp. 474); *Dunkerque, derrière la citadelle; Téteghem, lisière des dunes.* (J.C.)

CCCCXXXII. ARABIS. *Arabette.* (crucifères). p. 112.

832. *A. cœrulea*, W.—*A. bleuâtre.*—*Turritis*, All. Tiges d'1 décim., ordinairement pubescentes; feuil. glabres, vertes, les radicales cunéiformes ou en spatule, dentées-anguleuses au sommet, celles de la tige 1-2, oblongues, ordinairement entières; pédicelles égalant le calice; siliq. dressées; fl. bleuâtres, en grappe courte, souvent penchée. v. Avril; *près humides, au bord du canal d'Hazebrouck* (H.)

*Obs.* La découverte annoncée par M. Huissen, de cette plante *dans le centre de notre rayon*, paraît d'autant plus douteuse, 1° que je n'ai pas encore rencontré l'espèce que nous venons de décrire, dans les lieux désignés par lui, 2° que la Botanographie belge n'en fait pas mention, 3° et que la Flore française l'indique dans les provinces méridionales. (H. V.)

833. *A. petrœa*, Lam.—*A. des pierres.*—*Steen-kersse.* ( *cardamine*, L.—*cresson.*) Tiges d'1 à 2 décim., couchées, ordinairement rameuses; feuil. glabres, rudes ou ciliées, à poils simples ou bifurqués, les radicales un peu dentées, celles de la tige oblongues ou lancéolées, entières, sessiles; siliq. demi dressées, grêles, nombreuses, à style presque nul; stigm. en tête; fl. blanches. v. *champs de Rebecque, près St-Venant, arr. de Béthune.* (H.)

CCCCXXXIII. SINAPIS. Moutarde. (crucifères). p. 113.

834. *S. orientalis*, L. — *M. d'Orient.* — *Mostaerd van den oosten.* Tige de 3 décim. dressée, un peu velue; rameaux divergens; feuil. ovales-lancéolées, irrégulièrement sinuées, les inférieures pétiolées; fl. d'un jaune pâle, en grappes d'abord serrées, puis très alongées; petites étam. insérées sur le bord extérieur de leur glande; siliq. cylindrique, souvent très courte, garnie de petits poils dirigés par en bas; corne glabre, un peu comprimée; pédicelle lisse; gr. d'un roux brun. ʌ.; *très commun dans les champs, près Lille.* (Thém. Lestib.)

Var. A. (*S. villosa*, Mer.; non L.) Siliq. longue, cylindrique, striée, peu toruleuse; bec long, conique, très mince au sommet; *commun dans les champs.* (BB.)

## CLASSE XVI.

**** PAR RÉUNION DES ÉTAMINES ENTR'ELLES, OU LEUR ADHÉRENCE AU PISTIL.

### MONADELPHIE.

Étamines soudées par leur filets en un seul faisceau.

### DÉCANDRIE. — DIX ÉTAMINES.

† *Geranium dissectum*, L. — *Géranium découpé.* p. 115 (esp. 493); *champs de trèfle à Hazebrouck, près l'Hoflande.* (H.)

## MONADELPHIE POLYANDRIE.

POLYANDRIE. — ÉTAMINES NOMBREUSES.

CCCCXXXIV. MALVA. *Mauve.* (malvacées), p. 116.

\*\* PÉDONCULES SOLITAIRES.

835. M. *moschata*, L. — M. *musquée.* — *Muske pappels.* Diffère du M. *alcea* (esp. 497), par ses feuil. inférieures réniformes incisées, les supérieures divisées jusqu'à la base; les lobes multifides; les poils tuberculeux, simples, jamais couchés: les fl. exhalant une odeur de musc; les caps. velues. v.; *près Mons, Leuse, etc.* (BB.); *crête des fossés, bord des haies, etc., entre Dranouter et Lookeren* (J.C.)

† M. *alcea*, L. — M. *alcée.* p. 116 (esp. 497). Juillet ; *au bord des bois, Tournay, Ypres, Wervick, etc.* (BB.)

### *CLASSE XVII.*
### DIADELPHIE.

Étamines soudées par leurs filets en deux faisceaux. Ordinairement une étamine est isolée.

### DÉCANDRIE. — DIX ÉTAMINES OU ANTHÈRES.

† *Lathyrus, palustris*, L.—*Gesse des marais.* p. 121 (esp. 517). Été; *forêt de Clairmarais, près St-Omer.* (J. C.)

CCCCXXXV. ASTRAGALUS. *Astragale.* (légumineuses). Cal. à 5 dents; gousse divisée en 2 loges par les bords rentrans de la soudure inférieure.

836. *Glycyphyllos*, L. — A. *à feuil. de réglisse.* — *Wilden ervum*, Dod. Tiges de 3 à 6 décim., couchées, glabres, flexueuses; stipul. caulinaires, grandes, lancéolées, entières; feuil. impari-pinnées, à 9-11 folioles grandes, ovales, glabres; fl. jaunes, en épis ovales-oblongs, pédonculés, axillaires; bractées linéaires, lancéolées; étendard dépassant à peine les ailes; gousses alongées, glabres, un peu arquées. v. Juin-Juillet; *bois de la Belgique, Tournay, etc.* (BB.)

CCCCXXXVI. TRIFOLIUM. *Trèfle.* (légumineuses). p. 195.

337. T. *fragiferum*, L.—T. *fraise.*— *Freeze-klaver.* Tiges d'1 à 3 décim., rampantes; stipul. subulées, longues, entières; pétiol. très longs; foliol. obovales ou obcordées, denticulées; pédonc. très longs; axillaires, glabres ou cotonneux; fl. d'un rose pâle, en tête sphérique, cal. velu, à 5 dents droites, fines, égales, sa lèvre supérieure s'accroît à la maturité, devient concave, presque transparente, se rabat sur l'inférieure et recourbe ses deux dents en haut; étendard plus long que la carène; fr. monosperme s'ouvrant par le dos. v. Août; *commun dans les lieux humides, Emmerin* (Thém. Lestib.); *Dunkerque sur la plage, endroits marécageux.* (J. C.)

CCCCXXXVII. LOTIER. *Lotier.* (légumineuses). p. 126.

838. *L. tenuis*, Kit. — *L. à feuil. menues.* — *Lotus corniculatus tenuifolius*, L. Tiges de 2 à 5 décim., très grêles, étroitement fistuleuses, rameuses, alongées, tombantes, glabres ou à poils étalés; folioles des feuil. inférieures obovales, cunéiformes, celle des feuil. supérieures linéaires, lancéolées, aiguës, ainsi que les stipules; pédonc. alongés, à capitules de 1 à 2 fl.; dents du calice courtes, subulées, conniventes avant l'anthèse, puis écartées; étendard obovale, arrondi; ailes oblongues, obovales; carène ascendante à angle droit; légum. droits, alongés, verdâtres, dressés ou étalés; fl. jaunes, verdissant par la dessiccation. v. Mai-Septembre; *prés et lieux humides; Dunkerque.* (J. C.)

† *Melilotus officinalis*, L. — *Mélilot officinal.* p. 126 (esp. 535.) B. Été; *bord du canal d'Hazebrouck; forêt de Nieppe, en deçà de la Motte-au-Bois* (25 août 1852, H. V.)

CCCCXXXVIII. MEDICAGO. *Luzerne.* (légumineuses). p. 126.

839. *M. minima*, Lam. — *L. naine.* — *Alderkleynste klaverhoy.* Plante de 1 à 2 décim., pubescente, souvent blanchâtre; tiges grêles, rameuses, couchées, ou redressées; folioles obovales, denticulées au sommet; stipul. ovales, presque entières; pédonc. axillaires, portant de 1 à 6 fl.; légum. pubescents, arrondis, à 4 ou 5 spires lâches, non veinées, bordées de chaque côté d'un rang d'épines courtes, étalées, crochues au sommet et marquées d'un sillon à la base; fl. jaunes. A: Mai-Juillet; *lieux pierreux ou sablonneux; fortifications de Dunkerque.* (J. C.)

CCCCXXXIX. ANTHYLLIS. *Anthyllide.* (légumineuses). Cal. persistant, ventru, à 5 dents; légum. petit, pédicillé, monosperme, renfermé dans le calice.

840. *A. vulneraria*, L. — *A. vulnéraire* — *Triolet jaune.* Tige de 3 décim., presque couchée, rameuse; feuil. ailées de 7 à 9 folioles ovales-alongées, entières, épaisses, pubescentes, les inférieures à folioles terminales, très grandes, ovales, et à folioles latérales très petites, même nulles; fl. en têtes terminales, solitaires ou géminées, entourées de bractées cunéiformes, de 3 à 5 parties; cal. coupé très obliquement, pubescent, blanchâtre; cor. jaune, souvent orangée au sommet; style long, filiforme, un peu coudé, attaché un peu latéralement. v. Été; *lieux secs; fortifications de Dunkerque* (J. C.); *Soignies* (Thém. Lestib.)

## CLASSE XVIII.
### POLYADELPHIE.

Étamines réunies en plusieurs collections distinctes.

POLYANDRIE. — ÉTAMINES NOMBREUSES.

† *Hypericum humifusum*, L. — *Millepertuis couché.* p. 128 (esp. 543); *lieux secs, bois du général Vandamme* (H. V.); *mont des Récollets* (J. C.)

# CLASSE XIX.
## SYNGÉNÉSIE. (1)

Étamines libres par les filets, mais réunies par les anthères et formant un tube cylindrique.

### POLYGAMIE ÉGALE.

TOUS LES FLEURONS ET DEMI-FLEURONS HERMAPHRODITES ET FERTILES.

CCCCXL. TRAGOPOGON. *Salsifix.* ( composées ). *Chicoracées.* p. 129.

841. *T. Majus*, Jacq. — *S. à gros pédonc.* — *Groote morgensterre.* *(Étoile du matin).* Tige de 6 décim., droite, simple ou rameuse ; feuil. glabres, un peu floconneuses à la base; pédonc. fistuleux et fortement renflés en massue au sommet; invol. de 8 à 12 folioles dépassant les fleurs; fr. extérieurs à angles aigus, fortement hérissés de petites écail. tuberculeuses ; fl. jaunes. v. Juin-Août; *dans les fortifications de Dunkerque* (J. C.); *fortifications de Tournay.* (B B.)

CCCCXLI. HIERACIUM. *Épervière.* ( composées ). *Chicoracées.* p. 131.

842. *H. Sylvaticum*, Sm. — *É. des bois.* — *Bosch-havikskruyd.* Tige de 3 à 6 décim., droite, presque lisse, un peu fistuleuse, à rameaux en corymbe, plus ou moins feuillée; feuil. presque toutes pétiolées, les radicales étalées, plus ou moins grandes, vertes, minces, parfois maculées de rouge, hérissées au-dessous et sur les bords, ovales-lancéolées ou ovales-rétrécies à la base, irrégulièrement dentées, dents inférieures plus profondes, dirigées en haut; pédonc. et invol. parsemés d'un duvet blanchâtre étoilé et en même temps de poils noirs et glanduleux; fl. jaunes. v. Mai-Juillet; *pelouses couvertes; bois de Morbecque*, à l'endroit appelé Kruys-Abeel. (H. V.)

† *H. umbellatum*, L. — *E. en ombelle.* p. 132 (esp. 557); *Dunkerque, taillis des dunes* (J. C.); *dans les bois Verlinghem, Gheluvelt* (Th. Lestib.); *au bois Vandamme*, à l'endroit dit Tovereeg-Wal. (H.)

† *Crepis virens*, L. — *Crépide verdâtre.* p. 132 (esp. 560). *C. farinosa*, B B. Je place ici comme variétés de cette espèce le *C. dioscoridis*, L., et le *C. tectorum*, L., dont les tiges de 5 à 6 décim., lisses, striées, rougeâtres portent des fleurs terminales plus ou moins petites, jaunes, un peu rayées de rouge au-dehors.

Ces plantes ou plutôt les var. de cette espèce sont remarquables, la première *(C. diosc.)* par la forme lancéolée et alongée de ses feuil.

---

(1) La Syngénésie se divise en Polygamie égale. Polygamie superflue, Polygamie frustranée, Polygamie nécessaire et Polygamie séparée.

qui ressemblent à celle de la chicorée-endive, et dont le limbe, large presque uniformément vers le milieu de la feuille, est bordé de dents plus ou moins longues et recourbées. Les feuilles radicales offrent des poils sur la nervure principale, mais du reste elles sont très glabres ; celles qui occupent le haut de la tige sont sagittées, amplexicantes, entières ou marquées près de leur base de quelques dents aiguës. La deuxième var. (*C. tect.*) n'en diffère que par sa tige plus grêle et sa fleur, parfois plus petite.

Ces variétés croissent *dans les champs et aux bords des chemins près Bruxelles* (D. et P.); *Valenciennes* (Hec.); *Gand* (Vanh.); *Lille* (Thém. Lestib.); et je puis ajouter qu'elles ne sont pas moins communes *dans l'arrondissement d'Hazebrouck, notamment à Steenvoorde, Strazeele, Borre, Boeseghem, etc.* (H. V.)

† *Hyoseris minima*, L. — *Hyoséride fluette.* p. 132 (esp. 561); *champs à la base du mont Noir; à St-Jean-Cappel, également au sommet du mont Rouge.* (J. C.)

† *Hypochœris radicata*, L.—*Porcelle radiqueuse.—Verkens-wortel.* p. 133 (esp. 563). *Cette plante, commune dans les prés, varie dans les lieux secs, à tige simple uniflore.* (H. V.)

CCCCXLII. ONOPORDON. *Onoporde.* (composées). *Cynarocéphales.* Invol. ventru, à écail. terminées en épines ; fleurons hermaphrodites ; réceptacle creusé d'alvéoles dont les bords sont membraneux ; gr. comprimées, tétragones, cannelées en travers ; aigrette caduque, à poils simples, soudés à la base.

843. *O. acanthium*, L. — *O. acanthe.* — *Acanos of wegdistel.* (*Pédane.*) Tige de 9 à 12 décim., épaisse, branchue, blanchâtre; feuil. très grandes, sinuées-pinnafitides, décurrentes, très épineuses, souvent blanchâtres. fl. terminales et axillaires, grosses, purpurines ou blanches. ⚤. Juin-Juillet; *Dunkerque, dans les fortifications* (J.C.); *le long des chemins, Beuvry, Cambrai, etc.* (Thém. Lestib.)

CCCCXLIII. CARDUUS. *Chardon.* (composées). *Cynarocéphales.* p. 135.

844. *C. tenuiflorus*, Sm.— *C. à fl. menues.*—*Carduus acanthoïdes*, Lam. Tiges de 6 décim., cannelées, cotonneuses, branchues ; feuil. oblongues, sinuées, dentées, épineuses, blanchâtres, très décurrentes ; fl. purpurines, agrégées (3-6 ensemble), terminales ; invol. oblong, de la grosseur d'une noisette ; écail. droites, souvent rougeâtres au sommet. ⚤. Juin ; *Tournay, Lens* (Thém. Lestib.); *commun à Dunkerque, terrain vague en face la station du chemin de fer; fortifications, route de la jetée, etc.; Calais, porte St-Pierre, etc.* (J.C.)

† *Carduus nutans*, L. — *Chardon penché.* p. 135 (esp. 375). B. Juillet ; *commun sur les berges, etc.* (Thém. Lestib.); *Dunkerque, près la station.* (J. C.)

† *Carlina vulgaris*, L. — *Carline vulgaire*. — *Everwortel*. p. 137 (esp. 581). A. Juillet-Août ; *bords des chemins et des haies, entre le mont de Kemmel et Lookeren.* (J. C.)

† *Bidens tripartita*, L.—*Bident chanvrin*. p. 137 (esp. 582) ; *bords des fossés à Godewaersvelde, Strazeele, Vieux-Berquin et Hazebrouck.* (H. V.)

## POLYGAMIE SUPERFLUE.

FLEURONS DU CENTRE HERMAPHRODITES ; CEUX DE LA CIRCONFÉRENCE FEMELLES.

† *Tanacetum vulgare*, L.—*Tanaisie vulgaire*.—*Wormkruyd*. p. 138 (esp. 585). *Digue de St-Venant à Aire* (H.) ; *sur les remparts de Lille et de St-Omer ; au Krekelsberg à Morbecque ; bord du canal d'Hazebrouck, en deçà de la Motte-au-Bois, forêt de Nieppe ; Eecke, Lagorgue, dans une prairie, au bord de la Lys.* (H. V.)

CCCCXLIV. ARTEMISIA. *Armoise*. (composées). *Corymbifères*. p. 138.

845. *A. maritima*, L. — *A. maritime*. — *Zée-Alsem*. Plante entièrement cotonneuse ; tige de 3 à 6 décim., striée, rameuse ; feuilles multifides, à lobes linéaires, planes, sub-obtus ; les florales linéaires ; fl. jaunâtres, petites, nombreuses, pendantes, en grappes terminales ; invol. ovoïde, cotonneux à la base, renfermant 5 ou 7 fl., dont 2 ou 3 femelles. v. Septembre ; *Dunkerque, bords de la mer et derrière la citadelle* (J. C. et Thém. Lestib.)

Cette plante est employée d'une manière tout-à-fait populaire dans nos campagnes, comme anthelmintique. On en fait bouillir 4 gram. dans 1 hectogr. d'eau ; on édulcore avec suffisante quantité de sucre et l'on administre cette dose à jeun pendant plusieurs jours. (Cazin.)

† *A. vulgaris*, L.—*A. vulgaire*. — *Byvoet of sint-jans-kruyd*. p. 138 (esp. 586) ; *derrière le Parc de la marine, à Dunkerque* (J. C.) ; *bords des champs, près Cœur-Joyeux, en deçà de la place de Borre.* (H. V.)

CCCCXLV. GNAPHALIUM. *Gnaphale*. (composées). *Corymbifères*. p. 139.

846. *G. montanum*, Wild. — *G. de montagne*. — *Berg-katoen-kruyd*. (*Filago*, L. — *Cotonnière*). Plante grêle d'1 à 5 décim. ; tige dressée simple et dichotome au sommet ou rameuse dès sa base ; feuil. linéaires-lancéolées, dressées, apprimées, tomenteuses ; fl. blanc-jaunâtres, coniques, en petits glomérules axillaires, latéraux et terminaux dépassant les feuilles ; folioles de l'invol. tomenteuses, à pointe un peu obtuse, glabre et luisante. A. Août-Septembre ; *champs sablonneux ; sommet du mont Noir et du mont Rouge.* (J. C.)

CCCCXLVI. CONYZA. *Conyze*. (composées). *Corymbifères*. Invol. imbriqué ; réceptacle nu ; fleurons tubuleux ; ceux du centre hermaphrodites, à 5 dents; ceux de la circonférence femelles, filiformes, à 3 dents; aigrette poilue.

847. *C. Squarrosa*, L. — *C. rude.* — *Gemeyne conyza. (Conyza vulgaris*, Lam). Tige de 6 à 9 décim., rameuse, dressée, velue, dure; feuil. ovales-lancéolées, velues, un peu blanchâtres audessous, denticulées, rétrécies en pétiole ; fl. rougeâtres audehors, en corymbe terminal, garni de feuilles ; invol. cylindrique ; écail. linéaires, verdâtres, ciliées, recourbées au sommet. B. Septembre ; *dans les lieux secs, sur les remparts de Lille* (Thém. Lestib.); *forêt de Nieppe, bord du canal d'Hazebrouck, en deçà de la Motte-au-Bois, 25 Août 1852.* (H.V.)

CCCCXLVII. SENECIO. *Seneçon.* (composées). *Corymbifères.* p.140.

848. *S. erucæfolius*, D. C. — *S. à feuil. de roquette.* — *Derde kruyskruyd.* Tige de 3 à 6 décim., dressée, velue, cotonneuse ; feuil. rétrécies aux deux extrémités, à lobes profonds, peu dentés, velus, cotonneux surtout audessous ; fl. un peu plus petites que dans la *Jacobée*, en corymbe terminal ; invol. hémisphérique, velu ; gr. velues ; aigrette blanche, courte. v. *forêt de Clairmarais, près St-Omer* (J. C.); *environ de Bruxelles.* (P. et D.)

CCCCXLVIII. CHRYSANTHEMUM. *Chrysanthème.* (composées). *Corymbifères.* p. 142.

849. *C. segetum*, L. — *C. des blés.* — *Gulde margriete. (Marguerite dorée).* Tige de 3 à 6 décim., dressée, rameuse, striée, glabre ; feuil. glabres, d'un vert glauque, embrassantes, les inférieures sub-pinnatifides, à lobes 3-fides, dilatés, les supérieures étroites, aiguës, dentées ; fl. grandes, solitaires au sommet des rameaux ; disque et rayons d'un jaune doré ; écail. de l'invol. glabres, scarieuses et un peu dentelées au sommet ; rayons larges ; gr. glabres, régulièrement cannelées. A. Août-Septembre; *dans les champs, Wervick, Dunkerque* (Thém. Lestib.); *Ardres, Juquière, près St-Omer, lisière du Pas-de-Calais, et sur le plateau dépendant du mont Rouge, extrême frontière belge.* (J. C.)

850. *C. inodorum*, L. — *C. inodore.* — *Pyrethrum*, Gart. Tige de 3 décim., rameuse, glabre ; feuil. 2-3 pinnées ; lobes capillaires un peu charnus, terminés par une petite pointe blanche ; fl. terminales semblables à celles du *Matricaria chamomilla* (602), mais plus grandes ; pédoncules nus ; rayons blancs, terminés par 3 dents ; disque jaune; gr. marquées de 3 côtes membraneuses. A. ; *champs, montagnes, routes* (F F.); *çà et là, près Dunkerque.* (J. C.)

† *Matricaria chamomilla*, L. — *Matricaire camomille.* p. 143 (esp. 602); *dans les champs de trèfle en bas d'Hazebrouck.* (H.)

† *M. parthenium*, L. — *M. odorante.* — (*Chrysanthemum parthenium*, pers.) p. 143 (esp. 603); *dans une haie à Ste-Mariecappel* (J.C.);

au coin d'une pâture près l'Hazewynde et sur le mur du Jardin des Plantes à Lille, côté de la rivière. (H. V.)

CCCCXLIX. ANTHEMIS. *Camomille.* (composées). *Corymbifères.* p. 143.

851. *A. arvensis*, L.—*C. des champs.*— *Veld-kamille.* Tiges de 3 à 6 décim., souvent dressées, velues, grisâtres, ainsi que les feuil. qui sont 2-3 pinnatifides, à lobes étroits, courts, aigus; fl. terminales, peu nombreuses; invol. velu; écail. scarieuses et brunâtres en leurs bords; disque jaune; rayons blancs; réceptacle conique; paillettes subulées, plus longues que les fleurs. B. Juin-Juillet; *chemin des Postes, Ghéluvelt* (Thém. Lestib.); *environs de Cassel* (Desm.). Cette plante n'a presque pas d'odeur.

CCCCL. ASTER. *Aster.* (composées). *Corymbifères.* p. 145.

852. *A. tripolium*, L.—*A. maritime.*—*Zée-sterre.* Tige de 3 à 9 décim., cannelée, rameuse, glabre; feuil. un peu charnues, lisses; fl. en corymbe terminal; disque jaune, rayons bleuâtres; écail. de l'invol. sub-obtuses; aigrette longue, blanchâtre. v. Août-Septembre; *endroits humides, çà et là près Dunkerque* (J. C.)

## CLASSE XX.

### GYNANDRIE.

Étamines adhérentes au pistil ou posées sur lui.

DIANDRIE. — DEUX ÉTAMINES.

† *Orchis morio*, L. — *Orchis bouffon.* p. 148 (esp. 613); *mont des Récollets* (J. C.); *dans les prés à Vieux-Berquin, Strazeele, Hazebrouck.* (H. V.)

† *O. bifolia*, L.— *O. à 2 feuil.* p. 148 (esp. 617); *mont des Récollets* (J. C.); *mont des Catles.* (H.)

† *Ophrys ovata*, L. — *Ophrys ovale.* p. 150 (esp. 624). *Forêt de Nieppe, Pradelles, Frévent.* (H. V.)

CCCCLI. SERAPIAS. *Helléborine.* (orchidées). p. 150.

853. *S. palustris*, L.—*H. à larges feuil.*—*Epipactis*, All. diffère de l'espèc 626, par ses feuil. plus larges, ovales; ses fl. beaucoup plus nombreuses, d'abord d'un blanc verdâtre, puis purpurines; label égal aux autres lobes, aigu. v. Juin-Juillet; *commun dans les bois à Loos, près Lille* (Thém. Lestib.); *taillis derrière la citadelle à Dunkerque.* (J. C.)

## CLASSE XXI.
***** PAR SÉPARATION DES SEXES.

### MONŒCIE.
Fleurs mâles séparées des femelles sur la même plante.

### MONANDRIE. — UNE ÉTAMINE.

CCCCLII. ZANICHELLIA. *Zanichelle.* (naïades). Fl. mâles à 1 étam. nue à la base des femelles ; fl. femelles à cal. monophylle ; 2 ou 3 ovaires courbés ; style court.

854. *Z. palustris*, L. — *Z. des marais.* Tiges grêles, longues, rameuses, flottantes ; feuil. filiformes, alternes, opposées ou fasciculées ; anth. quadriloculaire ; fl. femelles axillaires ; fr. denticulés sur le dos ; stigm. applati, entier. A. Mai-Juin ; *route de Téteghem, petits fossés opposés au canal des Moëres* (J. C.) ; *commun dans les eaux de la Belgique.* (Thém. Lestib.)

### DIANDRIE. — DEUX ÉTAMINES.

† *Lemna gibba*, L. — *Lenticule gonflée.* p. 152 (esp. 633) ; *abondant dans les fortifications de Dunkerque.* J. C.)

### TRIANDRIE. — TROIS ÉTAMINES.

† *Typha latifolia*, L. et *T. angustifolia*, L. *massette à large feuil.* et *M. à feuil. étroites. Kousseboters.* p. 153 (esp. 634) ; *dans les fossés le long du chemin de fer en face l'Hollande.* (H. V.)

CCCCLIII. CAREX. *Laiche.* (cypéracées). p. 154.

855. *C. trinervis*, Degl. — *L. à 3 nervures.* — *Gramen*, BB. Rac. fibreuses, hérissées d'un duvet fin ; tige d'1 décim., à 3 angles, lisse, striée ; écail. roides, presque lisses, glauques, carènées, presque trigone au sommet ; 1 ou 2 épis mâles ; 3 ou 6 épis femelles ; écail. oblongues, d'un roux pâle, à peine pointues ; urcéoles un peu pointus, marqués de 3 nervures sur la face externe, entiers, aussi longs que les écailles. v. Mai ; *dans les dunes de Dunkerque*, 27 Juin 1852. (J. Cussac.)

856. *C. leporina*, L. — *L. de lièvre.* — *Carex ovalis*, Good. Rac. fibreuse ; feuil. linéaires un peu rudes ; tige d'1 à 3 décim., trigone ; épi d'un rouge mêlé de vert, ovale-oblong ; 7 à 8 épillets, obtus, garnis d'une bractée acérée ; fl. mâles, peu nombreuses. v. *St-Omer, aux bruyères* (H.) ; *mont Noir, mont Rouge et mont de Kemmel.* (J.C.) ; *Bruxelles, Lille.* (BB.)

857. *C. arenaria*, L. — *L. des sables.* — *Zand-gas.* Rac. (rhizome) longue ; tige d'1 décim., souvent courbée, triangulaire, un peu rude ; feuil. longues, étroites, un peu rude ; 5 à 8 épillets munis d'une

## MONŒCIE TRIANDRIE.

bractée aiguë, formant un épi oblong, pointu; urcéoles acérés, comprimés, membraneux et denticulés sur les bords, bifides au sommet. v. Mai; *dans les dunes à Dunkerque.* (J. C.)

† *C. pallescens*, L.—*L. pâle.* p. 155 (esp. 651); *mont des Récollets.* (H).

† *C. vesicaria*, L.—*L. en vessies.* p. 156 (esp. 655); *forêt de Nieppe, à la Motte-au-Bois.* (J. C.)

858. *C. præcox*, Jacq.—*L. précoce.—Gramen*, B B. Rac. rampante; tige d'1 à 3 décim., demi-cylindrique; feuil. étroites, rudes; 3 à 4 épis, le supérieur mâle, les autres femelles portant parfois quelques fleurs mâles au sommet; l'inférieur porté quelquefois par un long pédicelle radical; écail. brunes avec la nervure verte; urcéoles ovales, presque triangulaires, entiers, pubescens. v. Avril-Mai, *mont des Récollets*, où on trouve également le C. *patula* sive *Sylvatica*, Sc. p.156 (esp. 653.)

858 bis. C. *ericetorum*, Poll. — *L. des bruyères.* — C. *ciliata*, Sc. Rac. un peu rampante; feuil larges, courtes, rudes; tige d'un décim., lisse, presque cylindrique; 3 épis rapprochés, sessiles, le supérieur mâle, oblong, droit, obtus, les 2 autres femelles, presque globuleux, munis d'une bractée semblable aux écail.; écail. brunes, à bords blancs, scarieux, presque ciliés; urcéoles ovoïdes, cotonneux. v. Mai. *Stambruges* (Hocq.); *St-Omer.* (Thém. Lestib.)

† C. *pulicaris*, L. — *L. pucière.* p. 164 (esp. 640); *abondant dans une prairie marécageuse et spongieuse, située au pied du mont rouge, côté en regard de Westouter.* (J. C.)

† C. *muricata*, L.—*L. rude.* p.154 (esp. 642); *mont des Récollets* (H.V.)

† C. *stellulata*, L. — *L. étoilée.* p. 154 (esp. 644); *Saint-Omer, aux bruyères.* (H.)

† C. *remota*, L.—*L. espacée.* p.154 (esp. 645); *mont des Récollets* (J.C.)

† C. *pilulifera*, L. — *L. à pilules.* p. 155 (esp. 647); *mont des Récollets.* (J. C.)

POLYANDRIE. — DIX ÉTAMINES ET AU-DELA.

† *Sagittaria sagittifolia*, L.—*Flêchière sagittée.—Serpents-tonge.* (*Sagittaire aquatique*). p. 159 (esp. 668); *abondant près la place de Wormhout, dans la petite rivière de l'Yser.* (27 Août 1852).

Nous ne doutons pas que ce soit là exactement l'endroit où le botaniste, dont nous avons parlé à la page151, a fait sa célèbre découverte en trouvant une nouvelle variété d'*arum*, dans la *langue de serpent*.

CCCCLIV. CERATOPHYLLUM. *Cornifle.* (onagraires). Cal. à 8 ou 10 divisions; cor. O; fl. mâles, à 10 ou 20 étam.; fl. femelle; ov. supère, à 1 gr. renversée.

859. C. *demersum*, L. — *C. nageant.* Tiges longues, nageantes, rameuses; feuil. verticillées (6-8 nées), dichotomes, à lobes capil-

laires, solitaires, petites, sessiles; fr. elliptiques, à 3 cornes, 1 droit, terminale, et 2 divergentes placées vers la base. v.; *commun sur la route de Téteghem, canal des Moëres.* ( J. C. )

860. C. *submersum*, L.—*C. submergé.* Diffère du précédent par son fr. sans cornes; ses feuil. souvent sans dents; *dans quelques mares à Warem, près les petites Moëres* (J. C. ); *Dunkerque,* etc. (Th. Lest.)

## CLASSE XXII.

### DIŒCIE.

Fleurs mâles sur une plante ; fl. femelles sur une autre de la même espèce.

### DIANDRIE. — DEUX ÉTAMINES.

† *Salix repens*, L. — *Saule rampant.* p. 165 (esp. 685); *Dunkerque, taillis des dunes.* ( J. C. )

### TÉTRANDRIE. — QUATRE ÉTAMINES.

CCCCLV. HIPPOPHAË. *Argousier.* (élœagnées). Fl. mâles : cal. à 2 divisions profondes; 4 étam. presque sessiles ; fl. femelles : cal. à 2 div. moins profondes ; ov. supère; stigm. épais; fr. baie 1 loculaire, monosperme.

861. *H. rhamnoïdes*, L. — *A. faux nerprun.* — *Valschen purgeer doorn.* ( *Griset* ). Arbrisseau à rameaux tortueux, spinescens; écorce grise ou brune; feuil. oblongues, étroites, d'un vert grisâtre audessus, blanches et garnies d'écail. rayonnantes et rousses audessous ; fl. en grappes, naissant avant les feuilles ; baie d'un jaune orangé. L. *dans les dunes de Dunkerque; Calais, Gravelines,* etc. (J. C. et Thém. Lestib. )

### HEXANDRIE. — SIX ÉTAMINES.

† *Tamus communis*, L.—*Tamne commun.*—*Onzer vrouwen zegel.* p. 167 (esp. 690 ); *à la base du mont Noir.* ( J. C. )

## CLASSE XXIII.

### POLYGAMIE.

Fleurs hermaphrodites, fl. mâles et fl. femelles sur une même plante ou sur deux individus différens.

### MONŒCIE.

FLEURS MALES SÉPARÉES DES FEMELLES SUR LA MÊME PLANTE.

† *Parietaria officinalis*, L. — *Pariétaire officinale.* — *Glas kruyd.* p. 170 (esp. 669 ); *lieux ombragés, près la becque de Borre.* ( H. V. )

## DIŒCIE.
FLEURS MALES SUR UNE PLANTE, FL. FEMELLES SUR UNE AUTRE DE LA MÊME ESPÈCE.

† *Fraxinus ornus*, L.—*Frêne pétalé.*—*Esschelaer.* p. 171 (esp. 700).

NOTA. La plupart des genres de cette classe ont été répartis dans les précédentes, d'après la considération de la fleur hermaphrodite, ou ont été placés dans la *monœcie* ou la *diœcie*.

## CLASSE XXIV.
\*\*\*\*\*\* PAR OCCULTATION DES PARTIES CONSTITUANTES DES SEXES.

### CRYPTOGAMIE.
Fleurs dont les parties sexuelles sont cachées ou invisibles ou indéterminées.

### FOUGÈRES.
PLANTES DONT LA FRUCTIFICATION OCCULTE EST SITUÉE OU SUR LE DOS DES FEUILLES, OU EN ÉPI TERMINAL, OU EN GLOBULES PRÈS DES RACINES.

† *Equisetum telmateya*, Ehr.—*Prèle des marais.* (*E. fluviatile*, L.) *Groot peerd-steert.* p.172 (esp.702); *base du mont noir et du mont rouge; forêt d'Éperlecque et de Ruminghem* (J. C.); *Borre, Sec-Bois* (Vand. M.); *Ghéluvelt, mont de Trinité, Montreuil.* (Thém. Lestib.)

† *E. palustre*, L. — *P. des marais.* — *Water peerd-steert.* p. 172 (esp. 703; *Morbecque, ancien chemin de St-Venant.* (H.)

† *Blechnum spicant*, Sm. — *Osmonde en épi.*—*Bosch-Varen.* p. 173 (esp. 708); *forêt d'Éperlecques et de Ruminghem, près St-Omer,* (J.C.); *mont des Récollets.* (H. V.)

### MOUSSES.
PLANTES HERBACÉES A FRUCTIFICATIONS OCCULTES, ANTHÉRIFORMES, OU EN ROSETTE, OU EN GODET.

CCCCLVI. SPHAGNUM. *Sphaigne.* (mousses). Urne unilatérale ou terminale pédonculée; pédonc. terminés par un bourrelet circulaire; coiffe rompant en travers, laissant les débris attachés au bas de l'urne; opercule applati.

862. *S. palustre*, L. — *S. des marais.* — *Water-most.* Tiges d'environ 1 décim., droites, garnies de beaucoup de rameaux courts, feuillés, formant des gazons très épais; feuil. très petites, lancéolées, pointues, imbriquées, molles, d'un vert glauque, et devenant tout-à-fait blanches; urnes globuleuses, ramassées plusieurs ensemble au sommet des tiges; *lieux humides des bois.* (B B.)

### ALGUES.
PLANTES MOINS PARFAITES QUE LES PRÉCÉDENTES, A FRUCTIFICATION MOINS SENSIBLE : CE SONT OU DES CUPULES, OU DES VÉSICULES, OU DES POUSSIÈRES RÉPANDUES SUR LEUR SURFACE QUI EST D'UNE CONSISTANCE OU CORIACE OU FIBREUSE.

CCCCLVII. CHAOS. *Chaos.* (algues). *Chaodinées.* Corpuscules sphériques, solitaires, épars dans un mucus amorphe.

863. *C. primordialis,* Bor. St-Vinc. — *C. primordial.* Globules sphériques, verts, d'un diamètre variable. *Il colore en beau vert les pierres humides, la terre, etc.; il vient aussi dans l'eau.* (Th. Lest.)

CCCCLVIII. LEPRA. *Lèpre.* (lichénées). Sporidies globuleuses, formant une croûte pulvérulente, mince, uniforme, étendue.

864. *L. flava,* D. C. — *L. jaune.* — *Lepraria,* Ach. Croûte d'un jaune pur et vif, mince, grenue, peu fendillée; globules, glabres, très petits; *toujours sur les poutres et les écorces d'arbres.* (BB.)

865. *L. odorata,* D. C. — *L. odorante.* — *Lichen rubens,* Hoff. Croûte mince, grenue, un peu floconneuse (à la loupe), rouge étant fraiche, cendrée et verdâtre étant sèche; *sur les écorces des arbres.* (BB.)

## CHAMPIGNONS.

VÉGÉTAUX SOUVENT PARASITES, DE CONSISTANCE MUCILAGINEUSE, CHARNUE OU TUBÉREUSE, JAMAIS COLORÉS EN VERT, D'UNE FORME EXTRÊMEMENT VARIABLE.

CCCCLIX. AGARICUS. *Agaric.* (champignons). p. 177.

866. *A. alneus,* L. — *A. de l'aulne.* — *Berken-Kampernoelie.* D'abord sessile, en coupe arrondie, puis évasé d'un seul côté, hémisphérique, à bords roulés audessous, enfin plan, lobé, coriace, sec, mince, souvent zoné, couvert d'un duvet blanc ou gris; feuillets inégaux, peu adhérens, rougeâtres, épais, divisés longitudinalement en deux lames; sporidies blanches; *commun sur l'aulne.* (BB.)

CCCCLX. TREMELLA. *Trémelle.* (champignons). Expansions gélatineuses, concaves, plissées; tubes marqués.

867. *T. auricula judæ,* L. — *T. oreille de judas.* — *Judas-oor. (Auricula sambuci,* pers). Gélatineux, mais ferme et élastique, de 3 décim. environ, sessile, résupiné, plissé des deux côtés, d'un brun rougeâtre, plus pâle et pubescent audessous, creux audessus; bord sinueux, souvent échancré; *sur les vieux troncs de sureau.* (BB.)

CCCCLXI. MUCOR. *Moisissure.* (champignons.)

\* ESPÈCES PERSISTANTES ET VIVACES.

868. *M. sphærocephalus,* L. — *M. à tête ronde.* Pédicule noirâtre, de 2 à 4 millim., soutenant une tête globuleuse, cendrée, qui contient beaucoup de poils roussâtres ou noirâtres; *sur les bois pourris.* (BB.)

869. *M. viridis,* F. F. — *M. verte.* — *Mucor an furfuraceus,* L. Cette espèce forme une poussière verte sur laquelle sont épars des pédicules nombreux, très menus, verdâtres, chargés chacun d'un globule sphérique, très petit; *on le trouve sur les arbres et sur la terre.* (BB.)

\*\* ESPÈCES TRÈS PASSAGÈRES.

870. *M. glaucus,* L. — *M. glauque.* filamens très menus, chargés à leur sommet d'une tête sphérique, composée de globules nombreux

et ramassés. *Sur les oranges, les citrons, les melons et les autres fruits de cette nature qui commencent à se pourrir.* (BB.)

871. *M. cœpitosus*, L. — *M. en gazon.* — Mucor ramosus, FF. Cette plante forme une barbe blanche, serrée, composée de filamens rameux; les rameaux de ses filamens sont terminés par des épis globulifères, digités ou ternés; *dans les jardins, sur les feuilles et les autres corps qui se pourrissent.* (BB.)

CCCCLXII. UREDO. *Uredo.* (champignons). *Urédinées.* Champignons croissant sur les plantes vivantes et recouvertes par l'épiderme dans leur jeunesse.

872. *U. carbo*, D. C. — *U. charbon.* — Uredo segetum, pers. Sporidies petites, nombreuses, noires, globuleuses, inodores, souvent agglutinées, en chapelet, attaquant les glumes, puis les ovaires des graminées (l'*Orge*, *le blé*, *l'avoine*, etc., etc.), les détruisant et les déformant en entier.

Ce champignon appelé *Nielle*, se dissémine avant la moisson.

873. *U. caries*, D. C. — *U. carie.* — Brandt-Hauw. (Blé noir). Sporidies noires, 2 fois plus grosses que dans le précédent, peu adhérentes, d'une odeur fétide dans l'état frais, poussant des racines lorsqu'on les met dans l'eau, naissant dans l'intérieur du grain de *froment*, ne le déformant point, persistant après la moisson et ne s'échappant pas d'elles mêmes.

La Carie n'attaque que le froment; elle est très contagieuse. (1).

CCCCLXIII. LYCOPERDON. *Vesseloup.* (champignons). Péridium souvent globuleux, plein d'une chair ferme et blanchâtre, qui se change en une poussière abondante, fauve ou verdâtre, entremêlée de filamens.

874. *L. bovista*, L. — *V. vulgaire.* — Wolve veest. (Bovista plumbea, pers.) Globules de 2 à 6 millim., sans racines; enveloppe extérieure blanche, décidue, laissant quelquefois des écailles à la base; péridium lisse, luisant, gris-bleuâtre, perforé au sommet; chair rougeâtre, se changeant en poussière brune, mêlée de filamens; *sur la terre au mont des Récollets.* (H. V.)

CCCCLXIV. NIDULARIA. *Nidulaire.* (champignons). Petites coupes d'abord fermées par une membrane et pleines d'un suc visqueux, contenant 3 à 15 sporanges lenticulaires, adhérent à la base par un filament et pleins d'une gelée contenant des sporidies.

---

(1) La CARIE a fait conjointement avec le CHARBON et l'ERGOT le sujet d'un MÉMOIRE SUR LES MALADIES DES GRAMINÉES, Mémoire que j'ai présenté en 1838 à la Société d'agriculture de l'arrondissement d'Hazebrouck, et qui m'a valu le titre de Membre de ladite Société.

875. *N. striata*, Hoff. — *N. striée.* — *Cyathus*, Hall. Brun-bistre, laineux en dehors, strié en dedans ; bords non réfléchis ; sporanges lisses audessus, cotonneux audessous. *Sur la terre, le bois pourri ; Abbaye de Loos ; Verlinghem.* (Thém. Lestib.)

876. *N. fimitaria*, D C. — *N. des fumiers.* Chamois, petit, hémisphérique, velouté en dehors, glabre en dedans ; sporanges un peu ponctués, remplissant la cupule ; *sur la bouse de vache.* (BB.)

CCCCLXV. SCLEROTIUM. *Sclérote* (champignons). Tubercules à écorce dure renfermant une chair compacte, non veinée.

877. *S. clavus*, D C. — *S. ergot.* — *Secale cornutum.* (*Seigle ergoté* ou *ergot du seigle.*) Cylindrique de 6 à 8 millim., souvent marqué d'un sillon noirâtre au dehors, blanc, corné audedans ; il paraît être formé par la dégénération du grain dans le seigle, l'orge, le blé, etc. (Thém. Lestib.)

Quoique rangé dans la *cryptogamie* parmi les champignons, rien ne prouve encore que l'*ergot* soit une plante.

Cette production, très utile dans l'art des accouchemens, est un irritant très actif, suivi d'accidens graves quand on l'administre à l'intérieur ou que l'on en prend accidentellement ; il produit des convulsions, le tétanos, la gangrène des membres et la mort. Ces effets sont connus sous le nom d'*ergotisme*.

(Cazin, *traité pratique et raisonné des plantes médicinales indigènes*, p. 515.)

L'ergot, bien que renfermé dans des flacons parfaitement bouchés, s'altère, est rongé par des mites et de grosses larves, et devient inerte après un an. L'emploi de celui que le temps a détérioré est probablement la cause qui a fait regarder ce médicament comme inefficace. La poudre ne doit être préparée qu'au moment de l'administrer, car elle perd promptement ses vertus.

# VOCABULAIRE ADDITIONNEL.

## A.

*Accrescible*, susceptible de s'accroître.
*Aciculaire*, en forme d'aiguille.
*Adhérent*, faisant corps avec une partie voisine.
*Adné*, fixé immédiatement sur une partie quelconque.
*Agame*, plante tout-à-fait dépourvue d'étamines et de pistil.
*Aggloméré*, ramassé en peloton.
*Agglutiné*, formant une masse pâteuse.
*Agrégé*, ramassé en paquet.
*Aigu*, terminé par une pointe ou angle aigu.
*Aiguillonné*, pourvu d'aiguillons.
*Ailé*, pourvu sur les côtés ou sur les bords, d'ailes ou expansions minces et plus ou moins larges.
*Ailée* (feuille), V. *pinnée*.
*Aisselle*, angle formé par le point d'adhérence d'une partie avec une autre.
*Alterne*, disposé alternativement.
*Alvéolé*, marqué de trous anguleux ou alvéoles.
*Amorphe*, qui n'a pas de forme déterminée.
*Ancipité*, renflé au milieu, aminci et tranchant des deux côtés.
*Androgyne*, plante portant des fleurs mâles et des fleurs femelles sur le même individu.
*Androphore* ou *Anthérophore*, **appareil** résultant de la soudure des filets de plusieurs étamines, comme dans les mauves.
*Anguleux*, relevé ou marqué d'angles, ou parties saillantes.
*Annuel*, dont la durée ne dépasse pas une année.
*Anomal*, irrégulier et ne rentrant pas dans les formes connues.
*Apétale*, fl. dépourvue de pétales.
*Aphylle*, dépourvu de feuilles.
*Apiculé*, terminé par une pointe courte et sans roideur.
*Articulé*, formé d'une suite de nœuds qui semblent réunis par articulation.
*Aubier*, bois imparfait ou b. naissant (produit du *Cambium*).
*Auriculé*, muni à la base de deux lobes ou oreillettes.
*Axe*, ligne droite et alongée. Partie d'un pédoncule commun sur laquelle sont fixées les fleurs ou leurs pédicelles.

## B.

*Bacciforme*, de la nature de la baie.
*Basifixe*, attaché par son extrémité ou base.
*Basilaire*, tenant à la base d'une partie quelconque.
*Bec*, pointe terminale d'un fruit.
*Bi* devant un mot indique la présence de deux objets.
*Bidenté*, à deux dents.
*Biflore*, portant ou renfermant deux fleurs.
*Bijuguée* (feuille), composée de deux paires de folioles.
*Bilabié*, partagé en deux lobes inégaux, l'un supérieur, l'autre

inférieur, et comparés aux lèvres d'un animal.

*Bilamellé*, composé de 2 lames.

*Bilobé*, partagé longitudinalement en deux lobes ou portions semblables.

*Biloculaire*, cavité séparée en deux loges par une cloison.

*Bipaléacé*, composé de deux paillettes.

*Biparti, bipartite*, fendu jusqu'à la base en deux divisions profondes.

*Bipinnatifide*, feuille profondément divisée en lobes qui eux-mêmes sont profondément découpés.

*Bipinnée*, (feuille) deux fois pinnée : lorsque le pétiole commun porte sur les côtés plusieurs pétioles secondaires, qui supportent les folioles.

*Biternée* (feuille), pétiole commun portant trois pétioles secondaires, qui portent chacun trois folioles.

*Branche*, V. p. V.

*Bulbeux*, muni d'un bulbe.

*Bulbilles*, espèces de petits bulbes solides qui naissent sur différentes parties de la plante.

### C.

*Calathide*, disposition de fleurs qu'il faut rapporter à celle qu'on nomme fleurs *agrégées*, c'est-à-dire, celles qui sont réunies sur un réceptacle commun et enfermées dans un calice commun, ainsi que les fleurs *composées*, qui ne diffèrent des premières que parce que les anthères sont réunies entr'elles.

*Calicule*, petit calice secondaire qui accompagne certaines fleurs, comme dans la mauve et l'œillet.

*Caliculé*, muni d'un calicule.

*Cambium*, sève épaissie et disposée à former une couche d'*aubier* (bois blanc ou imparfait).

*Cipitule*, syn. de *Calathide*.

*Capsulaire*, de la nature de la capsule.

*Carpelle*, division d'un fruit multiple.

*Caulescent*, muni d'une tige.

*Charnu*, épais, succulent et ferme, sans être dur.

*Chaton*, pédoncule commun, alongé, et portant des fleurs sessiles, placées chacune à l'aisselle d'une écaille : Ex. le noisetier, le bouleau, le peuplier.

*Chevelu*, garni de filets capillaires et nombreux.

*Complète*, (fleur) qui réunit le pistil, les étam., la cor. et le calice.

*Conjointes*, syn. de fleurs composées.

*Connivent*, rapproché sans être soudé.

*Convexe*, dont le centre est plus relevé que les bords.

*Coriace*, tenace et flexible comme du cuir.

*Côtes*, parties saillantes placées entre les sillons du fruit des ombellifères.

*Cotonneux*, V. *Tomenteux*.

*Cotylédons*, premières feuilles du végétal.

*Crénelées*, bordées de dents arrondies.

*Cruciforme* (corolle), quatre pétales munis d'un onglet et opposés en croix.

*Crustacé*, dur et friable comme une croûte.

*Cubique*, à six faces carrées.

# VOCABULAIRE ADDITIONNEL.

*Cuculliforme*, contourné en cornet.

*Cuspidé*, terminé en pointe courte, acérée et roide.

*Cylindrique*, qui a la forme d'un cylindre, c'est-à-dire d'un corps à base circulaire, et d'égale grosseur partout.

*Cyme*, inflorescence dont les pédoncules, partant d'un même point, soutiennent des pédicelles insérés à des points différens; les fleurs s'élèvent à peu près au même niveau : le sureau, le *viburnum*.

## D.

*Décidu*, tombant après la végétation annuelle.

*Décomposée* (feuille), dont le pétiole se subdivise en pétioles secondaires supportant tous des folioles distinctes.

*Denté*, bordé de petits lobes aigus ou dents.

*Dentelé*, bordé de petites dents inclinées.

*Denticulé*, bordé de très petites dents

*Didyme*, formé de deux parties semblables, attachées au même point.

*Diffus*, épars et étalé sans ordre.

*Discoïde*, orbiculaire et en forme de disque.

*Divergent*, très écarté du point d'attache.

*Dorsal*, placé sur le dos, c'est-à-dire sur la partie intermédiaire entre le sommet et la base d'un organe.

## E.

*Écailleux*, garni d'écailles.

*Échancré* ou *Émarginé*, marqué au milieu d'un sinus ou échancrure plus ou moins profonde.

*Épars*, disposé sans ordre.

*Épigyne*, placé sur l'ovaire.

*Extrorses* (anthères), dont la face regarde le dehors de la fleur.

## F.

*Fastigiés* (rameaux), redressés et rapprochés de la tige

*Femelle* (fleur), ne contenant que des pistils.

*Fibreux*, garni de fibres.

*Fleurons*, petites corolles des fl. composées.

*Flexueux*, courbé plusieurs fois en zig-zag.

*Flosculeuses* (fleurs composées), uniquement formées de fleurons réguliers à cinq divisions.

## G.

*Géniculé*, en forme de genou.

*Glutineux*, V. *Visqueux*.

*Granuleux*, couvert de petites granulations.

*Graminéees*, famille naturelle contenant les plantes les plus faibles, les plus communes et les plus répandues sur toute la surface de la terre. La nature s'est plue à les multiplier, elles croissent partout où il se trouve de la terre; elles remplissent les plus petits vides. Leurs tiges, leurs feuilles flexibles ne se brisent pas aisément, elles se relèvent même après avoir été foulées; elle a pris le plus grand soin de leur reproduction; enfin tout décèle que c'est à cette portion des végétaux qu'elle a confié le pain des hommes, son aliment le plus sain et le plus ordinaire, tels que le *blé*, le *seigle*, *l'orge*, etc.

*Grimpant*, s'élevant à l'aide des corps environnans.

*Grumeleux*, formé d'une agglomération de petits grains.

## H.

*Herbe*, toute plante qui perd sa tige l'hiver.

*Herbacé*, vert et de la nature des herbes.

*Hypogyne*, placé audessous de l'ovaire.

## I.

*Imparipinnée* (feuille), composée de plusieurs paires de folioles, et se terminant par une foliole unique. Ex. le rosier, l'acacia.

*Incisé*, découpé longitudinalement.

*Incliné*, s'élevant en décrivant une courbe, dont la convexité regarde le ciel.

*Inclus*, ne s'élevant pas audessus des parties environnantes.

*Incomplet*, manquant d'une ou de plusieurs de ses parties constituantes.

*Infléchi*, renversé en avant.

*Inflorescence*, disposition qu'affectent les fleurs sur le végétal.

*Insertion*, par ce mot on entend les relations que les différentes parties de la fleur ont entr'elles, relativement à leur position respective.

*Inverse*, tourné dans un sens opposé au sens ordinaire.

*Introrses* (anthères), dont la face est tournée vers l'intérieur de la fleur.

*Involucelle*, réunion de folioles entourant l'ombellule.

## L.

*Lacinié*, découpé en lanières plus ou moins profondes.

*Lactescent*, contenant un suc laiteux.

*Laineux*, couverts de poils mous, longs et couchés.

*Latéral*, inséré sur le côté d'un autre appareil.

*Ligulée* (corolle), alongée en languette syn. de *demi fleuron*.

*Loges*, cavités du péricarpe.

*Longitudinal*, allant de la base au sommet.

## M.

*Maculé*, parsemé de tâches.

*Mâle* (fleur), ne contenant que des étamines.

*Marginal*, qui tient au bord.

*Moniliforme*, en forme de chapelet.

*Monopétale*, V. *Corolle*.

*Monophylle*, formé d'une seule feuille, ou d'une seule pièce.

*Monosépale*, V. *Calice*.

## N.

*Nervé* ou *nerveux*, marqué de nervures prononcées.

*Noueux*, offrant des renflemens ou nœuds.

*Nu*, privé des organes qui l'accompagnent ordinairement.

## O.

*Obcordiforme*, en cœur renversé, base rétrécie, sommet échancré.

*Oligosperme*, n'offrant qu'un petit nombre de graines.

*Ombiliqué*, marqué au centre d'une dépression ou ombilic.

*Ovaire*, V. p. VII.

*Ovule*, V. p. VII.

## P.

*Panaché*, la couleur des feuilles est le vert : toutes les fois qu'une feuille présente une autre couleur, fut-elle blanche, on la dit colorée. Si cette coloration n'est qu'accidentelle ou partielle, la feuille est *panachée*.

*Papillonacée* (corolle), irrégulière formée de 5 pétal., dont le supérieur droit et plus grand se nomme *étendard;* les deux latéraux plus étroits sont les *ailes;* les deux inférieurs, ordinairement en nacelle, constituent la *carène.* Cette corolle existe surtout dans la famille des légumineuses.

*Pappiforme,* en forme d'aigrette.

*Papyracé,* mince comme une feuille de papier.

*Parasites,* plantes qui fixent leurs racines dans la substance des autres végétaux, comme le Gui, les Orobanches.

*Perfoliée* (feuille), dont le disque est traversé par la tige.

*Pétaliforme,* en forme de pétales.

*Pétaloïde,* de la nature des pétales.

*Pétiolé,* muni d'un pétiole.

*Pétiolule,* division du pétiole.

*Phanérogames,* plantes dont les organes sexuels sont apparens; c'est l'opposé de *Cryptogames.*

*Pinnée* (feuille), dont les folioles sont placées parallèlement sur les côtés d'un pétiole commun.

*Plissé,* représentant des saillies et des enfoncemens en forme de plis.

*Plumeux,* portant des poils disposés comme les barbes d'une plume.

*Polypétale,* V. *Corolle.*

*Polyphylle,* ayant beaucoup de folioles.

*Polysépale,* V. *Calice.*

*Pollen,* poussière des étamines. Multitude de petits corps enfermés dans chaque anthère, qui, lorsqu'elle s'ouvre, sont versés dans le stigmate, s'ouvrent à leur tour, imbibent ce même stigmate d'une humeur qui, pénétrant à travers le style, va féconder l'ovaire.

*Primordiales* (feuilles), qui se montrent immédiatement après les cotylédons.

## Q.

*Queue,* appendice effilé, qui termine certains fruits, comme dans la Clématite.

## R.

*Radicant,* produisant des racines.

*Radicelles,* ramifications déliées qui terminent les racines.

*Radiées,* fleurs composées, réunies dans un calice commun, et dont le centre renferme des fleurons entiers, tandis que la circonférence ne présente que des demi fleurons qui établissent leurs languettes en manière des rayons.

*Rameaux,* V. p. V.

*Rampant,* couché horizontalement sur le sol, et s'y enracinant çà et là.

*Rayon,* portion marginale ou fleurons de la circonférence des fleurs en ombelle, en corymbe et en capitule.

*Rayonnant,* disposé en rayons.

*Régulier,* dont toutes les parties sont égales et symétriques.

*Réniforme,* arrondi au sommet, et offrant à la base une échancrure, dont les lobes sont obtus et arrondis.

*Résupiné,* syn. d'*inverse.*

*Réticulé,* couvert de lignes croisées en forme de réseau.

*Revoluté,* roulé en dehors.

*Rhomboïdal,* à quatre côtés parallèles, deux à angles aigus, et deux à angles obtus.

*Rongé*, découpé comme par la morsure d'un insecte.

*Ruptile*, susceptible de se rompre ou de se déchirer.

### S.

*Saillant*, s'élevant audessus des organes voisins.

*Segment*, portion divisée et distincte d'un organe quelconque.

*Semi-flosculeuses* (fleurs composées), uniquement formées de fleurons, tous en languette *simple*, sans divisions marquées.

*Séminales* (feuilles), syn. de cotylédons.

*Sève*, humeur nutritive des végétaux.

*Sillonné*, marqué de sillons longitudinaux.

*Simple*, sans divisions marquées.

*Sinué*, offrant un bord découpé de lobes et de sinus peu profonds.

*Sinus*, échancrures placées entre les lobes.

*Soyeux*, muni de poils longs, mous et brillans.

*Spatulé*, base rétrécie, sommet élargi et arrondi en forme de spatule.

*Sphérique*, arrondi en globe.

*Spinescent*, se terminant en épines.

*Spongieux*, à tissu élastique, comme une éponge.

*Sporange*, enveloppe de la fructification des Cryptogames qui correspond au péricarpe.

*Squamiforme*, en forme d'écailles.

*Squarreux*, couvert d'écailles roides et un peu recourbées.

*Sub apiculaire*, presque placé au sommet.

*Succulent*, gorgé de sucs.

### T.

*Tomenteux*, couvert de poils courts et entrelacés, imitant un tissu de velours.

*Tortueux*, courbé en différens sens.

*Tripinnée* (feuille), pétiole commun portant des pétioles secondaires, qui se subdivisent en pétioles tertiaires, sur lesquels sont les folioles.

*Tri-pinnatifide* (feuille), découpée en lobes, qui eux-mêmes sont doublement lobés.

*Tubercule*, toute excroissance en forme de bosse ou de grain de chapelet, sur les feuilles, les tiges, les racines, et particulièrement sur les racines tubéreuses.

*Tubuleux*, en forme de tube alongé.

### U.

*Uniflore*, portant une seule fleur.

*Unilatéral*, tourné d'un seul côté.

*Unisexuelle*, (fleur) ne contenant que des étamines ou des pistils.

*Utriculaire*, renflé comme une outre.

*Utriculiforme*, en forme d'outre.

### V.

*Valvaire*, la préfleuraison est valvaire, lorsque les pétales ne s'enveloppent pas l'un l'autre dans le bouton, mais se touchent seulement par les bords, comme les valves d'une capsule.

*Vivace* (plante), lorsque périssant à la fin de l'Eté, elle renait chaque année par ses racines, comme l'oseille, la paquerette.— Tous les végétaux à tige ligneuse sont vivaces.

# RÉCAPITULATION.

| | |
|---|---|
| Notions préliminaires. . . . . . . . . . . . Page. | v. |
| Abréviations. . . . . . . . . . . . . . . . . | ix. |
| Auteurs cités dans ce livre. . . . . . . . . . . | x. |
| Signes de la durée des plantes. . . . . . . . | x. |
| Préface (Première). . . . . . . . . . . . . . | 5. |
| Système de Linné. . . . . . . . . . . . . . . | 9. |
| Supplément au Système. . . . . . . . . . . . | 178. |
| Additions et corrections. . . . . . . . . . . | 197. |
| Table alphabétique des Noms latins. . . . . | 198. |
| Appendice. . . . . . . . . . . . . . . . . . | 203. |
| Préface (Deuxième). . . . . . . . . . . . . | 205. |
| Vocabulaire explicatif des termes techniques (1). | 207. |
| Prière de Linné. . . . . . . . . . . . . . . | 216. |
| Système. . . . . . . . . . . . . . . . . . . | 217. |
| Vocabulaire additionnel. . . . . . . . . . . | 251. |
| Récapitulation . . . . . . . . . . . . . . . | 257. |
| Corrections. . . . . . . . . . . . . . . . . | 258. |
| Table générale des Noms français. . . . . . | 259. |

(1) Le VOCABULAIRE EXPLICATIF DES TERMES TECHNIQUES p. 207 présentant une lacune, dont nous ne nous sommes aperçu qu'après l'impression de cette partie de l'ouvrage, nous avons eu soin d'y faire intervenir un VOCABULAIRE ADDITIONNEL p. 251), pour compléter notre œuvre.

## *Corrections* de la Flore de 1850.

Page 30, ligne 8, alphanes, METTEZ aphanes.
  35, — 7, nymphioïdes, METTEZ nymphoïdes.
  46, — 15, hodroctyle, METTEZ hydrocotyle.
  58, — 17, hyacinthisp, METTEZ hyacinthi sp.
  — — 18, à 5 dents, METTEZ à 6 dents.
  73, — 16, alleluia, METTEZ alléluia.
  148, — 4, labelle, METTEZ label.
  158, — 32, volant, METTEZ volant d'eau.
  175, — 32, cœspititium, METTEZ cœspitosum.
  177, — 29, APRÈS AGARICUS, METTEZ AGARÏC.
  184, — 23, grandifolia, METTEZ grandiflora.

## *Corrections* de l'Appendice.

Page 210, ligne 4, hispides, LISEZ hispide.
  211, — 37, fleur, LISEZ fleurs.
  217, — 8, éprounée, LISEZ éperonnée.
  219, — 38, aspera, LISEZ asper.
  220, — 15, très étalée, LISEZ peu étalée.
  — — 18, 2 feuil., LISEZ 2 écail.
  225, — 30, 5 stigm., LISEZ 5 styl.
  235, — 24, armoricia, LISEZ armoracia
  236, — 19, Rebecque, LISEZ Robecque.
  237, — 20, soudure, LISEZ suture.
  — — 22, glycyphyllos, LISEZ A. glycyphyllos.
  — — 40, LOTIER, LISEZ LOTUS.
  238, — 25, pédicillé, LISEZ pédicellé.
  — — 34, APRÈS style long, filiforme, METTEZ ; pédicelle de la gousse filiforme.
  239, — 11, feuil. glabres, AJOUTEZ planes, lancéolées-acuminées.
  — — 21, plus ou moins grandes, LISEZ plus grandes.
  241, — 18, planes, LISEZ plans.
  242, — 18, environ, LISEZ environs.
  244, — 7, au lieu de 2 ou 3, METTEZ 2 à 8.
  246, — 1, AVANT solitaires, METTEZ ; fl. axillaires.
  — — 1, droit, LISEZ droite.
  — — 15, 4 étam. presque sessiles, LISEZ 4 anth. presque sessiles.
  — — 22, fl. en grappes, LISEZ fl. en groupes.
  248, — 34, furfuraceus, LISEZ furfuraceus.
  249, — 3, cœpitosus, LISEZ cœspitosus.

# TABLE
GÉNÉRALE
## DES NOMS FRANÇAIS.

Afin d'éviter le vide que laisserait la Table latine, publiée en 1850, nous avons cru devoir ajouter à la Table française les Noms latins des genres nouvellement décrits dans l'Appendice.

### A.

Abricotier. . . p. 81
*Abrotanum* (V. *Aurone*). . . . . . 139
Absinthe. . . . . 138
*Absinthe maritime* (V. *Armoise*).139-241
*Acacia* (V. *Robinier*). . . . . . 123
Acanthe . . . . 106
Ache. . . . . . . 52
Achillée. . . . . 142
Aconit. . . . . . 90
Acore. . . . 58-226
Acyron. . . . . . 128
Adonide. . . . . 92
Adoxe. . . . . . 68
Agaric . . . 177-248
Agripaume . . . 232
Agrostis. . . 18-218
Aigremoine. . . . 77
Ail. . . . 55-190-226
Airelle . . . . 64-227
Ajonc. . . . . . 194
Alcée. . . . 116-237
Alchemille . . . . 30
Alisier. . . . . . 82
*Alkali* (V. *Kali*). 223

### A.

Alkékenge. . . p. 185
Alléluia . . . . p. 73
Alliaire . . . . . 112
*Aloès-d'eau*. . 193-231
Alsine . . . . . . 71
Amandier. . . . . 80
Amaranthe . . . . 158
Amourette des prés (v. *Fleur de coucou*) 73
Anabaine. . . . . 177
Ancolie. . . . . . 90
Androsème . . . . 129
Anémone. . . . . 91
*Anémone hépatique* 91
Aneth. . . . . . 187
Angélique. . . . . 186
Angélique sauvage (V. *Impératoire sauvage*). . . . . 51
Ansérine . . . . . 43
*Anthemis*. . .143-243
Anthérique. . . . 58
Anthophyse. . . . 177
Anthyllide. . . . 238
*Anthyllis*. . . . 238
*Antirrhinum*.105-234
Aquiline. . . . . 173

### A.

Arabette . p. 112-235
Arbre de Judée (V. *Gainier*) . . . . 69
Arbre de vie (V. *Thuya*). . . . . 161
*Arenaria*. . . 72-229
Argentine. . . . . 86
Argousier. . . . . 246
*Armeria*. . . . . 225
Armérie. . . . . 225
Armoise. . . .138-241
Arrête-bœuf . . . 119
*Arrhenatherum*(V. *Avena*). . . . . 220
Arroche. . . . . 44
*Artemisia*. . 138-241
Artichaut. . . . . 136
*Arundo*. . . . 23-220
Asperge. . . . 60-226
*Asperugo* (V. *Rapette*). . . . . . 221
Aspérule . . . . . 27
Aster. . . . 145-243
Astragale. . . . . 237
*Astragalus* . . . 237
Atropc . . . . . 39
Aubépine. . . . . 82

## A.

Aulne . . . . . p. 157
Aulne noir (v. Bour-
daine) . . . . . . 41
Aunée . . . . . . 195
*Avena* . . . . 22-220
Avoine . . . 22-220
*Auricula sambuci*. 248
Aurone . . . . . 139

## B.

Baguenaudier. . . 124
Ballote . . . . . . 100
Balsamine . . . . 185
Barbeau . . . . . 146
Bardane . . . . . 134
*Bartsia* . . . . . . 233
Bartsie . . . . . . 233
*Beccabunga*. . . . 11
Bec de grue. . . . 115
Belladone. . . . . 39
Benoite. . . . . . 86
Berce. . . . . . . 48
Berle . . . . . . . 48
Bétoine. . . . . . 99
Bette . . . . . . . 45
Betterave. . . . . 45
Bident. . . . . 137-241
Bistorte. . . . . . 66
Blé . . . . . . . . 25
*Blé noir*. . . . 67-249
*Blé de Turquie* . . 153
*Blé de vache*. . . 103
*Blechnum* (V. *Os-
monde*. . . . 173-247
Bluet . . . . . . 146
Bois gentil . . . . 66
Bonne-Dame (v. *Ar-
roche des jardins*) 45
Bonnet de prêtre. 41
*Bonus-Henricus* (V.
*Ansérine sagittée*) 44
Boucage . . . . . 51
Bouillon-blanc . . 38
— noir . (V.

*Molène*) . . . . p. 38
Bouleau . . . . . 156
Boule de neige. . 53
Boulette . . . . . 147
Bouquet parfait. . 70
Bourdaine . . . . 41
Bourrache . . . . 33
*Bourrache bâtarde* 221
*Bovista plumbea* . 249
Branc-ursine . 48-107
Brize . . . . . . . 20
Brome . . . 21-219
*Bromus* . . . 21-219
Brugnon . . . . . 80
Brunelle . . . 102-233
Bruyère . . . 65-227
Bry . . . . . . . 175
Bryone . . . . . 163
Bugle . . . . . . 95
Buglosse . . . 32-221
Bugrane . . . . . 119
Buis . . . . . . 157
*Bunias* (V. *Cakile*) 235
Buplèvre . . . . . 46
Butome . . . 68-228

## C.

Cabaret . . . . . 76
*Cactus* . . . . . 87
*Cakile* (V. *Caquil-
lier*) . . . . . . 235
*Calamagrostis* 23-220
Calament . . . . 101
Calebasse . . . . 163
Caillelait (V. *Gail-
let*) . . . . . 28-220
Callitriche . . . . 9
Caméline . . . . 107
Camomille . . 113-243
Campanule . . 36-184
Canche . . . . . 18
Caprier . . . . . 193
Capucine . . . . 190
Caquillier . . . . 235

## C.

Cardamine p. 110-236
Cardère . . . . 26-220
Cardiaque . . . . 232
*Carduus* . . . 135-240
*Carex* . . 154-196-244
Carie . . . . . . 249
*Caries* (V. *Uredo*). 249
Carillon . . . . . 184
Carline . . . 136-241
Carnillet (v. *Silène*).
Carotte . . . . . 47
Casse-lunette . . 146
Cassis . . . . . . 41
Caucalide . . 47-224
*Caucalis* . . . 47-224
Cèdre . . . . . . 161
Céleri . . . . . . 52
Centaurée . . . . 145
Centaurée (petite). 41
Centinode . . . . 67
Centranthe . . 180-217
Céraiste . . . 74-229
*Ceratophyllum*
(V. *Cornifle*) . . 245
Cerfeuil . . . 50-186
Cerisier . . . . . 81
Cerneau . . . . . 160
Chamœdrys . . 11-96
Champignon co-
mestible . . . . 177
Chanvre . . . . . 166
Chaos . . . . . . 247
Chapellière . . . 140
Charagne . . . . 151
Charbon . . . . . 249
Chardon . . 135-240
— étoilé (*sterre
distel*) . . . . 146
— hémorrhoïdal 135
— Marie . . . . 135
— Roland (*kruys
distel*) . . . . 46
*Chardon à foulon*

## C.

(V. *Cardère*). 26-220
Charme. . . . . . 160
Charmille. . . . 160
Chataire . . . . . 96
Chataignier. . . . 160
Chausse trape . . 146
Chélidoine. . . . . 87
Chêne. . . . . . . 159
Chênette. . . . 11-96
Chénevis. . . . . 167
Chervi. . . . . . . 49
Chèvrefeuille. . . 37
Chicorée. . . . . 134
Chiendent. . . . . 25
*Chiendent à cha-*
*pelet*. . . . . . . 220
Chironie . . . . . 40
*Chlora* . . . . . 227
Chlore . . . . . . 227
Choin. . . . . . . 14
Chou . . . . . . . 113
*Chrysanthemum*. 142
Chrysanthème 142-242
Ciboule. . . . . . 56
Ciguë (grande). 47-225
Ciguë (petite). . . 50
Civette . . . . . . 56
Circe . . . . . . 136
Circée. . . . . . 10
Ciste . . . . . . 230
*Cistus*. . . . . . 230
*Citronnelle*, syn.
d'*aurone* et de *mé-*
*lisse*. . . . . . .
Citronnier . . . . 127
Citrouille. . . . . 163
Clématite. . . . . 91
Clinopode. . . . . 100
*Cnicus* . . . . . 136
Cochlearia(V.*cran-*
*son)*. . . 108-235
Cocriste. . . . . 102
Cognassier. . . . 83

## C.

Colchique . . . p. 62
Colza. . . . . . . 113
Concombre. . . . 162
Consoude (gr^de). . 33
Consoude (petite)
(V.*Brunelle*). 102-233
*Conyza* . . . . . 241
Conyze . . . . . 241
*Convolvulus* . 36-222
*Coq des Jardins*. . 138
Coquelicot *(kanker-*
*bloemen)*. . . . 88
Coqueret . . . . 185
Corète . . . . . 192
*Coreopsis* (V. *Bi-*
*dent)*. . . . . . 137
Coreopsis. . . . 137
Coriandre. . . . . 186
Cornichon. . . . . 163
Cornifle. . . . . 245
Cornouiller. . . . 29
Coronille . . . . 123
Cotonnière 139-195-241
*Cotyledon palustris* 46
Coudrier . . . . 160
Couleuvrée. . . . 163
Courge . . . . . 163
*Couronne impé-*
*riale*. . . . . . 57
Cranson . . . 108-235
Crassule . . . . 55
Crépide. . . . 132-239
Cresson . . . 110-236
*Cresson alénois*. . 108
Crête de coq. . . . 102
*Croix de Jérusalem* 74
*Cucubale* (v. *Silène*) 228
Cuscute. . . . . . 30
Cyclame . . . . . 183
Cymbalaire. . . . 104
Cynoglosse. . 32-222
Cynosure. . . . . 20
Cyprès . . . . . 162

## C.

Cytise. . . . . p. 124

## D.

Dactyle. . . . . . 20
Dahlie . . . . . 141
Damas . . . . . 112
Dame d'onze heu-
res (V. *Orniiho-*
*gale)*. . . . . . 57
*Danthonia* . . . 219
Danthonie . . . 219
Daphné. . . . . 66
Dauphinelle . . . 89
*Deyeuxia* . . . . 220
Dictame . . . . 69
Digitale. . . . . 105
Doradille. . . . 174
Dorine . . . . . 70
Doronic. . . . . 141
Douce-amère. . . 40
Douve (grande). 92
Douve (petite). . 92
*Draba* . . . 107-234
Drave . . . 107-234

## E.

Ébénier (V.*Cytise*). 124
Échalotte. . . . 56
Échinope. . . . 147
Éclaire (grande) . 87
Éclaire (petite) . . 93
Églantier. . . . 84
Élatine . . . . . 104
Ellébore. . . . . 94
Endive . . . . . 134
Éperon de cheva-
lier. (V. *Dauphi-*
*nelle)*. . . . . . 89
Épervière. 131-194-239
Éphémère. . . . 189
Épiaire . . . 99-232
Épi d'eau . . 30-221
Épilobe. . . . . 65
Épinard . . . . 166
*Épinard sauvage*. 44

## E.

| | |
|---|---|
| Épine vinette . p. | 60 |
| Épipactis. . . 150-243 | |
| Épurge . . . . . | 79 |
| Érable . . . . . . | 64 |
| Érodium . . . . . | 115 |
| Ergot . . . . . . | 250 |
| Ers . . . . . . . | 123 |
| Escourgeon *(Sucryoen)* . . . . | 24 |
| Esparcette . . . . | 124 |
| Estragon . . . . | 139 |
| *Esula* (v. *Euphorbe)* | |
| Éthuse . . . . . | 50 |
| Étoile du matin 129-239 | |
| Eupatoire . . . . | 137 |
| *Eupatoire femelle*. | 137 |
| *Euphorbia* . . 78-229 | |
| Euphorbe . . 78-229 | |
| Euphraise . . . . | 103 |

## F.

| | |
|---|---|
| *Fausse-araignée* . | 149 |
| Faux . . . . . . | 160 |
| Fenouil . . . . . | 187 |
| *Festuca* . . . . 20-219 | |
| Fétuque . . . . 20-219 | |
| Fève . . . . . . | 120 |
| Féverolle . . . . | 120 |
| Ficaire . . . . . | 93 |
| Ficoïde . . . . . | 87 |
| Fiel de bœuf . . . | 117 |
| Figuier . . . . . | 152 |
| *Filago* . . 139-195-241 | |
| Filaria . . . . . | 179 |
| Filipendule . . . . | 83 |
| *Filius ante patrem* | 139 |
| Flambe . . . . . | 180 |
| Fléau *(phleum)* 18-218 | |
| Fléchière . . . 159-245 | |
| Fléolo syn. de *fléau*. | |
| Fleur de coucou . . | 73 |
| Fleur d'eau . . . | 177 |
| Fleur de S¹-Jean . | 112 |
| Flouve . . . . . | 13 |

## F.

| | |
|---|---|
| Flox . . . . . p. | 183 |
| Fluteau . . . 63-226 | |
| Foin . . . . . . | 18 |
| Foirolle . . . . . | 169 |
| Fougère femelle. | |
| (V. *Aquiline)*. . | 173 |
| Fougère mâle . . . | 174 |
| *Fragaria* . . . 85-230 | |
| Fragon . . . . . | 169 |
| *Fraisier* . . . 85-230 | |
| Framboisier . . . | 192 |
| Fraxinelle . . . . | 69 |
| Frêne . . . . . . | 171 |
| Fritillaire . . . . | 57 |
| Froment . . . . . | 25 |
| Fuchsia . . . . . | 190 |
| Fumeterre . . . . | 117 |
| Fusain . . . . . | 41 |

## G.

| | |
|---|---|
| Gaillet . . . . 28-220 | |
| Gainier . . . . . | 69 |
| Galanthe . . . . | 55 |
| Galé . . . . . . | 166 |
| Galéope . . . . . | 98 |
| Gant de Notre-Dame . . . . . . . | 105 |
| Garou . . . . . | 66 |
| Gaude . . . . . | 77 |
| Gazon d'Espagne . | 54 |
| — d'olympe . . | 54 |
| Genêt . . . . . | 118 |
| — d'Angleterre . | 118 |
| — d'Espagne . . | 118 |
| — à balai . . . | 118 |
| Genévrier . . . . | 170 |
| Gentiane . . 45-223 | |
| Georgine . . . . | 141 |
| Géranium . . 115-236 | |
| Germandrée . . . | 95 |
| Gesse . . . . 120-237 | |
| Giroflée . . . . . | 112 |
| *Giroflée tourellière* | 111 |
| *Glaux* . . . . . | 222 |

## G.

| | |
|---|---|
| Glaux . . . . . p. | 222 |
| Glayeul . . . . . | 181 |
| Glécome . . . . . | 98 |
| Globulaire . . . . | 26 |
| Glycérie . . . . . | 21 |
| Gnaphale . 139-195-241 | |
| *Gnaphalium*. — — | |
| Gnavelle . . . . . | 70 |
| Goblet d'eau . . . | 46 |
| Gouet . . . . . . | 150 |
| Gratiole . . . . . | 12 |
| Grémil . . . . . | 32 |
| Grenadier . . . . | 80 |
| Grenouillette . . . | 169 |
| Grièche (V. *Ortie)*. | 158 |
| Grippe . . . . . | 34 |
| Griset (V. *Argousier)* . . . . . | 246 |
| Groseillier . . . | 41 |
| Gui . . . . . . . | 165 |
| Guimauve . . . . | 116 |

## H.

| | |
|---|---|
| Haricot . . . . . | 119 |
| Hélianthe . . . . | 145 |
| Héliotrope . . . . | 182 |
| Helléborine . 150-243 | |
| Helminthie . . . . | 133 |
| Hépatique . . 91-176 | |
| Herbe de Saint-Etienne . . . . . | 10 |
| Herbe de Saint-Jean . . 128-138 | |
| — de Sᵗᵉ-Barbe . | 111 |
| — au chantre . | 111 |
| — à éternuer . . | 143 |
| — à l'esquinancie (V. *troëne* et *aspérule)*. | |
| Herbe aux chats . | 96 |
| — aux gueux . . | 91 |
| — de la laque . | 76 |
| — à pauvʳᵉ homme . . . . . | 12 |

## H.

Herbe aux perles
  (V. *Grémil*). . . 32
— aux puces . . 141
— à Robert . . 115
— sacrée . . . 166
— au siège . . 104
— aux verrues. 183
Herniaire. . . . . 45
Hêtre . . . . . . . 160
*Hieracium* 131-194-239
*Hippophaë* . . . 246
Holostée . . . . . 71
Hottone . . . . . 35
Houblon . . . . 167
Houlque . . . . . 23
Houx . . . . . . . 30
— (petit) (V. *fragon*) . . . . . . 169
Hydrocotyle . . . 46
Hyoséride . . 132-240
Hypne . . . . . . 176
*Hypochœris* . 133-240
Hysope . . . . . . 96

## I.

Ibéride . . . . . 108
If . . . . . . . . . 169
Immortelle . . . 195
Impatiente . . . 185
Impératoire 51-186-225
Inule . . . . . 141-195
Iris . . . . . - 14-180
Ivraie . . . . . . . 23

## J.

Jacée . . . . . . 145
Jacinthe . . . . . 58
Jacobée . . . . . 140
*Jasione* . . . . . 222
Jasione . . . . . 222
Jasmin . . . . . 179
Jonc . . . . . 58-226
Jonc fleuri (V. *butome*) . . . 69-228
Jonquille . . . . 226

Joubarbe . . . p. 79
Jouet du vent . . 18
Julienne . . . . . 112
*Juncus* . . . . 58-226
Jusquiame . . . . 39

## K.

Kali . . . . . . . 223

## L.

Laiche . . . 154-196-244
Laitier . . . . . 117
Laitron . . . . . 130
Laitue . . . . . 130
Lamier . . . . . 98
Lampette . . 73-229
Lampsane . . . . 133
*Langue de serpent*
  (V. *Sagittaire*).
*Langue de chien*
  (V. *Cynoglosse*).
Lantane . . . . . 188
*Lasiopera rhinantha* (V. *Bartsia*). 233
Laurier commun. 68
*Laurier-cerise* . . 82
*Laurier-rose* . . 185
*Laurier-tin* . . . 188
Lavande . . . . . 193
Lenticule . . 151-244
Lentille . . . . . 123
Lentillier . . . . 123
*Leonurus* (V. *Agripaume*) . . . . 232
*Lepidium* (V. *Passerage*) . . . . 235
*Lepra* . . . . . . 248
Lèpre . . . . . . 248
Leucanthème . . 142
Lichen . . . 176-248
Lierre rampant . . 42
Lierre terrestre . . 98
Lilas . . . . . 10-178
Lin . . . . . . . . 53
Linaigrette . . . . 15

## L.

Linaire . . p. 104-233
*Linaria* . . . . 104-233
Liseron . . . . 36-222
Lit du Diable (*Duyvelsbedstrooi*) syn.
  de *Genêt d'Angleterre* et *d'arrête bœuf* . . . . 118-119
Lotier . . . . 126-237
*Lotus* . . . . 126-237
Lunaire . . . . . 109
Lupin . . . . . . 119
Luzerne . . . 126-238
Luzule . . . . 189-226
Lyciet . . . . . . 185
Lycope . . . . . . 13
*Lycoperdon* . . . 249
Lycopode . . . . 175
Lycopside . . . . 34
Lys . . . . . . . . 58
Lysimaque . . 35-222

## M.

Mache . . . . . . 14
Maïs . . . . . . 153
*Malva* . . . . 116-237
Marchantie . . . 176
Marguerite dorée. 242
Marguerite (gr$^{de}$). 142
Marguerite (p$^{te}$). 142
Marguerite (reine) 145
Maronnier . . 63-160
Maroute . . . . 144
Marrube . . 100-233
*Marrube noir*. (V. *ballote*) . . . . 100
Martagon . . . . 58
Massette . . 153-244
Matricaire . 143-242
Mauve . . . . 116-237
*Médaille de Judas*. 109
*Medicago* . . 126-238
Mélampyre . . . 103
Mélèze . . . . . 161

## TABLE GÉNÉRALE

### M.

| | |
|---|---|
| Mélilot . . p. 126-238 | |
| Mélique . . . 19-196 | |
| Mélisse . . . . . . 101 | |
| Melon . . . . . . 163 | |
| *Mentha* . . . 97-232 | |
| Menthe ( *Manne-kruyd* ) . . . 97-232 | |
| Ményanthe . . 34-222 | |
| Mercuriale . . . . 168 | |
| Mérisier . . . . 81 | |
| *Mesembryanthemum* . . . . . . 87 | |
| *Mezereum* . . . . . 66 | |
| Mignardise . . . . 70 | |
| *Milium (Millet)* . . 218 | |
| Millefeuille . . . . 143 | |
| Millepertuis . 128-238 | |
| Mimule . . . . . . 106 | |
| Miroir de Vénus . 37 | |
| Moisissure . . . 248 | |
| Molène . . . . . . 38 | |
| *Molinia* . . . . . . 19 | |
| Moly . . . . . . 190 | |
| Monoyère . . . . 35 | |
| Montie . . . . . . 25 | |
| Morelle douce amère . . . . . 40 | |
| Morelle furieuse (V. *Belladone* ) . 39 | |
| Morelle noire . . . 40 | |
| Morelle tubéreuse 40 | |
| Morelle velue . . 40 | |
| Morène . . . . . 169 | |
| Morgeline . . . . 71 | |
| *Mors du Diable.* (V. *Scabieuse succise* ). 27 | |
| Moschatelline . . 68 | |
| Mouron . . . . . . 36 | |
| *Mouron des Oiseaux* . . . . . 71 | |
| Moutarde blanche 114 | |
| — des *capucins* 109 | |
| — des champs 113 | |

### M.

| | |
|---|---|
| Moutarde noire. p. 114 | |
| — orientale. 236 | |
| *Mucor* . . . . . . 248 | |
| Mufle de veau . . 105 | |
| Muflier . . . 105-234 | |
| Muguet . . . 27-60 | |
| Mûrier . . . . . 158 | |
| Muscari . . . . . 58 | |
| Myosote (V. *Scorpionne*) . . . . 32 | |
| Myrica . . . . . 166 | |
| Myrte . . . . . . 79 | |
| *Myrte de Brabant ( Brabandschen myrtenboom )* . 166 | |

### N.

| | |
|---|---|
| Naïade . . . . . 164 | |
| Napel . . . . . . 90 | |
| Narcisse . . . 55-226 | |
| *Narcissus* . . . 55-226 | |
| Nard . . . . . . 16 | |
| Navet . . . . . . 113 | |
| Navette . . . . . 113 | |
| Néflier . . . . . 82 | |
| Nez-coupé . . . . 188 | |
| Nénuphar . . . . . 88 | |
| Nerprun . . . . . 41 | |
| *Nerprun-faux* (V. *argousier*) . . . 246 | |
| Nicotiane . . . . . 39 | |
| Nid d'oiseau . 47-150 | |
| Nidulaire . . . . 249 | |
| *Nidularia* . . . . 249 | |
| Nielle . . . 74-90-249 | |
| Nivéole . . . . . 189 | |
| Noisetier . . . . 161 | |
| Noix de terre . . . 47 | |
| Noyer . . . . . . 160 | |
| Nummulaire (V *monoyère* ) . . . 35 | |
| *Nummularia* . . . 35 | |

### O.

| | |
|---|---|
| Obier . . . . . . 52 | |
| Œil du Christ . p. 74 | |
| Œillet . . . . . . 70 | |
| Œnanthe . . . 49-225 | |
| Oignon . . . . . . 56 | |
| Oléandre . . . . 185 | |
| Onagre . . . . . . 64 | |
| Onopordon . . . . 240 | |
| Onoporde . . . . . 240 | |
| Ophioglosse . . . 172 | |
| Ophrys . . . 149-243 | |
| Oranger . . . . . 127 | |
| Orchis . . . 148-243 | |
| Oreille de Judas . 248 | |
| Oreille de lièvre. (V. *buplèvre*) . . 46 | |
| Oreille d'ours . . 34 | |
| Orge . . . . . . 24 | |
| Origan . . . . . 100 | |
| Orme . . . . . 45-224 | |
| Ormière . . . . . 83 | |
| Ornithogale . . . . 57 | |
| Orobanche . . 106-234 | |
| Orpin . . . . . . 72 | |
| Ortie blanche . . . 98 | |
| — brûlante . . 157 | |
| — dioïque . . . 157 | |
| — grièche . . . 158 | |
| — jaune . . . . 99 | |
| — morte . . . . 100 | |
| — rouge (V. *Épiaire* ) . . . 99 | |
| Oseille . . . . . . 62 | |
| Osier . . . . . . 165 | |
| Osmonde . . 173-247 | |
| Oxalide . . . . . . 73 | |

### P.

| | |
|---|---|
| Pain de coucou . . 73 | |
| Pain de grenouille 226 | |
| Pain de pourceau. 183 | |
| Pamelle . . . . . 25 | |
| Panais . . . . . . 51 | |
| Panic . . . . . . 16 | |
| Panicaut . . . . . 46 | |

### P.

| | |
|---|---|
| Paquerette... | p. 142 |
| Pariétaire. | 170-246 |
| Parisette... | 67-227 |
| Parmentière (V. Morelle-tubéreuse). | 40 |
| Parnassie... | 53-225 |
| Paronique... | 70-107 |
| *Parthenium*. | 143-242 |
| Pas-d'âne... | 139 |
| *Paspalum*... | 17 |
| Passerage... | 235 |
| Pastel... | 109 |
| Patience... | 61 |
| Paturin... | 19-182 |
| *Paturin-faux*... | 219 |
| Patte d'oie, syn. d'*Ansérine*)... | 43 |
| Pavot... | 87 |
| *Pavot blanc*... | 88 |
| *Pavot rouge*... | 88 |
| Pêcher... | 80 |
| Pédane (V. *Onoporde*)... | 240 |
| Pédiculaire, | 103-233 |
| Peigne de Vénus. | 50 |
| Pelle-bosse... | 35 |
| Pensée... | 43-223 |
| Perce-feuille, (V. *buplèvre et chlore*. | |
| Perce-neige.. | 55-189 |
| Persicaire... | 66 |
| *Persicaire brûlante* | 227 |
| Persil... | 52 |
| Pervenche gr^le. | 183 |
| Pervenche p^te... | 42 |
| Pesse... | 9 |
| Pétun syn. de *tabac*... | 39 |
| Peucédane... | 51 |
| Peuplier... | 168 |
| Phalaris... | 16-218 |
| Phellandrie... | 49 |

### P.

| | |
|---|---|
| *Phellandrium*. | p. 49 |
| *Phleum*... | 18-218 |
| Physcie... | 177 |
| Phytolaque... | 76 |
| Pied d'alouette. | 89 |
| — de chat... | 195 |
| — de coq... | 17 |
| Pied de lièvre. (V. *trèfle des champs*) | 125 |
| — de lion... | 30 |
| — de poule. (V. *panic dactyle*) | 17 |
| — de veau... | 150 |
| Pigamon... | 91-231 |
| Piloselle... | 131 |
| Piment odorant. | 166 |
| Pimprenelle.. | 29-159 |
| *Pimprenelle aquatique* (v. *Samole*) | 37-222 |
| Pin... | 161 |
| Pissenlit... | 131 |
| Pivoine... | 89 |
| Plantain... | 29-221 |
| *Plantain d'eau* syn. de *Fluteau*). | 63-226 |
| Plumeau d'eau.. | 35 |
| Poireau, | 56 |
| Poire de terre... | 145 |
| Poirée... | 45 |
| Poirier... | 83 |
| Pois... | 121 |
| *Pois musqué lathyrus odoratus*)... | 121 |
| Poivre d'eau... | 227 |
| Polémoine... | 184 |
| Polygalées... | 117 |
| *Polygonum*... | 66-227 |
| Polypode... | 174 |
| Polystic... | 174 |
| Polytric... | 174 |
| *Pomme de terre*... | 40 |
| *Pomme Épineuse* (V. *Stramoine*). | 38 |

### P.

| | |
|---|---|
| Pommier... | p. 83 |
| Populage... | 94-232 |
| Porcelle... | 133-240 |
| Potamogète.. | 30-221 |
| Potentille... | 85 |
| Pourpier... | 76 |
| Prèle... | 171-247 |
| Primevère... | 34 |
| Prunellier... | 81 |
| Prunier... | 81 |
| *Ptarmica*... | 143 |
| Pulicaire... | 141 |
| Pulmonaire.. | 33-222 |
| *Pyrethrum*... | 242 |

### Q.

| | |
|---|---|
| Quenouille (*cnicus*) | 136 |
| Queue de Souris. (V. *Ratoncule*).. | 55 |
| *Quinquefolium*.. | 86 |
| Quinte-feuille... | 86 |

### R.

| | |
|---|---|
| Radiaire... | 187 |
| Radiole... | 54 |
| Radis... | 114 |
| Raifort... | 114 |
| *Raifort sauvage*. | 109 |
| . | 114-235 |
| Raiponce... | 37 |
| *Rameau-d'or*... | 112 |
| Rapette... | 221 |
| Ratoncule... | 55 |
| Rave... | 113 |
| Ray-gras... | 24 |
| *Regina prati*, D.. | 83 |
| Reine des prés.. | 83 |
| Reine Marguerite. | 145 |
| Renoncule.. | 92-231 |
| Renouée... | 66-227 |
| Réséda... | 77 |
| Réveil-matin... | 78 |
| Ricin... | 162 |
| Ritro... | 147 |
| Robinier... | 123 |

## R.

| | |
|---|---|
| Romarin.... p. | 179 |
| Ronce..... | 85-192 |
| Roquette des murs | 111 |
| Roseau.... | 23-220 |
| *Rose de Guèldre* (V. *Viorne*)... | 52 |
| Rose trémière.. | 117 |
| Rose d'Égypte (V. *Reseda odorata*). | 78 |
| Rosier..... | 84-192 |
| Rossolis... | 54-225 |
| Rubanier..... | 153 |
| Rue des jardins.. | 69 |
| Rue des murs (V. *Doradille*)... | 174 |
| Rue des prés (V. *Pigamon*).. | 91-231 |

## S.

| | |
|---|---|
| Sabine..... | 170 |
| Sabline.... | 72-229 |
| Safran.... | 14-181 |
| *Sagesse des Chirurgiens*.... | 111-235 |
| Sagine..... | 31 |
| Sagittaire.. | 159-245 |
| Sainfoin... | 124-125 |
| Salade...... | 130 |
| Salicaire..... | 77 |
| Salsifix.... | 129-239 |
| *Salsola*..... | 223 |
| Samole.... | 37-222 |
| Sanguisorbe. | 29-159 |
| Sanicle..... | 46 |
| *Sanicle femelle*.. | 188 |
| Santoline.... | 137 |
| Sapin...... | 161 |
| Saponaire.. | 191-228 |
| Sarrasin..... | 67 |
| Sarrette,.... | 134 |
| Sarriette..... | 96 |
| Satyrion.... | 149 |
| Sauge officinale.. | 179 |
| — des bois.. | 95 |

## S.

| | |
|---|---|
| Sauge des prés. p. | 12 |
| Saule... | 164-246 |
| *Sauve-vie*..... | 174 |
| Saxifrage..... | 70 |
| Saxifrage dorée.. | 70 |
| Scabieuse..... | 26 |
| — des champs | 27 |
| — colombaire. | 27 |
| — succise... | 27 |
| Scandix... | 50-187 |
| Scarole...... | 134 |
| Sceau de Salomon | 60 |
| Scille.... | 58-226 |
| Scirpe.. | 15-181-218 |
| Sclérote..... | 250 |
| *Sclerotium*.... | 250 |
| Scolopendre... | 173 |
| Scorodone.... | 95 |
| Scorpionne.... | 32 |
| Scorsonère.... | 129 |
| Scrophulaire... | 106 |
| Seigle..... | 24 |
| Sélin.... | 48-225 |
| *Senecio*... | 140-242 |
| Seneçon... | 140-242 |
| Sénevé..... | 113 |
| *Serapias*... | 150-243 |
| Serpollet... | 101-233 |
| Silène.... | 71-228 |
| Silphium.... | 147 |
| *Sinapis*... | 113-236 |
| Sison...... | 188 |
| Sisymbre..... | 110 |
| Soldanelle... | 222 |
| Soleil...... | 145 |
| Solidage..... | 140 |
| *Sophia chirurgorum*.... | 111-235 |
| Sorbier...... | 82 |
| Souchet...... | 15 |
| Souci....... | 146 |
| *Souci des marais*. | 94 |
| Soude....... | 223 |

## S.

| | |
|---|---|
| Soufre végétal. p. | 175 |
| Spartium..... | 118 |
| Spargoute... | 75-229 |
| *Sphagnum*.... | 247 |
| Sphaigne..... | 247 |
| Spirée.... | 83-191 |
| Staphylier.... | 188 |
| Staphysaigre... | 90 |
| Statice...... | 54 |
| Stellaire.... | 71-228 |
| *Stellaria*... | 71-228 |
| Stramoine.... | 38 |
| *Stramonium*... | 39 |
| Stratiote... | 193-231 |
| Sumac...... | 189 |
| Sureau... | 53-225 |
| Surelle (V. *oxalide*) | 73 |
| Symphorine.... | 184 |
| Syringa.. | 10-80-178 |

## T.

| | |
|---|---|
| Tabac....... | 39 |
| Tabouret..... | 107 |
| Tagète...... | 142 |
| Tamne.... | 167-246 |
| Tanaisie... | 138-241 |
| Taraspic..... | 108 |
| *Telmateya*.... | 247 |
| Terre-Noix.... | 47 |
| Tête de mort... | 234 |
| *Thalictrum*.. | 91-231 |
| Thé des bois. (V. *Veronique officinale*)..... | 10 |
| Thlaspi... | 107-235 |
| Thuya....... | 161 |
| Thym... | 101-233 |
| Tilleul...... | 89 |
| Tithymale (V. *Euphorbe*)... | 78-229 |
| Topinambour... | 145 |
| Toque... | 102-233 |
| *Tordylium*.. | 47-224 |
| *Torilis*...... | 224 |

### T.

Tormentille . . p. 86
Toute-saine . . . . 129
*Tragopogon* . 129-239
*Tragoselinum*. . . 51
Trèfle . . . . 125-237
*Trèfle d'eau* . . . . 34
*Trèfle fraise* . . . . 237
*Tremella* . . . . . 248
Trémelle . . . . . 248
*Trifolium* . . 125-237
*Trinitas aquatica*. 152
*Trixago*. . . . . . 233
*Triolet jaune* . . . 238
Troëne . . . . . . 10
Tulipe. . . . . . . 57
Turquette. . . . . 45
*Turritis*. . . . . . 236
Tussilage. . . . . 139

### U.

Ulmaire *(ulmaria)* 83
*Uredo-carbo* . . . 249
*Uredo-caries* . . . 249
Utriculaire . . . . 12

### V.

Valériane dioïque . 13
Valériane grecque 184
Valériane officinale 13
  — rouge 180-217
Vélar . . . . . . . 111
Velvotte . . . . . 104
Verge d'or . . . . 140
*Verge de Pasteur* . 220
Vergerette . . . . 144
Vergne . . . . . . 157
Veronique . . 10-178
Verveine . . . . . 12

### V.

Vesce . . . . . p. 122
Vesseloup . . . . 249
Vigne. . . . . . . 42
Vinettier . . . . . 60
Violette. . . . 42-223
*Violette des sorciers*
  syn. de *pervenche*.
Viorne . . . . 52-188
Vipérine . . . 133-182
Volant d'eau . . . 158
*Volvax vegetans*. . 177
Vulpin . . . . . . 17

### Y.

Yèble . . . . . . . 53

### Z.

*Zannichellia*. 217-244
Zannichelle . 217-244

Imp. de L. Van Elslandt, rue de Dunkerque, à St-Omer.

# FLORE

## DE L'ARRONDISSEMENT D'HAZEBROUCK.

*(DÉPARTEMENT DU NORD.)*

## Cet Ouvrage se trouve chez les Libraires suivans :

| | | |
|---|---|---|
| AIRE.......... | Chez | Guillemin. |
| AMIENS........ | — | Prevost-Allo. |
| ARRAS........ | — | Théry. |
| BAILLEUL..... | — | Vanneufville. |
| BÉTHUNE..... | — | Rey-Bourbon. |
| Boulogne-s-mer | — | Watel. |
| BRUGES....... | — | M<sup>me</sup> Wante |
| BRUXELLES... | — | J.-B. Tircher. |
| CALAIS....... | — | Leroy. |
| CASSEL....... | — | M<sup>me</sup> veuve Lion. |
| DOUAI........ | — | Lemale, Jacquart. |
| DUNKERQUE. | — | Vandenbusche. |
| GAND......... | — | Hoste. |
| LILLE......... | — | Quarré, Minart. |
| LOUVAIN..... | — | Vanlinthout et C<sup>ie</sup>. |
| S<sup>t</sup>-OMER...... | — | Tumerel-Bertram. |
| Valenciennes.. | — | Descamps. |
| YPRES........ | — | Lambin-Mortier. |

## 3ᵐᵉ PARTIE.

# FLORE
## DE L'ARRONDISSEMENT D'HAZEBROUCK
### Ou description des Plantes
### DU NORD, DU PAS-DE-CALAIS ET DE LA BELGIQUE;

Ouvrage contenant les notions élémentaires sur les organes des végétaux ; le vocabulaire explicatif des termes techniques ; l'indication exacte des lieux où croissent les plantes ; l'histoire et les vertus des plantes médicinales et potagères ; le tableau de l'heure de l'épanouissement et du coucher des fleurs : la table alphabétique des noms latins, français et flamands.

### Par VANDAMME (Henri),

PHARMACIEN A HAZEBROUCK,

Lauréat du Jardin des Plantes, correspondant de l'Institut, membre des Sociétés d'agriculture, de physique, de chimie et de pharmacie de Paris, ancien secrétaire du Conseil central d'hygiène publique et de salubrité.

*Exponere non confundere naturam;*
*Sed evidenter conjuncta non disjungere.*

### PARIS.

J.-B. BAILLIÈRE, libraire de l'Académie impériale de médecine, rue Haute-Feuille, 19.
LABÉ, libraire de la Faculté de médecine, place de l'École de Médecine, 23, (ancien nº 4.)
RORET, directeur de la librairie encyclopédique, rue Haute-Feuille, 12.

### HAZEBROUCK.

L'auteur, grand'place, nº 9.

1860.

*L'Éditeur regardera comme contrefaits tous les exemplaires qui ne seront pas revêtus de la signature de l'auteur.*

St-Omer : Imp. de L. Van Elslandt.

# PRÉFACE.

Les plantes, presqu'en général les plus communes sont sans contredit les moins connues. C'est ce vide de la Botanique ou de la science de Flore dans le rayon de l'arrondissement d'Hazebrouck (1) qui nous a fait entreprendre notre première publication en 1850, notre appendice en 1854, et enfin notre œuvre que nous terminons aujourd'hui par ce troisième et dernier supplément.

Le peu d'étendue de cet opuscule ne nous permettant pas de suivre le plan adopté dans nos deux précédentes livraisons, à cause du trop grand vide, nous avons cru devoir donner la préférence à l'ordre alphabétique, sans nous écarter du système de Linné dont nous indiquons à chaque genre la classification, ainsi que la concordance avec les familles naturelles de Jussieu.

Ce système est, sans nul doute, le plus beau, le plus ingénieux et le plus voisin de la méthode naturelle, attendu qu'on y trouve ces coupes heureuses et cette réunion de plantes en familles, qui le rendent le plus conforme aux vues de la nature. Basé sur les organes les plus importans, l'*étamine* et le *pistil*, ceux d'où dépend la reproduction des plantes, il ne pouvait manquer d'offrir des rapprochemens fort heureux, à cause de leurs parties semblables dans les espèces d'une même famille.

Ce système, disons-nous, présente en outre sur toutes les autres méthodes le moyen le plus facile pour arriver au nom d'une plante.

Indépendamment des espèces indigènes, nous avons jugé convenable de mentionner quelques plantes d'agrément, quoiqu'exotiques, parcequ'elles sont depuis longtemps cultivées, et pour ainsi dire

---

(1) Dans la *Préface* de notre *appendice*, p. 205, j'ai dit qu'une partie de la *Belgique* (Flandre orientale et occidentale), les *arrondissemens d'Arras*, de *St-Omer*, de *Boulogne*, de *Montreuil*, de *Béthune* et de *St-Pol* (Pas-de-Calais), ainsi que le *département du Nord* en son entier ont été réunis dans l'étendue de notre cadre.

naturalisées dans le Nord de la France, renvoyant pour les espèces nombreuses de la *cryptogamie* (1), à l'excellent ouvrage de M. Thém. Lestiboudois.

Afin de rendre moins aride et plus intéressante la lecture de cette Flore, nous y avons ajouté, autant que cet ouvrage le comporte, le précis historique et les vertus des plantes usuelles.

Quelques-uns de nos lecteurs, et particulièrement quelques instituteurs, nous ayant demandé une nomenclature de la langue maternelle du pays, nous nous sommes conformé à leur désir en terminant ce livre par la table alphabétique des noms flamands.

Nous avons pensé devoir introduire aussi dans ce dernier supplément plusieurs notes contenant l'explication des termes techniques qui ont été omis dans le Vocabulaire de notre Appendice et que nous avons placées ici, au bas de chaque page.

Un tableau paraissant assez utile en ce qu'il marque l'heure de l'épanouissement et du coucher des fleurs est joint à l'œuvre que nous offrons aujourd'hui aux amis de la science.

Cette troisième partie étant disposée dans la pagination de manière à faire corps avec les deux précédentes, leur ensemble ne constitue qu'un seul et même volume.

En terminant, je remercie messieurs les Botanistes et les autres personnes qui ont bien voulu contribuer à la composition de cette Flore par leur soin à me transmettre le résultat de leurs recherches.

Le nom en abrégé de mes collaborateurs accompagne chacune de leurs découvertes. Je désire qu'ils veuillent recevoir ici l'expression de ma profonde gratitude.

Hazebrouck, le 15 Mars 1860.

**H. VANDAMME.**

---

(1) Les principales *cryptogames* néanmoins se trouvent parmi nos descriptions.

# TROISIÈME PARTIE.

## A.

ABROTANUM. — Voir *Artemisia*.

ACER. — *Érable*. (Acérinées.) *Octandrie monogynie*, p. 64.

\* *Acer* : feuil. palmées ; fl. polygames.

878. *A. pseudo-platanus*, L. — *E. sycomore*. — 1ⁿ *grooten Ahorn*. Arbre élevé ; bois blanc ; écorce rousse ; feuil. opposées, un peu cordées, d'un vert foncé audessus, glauques audessous, à 5 lobes aigus, dentés, à sinus aigus ; pétiol. canaliculé ; fl. petites, herbacées, en grappes longues, pendantes ; étam. et pédonc. velus ; fr. glabres ; ailes divergentes. L. Avril-Mai ; *dans les bois, notamment à Morbecque et dans tous les jardins paysagers* (H. V.)

879. *A. platanoïdes*, L. — *E. plane*. — 2ⁿ *grooten Ahorn*. Diffère du précédent par ses feuil. d'un vert pâle, non glauques audessous ; les sinus des lobes et des dents arrondis ; ses fl. en corymbes dressés, glabres. L. Avril ; *dans les bois des environs de Lille, Emmerin, etc.* (Thém. Lestib.)

† *A. campestre*, L. — *E. champêtre*. — *gemeenen Ahorn of booghout*. p. 64 (esp. 286) ; *dans les haies à Hazebrouck, près l'Hoflande ; Borre ; Pradelles, etc.* (H. V.)

880. *A. monspesulanum*, L. — *E. de Monpellier*. — *Ahorn van Monpellier*. Arbre peu élevé, très rameux ; écorce rougeâtre ; feuil. petites, cordées, opposées, pétiolées, coriaces, d'un vert foncé, à 3 lobes pointus, entiers ou dentés ; fl. petites, pédonculées, en bouquets peu fournis ; ailes du fr. rougeâtres, glabres, très peu divergentes. L. Avril ; *dans les bois de la Belgique* (B B.)

\*\* *Negundo* : feuil. pinnées ; fl. dioïques.

881. *A. negundo*, L. — *E. à feuil. de frêne*. — *Ahorn met essche bladeren*. Arbre élevé, droit ; écorce des rameaux lisse, d'un vert glauque ; feuil. opposées, à 5 folioles ovales, acuminées, vertes, pubescentes audessous, dentées, la dernière souvent trilobée ; pétiol. cylindrique ; fl. dioïques, petites, naissant avant les feuil. ; fl. mâles en grappes pendantes ; pédicelles filiformes, devenant très longs : 5 étam. très longues ; anth. linéaires ; cal. très petit ; cor. O ; fl. femelle en paquets courts ; pistils bicornes ; ailes des fr. courtes et peu divergentes. L. Mars ; *originaire de la Virginie* (B B.) ; *cultivé dans les jardins paysagers* (Debeauv.)

## ACORUS.— *Acore.* (Joncées).
*Hexandrie monogynie*, p. 58-226.

† A. *calamus*, L.— *A. vrai.*— *Lisch-wortel (Roseau odorant)* esp. 258. Cette plante n'a pas échappé aux regards des premiers observateurs. *Elle habite les fossés et le bord des eaux dans plusieurs contrées de la France, dans l'Alsace, le Piémont, la Hollande et la Belgique. Nous l'avons trouvée le long de la Lys à Thiennes; dans les fossés près le Romarin à Morbecque, et au bord du canal d'Hazebrouck à la Motte-au-Bois.* (H. V.)

La racine de cette plante, dont nous avons déjà indiqué la vertu p. 58, est souvent employée sous forme de masticatoire, comme un moyen de corriger les effets du mauvais air, et de se préserver des épidémies.

## ÆSCULUS.— *Maronnier.* (Hippocastanées.)
*Heptandrie monogynie*, p. 63.

882. A. *rubra*, W.— *M. écarlate.*— *Rooden kastanieboom (Æ. pavia,* L.) Arbre de 5 à 7 m.; feuil. opposées, à 5-7 folioles digitées et un peu pétiolées, ovales, denticulées, pubescentes au-dessous; nervures rougeâtres; pétiol. comprimés, rouges; fl. rouges, en thyrse; 5 pétal.; cal. aussi longs que les onglets; étam. droites; fr. lisse. L. *originaire d'Amérique, cultivé dans les jardins.* (Marg.)

## AGROSTIS. — *Agrostis.* (Graminées.)
*Triandrie digynie*, p. 18-218.

883. A. *minima*, L.— *A. exigu.*— *Alderkleenste gas. (Mibora,* BB.) Chaumes d'un demi décim., simples, nombreux, en touffe; feuil. très courtes, linéaires, canaliculées, obtuses; gaine assez large; épi linéaire, rougeâtre. v. Avril. *Dans les sables; Maldeghem; Malines* (Rous.); *Dunkerque, etc.* (Lestib.)

## AMARANTHUS.— *Amaranthe.* (Amaranthacées.)
*Monœcie pentandrie*, p. 158.

884. A. *sylvestris*, L.— *A. sauvage.*— *Wilden Blitum.* Il ne diffère de l'*A. blitum* (esp. 665) que par ses tiges droites et ascendantes; ses feuil. aiguës; ses fleurs en paquets axillaires; il paraît n'être qu'une variété, car ces caractères semblent peu constans. A. *entre Arques et Clairmarais, près le moulin* (H. Bail.)

885. A. *sanguineus*, L.— *A. sanguine* — *Fluweelbloem.* Tige de 2 à 6 décim., droite, anguleuse, pubescente au sommet, peu rameuse; feuil. pétiolées, ovales, aiguës, glabres, nerveuses, un peu ondulées, bordées de rouge ou tout-à-fait rouges; épis axillaires dressés ou un peu étalés, les supérieurs rapprochés en thyrse terminal;

bractées acuminées-aristées, plus longues que les fleurs; épis d'un rouge vif. A. Juillet-Septembre.
Sortie des jardins et devenue *spontanée çà et là dans les décombres. Dans les champs en bas d'Hazebrouck.* (Debl.)

AMPELOPSIS.— *Ampélopside.* (Vinifères). (*Cissus*, Dess.)
*Pentandrie monogynie*, p. 32.

Cal. sinué, à 5 dents; 5 pétal. étalés; 5 étam. naissant d'une coupe; 1 styl.; stigm. en tête; baie à 2 ou 4 gr.

886. **A. quinquefolia**, Mich.—*A. lierre.*—*Margdewyngaerd (Vigne vierge).* Arbrisseau grimpant très-haut; feuil. digitées, à 3 ou 5 folioles ovales-lancéolées, un peu pétiolées, glabres, grossièrement dentées en scie, d'un beau vert luisant, à la fin presque rouge; fl. verdâtres, en corymbe dichotome. L. Juillet-Août. Originaire du nord de l'Amérique, cet arbrisseau est *cultivé pour garnir les murs.* (B J.) (1).

ANÉTHUM.— *Aneth.* (Ombellifères.)
*Pentandrie digynie*, p. 187.

† **A. fœniculum**, L.— *A. fenouil.*—*Venkel.* (esp. 756). *Spontané dans les prairies derrière l'abattoir et l'usine du gaz à Hazebrouck.* (H.V.)

ANTHEMIS.— *Camomille.* (Composées.) *Corymbifères.*
*Syngénésie polygamie superflue*, p. 143.

† **A. nobilis**, L.— *C. romaine.*— *Romsche kamille.* (esp. 604). *Cultivé pour l'usage pharmaceutique.*

NOTA.— Nous avons indiqué les vertus médicales de cette plante à la suite de la description de l'espèce (604), dont les fleurs doubles sont employées en pharmacie sous forme d'infusion et d'extrait. — Cet extrait ressemble tellement à celui de *Ményanthe* qu'il serait facile de les confondre.

APIUM.— *Ache.* (Ombellifères.)
*Pentandrie digynie*, p. 52

† **A. graveolens**, L.—*A. céléri.*—*Gemeene-eppe.* (esp. 234.) *dans les fossés à Calais.* (Lestib.)

ARABIS.— *Arabette.* (Crucifères).
*Tétradynamie siliqueuse*, p. 112.

887. **A. Sagittata**, DC.—*A. Sagittée.*—*Torte kruid.* Tige de 3 décim., souvent simple, dressée, hérissée dans toute sa longueur; feuil. embrassantes, obtuses, prolongées à la base en 2 petites oreillettes, couvertes de poils parfois bifides, dentelées; les radicales en rosette,

---

(1) Les initiales (B J.) indiquent le *bon Jardinier.*

obovales, rétrécies en pétiole; fl. blanches, petites, en grappe terminale; pédicelle de la longueur du cal.; pétal. linéaires, dressés; siliq. grêles, serrées contre la tige; valves marquées d'une nervure sur le dos. B. *Commun dans les lieux pierreux, particulièrement sur les murs.* (B B.)

† *A. thaliana*, L. (esp. 481.) *Sur les remparts de Lille, etc.* (Lestib.)

ARISTOLOCHIA. — *Aristoloche*. (Aristolochiées).

*Gynandrie hexandrie*, p. 148.

Cal. tubuleux, ventru à la base et se terminant en languette unilatérale; 6 anth. attachées au pistil; 6 stigm.; caps. à 6 loges polyspermes.

888. *A. Clematis*, L. — *A. Clématite*. — *Holwortel of rüsachtige Aristolochia.* Rac. profondément traçante; tige de 3 à 6 décim., dressée, simple, anguleuse, silonnée; feuil. pétiolées, glabres, fermes, profondément cordiformes, ovales-obtuses; fl. jaunâtres, en faiseaux axillaires; caps. grosses, pyriformes, pendantes. v.; Mai-Juin-Septembre. *Vignes, haies, champs en Belgique, vers Mons et Tournay.* (B B.); *dans le Pas-de-Calais près Boulogne-sur-Mer.* (H. Bail.)

Cette plante exhale une odeur fétide; sa racine est emménagogue.

ARTEMISIA.— *Armoise*. (Composées.) *Corymbifères.*

*Syngénésie polygamie superflue*, p. 138.

889. *A. Abrotanum*, DC. — *A. Aurone.* — *Averone.* (*citronelle.*) Tige ligneuse, de 6 décim., rameuse au sommet; feuil. pétiolées, d'un vert blanchâtre, 2-pinnées; lobes presque capillaires; fl. jaunes, ovoïdes, en grappes grêles, terminales et peu rameuses; invol. pubescent, contenant 8 à 10 fleurons. L. Été.

L'aurone, originaire de l'Europe méridionale, est *cultivée dans les jardins* pour son odeur aromatique citronée.

Cette plante possède les mêmes vertus que l'absinthe et peut lui être substituée. Sa décoction ou plutôt son huile par infusion fait pousser les cheveux. Les cendres calcinées et mêlées avec l'huile d'olives, au rapport d'Etmuller, font le même effet. Cet auteur regarde cette plante comme un excellent carminatif.

890. *A. Dracunculus*, L. —*A. Estragon*.— *Dragon*. Plante entièrement glabre; tiges de 3 à 6 décim., redressées, rameuses; feuil. étroites, lancéolées, entières; fl. jaunâtres, nombreuses, paniculées; invol. presque globuleux; écail. verdâtres, obtuses, scarieuses au sommet. v. Été.

L'estragon, originaire de la Sibérie, est cultivé dans les jardins pour ses vertus que nous avons déjà indiquées, p. 139.

ATRIPLEX.— *Arroche.* (Atriplicées.)
*Pentandrie digynie*, p. 44.

891. A. *Rosea*, L.— A. *à rosette.*— *Rosachtige Melde*. Tige suffrutescente de 3 décim., cylindrique, étalée; rameaux divergens; feuil. éparses, courtement pétiolées, blanchâtres, pulvérulentes, ovales ou rhomboïdales, inégalement dentées ou incisées; fl. glomérulées, axillaires; fr. orbiculaires, comprimés, en rosettes de 3 à 6, accompagnées d'un cal. 4-gone., comprimé, blanchâtre, tuberculeux, à 2 folioles dentées. A. *bords de la mer vers Calais*. (B B).

892. A. *Laciniata*, L.— A. *découpée.*— *Gesneeden Melde*. Tige de 3 décim., souvent un peu couchée, jaunâtre ou rougeâtre en bas, blanchâtre vers le haut; feuil. pétiolées, pulvérulentes; les inférieures opposées, ovales, un peu anguleuses; les supérieures alternes, deltoïdes (1), fortement dentées; fr. presque solitaires, axillaires, formant de petits épis foliacés; cal. des fr. grand, comprimé, larges, marqués de 2 dents peu saillantes qui les rendent subtriangulaires. A. Septembre; *commun sur le bord de la mer à Dunkerque, etc.* (BB.)

ATROPA.— *Atrope.* (Solanées.)
*Pentandrie monogynie*, p. 39.

† A. *belladona*, L. — A. *belladone.*— *Dolle-nagt-schade.* (esp 174). *Forêt d'Hesdin* (Alav.); *en Flandre*. (B B.)

AUCUBA.— *Aucuba.* (Cornées).
*Diœcie tétrandrie*, p. 165.

Fl. mâles : cal. à 4 dents; 4 pétal.; 4 étam; fl. femelles : cal. à 4 dents; cor. à 4 dents; ov. infère; 1 styl.; 1 stigm; baie couronnée, charnue.

893. A. *Japonica*, L.— A. *du Japon.*— *Aukuba*. Arbuste de 9 à 12 décim., très rameux, toujours vert; feuil. grandes, ovales, vert luisant, marbré et panaché de jaune; fl. petites, brunes. v.
Les individus femelles sont les seuls qu'on possède *dans les jardins.* ( B J. )

## B.

BETULA.— *Bouleau.* (Bétulacées.)
*Monœcie tétrandrie*, p. 156.

894. B. *pubescens*, Erhr.— B. *pubescent.*— *Berkenboom*. Arbre qui (selon M. Lestiboudois) n'est qu'une variété du B. *alba*, L. (esp. 658).

---

(1) *Deltoïde* en forme de *Delta*, ou triangle à angle supérieur aigu.

dont il diffère par ses jeunes pousses velues; les feuil. moins acérées, cordiformes, velues, surtout audessous, même après leur entier développement. ⌊. *commun dans les bois marécageux à Haubourdin, près Lille* (B B.); *et dans le bois du général Vandamme, près les huit Rues, territoire de Morbecque.* (H. Vand.)

L'écorce, les feuilles et l'eau qui coule du tronc du Bouleau, par la térébration, sont en usage dans la médecine. L'écorce moyenne de cet arbre est si fine, qu'elle servait autrefois de papier ; et Tragus rapporte avoir vu des vers écrits sur cette écorce dans une Bibliothèque suisse : on emploie aujourd'hui toute l'écorce à faire des cordes à puits. Les feuilles du Bouleau sont apéritives, détersives et cosmétiques, c'est-à-dire, propres à décrasser la peau. L'eau qui sort du tronc de cet arbre par le trou qu'on y fait avec une tarière, est une espèce de Baume qui, selon Vanhelmont, est très adoucissant, et propre à calmer les douleurs de la pierre et de la gravelle.

BRASSICA.— *Chou.* (Crucifères).

*Tétradynamie siliqueuse,* p. 113.

895. *B. Eruca,* L.— *C. Roquette.* — *Tamme Rakette of Rattekruid.* (*Eruca sativa,* Lam.) Tige de 3 à 6 décim., dressée, rameuse, velue; feuil. pétiolées, tendres, vertes, ailées; lobe terminal, grand, obtus; fl. jaunes, très pâles, veinées de violet; 1 glande sous les grandes étam.; siliq. glabres, serrées contre la tige. ⅍. *Sur les décombres et les lieux voisins des habitations, ainsi que dans les champs et les jardins.* (B B.)

Cette plante a une odeur et une saveur âcres et piquantes.

BROMUS. — *Brome.* ( Graminées ).

*Triandrie digynie,* p. 21.

896. *B. Tectorum,* L —*B. des toits.*—*Brom of dack-Haver.* Chaume de 3 décim.; feuil. pubescentes sur la gaîne, velues sur le limbe; panic. unilatérale penchée; pédicelles semi-verticillés, pubescens, doux au toucher; locustes de 4 à 5 fl.; bâles velues, acérées, fendues au sommet; arête aussi longue que la fleur. ⅍. Été. *Très commun le long des murs et dans les champs sablonneux* (B B.); *abondant en deçà de la place de Morbecque, au bord de la route royale.* (H. V.)

BRUNELLA.— *Brunelle.* (Labiées.)

*Didynamie gymnospermie,* p. 102.

897. *B. Alba,* Pallas. — *B. blanchâtre.*—*Wit Senegroen.* Tige d'1 à 3 décim., couchée à la base, hérissée de poils grisâtres; feuil. pétiolées, ovales-oblongues, entières ou dentées, les supérieures pinna-

tifides, velues; épi muni à la base de 2 feuil. alongées; bractées larges, arrondies, acuminées, velues, verdâtres et bordées de brun : lèvre supérieure du cal. à dents larges, ovales-aristées, l'inférieure à dents lancéolées, subulées, pectinées (1), ciliées; étam. munies au sommet d'une dent en forme d'épine couchée en avant; fl. d'un blanc jaunâtre. v. Juin-Août. *Dans les prés secs et montagneux entre Fauquembergue et Hesdin.* (H. Bail.)

BUPLEVRUM.— *Buplèvre.* (Ombellifères.)
*Pentandrie digynie*, p. 46.

898. *B. falcatum*, L.— *B. en faux.*—*Ander Haezen-Oor. (Oreille de lièvre.)* Tige de 6 décim., glabre, flexueuse, striée; feuil. radicales elliptiques, lancéolées, 3-5 nerves; les supérieures lancéolées-étroites, souvent falquées (2); invol. à 1-3 folioles inégales; involucelle à 5 folioles aiguës. v. *Hesdin; Cambrai et leurs environs.* (B B.)

## C.

CALLITRICHE.— *Callitriche.* (Onagraires.)
*Monandrie digynie*, p. 9.

† *C. Verna*, L.— *C. printanière.*— 1° *Water sterrekruid* (esp. 2.)

† *C. Autumnalis*, L.— *C. automnale.*— 2° *Water sterrekruid* (esp. 3). *Ces deux espèces croissent abondamment dans la becque de Borre.* (H. V.)

CAREX. — *Laiche.* (Cypéracées.)
*Monœcie triandrie*, p. 154-244.

899. *C. Ovalis*, Good.—*L. ovale.*—*Ovael Riet-gas.* Racine fibreuse; feuil. linéaires, un peu rudes; tiges de 2 à 3 décim., trigones; épi d'un roux mêlé de vert, ovale-oblong; 7 à 8 épiets (3) ovales, obtus, garnis d'une bractée acérée; fl. mâles, peu nombreuses. v. Avril-Mai. *En Belgique* (Hocq.); *près Bruxelles* (D. et P.); *Lille; St-Omer, etc.* (B B.)

CAUCALIS.— *Caucalide.* (Ombellifères.)
*Pentandrie digynie*, p. 47.

900. *C. Scandicina*, Fl. dan.—*C. cerfeuillée.*—*Haeghekervel (Scandix anthriscus*,L.—*Myrrhis chœrophylla*, Lam.) Tige de 3 à 6 décim.,

---

(1) *Pectiné*, à divisions disposées sur 2 rangs comme les dents d'un peigne.
(2) *Falqué*, courbé en forme de faux.
(3) *Épiet* synonyme d'*Epillet*. Voir ce mot, p. 209.

rameuse, glabre; feuil. 2-3 pinnées ; folioles incisées, petites, velues ; pétiol. fortement cilié à la base; ombelles souvent opposées aux feuil., pédonculées, à 3-6 rayons; invol. o, ou à 1 foliole; involucelle à 5 foliol. un peu ciliées ; fl. blanches, petites; fr. petits, ovoïdes, couverts de petites pointes crochues, amincis en un petit bec glabre, bifurqué. ⚇. Avril-Mai. *Commun dans les haies* (B B.) ; *Cassel, Bergues, Dunkerque, etc.* (H. V.)

901. *C. nodosa*, All.— *C. noueuse.* — *Geknoopte kervel. (Scandix,* L.—*Myrrhis,* Lam.) Tige de 3 décim., rameuse, velue, enflée aux articulations; feuil. 2-pinnées; folioles ovales, incisées, à lobes presque obtus ; fl. blanches ; ombel. presque sessiles, opposées aux feuil., à 2-4 rayons; fr. cylindriques, couverts de poils roides dirigés vers le sommet. ⚇. Mai-Juin. *Dans les haies.* (B B.)

902. *C. Nodiflora*, Lam. — *C. nodiflore.* — *Tordylium nodosum,* L. Tige de 3 décim., très rameuse à la base, redressée, à poils appliqués, dirigés vers le bas ; feuil. 2-pinnées ; folioles linéaires-lancéolées, petites, aiguës, hispides; ombel. opposées aux feuil., simples, sessiles, ou à pédonc. court, hérissé de poils dirigés vers le haut; involucelle à folioles linéaires; fr. tuberculeux ou garnis de pointes hameçonnées et couvertes de petits crochets (à la loupe). ⚇. *au bord des champs secs.* (Lestib.)

CHELIDONIUM. — *Chélidoine.* (Papavéracées.)
*Polyandrie monogynie*, p. 87.

903. *C. Glaucium*, L.— *C. glauque.*— *Geelven heul (Pavot cornu). Glaucium flavum,* D C. Tige de 3 à 6 décim., très rameuse, hérissée de quelques poils blancs, marcescens; feuil. sessiles, pinnatifides, épaisses, hérissées, glauques et blanchâtres sur les deux faces; lobes aigus; sinus arrondis; fl. jaunes, grandes, solitaires, latérales; siliq. d'1 décim. et demi, hérissées, s'ouvrant de haut en bas; gr. brunâtres, réticulées. ʙ. Eté. *commun dans les sables et les champs pierreux, Calais, Boulogne.* (II. Bail.)

Dioscoride assure, et ses commenteurs confirment, que cette plante est utile à ceux qui ont des urines troubles et épaisses. En Portugal on fait boire à ceux qui sont sujets à la pierre, un verre de vin blanc dans lequel on fait infuser une demi-poignée de feuilles écrasées de cette plante. Galien dit qu'elle est vulnéraire et détersive; on l'emploie pour les ulcères et les blessures des chevaux : on broie ses feuilles, et après les avoir pilées légèrement, on y ajoute un peu d'huile; c'est la manière dont s'en servait Dodonée.

CHENOPODIUM.— *Ansérine.* (Atriplicées.)
*Pentandrie digynie*, p. 43.

904. *C. album*, L.—*A.blanche.*—*Wit gansenvoet. (C. leiospermum,*

D C.) Tige de 3 à 6 décim., rameuse, quelquefois rougeâtres ; feuil. sub-rhomboïdales, presque ovales, couvertes audessous d'une poussière blanche, dentées-érodées (1), entières dans le bas, les supérieures entières ; fl. en grappes axillaires, dressées, presque nues ; gr. lisses. ⚥. Eté. *Très commun le long des champs, sur les décombres, etc.* (B. B.)

Deux variétés de cette plante sont à remarquer : l'une à feuil. vertes, plus étroites et l'autre à feuil. toutes entières.

905. *C. urbicum*, L.—A. *des villages* —*Dorp gansenvoet.* Tige de 3-6 décim., souvent simple, dressée, striée, rayée de vert et de rouge ; feuil. deltoïdes, oblongues, sub-hastées, peu prolongées à la base, marquées vers le milieu de dents peu profondes ; fl. petites, herbacées, en grappes grêles, axillaires et terminales, nues, serrées contre la tige ; gr. grosses. ⚥. Eté. *Le long des murs des villages.* (Lestib.)

906. *C. vulvaria*, L.—A. *vulvaire.*— *Stinckende melde.* Tiges d'1 à 2 décim., couchées, rameuses, blanchâtres ; feuil. petites, pétiolées, ovales-rhomboïdales entières, couvertes, surtout pardessous, d'une poussière blanchâtre ; fl. glomérulées, en grappes très-petites, nues, terminales et axillaires. Odeur très fétide. ⚥. Eté. *dans les jardins ; les lieux cultivés.* (B B.)

On rapporte qu'il suffit de froisser les feuilles de cette plante et d'en respirer l'odeur, pour arrêter le spasme hystérique.

CHONDRILLA.— *Chondrille* (composées). *Corymbifères.*
*Syngénésie polygamie égale,* p. 129.

Invol. simple, caliculé ; aigrette poilue, longue, pédicellée.

907. *C. muralis*, Lam.—*C. des murs.*— *Wratte condrille. (Prenanthes*, L.) Tige de 6 à 9 decim., dressée, rameuse en haut ; feuil. glauques pardessous, embrassantes, lyrées ; lobe terminal très grand, fortement anguleux ; fl. jaunes, petites, paniculées, formées de cinq fleurons ; gr. noirâtres, un peu striées. ⚥. Eté. *commun sur les murs ; dans les bois, etc.* ( B B.)

CIRCIUM.— *Circe.* (Composées.) *Cynarocéphales.*
*Syngénésie polygamie égale,* p. 136.

908. *C. eriophorum*, Scop. — *C. laineux.* — *Ezels distel.* (*chardon aux ânes) Carduus*, L. Tige de 6 à 12 décim., épaisse, cannelée, cotonneuse, branchue ; feuil. amplexicaules, tomenteuses audessous, aiguillonneuses audessus, divisées en lanières profondes, étroites, souvent géminées, l'une relevée, l'autre rabattue, terminées par une

---

(1) *Érodé, ée*, dont le bord est légèrement et très inégalement denticulé.

forte épine; fl. purpurines, très grosses, solitaires, globuleuses; écail. de l'invol. étalées, étroites, élargies au sommet, cuspidées, entourées d'un duvet aranéeux très abondant. B. Août. *Cambrai; Lens; Beuvry; Dunkerque, etc.* (Lestib.); *commun sur la route de Saint-Omer à Boulogne.* (H. Bail.)

CICUTARIA.— *Cicutaire.* (Ombellifères.)

*Pentandrie digynie*, p. 47.

Cal. entier; pétal. ovales, entiers, courbés, presque égaux; fr. ovoïde; gr. munies de 5 côtes; invol. o, ou à 1 foliole; involucelle de 3 à 5 folioles.

909. C. *aquatica*, Lam. — C. *d'eau.* — *Dolle-water-kervel.* (*cicuta virosa*, L.) Tige de 3 à 6 décim., rameuse, glabre, striée; feuilles grandes, 2-pinnées (les supérieures pinnées); pétiol. creux; foliol. lancéolées, étroites, longues, aiguës, dentées en scie; fl. blanches; ombelle lâche; folioles de l'involucelle linéaires, dépassant les ombellules. v. Été. *dans les fossés pleins d'eau; Douai; Lens, etc.* (B.B.)

La cicutaire aquatique est excessivement vénéneuse. Sa racine qui ressemble à celle du panais, a quelquefois occasionné de funestes méprises. Beaucoup plus active que la grande ciguë, cette plante est regardée comme très efficace dans les cas où celle-ci est employée; cependant son usage est maintenant abandonné. Plusieurs Botanistes pensent que cette plante est la grande ciguë des anciens, si célèbre par l'empoisonnement de Socrate et de Phocion. (Voir *conium maculatum*, p. 48.)

† *Cicutaria vulgaris.* (esp. 755.) V. p. 187.

CISSUS. — Voir *Ampelopsis.*

COCHLEARIA.— Voir *Lepidium* et *Senebiera.*

CORONOPUS.—Voir *Senebiera* et *Plantago.*

CORYDALIS. — Voir *Fumaria.*

CYNOGLOSSUM.— *Cynoglosse.* (Borraginées.)

*Pentandrie monogynie*, p. 32.

† C. *officinale*, L.— C. *officinale.* — *Honds-tong.* (esp. 139.) *assez commun à Beuvry; Cysoing, etc.* (Lestib.); *dans les dunes de la mer et les terres calcaires* (H. Bail.)

## D.

DAPHNE. — *Daphné.* (Thymélées.)

*Octandrie monogynie*, p. 66.

910. D. *laureola*, L. — D. *lauréole.* — *Berg-Peper.* Tige de 6 à 9

décim., rameuse dans le haut; feuil. ramassées aux extrémités, lancéolées, sessiles, coriaces, luisantes, persistantes; fl. verdâtres, en grappes courtes, axillaires. L. *Forêt d'Hesdin* (Alav.); *commun dans les bois des environs de Montreuil-sur-mer.* (H. Bail.)

Les vertus de cet arbrisseau sont les mêmes que celles du *D. mezereum*, son congénère, déjà mentionné (esp. 295 *bis.)*

DRABA. — Voir *Lepidium*.

DRACUNCULUS. — Voir *Artemisia*.

# E.

ECHIUM. — *Vipérine*. (Borraginées.)
*Pentandrie monogynie*, p. 182.

† *E. vulgare*, L. — *V. vulgaire*. — *Adderkruid of slangen-hoofd*. (esp. 736.) *Commun aux bruyères d'Helfaut, près St-Omer, ainsi que dans les prairies des environs de St-Pierre-lès-Calais.* (H. V.)

Césalpin confirme ce que Dioscoride et les anciens rapportent des vertus de cette plante pour la morsure de la vipère et des autres bêtes vénimeuses. Cet auteur donne la manière de s'en servir. Il faut prendre, dit-il, une poignée des feuilles et environ 15 grammes de la racine, les piler et les infuser dans trois verres de vin; en faire boire le jus au malade et appliquer le marc sur la blessure.

Le nom de cette plante vient plutôt de la figure de sa graine qui ressemble à la tête d'une vipère, que de sa prétendue qualité de guérir sa morsure.

ELATINE. — *Élatine* (Caryophyllées.)
*Octandrie tétragynie*, p. 67.

Cal. à 3-4 divisions; pétal. 3-4 sans onglet; étam. 8 (rarement 3-6); styl. 3-4; caps. à 3-4 valves, à 3-4 loges, à gr. oblongues, ridées en travers.

911. *E. hydropiper*, L.— *E. poivre d'eau.*— *Ander waterpeper*. Tiges de 12 à 15 centim., grêles, rameuses, diffuses, radicantes; feuil. opposées (alternes en haut), ovales, un peu spatulées, glabres, entières; fl. blanches ou rougeâtres, axillaires; pédicelles plus courts que les feuil.; 4 pétal.; 8 étam.; caps. globuleuse. A. *Lieux inondés du nord de la France* (Mutel); *Ypres* (Hocq.); *Gand* (B B.)

EPILOBIUM. — *Épilobe*. (Onagraires.)
*Octandrie monogynie*, p. 65.

912. *E. spicatum*, Lam. — *L. à épi.* — *St-Antonius-Kruid*. ( osier

*fleuri.)* Tige de 9 à 12 décim., dressée, glabre, rougeâtre; feuil. sessiles, alternes, lancéolées, aiguës, entières, glabres, d'un vert blanchâtre audessous; fl. grandes, pédicellées, garnies de petites bractées, en épi terminal; pétal. rouges, entiers; cal. colorés; ov. cotonneux. v. Juillet-Août. *Dans le bois d'Hesdin, Pas-de-Calais* (Dov. et Alav.); *cultivé dans les jardins* (B J.)

EPITHYMUM. — Synonyme de *Cucusta*.

ERUCA. — Voir *Brassica*.

ERYNGIUM. — *Panicaut*. (Ombellifères.)
*Pentandrie digynie*, p. 46.

913. *E. maritimum*, L.—*P. maritime*.—*Zee distel.* Tige de 3 à 6 décim., grosse, cylindrique, glabre, blanchâtre, rameuse; feuil. radicales pétiolées, arrondies, un peu lobées, blanchâtres, épineuses, coriaces; les caulinaires sessiles, souvent 3-lobées; fl. en têtes pédonculées; invol. à 5-6 folioles très larges; écail. du réceptacle 3-cuspidées. ⚇. Août. *commun sur les dunes de Dunkerque, etc.* (BB.)

ERYTHRONIUM. — *Érythrone*. (Colchicacées.)
*Hexandrie monogynie*, p. 55.

Fl. en entonnoir à la base, à 6 divisions demi réfléchies, les 3 intérieures munies à la base de 2 tubercules nectarifères; 1 styl.; 3 stigm.; rac. tubéreuse à dents coniques; fl. penchées.

914. *E. dens canis*, L.—*E. dent de chien*. — *Hondstant*. Hampe d'1 à 2 décim.; feuil. 2, ovales-oblongues, glabres, tachées de pourpre; fl. purpurine ou blanche. v. Mars-Mai. Plante des provinces méridionales, *cultivée dans nos jardins*. (A. V.)

EUPHORBIA. — *Euphorbe*. (Euphorbiacées.)
*Dodécandrie trigynie*, p. 78.

915. *E. Sylvatica*, L. — *E. des bois*. — *Bosch wolfs melk*. Tige de 3 à 6 décim., simple, velue; feuil. obovales-lancéolées, un peu coriaces, velues; fl. axillaires, à pédonc. filiformes, lâches; ombelle à 5 rayons 2-fides; foliol. des invol. arrondies; celles des involucelles connées, mucronées; pétal. aurores, à 2 cornes. *assez commun dans les bois de la Belgique* (Lestib.); *dans les bois du Pas-de-Calais* (H. Bail.)

## F.

FUMARIA. — *Fumeterre*. (Papavéracées.)
*Diadelphie hexandrie*, p. 117.

916. *F. Lutea*, L.—*F. jaune*.—*Geelven Aerdrook*. (*corydalis*, DC.)

Tiges de 2 à 3 décim., nombreuses, très tendres, à 4 angles aigus, surtout au sommet; feuil. glauques, 2-3 pinnées; folioles élargies, à lobes arrondis, obtus, mucronés; fl. jaunes, un peu blanchâtres postérieurement, en grappes courtes, assez lâches, pédicellées; éperon court, obtus, courbé; folioles du cal. et bractées petites, blanchâtres, acuminées, dentelées; 2 stigm. courts, subulés, entre 2 petites cornes; siliques longues de 4 l., cylindriques, comprimées, 6-spermes. v. Eté. *Tournay* (Dumortier); *sur les vieux murs à Saint-Omer* (H. Bail.) (1).

## G.

### GALEOPSIS. — *Galéope*. (Labiées).
*Didynamie gymnospermie*, p. 98-99.

917. *G. ochroleuca*, L.—*G. à fl. jaune.*—*Geelven Basterdkemp. (G. grandiflora*, Gm.) Tige de 3 décim., dressée, garnie de poils souvent glanduleux; feuil. petiolées, ovales-oblongues, dentées, velues; fl. verticillées; cal. velu, à pointes assez courtes; cor. jaune (rarement rouge), velue, 4 fois plus longue que le cal.; lèvre supérieure souvent denticulée au sommet. ᴀ. Juillet-Août. *Verviers* (le J.); *Soignies* (B B.); *Walloncappel, sur le tracé du chemin de fer, entre la rue de l'Eglise et la rue de Bourbourg* (H. Vandew.)

## H.

### HELLEBORUS. — *Ellébore*. (Renonculacées.)
*Polyandrie polygynie*, p. 94.

918. *H. fœtidus*, L. — *E. fétide.* — *Stinkende nieskruid. (Pied de griffon.)* Tige de 3 à 5 décim., rameuse, épaisse, ferme, glabre; feuil. pédiaires, à 7-9 folioles coriaces, grandes, lancéolées-linéaires, à dents profondes, écartées; pétiol. longs, canaliculés, amplexicaules; ceux des feuil. supérieures élargis; bractées (pétiol. avortés) ovales, entières, amplexicaules; fl. en panicule; pédonc. longs, dichotomes, anguleux, sub-pubescens; cal. verdâtre, un peu rougeâtre au bord; pétal. 2-labiés, denticulés; 3 ov. v. Février-Mars. *Assez fréquent dans les bois de la Belgique et dans celui d'Hesdin.* (BB.) Cette plante est âcre et violemment purgative.

---

(1) M. H. Baillet, qui habite S¹-Omer, a droit d'une manière toute particulière à ma reconnaissance pour ses nombreuses communications.

## HIPPOCREPIS. — *Hippocrépide.* (Légumineuses.)
*Diadelphie décandrie*, p. 118.

919. *H. comosa*, L.—*H. en sertule.*— 1e *peerd-yzer*. Tiges de 3 décim., couchées, rameuses, dures, lisses; stipul. lancéolées, entières; feuil. imparipinnées, 7-11 foliol. petites, échancrées ou tronquées, mucronées, glabres; pédonc. plus longs que les feuil.; à 5-8 fleurs jaunes, réfléchies, en sertule; gousses en zig-zag, rudes sur les graines; articles formant une échancrure très ouverte. v. Juin-Juillet. *Dans les sables de Dunkerque* (H. Bail.); *dans les lieux sablonneux de la Belgique.* (Lestib.)

## HIPPURIS. — *Pesse.* (Onagraires.)
*Monandrie monogynie*, p. 9.

† *H. Vulgaris*, L.—*P. commune.*—*Waterpeerdsteert* (esp. 1). abondant dans la becque de Borre, entre la petite et la grande Marquette, territoire de Vieux-Berquin, 23 juillet 1859. (H. V.)

## HYDRANGEA. — *Hydrangée.* (Saxifragées.)
*Décandrie trigynie*, p. 69-71.

Cal. grand, en forme de corolle; cor. petite; 10 étam.; 3 styl.
920. *H. hortensia*, D C. — *H. hortense.*—*Roze van Japonien. Hortensia opuloïdes*, Lam. (*Hortense des jardins, rose du Japon*). Arbuste de 3 à 9 décim., sous-ligneux; feuil. grandes, ovales, persistantes ou caduques suivant la rigueur des hivers; fl. rose-purpurin, passant du bleu pur au violâtre et au blanc sale, quelquefois au rouge vif. v. Juin-Novembre. *Cultivé chez les fleuristes.*

C'est en Normandie et dans les climats doux et humides de nos départemens de l'ouest que cette belle plante se montre dans tout son éclat.

## HYPOCHÆRIS.—*Porcelle.* (composées.) *Corymbifères.*
*Syngénésie polygamie égale*, p. 133.

921. *H. glabra*, L.—*P. glabre.*—*Kael Havikskruid.* (*Hyoseris altera*, Tab.) Tige de 3 décim., simple ou rameuse, glabre, garnie de quelques écail.; feuilles radicales en rosette, lyrées, glabres; fl. jaunes, terminales, solitaires, de moyenne grandeur; invol. noirâtre, glabre; assez semblable aux scorzonères. ʌ. *Dans les prés humides à Cysoing* (BB.), *et notamment dans les prairies en bas d'Hazebrouck.* (H. V.)

# I.

## IMPATIENS.—*Impatiente.* (Balsaminées.)
*Pentandrie monogynie*, p. 185.

922. *I. noli tangere*, L.—*I. n'y touchez pas.*—*Kruideken en roert*

*my niet. (Balsamine sauvage).* Tige de 3 à 6 décim., rameuse, glabre, renflée aux articulations; feuil. alternes, pétiolées, ovales-lancéolées, à grosses dents; pédonc. axillaires, plus courts que les feuil., à 2 ou 3 fl. jaunes, assez grandes, pendantes; sépal. latéraux un peu calleux au sommet; l'inférieur à éperon crochu; pétal supérieur voûté, à 3 dents; les 2 latéraux ovales, munis d'un appendice ovale à la base; les deux anth. supérieures sont 1-loculaires. v. Juillet-Août. *Dans les bois vers Tournay; Gand; Mons; Avesnes* (BB.); *dans les lieux couverts près d'Escœuilles, arrondissement de St-Omer.* (H. Bail.)

INULA. — *Inule.* (composées.) *Corymbifères.*

*Syngénésie polygamie superflue*, p. 195.

† *I. helenium*, L. — *I. aunée.* — *Alants-wortel.* (esp. 779.) *Dans les prairies le long de la route de St-Omer à Boulogne.* (H. Bail.)

## J.

JUNCUS CAMPESTRIS. — Voir *Luzula.*

## K.

KŒLERIA. — *Kœleric.* (Graminées.)

*Triandrie digynie*, p. 16.

Glum. à 2 écail. carénées, à 2-5 fl.; bâle à 2 écail., l'extérieure acérée ou garnie d'une petite soie sub-apiculaire, l'intérieure 2-fide.

923. *K. cristata*, Pers. — *K. en crête.* — *Kam-gas (Poa cristata*, Murr.) Chaumes de 3 à 6 décim., nombreux; feuil. étroites, pubescentes, (quelquefois glabres); panic. en épi, souvent interrompu à la base; axe pubescent; glum. luisantes, 2-4 flores; bâle légèrement denticulée sur le dos; arête très courte. v. Été. *à Cysoing; Dunkerque; en Belgique, etc.* (BB.)

La variété *K. gracilis*, Pers. a la panicule effilée. Cette dernière est plus commune que l'espèce que nous venons de décrire.

## L.

LACTUCA. — *Laitue.* (Composées.) *Chicoracées.*

*Syngénésie polygamie égale*, p. 130.

924. *L. Sylvestris*, Lam. — *L. sauvage.* — *Wilde lattouwe.* L. *(Scariola).* Tige de 6 à 9 décim., blanchâtre, glabre, quelquefois un peu ai-

guillonneuse; feuil. amplexicaules, pinnatifides, dressées, garnies d'aiguillons sur les bords et les nervures dorsales; fl. petites, en panic. alongée. B. *Dans les lieux secs; Stambruges; Douai; Mons; Tournay.* (BB)

925. *L. virosa*, L. — *L. vireuse.* — Stinkende lattouwe. Diffère du précédent par ses feuil. dentées, non lobées, horizontales *Bouchain; Tournay* (BB.) *Vaux; Enghien*, (BB). Cette plante est calmante et un peu narcotique.

Obs. Il y a quelque difficulté dans la détermination de cette espèce et de la précédente, parce que Linné admet une variété du *L. scariola*, à feuil. entières.

LAMPOURDE. — Voir *Xanthium*.

LATHYRUS. — *Gesse.* (Légumineuses.)

*Diadelphie décandrie*, p. 120.

926. *L. odoratus*, L. — *G. odorante.* — Gemuskeerd-erweten. *(Pois musqué.)* Tige de 6 à 9 décim., ailée, velue; stipul. semi-sagittées; pétiol. longs, ailés, à 2 foliol. ovales, velues; vrilles rameuses; pédonc. très longs, velus, à 2-3 fl. grandes, odorantes; étendard violet ou rose; ailes et carène bleues ou blanches; gousse alongée, très hérissée. A. Eté. *Cultivé dans les jardins.* (BB.)

† *L. sylvestris*, L. — *G. sauvage.* — Groote wild-erweten, p. 121. (esp. 516.) *Dans les bois; St-Omer; Croix, etc.* (BB.)

† *L. latifolius*, L. — *G. à larges feuil.* — Erweten met breede bladeren. Diffère du précédent par ses feuil. plus larges, obtuses, mucronées; ses fl. plus nombreuses. v. Juillet-août-septembre. *à Hyon.* (Gossaert).

LEPIDIUM. — *Passerage.* (Crucifères.)

*Tétradynamie siliculeuse*, p. 235.

927. *L. draba*, DC. — *P. drave.* — Ander Lepel-bladt *(Cochlearia, L.)* Tige de 3 décim., dressée, simple, pubescente; feuil. ovales-lancéolées, un peu dentées, pubescentes, blanchâtres; les caulinaires embrassantes, un peu hastées; fl. blanches, petites, en grappes terminales; silicule échancrée à la base, un peu aiguë au sommet; valves concaves, arrondies sur le dos; styl. filiforme. v. Eté. *Sur les remparts de St-Omer.* (H. Bail.); *Flandre orientale.* (Vanh.)

LITHOSPERMUM. — *Grémil.* (Borraginées.)

*Pentandrie monogynie*, p. 32.

928. *L. officinale*, L. — *G. officinal.* — Steenkruid. *(Herbe aux perles.)* Tiges de 3 à 6 décim., dressées, rudes, cylindriques, simples ou rameuses; feuil. lancéolées, étroites, longues, aiguës, sessiles,

velues, rudes, à plusieurs nervures; fl. axillaires, au sommet des tiges et des rameaux; cor. blanche, dépassant peu le cal., pourvue vers la gorge de 5 saillies arrondies, creuses en-dehors, alternes avec les lobes, imitant des écail.; étam. incluses, insérées vers le milieu du tube, qui est un peu renflé et muni à sa base de 5 petits appendices pubescens, formant un cercle sous les étam.; styl. inclus; stigm. 2-lobé; gr. blanches, luisantes. v. Mai-Juin. *Lieux incultes des environs de Gand; Mons; Tournay, etc.* (Lestib.); *bois du Pas-de-Calais.* (H. Bail.)

LOBELIA. — *Lobélie.* (Lobéliacées.)

*Syngénésie monogamie,* p. 147.

Cor. irrégulière; tube plus long que le cal., fendu supérieurement; limbe à 2 lèvres; anth. soudées; stigm. 2-lamellé, devenant concave, entouré à la base d'un cercle de poils; caps. 2-3 loculaire, s'ouvrant au sommet.

929. *L. cardinalis,* L.— *L. cardinale.* — *Roode Lobelia,* Tiges de 3 à 6 décim., dressées, simples, cylindriques, velues, feuillées; feuil. éparses, ovales-lancéolées, dentées, un peu velues, rétrécies aux deux bouts; fl. d'un rouge vif, assez grandes, en épi terminal, presque unilatéral; pédicelles courts; les 3 anth. supérieures glabres; les 2 inférieures terminées par une houppe de poils. v. Été. Plante américaine *cultivée dans les jardins.* (B B.)

930. *Syphililica,* L. — *L. syphilitique.* — *Pokkige Lobelia.* Tiges de 3 à 6 décim., souvent simples, feuillées, anguleuses; feuil. éparses, ovales-lancéolées, sessiles, à dents terminées par une pointe calleuse; fl. bleues, axillaires, en épi terminal; pédicelles très courts; cal. velus, à lobes lancéolés, aigus, à sinus réfléchis; cor. velue sur les angles; lèvre inférieure à 2 gibbosités; anth. bleues, semblables à celles de l'espèce précédente. v. Été. *Cultivé dans les jardins* (Marg.)

Originaire de l'Amérique, la Lobélie que nous venons de décrire est depuis longtemps cultivée en Europe. Sa racine est employée comme anti-syphilitique par les Canadiens. On l'a essayée en France dans le même cas, mais pour ainsi dire sans succès.

LUZULA. — *Luzula.* (Joncées.)

*Hexandrie monogynie,* p. 189.

† *L. campestris,* D C.—*L. des champs.*— *Veld biesen.* (esp. 763 bis.) Cette plante est la même qui a été décrite sous le nom de *Juncus campestris,* L. p. 59 (esp. 261). *Commun dans les bois du kruis Abeel, territoire de Morbecque (Castriq.)*

## M.

### MELITTIS. — *Mélitte.* ( Labiées. )
*Didynamie gymnospermie*, p. 95.

Cal. grand, évasé; lèvre supérieure entière ou peu échancrée; lèvre inférieure plus courte, à 2 lobes; cor. à 2 lèvres, la supérieure plane, entière; l'inférieure à 3 lobes grands, inégaux; gr. triangulaires, velues.

931. *M. melissophyllum*, L.—*M. à feuil. de mélisse.*—*Wild citroenkruid. (Mélisse sauvage.)* Tiges de 3 à 6 décim., dressées, souvent simples, hispides; feuil. pétiolées, ovales, crénelées, pubescentes; fl. axillaires, pédonculées, grandes; cor. blanchâtre, tachée de pourpre sur la lèvre inférieure; cal. parfois 4-lobé. v. Mai 1859. *Dans les bois couverts, notamment dans celui du général Vandamme, près les Huit Rues.* (Marg.)

Cette plante est estimée comme vulnéraire par quelques auteurs. Sa racine est d'une odeur assez aromatique, et semblable à celle de l'*aristolochia clematis*, à laquelle quelques-uns la substituent.

### MENTHA. — *Menthe.* (Labiées.)
*Didynamie gymnospermie*, p. 97.

† M. *sylvestris*, L. — *M. sauvage.* — *Wilde Munt of mannekruid.* (esp. 416.) *commun à Thiennes, au bord de la Nieppe.* Juin 1859 (C.P.)

† M. *rotundifolia*, L.—*M. à feuil. rondes.*—*Kerkhofmunt.* Variété du M. *crispa* ( esp. 417. ) *dans les fossés à Morbecque.* (Debl.)

De toutes les plantes de la famille des labiées, cette dernière espèce est une de celles dont les propriétés toniques, stomachiques et cordiales sont les plus manifestes.

### MENYANTHES. *Ményanthe.* (Gentianées.)
*Pentandrie monogynie*, p. 34.

† M. *trifoliata*, L.—*M. trèfle d'eau.*—*Water klaver.* (esp. 147.) *Très abondant le long des fossés du fort St-François près d'Aire.* (Castriq.)

MIBORA.— Voir *Agrostis.*

### MONOTROPA.— *Monotrope.* ( Monotropées. )
*Octandrie monogynie*, p. 64.

Cal. à 4 folioles colorées; 4 pétal. semblables au calice, prolongés à la base en 2 bosses concaves, et nectarifères au-dedans; 8 étam.; ov. libre, à 4 sillons, 4 loges, 4 valves; 1 styl.; stigm. infundibuliforme; gr. nombreuses. *Nota.* Ce genre a le port des *Orobanches.*

932. M. *Hypopitys*, D C.— M. *parasite*.—*Tap of Pyn-zuiger (Suce-Pin)*. Plante entièrement jaunâtre, noircissant par la dessiccation; tige d'environ 2 décim., simple, dressée, couverte d'écailles; fl. en épi terminal, unilatéral, penché avant la floraison; pédicelle court, garni à la base d'une bractée érodée-ciliée, et d'une autre un peu au-dessous au sommet; folioles du cal. étroites, lancéolées; pétal. plus larges, érodés, hérissés au-dedans, ainsi que les étam., le styl., le stigm. et la caps.; styl. épaissi au sommet. v. Juillet-Août. *Sur les racines des pins, etc.; bois de la Belgique* (Thém. Lestib.); *forêt de Nieppe*. (H. V.)

MORCHELLA. — *Morille*. (Champignons.)
*Cryptogamie champignons*, p. 177-248.

Volva (1) nul; pédicule (2) portant un chapeau ovoïde, imperforé, complètement soudé avec le pédicule, marqué audessus de nervures anastomosées formant des cellules qui renferment des sporidies.

933. M. *esculenta*. Pers.— M. *comestible*.— *Morillen*. *(Phallus*, L.) Pédic. plein ou creux, blanc, uni, d'environ 5 centim.; chapeau ovoïde, adhérent au pédic. par toute sa face inférieure, creusé de cellules polygones; couleur variant du blanc au brun; odeur agréable. *Assez commun dans les vergers à Marcq; Lambersaert, etc.* (Thém. Lestib.); *Hazebrouck; Hondeghem* (Aug. Vandew.)

On mange les morilles soit fraîches, soit sèches et toujours sans aucun inconvénient pour la santé. On doit éviter de les cueillir par la rosée ou peu après la pluie, parce qu'elles ne peuvent se conserver.

# N.

NIGELLA. — *Nigelle* ou *Nielle*. (Renonculacées.)
*Polyandrie pentagynie*, p. 90.

Cal. à 5 folioles onguiculées, décidues; cor. à 5 pétal. en cornets à 2 lèvres; l'intérieure plane, entière; l'extérieure 2-lobée, concave à la base; étam. nombreuses; 5-10 caps. polyspermes, souvent soudées.

934. *N. Arvensis*, L.— *N. des champs.*— *Witten nardus*. Tige de 2 décim. et demi, simple ou peu rameuse, glabre, anguleuse, glauque; feuil. alternes, sessiles, multifides, à lobes capillaires, glabres,

---

(1) *Volva* : espèce d'enveloppe propre aux champignons.
(2) *Pédicule* : pied des champignons.

glauques; fl. terminales, solitaires, blanchâtres; pétal. à peine hérissés; lèvre interne subulée au sommet; lobes de l'externe portant une petite callosité au sommet et à la base; anth. apiculées; 5 caps. soudées jusqu'au milieu, écartées au sommet, terminées par un long styl. ⚥. Juillet. *Dans les champs calcaires*; *Avesnes; Bruxelles; Gand* (BB.)

Cette plante passe pour vénéneuse; les bestiaux ne la mangent pas. Cependant on mange dans le Levant ses semences avec le pain.

935. *N. Sativa*, L.—*N. cultivée.*—*Geelven nardus.* Tige de 3 décim., striée, rameuse dans le haut; feuil. vertes, pubescentes; folioles linéaires; fl. terminales, d'un blanc jaunâtre; pétal. semblables à ceux du *N. arvensis;* anth. mutiques; fr. soudés jusqu'au sommet en une capsule arrondie, couronnée par les 5 styl. ⚥. Eté. *Plante égyptienne cultivée dans nos jardins.* (H. V.)

936. *N. Damascena*, L.— *N. de damas.* — *Blauwen nardus of spinnekop.* (*Melanthium*, Dod,) Tige de 3 décim. ou plus, glabre, striée, rameuse en haut; feuil. vertes, à folioles menues, écartées; fl. terminales, d'un blanc bleuâtre, entourées d'un invol. foliacé, multifide; pétal. très hérissés; lèvre interne ovale, l'externe à 2 lobes non calleux au sommet, garnis à la base d'une protubérance; anth. mutiques; 5 ov. soudés en un fr. globuleux, s'ouvrant par la suture interne et l'externe; endocarpe très mince, se séparant de l'épicarpe et laissant un espace vide à l'extérieur de chaque loge. ⚥. Eté. *Cultivé dans les jardins* (BB.), *quoique originaire des provinces méridionales.*

Les graines de cette plante sont regardées comme puissamment emménagogues, céphaliques, carminatives et fortifiantes.

## O.

ORCHIS. — *Orchis.* (Orchidées.)
*Gynandrie diandrie*, p. 148-243.

937. *O. laxiflora*, Lam.—*O. à fl. lâches.*— 1° *Water standel kruid.* Tige de 3 à 5 décim.; feuil. lancéolées-linéaires, aiguës, canaliculées; épi alongé, très lâche; 8 à 12 fl. grandes, écartées, d'un pourpre foncé; 5 lobes supérieurs du cal. écartés; label à 2 lobes arrondis, un peu crénelés, écartés, le lobe moyen étant nul ou presque nul; éperon court et recourbé. v. Mai-Juin. *Assez commun dans les marais.* (BB.)

938. *O. palustris*, Jacq.—*O. des marais.*—2° *Water standel kruid.* Cette espèce ne paraît être qu'une variété de la précédente, dont elle

diffère par son label qui est à 3 lobes égaux; celui du milieu entier ou échancré. v. *Dans les marais d'Emmerin; Berck*, etc. (BB.)

ORIGANUM. — *Origan.* (Labiées.)

*Didynamie gymnospermie*, p. 100.

† *O. vulgare*, L. — *O. commun.* — *Spaenschen orego.* (esp. 432.) Plante aromatique qui pourrait être placée dans nos jardins à côté de la marjolaine, avec laquelle elle a beaucoup de rapport. Commune aux lieux montagneux, on la trouve dans les bois et le long des haies *à St-Omer, Clairmarais*, etc. (D); *à Thiennes au bord de la Nieppe.* (C. P.)

ORNITHOPUS. — *Ornithope.* (Légumineuses.)

*Diadelphie décandrie*, p. 118.

Cal. tubuleux, à 5 dents presque égales; carène très petite; gousses cylindriques, arquées, grêles, articulées.

939. *O. perpusillus*, L. — *O. délicat.* — *Vogel-voet.* (Pied d'oiseau.) Tige d'1 à 3 décim., couchées, filiformes, pubescentes; stipul. subulées, très peu visibles, presque scarieuses, noires au sommet; feuil. imparipinnées, à 15-25 folioles ovales, très petites, pubescentes; pédonc. axilaires, aussi longs que les feuilles, à 3-4 fl. très petites, blanchâtres, rayées de pourpre, en tête, garnies de bractées, gousses ridées, pubescentes, à 6-7 articles presque ovoïdes. ⚇ Mai-Juin. *Pont à Raches; Hédigneul; Stambruges*, etc. (Lestib.); *Boulogne-sur-mer, sables cultivés.* (H. Bail.)

## P.

PAPAVER CORNUTUM. — Synonyme de *Chelidonium glaucium.*

PARIS. — *Parisette.* (Asparagées.)

*Octandrie tétragynie*, p. 67-227.

† *P. quadrifolia*, L. — *P. à 4 feuil.* — *Vosse druiven*, esp. 305. (Raisin de renards.) *Séclin; Cysoing; Emmerin* (BB.); *mont des Récollets, près Cassel* (J. C.); *forêt de Nieppe, au bord d'une mare d'eau, près du grand chêne* (Castriq.)

PEDICULARIS. — *Pédiculaire.* (Personées.)

*Didynamie angiospermie*, p. 102.

† *P. Palustris*, L. — *P. des marais.* — *Luis-Kruid.* (esp. 447.) *Dans les marais des environs d'Aire* (Robb.)

PHALLUS. — *Satyre.* (Champignons.)
*Cryptogamie champignons,* p. 177-248.

Champignon entouré d'un volva; chapeau pédiculé, perforé au sommet, marqué d'enfoncemens polygones d'où sort une liqueur visqueuse, pleine de sporidies.

940. *P. impudicus*, L. — *S. impudique.* — *Stinkende sater.* Volva plein d'une matière glaireuse; pédicule creux, d'1 décim., fusiforme, blanchâtre, poreux; chapeau libre, conique, à cellules polygones, couvert d'une liqueur glaireuse horriblement fétide. *Dans les dunes de Dunkerque* (Thém. Lestib.)

PIMPINELLA. — *Boucage.* (Ombellifères.)
*Pentandrie digynie,* p. 51.

941. *P. saxifraga*, L. — *B. saxifrage.* — *Kleene steenbreeke. (Tragoselinum minus,* BB.) Tige de 3 décim., grêle, glabre, peu rameuse, peu feuillée; feuil. radicales ailées, à 5-7 folioles arrondies et dentées (imitant celles de la *pimprenelle*); les supérieures souvent ternées, à folioles découpées; fl. blanches; ombelle penchée avant la floraison. v. Juin-Juillet. *Dans les lieux sablonneux; Dunkerque, etc.* (Lestib.); *commun dans les murs des fortifications de Saint-Omer.* (H. Bail.)

Var. B. *(P. nigra,* W.) Tige velue, presque toutes les folioles découpées, d'un vert noirâtre. *Très commun le long des chemins; à la digue de Lille, etc.* (BB.)

PLANTAGO. — *Plantain.* (Plantaginées.)
*Tétrandrie monogynie,* p. 29.

† *P. coronopus*, L. — *P. corne de cerf.* — *Herts-Hoorn.* (esp. 118.) *Pleine de Lens; bords de la mer; bords de la Canche, etc.* (BB.)

942. *P. arenaria,* Valdst. — *P. des sables.* — *Vloo Kruid. (P. psyllium,* Bull. — *Herbe aux puces.)* Rac. pivotante, dure; tiges dressées, herbacées, rameuses; feuil. opposées, linéaires, étroites, pointues, presque toujours entières; pédicelles axillaires, redressés; épis ovoïdes, serrés; bractées inférieures foliacées, formant un involucre. Toute la plante est couverte d'un duvet un peu visqueux. A. Été. *Dans les champs sablonneux près Boulogne-sur-Mer* (H. Bail.)

La semence de psyllium en infusion donne un mucilage doux, propre dans la colique, la disurie, la strangurie, la gonorrhée, etc.

POPULUS. — *Peuplier.* (Salicinées.)
*Diœcie octandrie,* p. 168.

943. *P. monilifera*, Mich. — *P. monilifère.* 1ⁿ *Kanada.* Arbre de

32 m.; rameaux à peine anguleux; feuil. en cœur, glabres, dentées, à pétiol. rouges qui se distinguent du suivant. *C'est le plus répandu de tous ses congénères, et celui dont se composent toutes les grandes plantations du nord de Paris* (B J.)

944. *P. lævigata*, Wild. — *P. du Canada.* — 2° *Kanada.* Arbre de 22 à 26 m.; rameaux sensiblement anguleux, plus gros que ceux du précédent; feuil. plus larges, un peu arrondies, à pétiol. jaunâtre, ordinairement muni de 2 glandes à la base et terminées par une glande rougeâtre. *Cultivé dans les jardins paysagers* (B J.)

## Q.

QUERCUS. — *Chêne.* (Corylacées.)
*Monœcie polyandrie*, p. 159.

† *Q. robur*, L.— *C. rouvre.*— *Eiken-boom.* (esp. 670.)

## R.

RUBIA.— *Garance.* (Rubiacées.)
*Tétrandrie monogynie.* p. 26.

Cor. en cloche évasée, à 4-5 lobes; 4-5 étam.; fr. formé de 2 baies accolées, arrondies.

945. *R. tinctorum*, L.— *G. des teinturiers.*—*Meekrappen.* Rac. longues, rouges, rampantes; tiges de 9 à 12 décim., rameuses, garnies sur les angles d'aspérités crochues; feuil. verticillées de 4 à 6, ovales, pointues, à nervures et bords accrochans; pédonc. rameux, axillaires; cor. petites, jaunâtres, à 4-5 lobes profonds, étroits, oblongs; ils sont rétrécis, calleux et comme réfléchis vers le sommet; baies noirâtres. ⚥. Été. *Originaire de la Provence, cette plante est cultivée dans les environs de Lille.*

Sa racine est apéritive; elle teint en rouge les os des animaux qui s'en nourrissent.

RUMEX. — *Patience.* (Polygonées.)
*Hexandrie trigynie*, p. 61.

† *R. maritimus*, L. — *P. maritime.* — *Zee lapathum* (esp. 278.) *Sur les bords de la mer à Dunkerque; dans les fortifications de Lille* (Thém. Lestib.) Une variété de cette espèce croît *au bord du canal de Bergues* (H. V.)

## S.

### SALICORNIA. — *Salicorne.* (Atriplicées.)
*Monandrie monogynie*, p. 9.

Cal. entier, ventru, 4-gone, persistant; 1-2 étam.; 1 ov.; 1 styl.; 2 stigm.

946. *S. herbacea*, L. — *S. herbacée.* — 2ⁿ *Geknooptenkali.* Tige d'1 décim. et demi, herbacée, charnue, verte, formée d'articulations un peu comprimées, échancrées au sommet, plus longues que larges; fl. sessiles dans les articulations supérieures, réunies 3 à 3, souvent à 1 étam.; ov. velu. ⚈. Août. *Commun sur les bords de la mer, entre Dunkerque et Mardick* (BB.)

947. *S. fruticosa*, L. — *S. ligneuse.* — *Houtachtigen kali.* Diffère du précédent par sa tige grise et ligneuse à la base, de 3 à 4 décim., formée d'articles presque aussi larges que longs; ses écail. florales membraneuses, tronquées. L. Août. *Terrains voisins de la mer* (BB.).

On se sert indifféremment de ces deux espèces de plantes qui sont communes sur le bord de la mer; on les fait sécher et brûler ensuite dans de grands trous pratiqués dans la terre; leurs cendres et le sel fixe *(sous carbonate de soude)* qu'elles contiennent en quantité s'y calcinent, et forment une espèce de pierre très dure qu'on appelle *soude*: on l'emploie pour faire *le savon, la lessive* et *le verre*, et elle entre dans la composition du *sel de seignette*, *(tartrate de potasse et de soude)*. La plupart des auteurs conviennent que sa dissolution est apéritive et diurétique; mais le sel qui domine dans la soude est si âcre qu'on doit plutôt le regarder comme un puissant détersif que comme apéritif. En effet, la *soude* est propre dans les vieux ulcères, la gale et les autres maladies de la peau; on en fait même des *pierres à cautère* assez corrosives. Comme ce sel fait effervescence avec tous les acides, on a donné par analogie, le nom d'*alcali* non seulement aux sels fixes qu'on tire des plantes brûlées, et aux sels volatils des animaux, mais encore aux matières terreuses et insipides, et généralement à tout ce qui est capable de produire avec les acides le phénomène de l'effervescence.

### SALSOLA. — *Soude.* (Atriplicées.)
*Pentandrie digynie*, p. 43.

Cal. à 5 divisions, portant après la floraison, sur le dos, un appendice transversal, scarieux, pétaloïde; 3 à 5 étam.; 2 styl. presque toujours soudés à la base; 1 gr. renfermée dans le cal. ailé, étoilé.

948. *S. soda*, L. — *S. vulgaire.* — *Gemeenen Kali.* Tige de 4 décim. et demi, ascendante ou étalée, rameuse, lisse, glabre; feuil. étroites, linéaires, charnues; fl. axillaires, solitaires; fr. arrondis; gr. noirâtre; embryon en spirale. ⚇. Été. *Sur le bord de la mer* (BB.)

949. *S. tragus*, L. — *S. épineuse.* — *Steekende Kali.* Tige de 3 à 6 décim., rameuse, cannelée, velue au sommet, dressée ou couchée; feuil. longues, linéaires, terminées par une pointe épineuse; fl. axillaires, solitaires, garnies de bractées épineuses; cal. oblong; divisions lancéolées-aiguës, conniventes, scarieuses au sommet, garnies sur le dos d'un rebord petit, herbacé; 2 stigm ; embryon en spirale. ⚇. Août-Septembre. *Assez commun sur les bords de la mer; Dunkerque, etc.* (Thém. Lestib.)

† *S. kali*, L. — *S. couchée.* — *Nederleggende kali (sub nomine S. rosaceæ).* Diffère du précédent par sa tige toujours couchée; les feuil. plus courtes; le cal. ovoïde, dont les appendices dorsaux sont très larges, arrondis, transparens. Août. *Sur les bords de la mer* (BB). V. p. 223 (esp. 803.)

### SEDUM. — *Orpin.* (Crassulacées.)
*Décandrie pentagynie*, p. 72

† *S. telephium* — *O. reprise.* — *Spaenschen smeer-wortel* (esp. 321). *Dans les bois et les champs près Pradelles; Borre, etc.* (H. V.)

### SENEBIERA. — *Senebière.* (Crucifères.)
*Tétradynamie siliculeuse*, p. 107.

Silicule didyme, indéhiscente, comprimée dans le sens de la cloison; valves ventrues, presque carénées, tuberculeuses; loges monospermes.

950. *S. coronopus*, DC. — *S. corne de cerf.* — *Herts-hoorn. (Cochlearia*, L.) Tiges d'un à 2 décim., rameuses, glabres, humifuses; feuil. longues, glabres, 2 pinnatifides; lobes obtus, écartés; fleurs blanches, en grappes petites, souvent opposées aux feuilles; sépal. arrondis, membraneux sur les bords; glandes des petites étam. saillantes des deux côtés; silicules ridées, tuberculeuses sur le bord, non échancrées au sommet; styl. très court; stigm. en tête. ⚇. Été. *Très commun le long des chemins, notamment près l'abattoir et l'usine du gaz à Hazebrouck* (H. V.)

### SENECIO. — *Séneçon.* (Composées.) *Corymbifères.*
*Syngénésie polygamie superflue*, p. 140-242.

† *S. erucæfolius*, DC. — *S. à f. de roquette.* — 3ᵉ *Kruis kruid* (esp. 848.) *Environs de Bruxelles* (D. et P.); *forêt de Clairmarais, près St-Omer* (J. C.); *bord du canal d'Hazebrouck, près la Motte au bois, 23 Juillet 1859* (H. V.)

**SIUM.** — *Berle.* (Ombellifères.)
*Pentandrie digynie*, p. 48.

951. *S. repens*, L. — *B. rampante.* — *Kruipende water-eppe.* Tiges d'1 à 2 décim., rampantes ; feuil. ciliées, à 9-11 folioles arrondies, dentées, incisées ; ombelles pédonculées, opposées aux feuil., à 5-6 rayons ; invol. à 4-6 folioles ovales, réfléchies ; involucel. à 5-7 folioles ; fr. arrondi, comprimé. v. Juillet. *Commun à Emmerin, près Lille* (Goidin); *près Boulogne-sur-Mer* (H. Bail.)

**SOLANUM.** — *Morelle.* (Solanées.)
*Pentandrie monogynie*, p. 40.

952. *S. lycopersicum*, L. — *M. pomme d'amour.* — *Gulden appel (Tomate).* Diffère du *S. tuberosum*, L., par sa racine non tubéreuse ; les folioles dentées, les fl. jaunes ; les baies beaucoup plus grosses, orangées, déprimées, irrégulières, divisées par des sillons en segmens saillans. A. Été. Originaire de l'Amérique septentrionale, cette plante est *cultivée dans les jardins.*

Le suc de ses baies est employé dans les sauces.

**SORGHUM.** — *Sorgho.* (Graminées.)
*Triandrie digynie*, p. 16.

Locustes géminées, l'une pédicellée, mâle ou neutre, mutique, à glume membraneuse ; l'autre sessile, à glume coriace, renfermant une fl. hermaphrodite ; bâle très petite, dont l'écail. inférieure 2-dentée, porte une arête torse entre les dents ; l'écail. supérieure est très petite et garnie en dehors d'une écail. plus grande, représentant une fl. neutre ; fl. en panicule.

953. *S. vulgare*, Pers. — *S. commun.* — *Kaffers-Terve.* Chaume de 12 à 18 décim. ; feuil. larges, velues à l'entrée de la gaîne ; panic. ovale, droite, ouverte ; glumes luisantes, comprimées, blanches ou rousses. A. Été. *Plante cultivée, originaire des Indes.* (BB.)

**SPONGODIUM.** — *Spongode.* (Champignons.)
*Cryptogamie algues*, p. 176.

Tige spongieuse verte, se ternissant à l'air, couverte de filamens très nombreux ; sporidies éparses dans toute la substance de la plante, et surtout à l'extrémité des filamens.

954. *S. tomentosum*, L. — *S. cotonneux.* — *Sponse kruid (Codium*, Ag. — *S. dichotomum*, Lam.) Tige spongieuse, cotonneuse à l'état sec, verdâtre, dichotome, adhérente aux rochers par un tubercule arrondi. *Dans les sables de la mer à Dunkerque*, 24 mai 1856 (A. D. V.)

**STACHYS.** — *Epiaire.* (Labiées.)
*Didynamie gymnospermie*, p. 99.

955. *S. annua*, L.—*E. annuelle.*—*Jaerclyksche doovenetels.* Tige de 3 déc., dressée, presque glabre, 4-gone; feuil. pétiolées, ovales-oblongues, obtuses, dentées, presque glabres; les supérieures plus étroites, aiguës; verticilles de 6 fl.; cor. jaunâtre, tachée de pourpre à la base de la lèvre inférieure, double du cal., qui est très velu. ⚥. Août. *Très commun dans la banlieue de Montreuil-sur-mer* (H. Bail.); *en Belgique* (Lestib.)

† *S. arvensis*, L.— *E. des champs.*— *Doove veld-netels* (esp. 428). *Emmerin; Douai; St-Omer* (BB.) *Cassel; Bavinckove, etc.* (H. V.)

**STATICE.**— *Statice.* (Plumbaginées.)
*Pentandrie pentagynie*, p. 54.

956. *S. limonium*, L.—*S. maritime.*—1e *Zee-gas.* Tiges d'1 à 3 décim., rameuses, dures, paniculées au sommet; rameaux garnis d'une bractée courte, pointue; feuil. radicales, étalées, longues, obovales, plus ou moins pointues, lisses, assez épaisses; fl. nombreuses, en épis unilatéraux, violettes ou blanchâtres, garnies de bractées. v. Été. *Sur les bords de la mer, Dunkerque; Boulogne* (BB).

† *S. armeria*, L.— *S. en tête.*— 1e *spaensh gas* (esp. 241). *Dans les mêmes lieux que le précédent.*

† *S. elongata*, Hoffm.— *S. alongée.*— 2e *spaensch gas.* Diffère de l'esp. qui précède par les feuil. plus longues, plus larges; la hampe plus élevée, glabre, ponctuée. *Dans les endroits secs; Orchies; Cysoing, etc.* (Lestib.)

**STIPA.** — *Stipe.* (Graminées).
*Triandrie digynie*, p. 16.

Glume à 2 écail. acérées; bâle à 2 écail., l'inférieure coriace, convolutée, portant au sommet une arête très longue, articulée.

957. *S. pennata*, L. — *S. plumeuse.* — 1e *Gevedert spartum kruid van oostenryck* (herb. Dod. p. 1199.) Feuil. radicales longues, roulées; chaume de 3 à 6 décim., feuillé; panic. étroite, pauciflore, renfermée en partie dans la gaîne de la feuille supérieure; bâle pédicellée audessus de la glume; pédicelle garni de poils soyeux; arête plumeuse, longue de 2 à 3 décim., tordue en bas. v. Juin-Juillet. *Dans les environs d'Hollebecque* (BB.)

958. *S. capillata*, L. — *S. chevelue.* — 2e *Spartum-Kruid.* Feuilles moins roulées que dans le précédent, plus velues en-dedans; arête moins longue, glabre. *Flandre orientale* (hort. Gand.)

# T.

**THALICTRUM.** — *Pigamon*. (Renonculacées.)
*Polyandrie polygynie*, p. 91-231.

† *T. flavum*, L. — *P. jaunâtre*. — *Veld-ruite*. (esp. 396.) Dans les prés humides des environs d'Aire et dans les fortifications du fort St-François (Robb.)

959. *T. heterophyllum*, Lej. — *P. hétérophylle*. — *Groote veld ruite*. Tige sillonnée; feuil. inférieures à lobes elliptiques ou cunéaires, 3-lobés; les supérieures à lobes linéaires, entiers; fl. dressées, en panicule terminal; 17 à 18 étam. jaunes. v. Été. *Dans les fortifications de St-Omer* (H. Bail.)

**TRIFOLIUM.** — *Trèfle*. (Légumineuses.)
*Diadelphie décandrie*, p. 125.

960. *T. subterraneum*, L. — *T. semeur*. — *Zaiende klaver*. Tiges d'1 à 2 décim., couchées, velues; foliol. obcordées, velues, sub-dentées au sommet; pétiol. assez longs; stipul. ovales, assez larges, peu aiguës; 4-5 fl. blanchâtres, en tête pédonculée; tube du cal. glabre, lisse; lobes capillaires plus courts que la cor., hérissés de poils mous; pédonc. recourbé après la floraison, s'enfonçant en terre, et produisant alors au sommet des pointes roides (fl. stériles) qui forment un invol. autour des fr. ʌ. Mai-Juin. *Au bord des bois montagneux et humides* (BB); *près Calais* (H. Bail.)

**TRIGLOCHIN.** — *Troscart*. (Légumineuses.)
*Hexandrie trigynie*, p. 61.

Cal. à 6 divisions concaves, 3 plus intérieures; 6 étam. sessiles; pistil saillant; styl. o; 3-6 stigm. pénicilliformes (1); 6 ov. (quelquefois 3 stériles) soudés à un axe central, se séparant par la base et s'ouvrant en-dedans.

961. *T. palustre*, L. — *T. des marais*. — *Moerassig gas*. Hampe grêle, cylindrique, de 3 à 6 décim., garnie d'écail. à la base; feuil. radicales filiformes, planes, un peu charnues, plus courtes que la hampe, engaînantes; fl. en épi, nues, alternes, distantes, dressées; pédicel. courts; 3 ov. séparés par 3 filamens (ov. stériles) qui restent adhérens à l'axe central qui est ainsi 3-gone. ƀ-v. Juillet-Août. *Emmerin; Ghéluvelt, etc.* (Lestib.)

---

(1) *Pénicilliforme*, ou garni de poils rassemblés en pinceau ou en petite houppe.

962. *T. maritimum*, L. — *T. maritime.* — 2° *Zee-gas.* Diffère du précédent par la tige et l'épi plus courts ; les 6 ov. fertiles, moins alongés ; l'axe central filiforme. v. *Dunes de Dunkerque* (Lestib.) ; *Boulogne* (H. Bail.)

TRITICUM. — *Froment.* (Graminées.)
*Triandrie digynie*, p. 25.

963. *T. acutum*, DC. — *F. pointu.* — *Steekende Terve.* Rac. rampante ; chaume de 3 à 6 décim. ; feuil. glauques, roides, piquantes, roulées en leurs bords ; axe lisse ; 10 à 20 locustes distiques, rapprochées ; glumes pointues, lisses ou rudes, 5-7 nervées ; bâles aiguës. v. Juin-Juillet. *Sur les bords de la mer à Dunkerque* (BB).

TULIPA. — *Tulipe.* (Liliacées.)
*Hexandrie monogynie*, p. 57.

† *T. sylvestris*, L. — *T. sauvage.* — *Wilden Tulepaen.* (esp. 254). Avril 1856. *Abondant dans les pâturages en face du pont Kaenepel, en bas d'Hazebrouck* (H. V.)

La tulipe sauvage est purgative et vomitive. Cependant en Italie on mange les bulbes ou oignons de cette plante cultivée.

## U.

ULVA. — *Ulve.* (Algues.) Ulvacées.
*Cryptogamie algues*, p. 176.

Sporidies isolées, innées dans la substance de la plante, éparses, jamais saillantes.

\* ESPÈCE TUBULEUSE.

964. *U. intestinalis*, L. — *U. intestinale.* — 1<sup>e</sup> *Solenia*, Ag. Filament simple, grêle, bientôt renflé en tube simple, cylindrique, long de 2 à 3 décim., sinueux, plein d'infractuosités, d'un vert clair, puis jaunâtre. *A Dunkerque ; à Calais, dans les fossés de la ville.* (H. V.)

\*\* ESPÈCE MEMBRANEUSE.

965. *U. lanceolata*, L. — *U. lancéolée.* — 2<sup>e</sup> *Solenia*, Ag. Membrane papyracée, mince, pellucise, verte, jaunâtre après la cessation de la vie, lancéolée, pointue aux deux extrémités, entière ou un peu divisée, attachée aux rochers par une callosité simple. *Sables et bords de la mer à Dunkerque.* (H. V.)

URTICA. — *Orties.* (Urticées.)
*Monœcie tétrandrie*, p. 157.

966. *U. pilulifera*, L. — *O. à pilules.* — *Romsche netels.* Tige de 3

décim., faible, peu rameuse, sub-cylindrique; feuil. pétiolées, ovales, aiguës, fortement dentées; fl. axillaires; les mâles glomérulées, en petites grappes; les femelles en tête globuleuses, pédonculées; les poils sont blancs. A. tout l'été. *Originaire des provinces méridionales* (BB); *Flandre orientale* (Hort. Gand.)

## V.

### VACCINIUM. — *Airelle*. (Éricées.)
*Octandrie monogynie*, p. 64.

† *V. mirtillus*, L. — *A. mirtille.— Zwarten mirt.* (esp. 287). *Abondant au bois Vandamme, près les huit Rues, territoire de Morbecque* (H. Vandew.)

Les fruits (baies) de cet arbrisseau sont en usage en médecine. Nous en avons déjà indiqué les propriétés à sa place respective. Quelques cabaretiers rougissent les vins blancs avec ces fruits et en augmentent la quantité par le suc de ces baies. Cette falsification n'est pas bonne; mais elle est moins dangereuse que bien d'autres qui se pratiquent.

L'homme mange les baies du *vaccinium mirtillus*, et les chèvres seules se nourrissent de ses feuilles. Le produit appelé *bleu de Lakmus* est dû aux fruits de cette plante.

967. *V. vitis idæa*, L. — *A. rouge*. — *Wyndragende vitis.* Tiges de 3 décim., rameuses, arrondies; feuil. ovales, dures, lisses, ponctuées au-dessous, entières ou denticulées, à bords un peu révolutés; pétiol. très courts; fl. rougeâtres, en petites grappes penchées, terminales; cor. monopétale; filets des étam. velus; baies rouges, acidules. L. *Malines; Anvers* (Dew.); *bois de la Belgique* (BB)

Les baies de cette plante sont comestibles de même que celles de sa congénère ci-dessus.

### VALERIANA. — *Valériane*. (Valérianées.)
*Triandrie monogynie*, p. 13.

968. *V. phu*, L. — *V. phu.* — *Tamme valeriaene.* Tige de 3 à 9 décim., lisse, cylindrique, creuse, un peu branchue; feuil. radicales pétiolées, ovales-oblongues, simples ou garnies de 2 lobes à la base; les supérieures ailées, à folioles lancéolées, pointues, un peu décurrentes; fl. blanches ou rougeâtres, en panicule peu étalée. v. Juin. *Originaire de l'Alsace, cette plante est cultivée dans les jardins* (BB); *elle croît spontanément entre Verviers et Limbourg* (le J.)

Sa racine est anti-spasmodique, diurétique, emménagogue et céphalique.

969. *V. montana*, L.— *V. de montagne.* — *Berg valeriaene.* Tige de 2 à 3 décim., simple, cylindrique; feuil. inférieures opposées, pétiolées, ovales, la plupart obtuses, arrondies, très entières, plus ou moins glabres; celles de la tige sessiles, ovales-oblongues, un peu étroites, pointues et au nombre de 2 ou 4 seulement; fl. rougeâtres, terminales, disposées en panicule médiocre. v. Août-1856. *Hazebrouck, rue de Merville, dans une haie attenante au jardin de M. Margerin d'où cette plante est probablement sortie, quoiqu'elle soit originaire des montagnes pierreuses et boisées des Vosges, de la Provence et de toute la chaîne des Pyrénées* (H. V.)

VERONICA. — *Véronique.* (Personées.)
*Diandrie monogynie*, p. 10.

† *V. officinalis*, L.— *V. officinale.*— *Bosch-thé of cruipende eeren prys (Véronique mâle)* esp. 7. *Commun à la forêt de Nieppe, au pied des chênes et des autres arbres* (H. V.)

Les feuilles de cette plante sont ordinairement employées à la manière du thé; elles sont, avons nous dit (p. 10), apéritives, sudorifiques et céphaliques. Les auteurs conviennent assez sur les facultés de la Véronique mâle; et depuis que Francus, illustre allemand, a fait imprimer un traité particulier sur ses vertus, elle est devenue d'un usage si familier, que plusieurs la substituent au thé de la Chine *(Thea bohea,* L.) : ses bons effets l'ont fait appeler à juste titre, le *Thé de l'Europe*, et l'expérience confirme tous les jours ce que cet auteur en a dit. En effet, la Véronique est un apéritif doux et tempéré, très utile dans la gravelle, la rétention d'urine et la colique néphrétique : on s'en sert même avec succès dans l'hydropisie, après la ponction, pourvu que le foie et les intestins ne soient pas altérés. Dans les migraines et la pesanteur de tête, les étourdissemens et assoupissemens, la Véronique vaut bien le thé; son infusion rend la tête plus libre et plus capable de soutenir l'application et l'étude.

† *V. serpillifolia*, L.—*V. serpollet.*—*Veld eeren prys* (esp. 8). *Dans les pâturages à Morbecque; Pradelles, etc.* (H. V.)

† *V. Teucrium*, L.— *V. teucriette.* — *Wilden eeren prys* ( esp. 10. ). *Dans les champs, entre Thiennes et Steenbecque.* Juillet 1859. (C. P.)

† *V. beccabunga*, L. — *V. cressonnée.* — *Beeck pungen* ( esp. 12. ) *Dans les ruisseaux à Caestre; Hondeghem, etc.* (H. V.)

† *V. anagallis*, L. — *V. mouronnée.*— *Water pungen* ( esp. 13. ) *Dans les fossés en bas d'Hazebrouck* (H. V.)

† *V. chamœdrys*, L. — *V. chênette.* — *Eeken ceren prys* (esp. 9.) Commun dans les Prés (H. V.)

Nota. Les différentes espèces de Véronique ci-dessus ont les poils disposés sur deux rangs le long de la tige. Ce caractère observé en 1400 n'a point varié. Ce qui prouve que les plantes ne paraissent pas changer de forme, malgré l'opinion d'Adanson qui croit que le règne végétal éprouve des changemens continuels ; que des espèces disparaissent ; que de nouvelles se forment, et que leur nombre va toujours croissant. Linné manifeste une opinion toute contraire, qui en tout s'accorde avec celle que nous avons émise : il pense que les espèces ne sont pas plus nombreuses actuellement que dans les premiers âges, et qu'elles ne sont pas différentes de ce qu'elles étaient aux premiers jours de la création.

VIGNE VIERGE. — Voir *Ampelopsis*.

VINCETOXICUM. — *Dompte venin*. (Apocinées.)
*Pentandrie digynie*, p. 43.

Cal. à 5 dents ; cor. presque rotacée, à 5 divisions profondes ; 5 étam. soudées à la base en couronne cylindrique à 5 lobes charnus placés devant les anthères ; anth. terminées par une membrane ; masses polliniques renflées, pendantes ; stigm. aigu ; follicules lisses à gr. chevelues.

970. *V. officinale*, Mœnch. — *D. officinal.* — *Swalu-wortel (Asclepias vincetoxicum*, L. — *Cynanchum*, Br.) Tige de 3 à 8 décim., droite, cylindrique, glabre ou pubescente au sommet, simple ou peu rameuse ; feuil. courtement pétiolées, cordiformes, ovales, acuminées, finement ciliées sur les bords ; caps. renflées à la base ; fl. odorantes, en petits bouquets axillaires, pédonculées ; cor. à lobes ovales, blancs, jaunâtres en-dehors. v. Juin-Septembre. *Sur les côtes pierreuses de la Belgique* (Lestib.) ; *dans les bois entre Fauquembergue et Hesdin* (H. Bail.)

On attribuait autrefois à la racine de cette plante de grandes propriétés, entre autres celle, que les anciens prodiguaient tant, *de résister au venin*. Elle paraît être sudorifique ; c'est à ce titre qu'elle entre dans le vin diurétique de la charité.

# X.

XANTHIUM. — *Lampourde* (composées) *Corymbifères*.
*Monœcie monadelphie*, p. 161.

Fl. mâles entourées d'un invol. polyphylle ; réceptacle paléacé ; cor. à 5 dents, portant vers sa base 5 étam. ; filets soudés ; anth.

libres, se touchant par la base, droites, alongées, terminales, placées sur la face interne du filet et le débordant; fl. femelle à invol. monophylle, hérissé de pointes crochues, formé de 2 loges, contenant chacune un ov. monosperme, garni vers la base du styl. de 3 petits appendices; cor. o; styl. très court; 2 stigm. très longs; gr. renfermées dans l'involucre endurci (Fruit.)

971. *X. strumarium*, L.— *L. Glouteron.* — 2ᵉ *Klissekruid.* Tige de 6 décim., pubescente, rameuse; feuil. pétiolées, alternes, rudes, cordées, à 3 lobes obtus, peu profonds, dentés; nervures latérales souvent dépourvues de parenchyme à la base; fl. femelles groupées au nombre de 5 à 8 au sommet d'un pédonc. court, axillaire; un invol. mâle au centre de chaque groupe; fr. ovoïdes, terminés par 2 becs droits, coniques, piquans. ⚥. Juillet-Août. *Verviers et ses environs* (le J.); *Rue; Maëstricht; Malmédy* (Dov.)

## Z.

ZOSTERA. — *Zostère.* (Naïades.)
*Monœcie monandrie*, p. 151.

Fl. monoïques ou dioïques; spath. pédonculée, déprimée, terminée en feuille; spadice linéaire, portant le fruit au milieu de la nervure du côté antérieur; fl. nues, constituées les unes par la seule anthère, les autres par le seul pistil; caps. monosperme.

972. *Z. marina*, L. — *Z. marine.* — *Zee-Fucus.* Rhizome noueux, produisant à chaque nœud des fibres radicales et des rameaux courts, garnis de feuil. linéaires, longues, obtuses, engaînantes, renfermant un spadice linéaire portant sur une de ses faces, en haut des anth. sub-sessiles, en bas des ovaires. v. *Il croît au fond de la mer; il est souvent jeté sur nos côtes* (BB).

# DERNIÈRES DÉCOUVERTES.

ACTÆA. — *Actée.* (Renonculacées.)
*Polyandrie monogynie*, p. 87.

Cal. à 4 sépales colorés, caducs; 4 pétal. dépassant le calice; 1 styl.; baie à 1 loge polysperme.

973. *A. spicata*, L. — *A en épi.* — *Sinte christoffels-kruid.* (Herbe St-Christophe). *Christophoriana*, DC. Tige de 3 à 6 décim., dressée, rameuse, glabre; feuil. 2-3 pinnées; foliol. ovales, acuminées, den-

tées-incisées, glabres; fl. blanches, petites, en épi ramassé, ovale; pétal. aussi longs que les étam.; anth. tronquées; baie ovoïde, noirâtre. v. Mai. *Forêt d'Hesdin* (L.)

ALTHÆA. — *Guimauve.* ( Malvacées. )
*Monadelphie polyandrie,* p. 116.

† *A. officinalis,* L.— *G. officinale.*—*Witte malve* (esp. 498). *Dans les lieux humides, près Gravelines; Calais, etc.* (L.)

BULLIARDA. — *Bulliarde.* ( Crassulacées. )
*Tétrandrie tétragynie,* p. 30.

Cal. à 4 lobes; cor. à 4 pétal.; 4 étam.; 4 écail. linéaires, alternes avec les lobes du calice et aussi longues; 4 caps. à plusieurs graines.

974. *B. vaillantii,* DC. —*B. de vaillant.*—*Bulliards-kruid.* Plante grasse, très petite, à rameaux rougeâtres, dichotomes; feuil. charnues, oblongues, cylindriques, plus courtes que les pédonc. axillaires, solitaires, à 1 fl. rose. A. Juin-Août. *Lieux humides; bords des mares; en Belgique; Condé* (L.)

CHRYSOSPLENIUM. — *Dorine.* (Saxifragées.)
*Décandrie digynie,* p. 70.

† *C. alternifolium,* L.— *D. à feuil. alternes.* — *Goudensteenbreke.* (esp. 310) v. Avril. *Dans les lieux couverts et humides; Soignies; Ghéluvelt; Tournay; forêt de Mormal, etc.* (BB.)

CINERARIA. — *Cinéraire.* (Composées.) *Corymbifères.*
*Syngénésie polygamie superflue,* p. 138.

Écail. de l'invol. égales, sur un seul rang; réceptacle nu; fl. radiées; fleurons hermaphrodites; rayons femelles; aigrette simple, sessile.

975. *C. campestris,* L. — *C. des champs.* — *Veld asch-kruid.* (*C. lanceolata,* Lam.) Tige de 6 à 9 décim., simple, striée, cotonneuse; feuil. cotonneuses, ovales, crénelées, pétiolées; les supérieures sessiles, étroites, aiguës; fl. jaunes, assez grandes, en sertule terminal; pédicelle assez grêle; invol. cotonneux; rayons alongés; gr. velues; aigrette blanche. v. Mai. *Dans les bois; à Vémy; Hédigneul; Cysoing, etc.* (L.)

976. *C. palustris,* L.—*C. des marais.*—*Moerassig asch-kruid.* Tige de 6 décim., assez épaisse, velue roussâtre et un peu rameuse en haut; feuil. alongées, amplexicaules, sinueuses-dentées; fl. jaunes, réunies plusieurs ensemble au sommet des rameaux, et formant un corymbe terminal; invol. velu; rayons ovales; gr. glabres, cannelées; aigrette longue, blanche. v. Juin-Juillet. *Iles de la Meuse; tête*

*de Flandre* (Roucel.); *tourbières d'Hailly* (Bouch.); *fossés de Berck et de Cucq* (Dov.); *Douai; St-Omer; îles de la Meuse* (DC.)

COCHLEARIA. — *Cranson*. (Crucifères.)
*Tétradynamie siliculeuse*, p. 108.

† *C. officinalis*, L.—*C. officinal* —*Lepel-bladt*. (esp. 465.) A. Avril-Mai. *Sur les bords de la mer à Dunkerque* (L).

† *C. armoracia*, L. — *C. rustique*. — *Kapuciene mostaerd*. (esp. 466.) v. Juin. *Dans les lieux humides des environs de Lille; abbaye de Loos, etc., etc.* (L).

CORONILLA. — *Coronille*. (Légumineuses.)
*Diadelphie décandrie*, p. 123.

† *C. varia*, L. — *C. bigarée*. — *Bilkens-kruid*. (esp. 526.) v. *Dans les lieux secs; vers Gand* (BB.); *Louvain, etc*. (Rouc.)

CORRIGIOLA. — *Corrigiole*. (Paronychiées.)
*Pentandrie trigynie*, p. 52.

Cal. à 5 lobes profonds, scarieux en leurs bords; 5 pétal.; 5 étam.; 1 styl. très court; 3 stigm. arrondis; fr. 3-gone, monosperme, indéhiscent; podosp. (1) attaché au fond de la loge,

977. *C. littoralis*, L. — *C. des rives*. — *Verkensgras*. Rac. longue, pivotante; tiges d'1 à 2 décim., grêles, rameuses, étalées; feuil. alternes, glauques, linéaires, élargies au sommet, un peu aiguës, entières, glabres, garnies de 2 stipul, scarieuses; fl. blanches, petites, terminales, fasciculées. A. Eté. *Dans les sables; Bonheyden* (D. et P.); *Malines* (le J.) Cette plante passe pour utile contre les calculs vésicaux.

DIOSCOREA. — *Igname*. (Asparagées.)
*Hexandrie Trigynie*, p. 167.

Cor. campanulée; 6 étam.; germe à 3 angles; 3 styl.; 3 stigm; caps. comprimées à 3 angles.

978. *D. Batatas*, Dne.— *I. de la Chine*.— *D. Japonica*, Hort. Nous renvoyons ailleurs pour sa description qui nous manque. Seulement nous dirons que parmi les plantes qui ont été proposées pour remplacer la *pomme de terre*, nous n'en avons pas encore reçu qui nous paraissent avoir autant de chance de réussite que celle-ci. Sa saveur franchement féculente, et dépourvue des arrière-goûts douceâtres, acides ou épicés, que présentent la plupart des plantes proposées, la facilité de sa culture et de sa multiplication, enfin sa conversation facile et assurée, doivent lui valoir dès à présent une place dans les jardins potagers. (B J.)

---

(1) *Podosperme*, prolongement aminci du trophosperme, qui ne soutient qu'une graine.

DROSERA. — *Rossolis*. (Droséracées.)
*Pentandrie pentagynie*, p. 54.

† *D. rotundifolia*, L.—*R. à feuil. rondes.*—1° *Zonnedauw of loopig kruid* (esp. 242) A. *Dans les lieux marécageux; Ghéluvelt; Emmerin* (L.); *St-Omer* (H. V).

† *D. longifolia*, L. — *R. à feuil. longues.* — 2° *Zonnedauw* (esp. 243.) *Dans les lieux tourbeux des bruyères; Ghéluvelt* (L.); *Clairmarais; Nordpeene* (H. V).

GALIUM, Scop. VALANTIA, L. Gaillet. (Rubiacées.)
*Tétrandrie monogynie*. p. 28-220.

979. *G. cruciata*, Scop.—*G. croisette*.—*Kruis-wortel*. Tige de 3 décim., faible, 4-gone, très velue, souvent simple; feuil. 4-nées, ovales, velues, sessiles, 3-nerves; fl. petites, jaunes, en fascicules pédonculés, garnis de 2 bractées, plus courts que les feuil.; fr. lisses, glabres, noirâtres, bacciformes. v. 15 mai 1860. *Dans les bois et surtout le long de la Nieppe, entre Thiennes et le pavé de St-Venant*. (C. P.)

Cette plante porte pour caractère particulier d'avoir des fleurs dont les unes sont mâles et les autres hermaphrodites; c'est ce qui avait déterminé Linné à la placer dans sa *polygamie monœcie*.

Appelée *croisette*, elle doit sa dénomination à la disposition en croix de ses feuilles. Elle rappelle aussi notre illustre Sébastien Vaillant, homme de génie, placé au premier rang dans les fastes de la Botanique.

Cette plante enfin est regardée comme astringente et vulnéraire.

980. *G. saccharatum*, All. — *G. anis-sucré.* — *V. aparine*, L. Tige de 2 à 3 décim., faibles, un peu renversées, rameuses, un peu rudes; feuil. 6-7 nées, linéaires, étalées; bords garnis d'aspérités dirigées vers le sommet; pédonc. étalés, axillaires, 3-4 flores, ne portant qu'un fr. gros et tuberculeux. A. Juin. *A Emmerin, près Lille* (L.)

HYPERICUM. — *Millepertuis*. (Hypéricées.)
*Polyadelphie polyandrie*, p. 128-238.

981. *H. montanum*, L. — *M. de montagne.* — *Berg St-Jans-kruid*. Tige de 6 décim., dressée, cylindrique, simple; feuil. opposées, sessiles, amplexicaules, grandes, ovales-alongées, nerveuses, peu aiguës, un peu ciliées, blanchâtres au-dessous, bordées de points noirs, parsemées de points transparens; les supérieures éloignées; fl. en corymbe terminal, serré; bractées et sépal. lancéolés, aigus, à dents glanduleuses, très apparentes; anth. marquées de points noirs. v. Été. *Dans les bois; Vémy, Ghéluvelt; Béthune, etc.* (L.)

LYTHRUM. — *Salicaire.* (Salicariées.)
*Dodécandrie monogynie*, p. 77.
* 6 à 12 étamines ; 1 style ou stigmate.

982. *L. hyssopifolium*, L.— *S. à feuil. d'Hysope.* — *Hyzop-Wederick.* Tige de 2 décim., rameuse, redressée ; feuil. alternes, linéaires, presque ovales, obtuses, entières ; fl. axillaires, souvent solitaires, presque sessiles ; pétal. rougeâtres, lancéolés ; caps. à 2 loges ; gr. sur 2 rangs dans chaque loge. A. Juillet. *Dans les lieux humides ; Maroilles* (Hec.) ; *Menin, vers la porte de Bruges* (Hocq.)

NARCISSUS. — *Narcisse.* (Narcissées.)
*Hexandrie monogynie*, p. 55.

† *N. pseudo-narcissus*, L. — *N. sauvage.* — *St-Josephs-bloeme.* (esp. 245 bis.) v. Mai. Sa variété à fl. double fleurissant en Mars est cultivée dans les jardins sous le nom de *fleur de St-Joseph*.

OROBUS. — *Orobe.* (Légumineuses.)
*Diadelphie décandrie*, p. 118.

Ce genre diffère du *Lathyrus* (p. 120) par le styl. grêle, linéaire, velu au sommet ; la gousse est oblongue, presque cylindrique, polysperme ; hile parfois linéaire ; feuil. ailées, terminées par un filet court ; stipul. semi-sagittées.

983. *O. tuberosus*, L. — *O. tubéreux.* — *Knobbelige wikke.* Rac. tubéreuses, produisant beaucoup de fibres ; tige de 2 à 3 décim., grêle, ailée ; feuil. peu nombreuses, à 4 foliol. ovales ou lancéolées, entières, glabres, glauques au-dessous ; pédonc. de 2 à 4 fl. roses ou purpurines ; cal. violet ; gousses glabres, rougeâtres. v. Mai-Juin. *Assez fréquent dans les bois de la Belgique* (BB). Sa variété porte des feuilles lancéolées-linéaires.

984. *O. vernus*, L.—*O. printanier.*—*Lente-wikke.* Rac. rampante, non tubéreuse ; tige de 3 décim., dressée, anguleuse, glabre, simple ; stipul. dentées ; feuil. de 4 à 6 folioles ovales, larges, acuminées, glabres ; pédonc. presque égaux aux feuilles, à 4-8 fl. purpurines ou bleuâtres ; gousses glabres. v. Mars-Avril. *Dans les bois de la Belgique ; Maëstricht* (le J).

Les graines d'Orobe faisaient partie des *quatre résolutives* des anciennes pharmacopées ; mais on leur substitue sans inconvénient celles de la vesce (*vicia sativa*, L.) qui sont plus faciles à se procurer.

PAPAVER. — *Pavot.* (Papavéracées.)
*Polyandrie monogynie*, p. 87.

985. *P. argemone*, L. — *P. argémoné.* — *Ander zilver-kruid.* Tiges de 2 à 4 décim., rameuses au sommet, hérissées de poils étalés dans le

bas, couchés dans le haut; feuil. hérissées, 2-3 pinnatifides ; lobes linéaires, mucronés ; fl. terminales; pédonc. longs; cor. petite, rouge, noire à la base; réceptacle à peine apparent; fr. en massue, plus ou moins hérissés, à 4-7 valves ; lignes trophospermiques très marquées, enfoncées; stigm. à 4-7 rayons violets ou bleus, très relevés, atteignant le bord du disque; filets des étam. en massue, brusquement rétrécis sous l'anth.; pollen bleuâtre. A. *Très commun dans les champs près Lille, etc.* (L.)

PEPLIS. — *Péplide.* (Salicariées.)

*Hexandrie monogynie*, p. 55.

Cal. campanulé, à 12 dents, dont 6 alternes plus petites ; cor. o , ou à 6 pétal. ; étam. 6; caps. 2-loculaire, indéhiscente, polysperme.

986. *P. portula*, L.—*P. pourpier*.— *Ander water alsine.* Tiges d'environ 1 décim. et demi, glabres, rougeâtres, couchées ou rampantes ; feuil. opposées, petites, lisses, un peu charnues, entières, arrondies, subspatulées; fl. petites, rougeâtres, axillaires, sessiles, solitaires. A. Juin-Juillet. *Sur le bord des mares; Stambruges; Ghéluvelt; bois de la Quennerie près Douai.* (L.)

SAXIFRAGA. — *Saxifrage.* (Saxifragées.)

*Décandrie digynie*, p. 70.

† *S. granulata*, L.—*S. granulée.* — *Witte steenbreeke* (esp. 311.) v. Avril-Mai. *Dans les prés; derrière la citadelle de Lille.* (L.)

STATICE. — *Statice.* (Plumbaginées.)

*Pentandrie pentagynie*, p. 54.

† *S. armeria*, L. — *S. en tête.* — *Spaensch-gas (Gazon d'Espagne ou d'Olympe.)* esp. 241. v. Juillet. *Sur les bords de la mer à Dunkerque* (L.)

987. *S. limonium*, L. — *S. maritime.* — *Rood-sperkruid gelyk (Valerianæ rubræ similis*, Dod.) Tiges de 2 à 3 décim., dures, paniculées au sommet; rameaux garnis d'une bractée courte, pointue; feuil. radicales, étalées, longues, obovales, plus ou moins pointues, lisses, assez épaisses; fl. nombreuses, en épis unilatéraux, violettes ou blanchâtres, garnies de bractées. v. Eté. *Sur les bords de la mer; Dunkerque; Boulogne.* (L.)

# HERBORISATIONS.

Les herborisations (1) sont les excursions que l'on fait à la campagne, dans la vue de rechercher, d'étudier et de reconnaître les plantes qui y croissent communément. Ces excursions sont de la plus grande utilité pour le botaniste, parcequ'elles lui offrent l'occasion de voir les plantes dans le lieu même où la nature les a placées ; parcequ'il les y voit dans leur véritable port, ayant tous leurs caractères propres, et surtout parcequ'elles sont situées chacune convenablement à leur nature. Cette situation particulière qu'ont les plantes dans leur lieu natal, ne peut être connue de ceux qui ne les ont vues que dans les jardins, et dans ce cas l'on peut dire que ces personnes n'ont vu les plantes qu'avec les altérations, ou les changemens, plus ou moins considérables que la culture produit en elles, et quoiqu'elles aient pu observer les caractères essentiels de ces plantes, parceque la culture ne les peut point changer ; malgré cela elles ne peuvent les connaître complètement, puisqu'elles ne les ont point vues dans leur véritable manière d'être, c'est-à-dire, dans l'état qui leur est naturel.

Les excursions botaniques que l'on fait à la campagne dans le pays que l'on habite, surtout lorsqu'on les fait dans des lieux incultes, abandonnés ou peu fréquentés, des bois montueux, pierreux, traversés de grandes ravines, etc., nous donnent en quelque sorte l'idée des courses botaniques, que l'on peut faire lorsqu'on voyage dans les pays les plus éloignés. Ce ne sont pas les mêmes plantes que l'on voit dans ces deux circonstances, mais les plantes que l'on observe dans ces cas, sont dans des situations à peu près analogues, et si les herborisations sont différentes dans les différens pays, celui-ci est assez varié depuis les bords de l'Océan jusqu'à la Meuse, et depuis Amiens jusqu'en Hollande, pour nous présenter tous les sites possibles ; des bois, des champs cultivés, des plages, des marais, des sables arides, des champs pierreux, des bruyères, des landes, des vallons, des collines, des rivières, des fontaines, et la mer, sont les divers terrains que l'on peut parcourir dans ce petit

---

(1) *Philosophia botanica Linnœi*, L. p. 293.

espace; chacun d'eux a ses plantes particulières, et on pourrait conjecturer qu'avec les divers jardins que les curieux y entretiennent, nous pourrions dans ce pays réunir presque toutes les plantes du monde connu. La diversité des saisons dans ce climat tempéré pourrait même y contribuer. Les plantes du pays glacé de l'ours, ou des plus hautes montagnes, soutiendraient la rigueur de nos hivers, et les plantes qui viennent entre les tropiques, croîtraient pendant les chaleurs, quelquefois excessives de nos étés, et au moyen des serres on les conserverait dans les autres saisons.

Pour un Botaniste qui aime véritablement les plantes, ainsi que les autres objets d'histoire naturelle, ces excursions offrent un des plaisirs le plus piquant que la philosophie puisse procurer; celui de pouvoir contempler réellement la nature, d'observer ses productions dans les lieux propres, à nous les montrer comme elles sont effectivement; celui enfin d'acquérir des idées justes des objets qui se présentent de tous côtés à nos observations. Outre ces avantages, dont le naturaliste et le philosophe font le plus grand cas, les courses botaniques dont nous parlons ont encore celui d'être très utiles à la santé, elles fortifient nos organes, nous habituent insensiblement à supporter les changemens de température de l'air, sans en être incommodé; en un mot elles nous donnent de la vigueur, de l'appétit et du sommeil.

Afin de tirer tout le profit possible de ces délicieuses excursions, il est convenable de se munir des objets suivans :

*1° De la flore du pays; 2° d'une boîte mince de fer blanc d'une forme ovale ou arrondie par les extrémités de trois décimètres de longueur sur deux de largeur, et une profondeur ou épaisseur de cinq centimètres; s'ouvrant dans sa longueur par un couvercle à charnière, et enfin dont les dimensions soient les plus avantageuses pour éviter l'embarras et pour contenir cependant un certain nombre de plantes qui s'y conserveront fraîches jusqu'au retour de l'herborisation; 3° d'une bonne loupe à plusieurs lentilles de différens foyers, pour les observations délicates que l'on trouvera occasion de faire sur les parties de la fructuation des plantes; 4° d'un canif pour faire la dissection des fleurs; 5° d'un bon couteau pouvant servir de déplantoire; 6° d'une canne ou bâton un peu haut, auquel on puisse adapter ou un crochet, pour abaisser les branches d'arbres, ou attirer à soi les plantes aquatiques; ou une serpette, pour couper les rameaux fleuris, ou chargés de fruits que l'on voudra étudier. Un fer de houlette pourrait remplir ces trois objets à la fois; 7° un crayon et des tablettes ou un peu de papier blanc, pour pouvoir transcrire et annotter sur le champ les observations que l'on aura faites.*

Le *Botaniste* ne doit rien négliger de ce qui peut le mettre au fait de toutes les parties de la science qu'il cultive, il doit surtout en bien connaître les termes techniques, et le vrai *Botaniste* se reconnaît aisément à la manière dont il fait la description d'une plante. En effet, dit l'illustre *Lamarck*, l'homme qui n'a point l'habitude d'observer les végétaux, ou passe sous silence dans la description qu'il en fait, tout ce qu'il y a de plus essentiel à connaître, ou noie pour ainsi dire ces objets dans une longue suite de détails minutieux et sans choix sur chaque partie, imaginant que c'est dans la longueur d'une description que consiste son plus grand mérite; le *Botaniste* au contraire, saisissant bientôt les rapports de sa plante avec celle qui lui ressemble le plus, s'attache en la décrivant à donner une idée exacte et précise de sa fructification et de son port en général, et les plus grands détails dans lesquels il entre à cet égard, sont toujours tirés des parties qui fournissent les meilleurs caractères pour bien faire connaître cette plante et pour la distinguer de toutes celles avec qui on pourrait la confondre, évitant de faire l'énumération fastidieuse de quantités de considérations peu importantes et qui n'apprennent rien de particulier sur la plante dont il est question.

Nous terminons cet ouvrage par la *manière de se servir du système de Linné* qui est la méthode très facile qui nous a servi de guide.

## MANIÈRE DE SE SERVIR DU SYSTÈME DE LINNÉ,
#### POUR ARRIVER A LA CONNAISSANCE DU NOM D'UNE PLANTE.

Voir *notre Tableau synoptique*, p. 6, représentant le système sexuel divisé en vingt-quatre classes.

Pour se servir du *système de Linné*, il faut tout d'abord examiner si la plante dont on désire connaître le nom, a une fleur, ou si elle en est dépourvue. Dans le premier cas, elle doit nécessairement entrer dans une des vingt-trois premières classes; dans le second cas, il faut la chercher dans la vingt-quatrième.

Si la fleur a des étamines et des pistils, elle est dans une des vingt premières classes.

Si la fleur n'a que des étamines ou que des pistils, il faut la chercher dans la 21e, 22e et 23e classes.

Si la fleur à étamines et à pistils, a ses étamines libres, égales, et ne dépassant pas le nombre de dix, elle sera dans l'une des *dix* premières classes.

Si les étamines sont libres, et que leur nombre dépasse dix, on trouvera la fleur dans l'une des trois classes suivantes : 11e, 12e et 13e classes.

Si les étamines sont au nombre de 4 ou de 6, mais de manière qu'il y en ait toujours deux plus courtes et opposées, la plante sera dans la 14e ou la 15e classe.

Si les étamines sont réunies par les filets, la plante fait partie de celles qui entrent dans les 16e, 17e et 18e classes.

Si les étamines sont réunies par les anthères autour du pistil, la plante sera dans la 19e, ou dans la 20e classe si elles sont adhérentes au pistil.

Enfin, arrivé à la classe respective, on suit les ordres fondés sur le pistil, et on ne tarde pas à trouver le nom du genre dont les espèces se suivent.

# HORLOGE DE FLORE

ou

**Tableau de l'heure de l'épanouissement de certaines fleurs, à upsal, par 60° de latitude boréale.**

Ce tableau de Linné pour le climat d'upsal diffère d'une heure de celui qu'on pourrait faire pour le climat du nord de la France.

| Heures du lever, c'est-à-dire de l'épanouissement des fleurs. | NOMS DES PLANTES OBSERVÉES. | Heures du coucher, c'est-à-dire, où se ferment ces mêmes fleurs. | |
|---|---|---|---|
| Matin. | | Matin. | Soir. |
| 3 à 5 | Tragopogon pratense . . . . . . . . . | 8 à 10 | |
| 4 à 5 | Leontodon tuberosum. . . . . . . . . | . . . | 3 |
| 4 à 5 | Picris hieracioïdes . . . . . . . . . | | |
| 4 à 5 | Cichorium intybus. . . . . . . . . | 10 | |
| 4 à 5 | Crepis tectorum . . . . . . . . . | 10 à 12 | |
| 4 à 6 | Picridium tingitanum . . . . . . . . | 10 | |
| 5 . . | Sonchus oleraceus. . . . . . . . . | 11 à 12 | |
| 5 . . | Papaver nudicaule . . . . . . . . . | . . . | 7 |
| 5 . . | Hemerocallis fulva. . . . . . . . . | . . . | 7 à 8 |

## TROISIÈME PARTIE.

| Heures du lever, c'est-à-dire de l'épanouissement des fleurs. | NOMS DES PLANTES OBSERVÉES. | Heures du coucher, c'est-à-dire où se ferment ces mêmes fleurs. | |
|---|---|---|---|
| Matin. | | Matin. | Soir. |
| 5 à 6 | Leontodon taraxacum. . . . . . . . . | 8 à 9 | |
| 5 à 6 | Crepis alpina. . . . . . . . . . . . | 11 . . | |
| 5 à 6 | Rhagadiolus edulis. . . . . . . . . | 10 . . | 1 |
| 6 . . | Hypochœris maculata. . . . . . . . | . . . | 4 à 5 |
| 6 . . | Hieracium umbellatum. . . . . . . . | . . . | 5 |
| 6 à 7 | Hieracium murorum. . . . . . . . . | . . . | 2 |
| 6 à 7 | Hieracium pilosella. . . . . . . . . | . . . | 3 à 4 |
| 6 à 7 | Crepis rubra. . . . . . . . . . . . | . . . | 1 à 2 |
| 6 à 7 | Sonchus arvensis. . . . . . . . . . | 10 à 12 | |
| 6 à 8 | Alyssum utriculatum. . . . . . . . | . . . | 4 |
| 7 . . | Sonchus lapponicus. . . . . . . . . | 12 . . | |
| 7 . . | Leontodon hastile. . . . . . . . . | . . . | 3 |
| 7 . . | Lactuca sativa. . . . . . . . . . . | 10 . . | 10 |
| 7 . . | Calendula pluvialis. . . . . . . . . | . . . | 3 à 4 |
| 7 . . | Nymphæa alba. . . . . . . . . . . | . . . | 5 |
| 7 . . | Anthericum ramosum. . . . . . . . | . . . | 3 à 4 |
| 7 à 8 | Mesembryanthemum barbatum. . . . | . . . | 2 |
| 7 à 8 | Mesembryanthemum linguiforme. . . | . . . | 3 |
| 8 . . | Hieracium auricula. . . . . . . . . | . . . | 2 |
| 8 . . | Anagallis arvensis. . . . . . . . . | . . . | |
| 8 . . | Dianthus prolifer. . . . . . . . . . | . . . | 1 |
| 9 . . | Hieracium chondrilloïdes. . . . . . | . . . | 1 |
| 9 . . | Calendula arvensis. . . . . . . . . | 12 . . | 3 |
| 9 à 10 | Arenaria rubra. . . . . . . . . . . | . . . | 2 à 3 |
| 9 à 10 | Mesembryanthemum cristallinum. . . | . . . | 3 à 4 |
| 10 à 11 | Mesembryanthemum nodiflorum. . . | . . . | 3 |
| Soir. | | | |
| 5 . . | Nyctago hortensis. . . . . . . . . | | |
| 6 . . | Geranium triste. . . . . . . . . . | | |
| 9 à 10 | Silene noctiflora. . . . . . . . . | | |
| 9 à 10 | Cactus grandiflorus. . . . . . . . | . . . | 12 |

# EXPOSITION
## DE LA MÉTHODE NATURELLE DE JUSSIEU.

Cette méthode est fondée sur l'embryon. L'embryon contenu dans la graine est le premier élément du nouvel être; il est la partie la plus essentielle et la plus générale dans les plantes, et c'est sur lui que l'on a établi les premières divisions dans cette méthode, d'après les différences dans la germination; ainsi elles se divisent en trois grands ordres généraux que l'on distingue facilement et par leur port et par leur caractère particulier. Ces trois ordres sont : les *acotylédones*, les *monocotylédones* et les *dicotylédones*.

Les *acotylédones* comprennent les plantes les plus simples dans leur structure, elles forment la première et la moindre portion de la chaîne des végétaux; le corps que l'on prend pour la graine de ces plantes se développe par une simple extension des divers points de sa surface. Dans cette classe les étamines et les pistils sont ou invisibles ou peu apparens et ne peuvent servir à établir de sous-divisions. (Cet ordre correspond entièrement à la *cryptogamie* de Linné.)

Les *monocotylédones* sont celles dont la graine est composée de l'embryon et d'un lobe unique. Ce lobe qui s'élève hors de terre avec l'embryon, devient ordinairement une feuille séminale; ainsi les plantes qui comme les *graminées*, les *liliacées*, sortent avec une seule feuille séminale, sont *monocotylédones*.

Les *dicotylédones* comprennent la plus grande partie des plantes, leur embryon s'élève hors de terre avec deux lobes qui le plus souvent se changent en deux feuilles séminales; cet ordre étant très nombreux, l'auteur s'est déterminé à en former quatre grandes divisions prises dans la corolle ou le sexe des plantes, savoir : les *apétalées*, les *monopétalées*, les *polypétalées*, et les *diclines irrégulières*.

Les *apétalées* comprennent les plantes à fleurs hermaphrodites que nous appelons incomplètes par défaut de calice; et la corolle chez Jussieu retient le nom de *calice*, que d'après l'illustre Lamarck nous avons appelé *corolle*.

Les *monopétalées*. Fleurs hermaphrodites, simples ou agrégées, à corolles monopétales.

Les *polypétalées*. Fleurs hermaphrodites, simples ou agrégées, à corolles polypétales.

Les *diclines irrégulières* sont les plantes dont le sexe des fleurs est séparé, soit sur le même pied, soit sur des individus différens de la même espèce, ou dont l'insertion des étamines est indéterminée.

Ces divisions quoiqu'un peu artificielles ne paraissent avoir été établies que pour rendre les masses un peu plus égales, car après la division des végétaux en trois grands ordres sur les cotylédons de l'embryon, l'auteur trouve un caractère unique qui les partage par trois, d'après la considération de l'insertion des étamines ou de la corolle, relativement au pistil, savoir : en *hypogynes*, *périgynes*, *épigynes*.

*Hypogynes*. Lorsque les étamines ou la corolle occupent le même réceptacle que l'ovaire, comme dans le genre *papaver*, le *ranunculus*, le *lysimachia*.

*Périgynes*. Lorsque les étamines ou la corolle entourent le pistil sans toucher son réceptacle et sont attachées au calice. Les *rosacées*, les *saxifrages*, les *bruyères*, les *campanulacées*.

*Épigynes*. Lorsque les étamines ou la corolle sont immédiatement posées sur l'ovaire, comme dans les *composées*, les *ombellifères*, les *rubiacées*, les *caprifoliées*.

Ces divisions forment en tout quinze classes, dont voici le tableau :

## TABLEAU DES CLASSES.

| | | | | Classe. | |
|---|---|---|---|---|---|
| Acotylédones | | | | | I. acotylédonie. |
| Monocotylédones | | | *Étamines.* | | |
| | | | Hypogynes | | II. monohypogynie. |
| | | | Périgynes | | III. monopérigynie. |
| | | | Épigynes | | IV. monoépigynie. |
| Dicotylédones | Apétalées | | *Étamines.* | | |
| | | | Épigynes | | V. épistaminie. |
| | | | Périgynes | | VI. péristaminie. |
| | | | Hypogynes | | VII. hypostaminie. |
| | Monopétalées | | *Corolles.* | | |
| | | | Hypogynes | | VIII. hypocorollie. |
| | | | Périgynes | | IX. péricorollie. |
| | | | Épigynes (1) | Anthères réunies | X. synanthérie. |
| | | | | Anthères libres | XI. chorisanthérie. |
| | Polypétalées | | *Étamines.* | | |
| | | | Épigynes | | XII. épipétalie. |
| | | | Hypogynes | | XIII. hypopétalie. |
| | | | Périgynes | | XIV. péripétalie. |
| | Diclines irrégulières | | | | XV. diclinie. |

---

(1) *Épicorollie*.

## TABLEAU DES FAMILLES NATURELLES.

ACOTYLÉDONIE.

*

*Végétaux cellulaires.*
1 Algues.
2 Champignons.
3 Hypoxylées.
4 Lichénées.
5 Hépatiques.
6 Mousses.

**

*Végétaux vasculaires.*
7 Lycopodiées.
8 Fougères.
9 Salviniées.
10 Equisétées (1).
11 Charées.

MONOCOTYLÉDONIE.
*Monohypogynie.*
12 Cycadées.
13 Pandanées.
14 Saururées.
15 Pipéritées.
16 Aroïdes.
17 Typhées.
18 Cypéracées.
19 Graminées.
*Monopérigynie.*
20 Palmiers.
21 Restiacées.
22 Joncées.
23 Commélinées.
24 Naïades.
25 Juncaginées.
26 Alismacées.
27 Butomées.

28 Colchicacées.
29 Liliacées.
30 Asparagées.
31 Dioscorées.
32 Narcissées.
33 Hœmodoracées.
34 Iridées.
*Monoépigynie.*
35 Musacées.
36 Orchidées.
37 Hydrocharidées.
38 Lemnées.
39 Nymphæacées.
40 Balanophorées.

DICOTYLÉDONIE.
APÉTALIE.
*Épistaminie.*
41 Aristolochiées.
*Péristaminie.*
42 Élæagnées.
43 Santalacées.
44 Thymélées.
45 Protéacées.
46 Myristicées.
47 Laurinées.
48 Bégoniacées.
49 Polygonées.
50 Monimiées.
51 Urticées.
52 Atriplicées.
*Hypostaminie.*
53 Amaranthacées.
54 Nyctaginées.
55 Plumbaginées.
56 Plantaginées.

MONOPÉTALIE.
*Hypocorollie.*
57 Lentibulariées.
58 Personées.
59 Orobanchées.
60 Acanthacées.
61 Jasminées.
62 Myoporinées.
63 Verbénacées.
64 Labiées.
65 Borraginées.
66 Solanées.
67 Convolvulacées.
68 Polémoniacées.
69 Bignoniacées.
70 Pédalinées.
71 Gentianées.
72 Apocinées.
73 Sapotées.
74 Ardisiacées.
75 Primulacées.
*Péricorollie.*
76 Symplocées.
77 Ébénacées.
78 Éricinées.
79 Campanulacées.
80 Stylidiées.
81 Lobéliacées.
*Épicorollie.*
(Synanthérie.)
82 Composées.
83 Calycérées.
(Chorisanthérie.)
84 Dipsacées.
85 Globulariées.

---

(1) Quelques auteurs écrivent *équisétacées*.

TROISIÈME PARTIE.

| | | |
|---|---|---|
| 86 Valérianées. | 115 Hippocastanées. | 146 Ficoïdes. |
| 87 Operculariées. | 116 Acérinées. | 147 Crassulacées. |
| 88 Rubiacées. | 117 Hippocratées. | 148 Saxifragées. |
| 89 Loranthacées. | 118 Malphigiacées. | 149 Cunoniacées. |
| 90 Caprifoliées. | 119 Erythroxylées. | 150 Grossulariées. |
| POLYPÉTALIE. | 120 Hypéricées. | 151 Nopalées. |
| *Épipétalie.* | 121 Guttifères. | 152 Loasées. |
| 91 Araliacées. | 122 Marcgraviées. | 153 Passiflorées. |
| 92 Ombellifères. | 123 Olacinées. | 154 Nandhirobées. |
| *Hypopétalie.* | 124 Hespéridées. | 155 Cucurbitacées. |
| 93 Euphorbiacées. | 125 Ternstromiées. | 156 Onagraires. |
| 94 Oxalidées. | 126 Théacées. | 157 Myrtées. |
| 95 Balsaminées. | 127 Méliacées. | 158 Mélastomées. |
| 96 Tropæolées | 128 Cédrélées. | 159 Salicariées. |
| 97 Vochisiées. | 129 Vinifères. | 160 Rosacées. |
| 98 Géraniées. | 130 Berbéridées. | 161 Calicanthées. |
| 99 Malvacées. | 131 Ménispermées. | 162 Blakwelliées. |
| 100 Buttnériacées. | 132 Podophyllées. | 163 Légumineuses. |
| 101 Chlénacées. | 133 Renonculacées. | 164 Polygalées. |
| 102 Tiliacées. | 134 Anonées. | 165 Trémandrées. |
| 103 Flacurtianées. | 135 Magnoliacées. | 166 Pittosporées. |
| 104 Bixinées. | 136 Dilléniacées. | 167 Rhamnées. |
| 105 Cistées. | 137 Ochnacées. | 168 Samydées. |
| 106 Violacées. | 138 Rutacées. | 169 Térébenthacées. |
| 107 Frankéniées. | 139 Coriariées. | 170 Juglandées. |
| 108 Droséracées. | 140 Monotropées. | 171 Corylacées. |
| 109 Résédacées. | 141 Linées. | 172 Salicinées. |
| 110 Capparidées. | 142 Caryophyllées. | 173 Bétulacées. |
| 111 Crucifères. | *Péripétalie.* | 174 Ulmacées. |
| 112 Papavéracées. | 143 Paronychiées. | 175 Platanées. |
| 113 Sapindées. | 144 Portulacées. | 176 Myricées. |
| 114 Rhizobolées. | 145 Tamariscinées. | 177 Conifères. |

Pour l'exposé des caractères des familles naturelles, voir la *Botanographie élémentaire* déjà citée (p. 438.)

## PLANTES

DONT LA DESCRIPTION A ÉTÉ OMISE A LEUR PLACE RESPECTIVE.

CRITHMUM. — *Crithme.* (Ombellifères.)
*Pentandrie digynie*, p. 46.

Cal. presque entier; pétal. entiers, presque égaux, courbés au sommet; fr. ovoïde, strié, à écorce fongueuse; invol. et involucelle polyphylles.

988. *C. maritimum*, L. — *C. maritime.* — Zee-venkel of zee-salade (perce-pierre.) Tige de 3 décim., souvent simple, lisse, verte; feuil. bi-pinnées; folioles étroites, linéaires, entières, aiguës, un peu charnues, souvent ternées au sommet des pédicelles; ombelles terminales, de 10 à 12 rayons; ombellules courtes. v. été. *Bords du bas Escaut* (Vanh.); *sur nos côtes maritimes* (J. Cl.)

Cette plante est cultivée avec succès dans les jardins; ses feuilles confites au vinaigre entrent dans les salades.

MENTHA. — *Menthe.* (Labiées.)
*Didynamie gymnospermie*, p. 97.

989. *M. Piperita*, Huds. (non L.) — *M. Poivrée.* — *Peper-munt.* Cette espèce diffère du *M viridis*, L. (esp. 418 bis) par ses feuilles pétiolées, arrondies à la base; les étamines incluses; les épis obtus; le cal. strié, glanduleux. v.

La menthe poivrée est *originaire d'Angleterre*, mais on la cultive dans plusieurs jardins pour l'usage de la pharmacie, à cause de son odeur forte, et sa saveur piquante, produisant une sensation de froid.

990. *M. Gentilis*, L. — *M. apparentée.* — *Vermaegschapte-munt.* Tige de 3 décim., rameuse, dressée, peu velue; feuil. un peu pétiolées, ovales, dentées, pubescentes; fl. rougeâtres, verticillées, peu nombreuses; pédicelles glabres; cal. en cloche, hérissé en son bord et sur les nervures; étam. incluses. v. Juillet. *Bord de la Somme.* (Bouch.)

991. *M. Pulegium*, L. — *M. Pouliot.* — *Katrol-munt.* Tige de 3 décim., grêle, redressée, un peu quadrangulaire, quelque fois pubescente; feuil. ovales, arrondies, un peu pétiolées, souvent entières, presque glabres; fl. roses, nombreuses, verticillées; pédicelles et calices pubescens; cal. fermé par des poils pendant la maturation; lobe supérieur de la cor. entier. v. Juillet. *Commun dans les lieux humides* (B B.)

*Obs.* Les espèces de ce genre sont très difficiles à caractériser, parce qu'elles présentent beaucoup de variétés qu'on a souvent érigées en espèces.

# TABLE ALPHABÉTIQUE

### Des noms flamands.

J'observe que, d'après le Dictionnaire moderne, j'ai remplacé la lettre Y par I dans la plupart des noms. En outre, j'ai ajouté quelques noms latins et français qui manquent dans les deux tables précédentes, (v. p. 198 et 259), quoique la troisième partie soit déjà disposée selon l'ordre alphabétique.

### A.

Abama van Adanson . . . . . 58
Abeel-boom . . 168
Abrikoos-boom . 81
Acacia-boom . . 123
*Actæa* . . . . . 307
Adderkruid of
*Slangenhoofd* 182-285
Adderstonge. . 172
Adonis-roos . . . 92
Aelbezieboom. 41-42
Aerd-appel . . . 40
Aerd-bezie . . . 85
Aerd-Eekels . . . 121
Aerd-nootkens . 47
Aerd-peer . . . 145
Aerd-rook . . 117-286
Aerde-veil. . . . 98
Agrimonie . . . 77
Ahorn . . . 64-275
Ajuin . . . . . . 56
Akelai . . . . . 90
Alants-wortel . . 195
Alfsrancke . . . 40
Algoede . . . . . 44
*Alleluia* . . . . 73
Aloës . . . . . 193
Alsem . . . . . 138

Alsine . . . . . 71
— *water alsine* 25
— *ander-water alsine* . . . . . 312
Althæa . . 116-308
Amandelboom, v. *perzikboom* . . 80
*Ampelopsis* . . 277
*Ampélopside* . . 277
Andivie . . . . 134
Andoorn, v. *Malrouw* . . . . 100
—Water andoorn 13
Anemonie. . . . 91
Aparine met ligtzaed . . . . . 29
*Aphaca*, Dod . . 120
Appelboom . . . 83
Aristolochia. . . 278
Artichokken . . 136
Asch-kruid. . . 308
Aspergie . . . . 60
Averone . . . . 278
Aucuba . . . . . 279

### B.

Balsamien . . . 185
Balsem . . . . .
— *Groenen balsem* 97
*Basilicum* . . . 100

Basterd kemp . 287
Bedelaers-luizen 134
Beek-pungen . . 11
Beën v. *behen*. . 228
Beeren-look . . . 56
Beeren-klauw. 48-107
Beeren-oor . . 34-102
Beet-raepe. . . . 45
Beet-wortel . . . 45
*Beleegering-kruid* 104
Berg-peper . . . 284
Berg-polei . . . 101
Berg-scirpus . . 15
Berg-sedum . . . 55
Berken-boom . . 157
Bernage . . . . 33
*Beta cycla* (poirée) 45
Betonie . . . . . 99
Beuken-boom . . 160
Bien-kruid . . . 102
Biesen of . . . .
Biezen . . 49-59-60
Bilkens-kruid . . 123
Bilsen-kruid. . . 39
Bingelkruid . . . 169
*Bis - malva* syn.
  *d'althæa* v. *witte malve* . . 116-308
Bitter melk-kruid 118

## TABLE ALPHABÉTIQUE

Blaes-kers . . . . 185
Blaes-noot . . . 188
Blitum . . . . . 158
Bloed-gas. . . . 17
Bloed-roede. . . 29
Boekweit v. boc-
   wiet. . . . . 67
Boelkens-kruid . 137
Bollekens-haviks-
   kruid . . . . 133
Bol-kruid. . . . 26
Boog-hout . . 64-275
Boom des le-
   vens. . . . 161-162
Boom-varen . . 174
Boonen :
Boon-kruid . . . 96
  — Gemeene boon 119
  — Groote-boon . 120
  — Kleene boon . 120
  — Lab-boon . . 120
  — Platte-boon . 120
  — Suiker-boon
var. du *phaseolus
vulg.* . . . . 119
  — Wolfs-boon . 119
  — Zwyne-boon . 120
Boter-bloemen. . 93
Bourgons-hoy . . 126
  Braemen :
  — *groote braemen* 85
  — *kleene braemen* 85
Brandt-hauw . . 249
  Brem :
  — *grooten brem* 118
  — *spaenschen
brem.* . . . . 118
  — *stekenden
brem.* . . . . 194
  Brem-raepen :
  — *groote brem-
raepe.* . . . . 106
  — *kleene brem-*

*raepe.* . . . . 106
Brom of . . . .
Bromos . 21-219-280
Brunelle . . 102-280
Bryole . . . . . 80
*Bulliarda.* . . . 308
Bulliards-kruid . 308
Busse-boom. . . 157
Byvoet . . . . 138
### C.
Caerden. . . p. 26
Canarie-zaed . . 16
Carex. 154-196-244-281
Caroten. . . . . 47
Ceder-boom. . . 161
Chalotten. . . . 56
Chaos . . . . . 247
Chardon aux ânes 283
Chondrilla . . . 283
*Christophoriana.* 307
Christus-oogen . 74
Christus palm-
  boom v. kruis-
  boom . . . . 162
Cicorei, v. *suike-
reien* . . . . 134
*Cicutaria.* . . . 284
*Cineraria.* . . . 308
Citroen-boom, v.
  *oranie-boom.* . 127
Citroen-kruid 102-278
  — *Wild-citroen-
kruid.* . . . . 292
Citrullen . . . 163
Condrille . . . . 283
*Conyza,* esp. div. 141-
      144-241-242
*Coreopsis.* . . . 137
*Corrigiola.* . . . 309
*Corydalis.* . . . 286
*Cotyledon.* . . . 46
*Crithmum.* . . . 322
*Cynanchum.* . . 306

*Cyperus.* . . . 14-15
Cypres-boom . 162
Cypres-noot . . 162
### D.
Dahlia . . . . 141
Damas bloemen. 150
          294
Deurbladt . . 46-227
Dille . . . . . 187
Dioscorea. . . 309
  Distels :
  — *akker-distel* . 135
  — *distel der wey-
den.* . . . . 136
  — *Ezels-distel.* . 283
  — *gemeenen distel
van Lobel* . . 137
  — *kruis-distel.* . 46
  — *maria distel.* 135
  — *nederlandschen
peerde-distel.* . 136
  — *onopixos-distel
van guilandinus* 135
  — *onzer-vrouwen-
distel* . . . . 135
  — *romschen distel* 147
  — *scherpen distel* 136
  — *sterre-distel.* . 146
  — *ververs-distel* . 135
  — *weg-distel* . . 135
  — *wilde-distels* . 135
  — *zee-distel.* . . 286
Dobbel-bladt . . 150
Dokke-wortel . . 134
Dodden . . 153-244
Dompte-venin . 306
Donderbaere esp.
  div . . . . 72-73-79
Donderkruid . . 141
  Doorns :
  — *doorn-appel* . 39
  — *haeg-doorn* . 82
  — *purgeer-doorn* 41

## DES NOMS FLAMANDS.

— *wolfs-doorn*. . 185
— *zeur-doorn*. . 60
Doodts-hoofd . . 234
Doronicum . . . 141
Dragon. . . . 278
Draken-bloed . . 61
Dravick . . . . 20
Dronck - maeken
  de Terve. . . . 24
Druifkens. . . . 58
Druiven of krap-
  pen, v. *vitis*. 42
— *vosse druiven*. 68
Dryvuldigheyd bloe
  men . . . . . 43
Duisent-bladt. . 143
— *water-duisent*
*bladt*. . . . . 158
Duisent-graen. . 45
Duisent-knoop . 67
Duive-kervel :
— *groote duive*
*kervel*. . . . 117
— *kleene duive*
*kervel*. . . . 117
Duivels-bedstrooi 118
                    194
Duivels-beet . . 27
Duivels-brood. . 177
Duivels-melk . . 79
Duivels naeigae-
  ren, v. *vilt-kruid* 30
Duiven-voet. . . 115

**E.**

Ebben-boom :
— *valschen-ebben*
*boom* . . . . . 124
Eenbladt . . . . 60
Eikel. (gland de
  chêne). . . . . 159
Eiken-boom. . . 159
Eerenprys : esp.
  div.10-11-104-178-305

Egel-coolen. . . 92
Elf-uer-bloeme . 57
Elsen-Boom. . . 157
Engelkruid. . 51-186
Enjuyn. . . . . 56
*Enula campana*. 195
Ephemerine. . . 189
Eppe.48-49-52-188-300
*Eriophorum*. . . 283
Erweten. 120-121-122
                    290
*Erythronium* . . 286
Esschen-boom. . 171
Esschen-kruid. 69-308
*Esula*, syn. d'*Eu-*
*phorbia*.
Everwortel . . . 137
*Euphorbia*. . 78-286
Ezels-kruid. . . 64

**F.**

Festuka. . . . 20-21
Fiekruid . . . . 111
*Filaria*. . . . . 179
*Filipendula* . . . 83
Fleirsyn-kruid . 52
*Flos ambarvalis,*
  Dod. . . . . . 118
Fluweel bloem. . 276
Fonteyne kruid. 30-31
                    221
Framboosboom . 192
Frangwortel . . 119
*Fraxinella*. . . . 69
Freezen. . . . . 85
— *berg-freezen*. 230
— *ydel-freezen* . 85
Fucus. . . . . . 307

**G.**

*Galbuli*. . . . . 162
*Galega*, Dod. . . 122
*Galeobdolon*. . . 99
*Galium* . 28-220-310
Gansen-voet, v.

*ganzen-voet*.
Ganserick. . . . 86
Ganzen-voet . 43-44-
                282-283
Ganzen-muer. . 71
Garou . . . . . 66
Gas of *Gras*. 13-17-18
  19-20-22-23-24-53
  54-181-182-196
  289-301-302-303.
Gaspeldoorn. . . 118
Gaspemen. . . . 25
Geelve doove ne-
  tels. . . . . . 99
Geitenbaerd, syn.
  de *spiræa ulmaria*.
Geiten-bladt . 38-184
*Gemuskeerd-erwe-*
*ten* . . . . . 290
Geneverboom . . 170
Genivers, v. *aelbe-*
*zie-boom* . . 41-42
Genoffels , v. *gi-*
*noffels*. . . . . 112
Gentiaene. 45-223-224
Gerards-biezen. . 226
Gerste . . . . . 24
— *meure gerste* . 25
Ginoffels . . . . 112
Glaskruid. . . 170
*Glaucium*. . . . 282
Godts-genade. . 12
Goede-vrouwe. . 45
Goed-riekende gas 13
Goed-riekende
  lisch . . . . . 58
Goude bloemen . 147
— *Water goude*
*bloemen* . . . . 94
Goude-weire. . . 98
Gouden hoofd . . 93
Gouwe :
— *groote gouwe,*

*stinkende gouwe
of groot schel-
kruid*. . . . . 87
— *Kleene gouwe*. 93
Gramen, esp. div. 20
154-155-156
Gramen avena-
ceum . . . . . 23
*Gramen leucanthe-
mum*, Dod. . . 71
Gramen loliaceum 24
Gramen sulcatum 16
Granaet-boom. . 80
Gulden-appel . . 300
Gulden-roede . . 140
Guyschel heyl. . 36

**H.**

Hadick. . . . . 53
Haegbeuk . . . 160
Haeg-doorn. . . 82
Haeg-roos . . . 84
Haenekams. . . 102
Haenevoet. . . 92-93
—*Noordschen hae-
nevoet*. . . . . 68
Haezen latouwe. 130
Haezen-oor. . 46-281
Haezen-voet. . . 125
Hals-kruid . . . 36
Handekens . . . 149
Hars-boom. . . 161
Haver, esp. div. 22-
220-280
Haviks-kruid, esp.
div . . . 130-131-132
133-239-288
Hazelaer . . . . 161
Hazel-note-boom. 161
*Hedera helix*, L. v.
veilboom. . . . 42
*Hédérine* (1).

---

(1) Alcaloïde retiré de

Helm-kruid v. *Brem*.
Hemels-dau-gas . 17
Hemels-sleutel, v.
*sleutel bloeme*. . 34
Hemst . . . . . 116
Hennevoet . . . 17
Hepatorie. . . . 137
Herbe Sᵗ-Christo-
phe. . . . . . 307
Herts-hoorn . 29-299
Herts-hoy . . . 128
Hertz-tonge. . . 173
Heul. . . . 87-282
Heyde . . . . . 65
Hiacint. . . . . 58
Hifte, v. *veil-boom* 42
*Hippocrepis* . . . 288
Hoest-bladt. . . 139
Hof-kersse . . . 108
Hof-ruite. . . . 69
Hol-wortel . . . 278
Hommel . . . . 167
Honds-gas . . . 23
Honds-look. . . 58
Honds-roos. . . 84
Honds-tand. . . 286
Honds-tonge . . 32
Honds-violet . . 43
Hoppe . . . . . 167
Hoppe-kruid . . 167
*Hortensia*. . . . 288
Huis-look. . . . 79
Hulste-boom . . 30
*Hydrangea* . . . 288
*Hypericum*. 128-238-
310
Hyssoop of *Hyzop* 96
Hyzop-wederick. 311

**I.**

Iben-boom . . . 169

l'*Hedera Helix*, L.; par
M. Chevalier et moi. (J.
de ch. méd. octobre 1840.)

Igname. . . . . 309
Indiaensche gas-
bloeme . . . . 142
Indiaensche-kers-
se. . . . . . . 190
Iris . . . . . 14-180

**J.**

Jacea . . . 145-146
Jasmyn. . . . . 179
Jonckillen. . . . 226
Jood-kruid . . . 99
Judas-boom. . . 69
Judas-medalie. . 109
Judas-oor. . . . 248

**K.**

Kaerden . . . . 26
*Kœleria* . . . . 289
Kaeskens-kruid . 117
Kaffers-terve. . . 300
Kalamint. . . . 101
Kalfs-muil . . . 105
Kalfs-voet . . . 150
Kali:
—*alkali*. . . . . 223
—*geknoopten kali* 298
—*gemeenen kali*. 299
— *houtachtigen
kali*. . . . . . 298
— *nederleggenden
kali*. . . . . . 299
—*steekenden kali* 299
Kameline. . . . 107
Kamemine . . . 107
Kamille:
—*romsche kamil-
le*. . . . . 144-277
— *stinkende ka-
mille* . . . . . 144
—*veld-kamille* . 243
—*ververs kamille* 144
Kampernoelie. . 177
Kanada-boom 296-297

Kapper-boom . . . 193
Kapuciene mostaerd. . . . . . 109
Karoot . . . . . 47
Kastanie-boom . . 160
—peerde kastanie boom . . . . . 63
—rooden kastanie boom . . . . 276
Katoen-kruid. 139-195
Katte-kruid . . . 96
Katte-poot . . . 195
Keel-kruid . . 10-28
Keizerskroon . . . 57
Kemp. . . . . . 166
—Water-kemp. . 137
Kemp-zaed . . . 167
Kerk-hof-boom. . 162
Kerkzangerskruid . . . . . 111
Kersenboom . . 81
—blaes kersen. . 185
—honds kersen . 38
—kersen van over zee of mols krieken . . . . . 185
—vogel kersen . 81
—Winter-kersen 185
Kersse:
—groote-water kersse. . . . . 110
—hairige-kersse. 110
—hof-kersse. . . 108
—indiaensche-kersse. . . . . 190
—kleene water kersse. . . . . 110
—steen kersse. . 236
Kervel:
—dolle kervel . . 50
—dolle water kervel . . . . . 284
—geknoopte-ker-

vel . . . . . . 282
—groote duive kervel. . . . . 117
—haeghe kervel. 281
—kleene duive kervel. . . . . 117
—kwaed-doende kervel. . . . . 50
—naelde kervel . 50
—tamme kervel . 50
—Water kervel of tonne zaed . . 49
—Welriekende kervel. . . . . 187
—wilde kervel. 50-187
Keule . . . . . 96
Kivits-eieren . p. 57
Klaver, esp. div. 125-126-127-237
—freeze-klaver. 237
—goedriekende klaver. . . . . 126
—klaver-hoy . . 238
—Waterklaver. . 34
—zeur-klaver. . 73
Klier-kruid, v. speen-kruid. . . 106
Klimop v. veilboom.
Klisse-kruid . 28-307
Klissen esp. div. 134
Klora. . . . . . 227
Knawel. . . . . 70
Koe. . . . . . 150
Koningin des weyden. . . . . 83
Koninginne-kruid 137
Konkommer. . . 163
Kool. var. div. du Brassica oleracea
L. . . . . . .
A.
—bloem-kool . .

B.
—cabu-kool. . .
C.
—roo-kool . . .
D.
—sluit-kool. . .
E.
—kool-zaed. . . 113
Koorn of Terve. . 25
—muize-koorn . 24
—tursch-koorn. 153
Koorn-bloem . . 146
Koorn-salaed . . 14
Koorts-wortel . . 150
Koriander. . . . 186
Korse-kruid. . . 40
Kost-kruid . . . 138
Kousse-boters 153-244
Krabben-klauw . 193 231
Krappen, v. wyngaerd . . . . 42
krieken-boom . . 81
Krok: . . . . . 124
Kruideken en roert my niet . . . 288
kruis-bloeme . . 118
kruis-boom . . . 162
kruis-kruid. 140-144-299
kruis van Jérusalem. . . . . 74
kruis-wortel . . 310
kwe-boom . . . 83
kwendel . . . . 101

**L.**

Lactuca. 130-131-289
Lampourde. . . 306
Lampsana, Dod. 133
Lapathum . . . 61
Lattouwe:
—gewoone lattouwe. . . . . 130

## TABLE ALPHABÉTIQUE

— *haezen lattouwe* 130
— *stinkende lattouwe* . . . . 290
— *wilde lattouwe* 289
*Laureola* . . . 284
Laurier-kers . . . 82
Laurier-roos, v. *Oleander boom* . 185
Lauwerboom, v. *laurier-boom* . . 68
Lavendel . . . 193
Leeuw-voet v. *Alchemilla* . . . 30
Lelie-bloeme . . . 58
— *Water-lelie* . 88
Lepel-bladt . . . 109
. . . . 290
Lepel-kruid . . . 108
*Lepedium* . . 235-290
Lever-kruid . . . 77
— *Water leverkruid* . . . 176
Liefde-gas . . . 20
*Limonium* . . . 312
Linde-boom . . . 89
Linzen :
— *Water-linzen* p. 152
Lisch :
— *blauw-lisch* . . 180
— *bloemende water-lisch* . . . 69
— *geelv-lisch* . . 14
— *goedriekende-lisch* . . 58-276
— *matten-lisch* . 153
— *lisch-wortel* 58-276
Lobelia :
— *pokkige lobelia* 291
— *roode lobelia* 291
Longer-kruid . . 33
Look :
— *ajuin-look* . . 56
— *beeren-look* . . 56

— *bies-look* . . . 56
— *gouden-look* . 190
— *honds-look* . . 58
— *huis-look* . . . 79
— Saus-look . . . 56
— Stok-look . . . 56
— water-look . . 96
Look zonder-look 112
Loopig-kruid . . . 54
Lugge, v. *brandthauw* . . . . . 249
Luis-kruid 90-104-295
Lutum-herba . . 77
Luzula . . 189-226-291
Lyndotter . . . 107
Lynen . . . . . 91
Lynzaed . . . . 53

## M.

Maegde palm . 42-183
Maegde wyngaerd 277
Maene-kruid . . . 109
Malrouw :
— *wilte malrouw* 100
— *zwarte malrouw* . . . . 100
Maluwe . . . . 116
Malve . . . 116-237
Mander-kruid . . 96
Manne-kruid . . 292
Mans-bloed . . p. 129
Mans-oor . . . . 76
Marentakken . . 166
Margrieten . 142-145
. . . . 242
Maria-distel . . . 135
Martagons-lelie . 58
Matten-lisch . . . 153
Meekrappen . . . 297
Meel-boom . . . 188
Meester-wortel . 186
*Melanthium*, Dod. 294
Melde, *esp. div.* 44-279

Melk-kruid, syn. de *lattouwe* . . 130
— *bitter melkkruid* . . . . 118
Melk-wiet, syn. de *haezen-lattouwe* 130
Melike . . . 19-196
Melilote, syn. van *steenklaver* of *goedriekende klaver* . . . . . 126
Mélisse sauvage. 292
Melittis . . . . 292
Meloen . . . . 163
Mente v. Munt. 97-292
*Menthastrum*. 97-292
Mercuriael, v. *bingel-kruid* . . 169
Mezerie-boom, v. *peperboomje* . . 66
Mibora . . . . 276
Michiels-gas . . . 181
Millefeuille aquatique, v. *myriophyllum* . . . 158
Mispel boom . . . 82
Moeder-kruid 143-242
Moerassig-gas . . 182-302
Moerbeiers . . . 158
Moerbeziën-boom :
— witten moerbeziën-boom . . . 158
— zwarten moerbeziën-boom . . 158
Moeskruiden. Ce mot signifie *plantes potagères* .
Mollugo . . . . 28
Molskrieken, syn. de *blaes-kersen* . 185
Mond-hout, syn. de *keel-kruid* 10-28

Morchella. . . . . 293
Morgensterre :
— *groote morgens-*
*terre* . . . . . 239
— *kleene morgens-*
*terre*. . . . . . 129
Morillen . . . . 293
*Moscatellina* . . . 68
Most, *esp. div.* . 175
. . . . . 176-247
Mostaerd :
— *kapuciene-mos-*
*taerd*. . . . . . 109
— *veld mostaerd*. 113
— *wit mostaerd*. 114
— *zwart mostaerd*. 114
Muer :
— *ganzen muer*. 71
— *muer kruid*, syn.
de *glas kruid* . . 170
— *muerpeper*, syn.
de *sedum acre*. L. 72
Muguet . . . 27-60
Muize-koorn. . . 24
Muizen-oor . . . 32
Muizen-steert . . 55
Munt :
— *balsem-munt*,
v. *tanacetum bal-*
*samita*. L. . . . 138
— *engelsche-munt* 97
. . . . . . 322
— *groenen-balsem* 97
— *katrol-munt* . 322
— *kerk-hof-munt* 97-
. . . . . . 292
— *peper-munt*. 97-322
— *romsche-munt* 97
— *tamme-munt* . 232
— *veld-munt*. . . 97
— *vermaegschapte*
*munt*. . . . . . 322
— *water-munt*. . 97

— *wilde-munt*. . 97
Muske-kruid . . 106
Myrtenboom :
— *brabandschen-*
*myrten boom* . 166
— *gemeenen myr-*
*ten boom* . . . 80

**N.**

*Naekte-vrouwen*. 62
Nagel-kruid. 131-132
Nagel-wortel. . . 86
Nagt-bloeme . . 71
Nagt-schade :
— *dolle nagt scha-*
*de*. . . . . . . 39
— *hairige nagt*
*schade*. . . . . 40
— *zwarte nagt*
*schade*. . . . . 40
Nagt-violieren. . 112
Narcissen. 55-226-311
Nardus :
— *blauwen nar-*
*dus*. . . . . . 294
— *geelven nardus* 294
— *witten nardus*. 293
Nater-wortel. . . 66
Navel-kruid :
— *water navel-*
*kruid*. . . . . 46
Negel-bloemen,
syn. de *nigella*. 293
Netels :
— *brandende ne-*
*tels*. . . . . . 157
— *doode netels*. . 100
— *doove netels*. 98-99
. . . . . . 301
— *geelve doove ne-*
*tels* . . . . . . 99
— *heete netels*. . . 157
— *romsche netels*. 303

— *witte doove ne-*
*tels* . . . . . . 98
*Nigella*. . . . . 293
Nies kruid. 94-143-287
*Noli tangere* . . . 288
Note boom. . . . 160
Notelaer. . . . . 160

**O.**

Oleander boom. . 185
Olmboom. . . 45-224
Onderhaege. . . . 98
Onzervrouwen-
distel. . . . . . 135
Ouzervrouwen-
mantel. . . . . 30
Oogentroost, *esp.*
*div* . . . . . . 103
Opregt rapunsel . 37
Oranie boom. . . 127
Orego. . . . 101-295
*Ornithopus*. . . . 295
*Orobus*. . . . . . 311
Ossen ooge, syn.
de *chrysanthe-*
*mum* . . . . . 142
Ossen terve . . . 103
Ossen tonge . 32-221
Oxis, *esp. div*. . . 73
Oyevaers bek. . . 115

**P.**

Padde biezen. . . 59
Padde stoel. . . . 177
Paesche bloeme . 34
. . . . . . 142
*Palma christi* . . 162
Palm boom. . . . 157
— *stekende palm*. 169
Pameele . . . . 25
Panic koorn . . . 17
Papaver. . . 87-311
Papen kruid. . . 131

Pappels, *esp. div.* 116
—*muske pappels.* 237
Parel-kruid . 32-290
Parelie wortel. . 61
Parietarie, v. *glas
kruid.* . . . . 170
Paronychia. . . 70-107
Pastel . . . . . 109
Pastenack,v. *geelve
peen.* . . . . . 51
Pataters, v. *aerd-
appels.* . . . . 40
Patientie kruid. . 61
Pavia . . . . . 276
Peen :
— *geelve peen* . . 51
— *peen karoot.* . 47
— *peen vogel nest* 47
Peerel kruid . 32-290
Peer boom . . . 83
Peerd-yzer . . . 288
Peerds bloeme. . 103
Peerd steert :
— *bosch peerd
steert* . . . . . 172
— *groot peerd
steert* . . . . . 172
— *kleen peerd
steert* . . . . . 171
— *stekende peerd
steert* . . . . . 151
— *stinkende peerd
steert* . . . . . 151
— 1e *water peerd
steert* . . . . . 9
— 2e *water peerd
steert* . . . . . 172
— *winter peerd
steert* . . . . . 172
Peerds-voet . . . 139
Penning kruid. . 35
Pensée bloeme. . 43
Peonie of. . . .

Peonie rozen. . . 89
Peper :
— *berg-peper.* . . 284
— *peper-kruid.* . 108
— *water-peper.* . 227
— *ander water-
peper* . . . . . 285
Peper boomje . . 66
*Peplis* . . . . . 312
Pepoen. . . . . 163
Perel-kruid, v.
*parel-kruid.*
Persen kruid, *esp.
div.* . . . . 66-67
Persyn,v. *peterselie.*
Perzik boom. . . 80
Pestilentie wortel 140
Peterselie. . . . 52
Petun, v. *tabak.* 39
*Phallus* . . . . . 296
Pil hout,v. *pylhout.*
Pilyoen, v. *thym.* 101
Pimpernel :
— *groote pimper-
nel* . . . . . . 29
— *kleene pimper-
nel* . . . . . . 159
— *pinpernel-roos* 192
— *water pimper-
nel,*v. *Samole* 37-222
Pimpinella . 51-52-296
Pioene . . . . . 89
Pipe boom. . . . 80
Pissebed. . . . 131
*Platanaria*, v.
*sparganium.* . 153
Plompen :
— *geelve plompen* 88
— *kleene plompen* 35-222
— *witte plompen.* 88
Pluim gas . . . of
Pluim riet. . . 23-220

Polium, v. *polei.* 101
Popelier . 168-296-297
Porselein. . . . . 76
Porret. . . . . . 56
Prenanthes. . . . 283
Pruim-boom . . . 81
— *wilden pruim-
boom* . . . . . 81
Pungen :
— *beek pungen.* . 11
— *water pungen.* 11
Priesters-bonnet. 41
Purgeer-doorn. . 41
Pute-beet . . . 169
Pyl-hout. . . . . 41
Pyn-boom . . . 161
Pyn-zuiger . . . 293

**Q.**

Qwendel . . . . 101

**R.**

Radys . . . . . 114
Raepe . . . . . 113
Rakette . 111-235-280
Ranonkel of renon-
kel,v. *haenevoet* 92-93
*Rapistrum.* . . . 114
Rapunsel :
— *oprecht-rapun-
sel.* . . . . . . 37
— *valsch-rapunsel* 36
Raspe . . . . . 221
Ratelaers . . . . 102
Ratte-kruid . . . 280
Ratten-oor. . . . 132
Ravenelle . . . . 114
Ray-gas . . . . 24
Renonkel. . . . 92-93
Reuze-bloeme. . 147
Rhagadiolus . . 133
Ridderspooien. . 89
Riet :
— *deck-riet* . . . 23

— *gas-riet* . . . . 15
— *gebloembd-riet* 69
— *groot-water-*
*riet* . . . . . 15
— *kleen-riet*. . . 15
— *pluim-riet* . . 23
Robrechts-kruid . 115
Rogge . . . . . 24
— *rogge-bloem* . 146
— *valsche-rogge*. 25
Rozelaer of roze
boom. . . 84-192
Rozemarin. . . . 179
Roze van Japo-
nien. . . . . . 288
*Rubia* . . . . . 297
Ruer-kruid . . . 139
Ruite :
— *hof-ruite* . . . 69
— *steen-ruite* . . 174
— *veld-ruite*. . . 91

**S.**

Saffraen of *Safraen* :
— *Herfst-saffraen* 181
— *lente-saffraen*. 14
Sagine . . . . . 31
Salade of *salaed* . 130
— *andyvie-salade* 131
— *koorn-salade* . 14
— *krop-salade*. . 131
— *zee-salade* . . 322
*Salicornia* . . . 298
Salie of *Savie* :
— *bosch-salie* . . 95
— *veld-salie*. . . 12
— *wynkel-salie* . 179
Salomons-zegel :
— *grooten s. z*. . 60
— *gemeenen s. z*. 60
*Salsola* . . 223-298
Sanikel. . . . . 46
Santorie, v. *centaurea*.

— *groote santorie* 145
— *kleene santorie* 41
Sater :
— *stinkende sater* 296
Satyre . . . . . 296
*Satyrium*. . . . 149
Saus-look . . . . 56
Savel-boom of ze-
ven-boom, v. *za-*
*velboom*. . . . 170
Savie, v. *salie*.
Schaepers-roede. 26
Schaep-zurkel. . 62
Scherlinck :
— *grooten-scher-*
*linck* . . . . . 48
Schel - kruid of
schel-wortel . . 87
Schorpioen-kruid. 32
Schurft-kruid . . 27
Schyt-beiers, v.
*purgeer-doorn* . 41
Senebiera . . . . 299
Seneboom :
— *valschen-sene-*
*boom* . . . . . 124
Senegroen . . . 95
102-280
Serpents-tonge. . 159
245
Seseli der weyden 51
Sint - Antonius -
kruid . . . . . 285
Sint - Antonius -
raepen . . . . 93
Sinte-Barbara -
kruid . . . . . 111
Sinte-Christoffels-
kruid . . . . . 307
Sint-Jacobs-kruid. 140
Sint-Jans-bloeme. 142
Sint-Jans-kruid. 128-
238-310

Sint - Josephs -
bloeme . . . . 311
Sinte-Thienes -
kruid. . . . . . 10
Slangen-hoofd 182-285
Slangen-kruid. . 133
Sleboom of *wilden*
*pruimboom*. . . 81
Sleutel-bloeme. . 34
Smac-boom . . . 189
Smeerwortel . . . 33
— *spaenschen sm.*
*wortel*. . . 72-299
Sneeuw-bloemen. 55
189
*Solenia* . . . . 303
Sorben-boom. . . 82
*Sorghum*. . . . 300
Spaensch-gas. 54-301
312
Spargie. . . . . 60
Spartum-kruid. . 301
Speen-kruid . 93-106
Speer-kruid, syn.
de *valeriaene*. 13-180
304
— *rood speerkruid*
*gelyk* . . . . . 312
Speurie, esp. div. 75
Spic, v. *lavendel* . 193
Spinagie . . . . 166
— *wilde spinagie*. 44
Spinnekop . . . 294
*Spongodium* . . 300
Sponse-kruid . . 300
Speoren . . . 89-90
Spring-kruid. . . 79
Stalkruid. . . . . 119
Standelkruid, *esp.*
*div.* . . 148-149-150
Statice . . . 54-301
Stekeden-aelbezie 42
Stekebeiers, v. *uva-*

## TABLE ALPHABÉTIQUE

*crispa*. . . . . . 42
Steenbreeke. 51-52-70
    296
Steenklaver, v. *me-*
  *lilote.*
Steenkruid. . . . 290
Steenruite . . . . 174
Sterre-bloeme . . 145
  Sterre-kruid :
— *water sterre-*
  *kruid*. . . . 9-281
*Stipa*. . . . . . 301
Stok-roos. . . . . 117
Stok-violieren . . 112
Strael-bloeme . 187
Strep-gas, v. *gra-*
  *men sulcatum*. . 16
Sucryoen. . . . . 24
Suiker-wortel . . 49
Sumack-boom. . 189
Swalu-wortel . . 306
*Sycomore* . . . . 275
*Synopsis* . . . . 54
Syringa :
— *blauwen syrin-*
  *ga*. . . . . . 10
— *witten syringa* 80

**T.**

Tabak . . . . . 39
Tap . . . . . . 293
Taraspik. . . . . 108
Tasch-kruid. . . 108
Terve of koorn . . 25
— *ossen-terve*. . 103
— *stekende terve*. 303
Thym of tym :
— *gemeenen tym* 101
— *wilden tym*. . 101
Tien-mans-kruid 76
Tin-boom. . . . 188
Tomate. . . . . 300
Tonne-zaed. . . 49

Tordylium . . . 47
Torte-kruid. . . 277
Triglochin . . . 302
Trompette du ju-
  gement dernier ,
  v. *doorn-appel*. 39
Troscard . . . . 302
Tulepaen . . 57-303
Tulp . . . . . . 57
Tursche-boonen ,
  v. *phaseolus* . . 119
Tursch-koorn . . 153
Twee-bladt . . . 150
Tydeloosen , *esp.*
  *div*. . 55-189-190
Tym-raepe . . . 234

**U.**

*Ulva* . . . . . . 303
*Uva crispa* . . . 42

**V.**

Valantia . . . . 310
Valerand-kruid . 37
Valeriaene :
—*berg valeriaene* 305
— *grieksche vale-*
  *riaene*. . . . . 184
— *groote valeri-*
  *aene*. . . . . . 304
— *kleene valeri-*
  *aene*. . . . . . 13
— *roode valeri-*
  *aene*. . . . . . 180
— *tamme valeri-*
  *aene*. . . . . . 304
—*wilde valeriaene* 13
Varen :
— *boom-varen* . 174
— *bosch-varen* . 173
— *eiken-varen* . 174
— *varen manne-*
  *ken*. . . . . . 174
— *varen wyfken*. 173

— *water-varen* . 173
Veil :
— *aerde-veil* . . 98
— *veil-boom* . . 42
— *veil-voet*. . . 174
Veld-kroppen. . 14
Venkel. . . 187-277
— *zee-venkel* . . 322
Venus speegel. . 37
Verkens-brood . 183
Verkens-gras. . 309
*Veronica,* v. eeren
  prys . 11-12-104-178
    305-306
Ververs-kruid. . 109
Vierkruid, syn. de
  *clematis* . . . 91
Vigne-vierge . . 277
Vild-kruid . . . 30
*Vincetoxicum* . . 306
Vingerhoed-kruid 105
Vinken . . . 42-183
Violetten, *esp. div.* 43
Violieren, *esp. div.* 112
Vit-kruid. . . . 70
Vitsen, *esp. div.* 122-
    123
Vlam-kruid, syn.
  de *clematis*. . . 91
Vlas :
— *dry-bladts-vlas* 233
— *gewoon-vlas* . 53
— *vlas-dotter*. . 107
— *water-vlas*. 15-16
— *wild-vlas* . 54-105
Vlienderhout, syn.
  de *vlier* . . . . 53
Vlier-boom. . . . 53
— *gemeen-vlier* . 53
— *water-vlier*. . 52
Vlooi-kruid. 141-296
Vogel-kersen . . 81
Vogel-koorn of

DES NOMS FLAMANDS. 333

canarie-zaed . . 16
Vogel-kruid, *esp.*
  *div* . . 71-72-74-75
Vogel-nest . . . 47
Vogel-voet . . . 295
Vorschen-beet . . 169
Vosse-druiven . 68
Vossen - steert,
  *esp. div* . . . 17
Vrang . . . . 30
Vriendin der wey-
  den . . . . . 73
Vuilboom, syn. de
  *purgeerdoorn* . 41
Vyf-bladt, v. *quin-
  quefolium* . . 86
Vyfvinger kruid . 86
Vygeboom . . . 152

**W.**

Waelwortel . . . 33
Walmeester . . . 27
Walstrooi, syn.
  d'*asperula* et de
  *galium* . . . 27 28
Water-aloës . 193-231
Water-alsine . 25-312
Water-andoorn . 13
Water-biezen . 59-225
Water-bloeme . . 177
water - dryvuldi-
  gheyd . . 152-244
water-duisent-bladt,
  syn. de *phellandrium,
  myriophyllum* et *utri-
  cularia*
water-gas . . . . 18
Water-gasplandt 181
Water-godin . . 164
Water - haenevoet 92
                   231
water-hepatorie . 137
Water-kervel, v.

tonne-zaed . . 49-284
Water-lelien . . . 88
Water-lever-kruid 176
Water-look . . . 96
Water-ninf . . . 164
Water peerdsteert
  *esp div* . . 9-151-172
Water-peper . . 227
Water-pungen . . 11
Water-sterrekruid . 9
Water-vager . . 35
Water-wegebree . 63
Weder-dood . . . 174
Wederick . 35-77-102
                285-311
Wegebladt . . . 29
Wege-distel . . 135
welriekende-brae-
  men . . . . . 192
Welriekende wa-
  ter biezen . . . 49
Wiel-boom . . . 160
Wikke, *esp. div* . 311
Wilge, *esp. div*. 164
                165
Winde :
— *groote-winde* . 36
— *kleene-winde* . 36
— *zwarte-winde* . 67
wind-gas . . . . 18
Wind-zaed, v. *dille* 187
Winter-kersen . . 185
Winter - wolfs -
  wortel . . . . 94
wit-doorn . . . . 82
wolfs-boon . . . 119
wolfs-klauwen . 175
wolfs-melk . . . 78
wolle-gas . . . . 23
wolle-kruid . . . 38
wolve-beiers, v.
  *wit-haeg-doorn*. 82
wolve-veest . . . 249

wonder-boom . . 162
worm-kruid . . 137
wortels, v. *peen*,
  of *karoot* . . . 47
wratte-condrille . 283
wyngaerd . . . . 42
wilden-wyngaerd 163

**X.**

Xanthium . . . 306

**Y.**

Yzer-kruid . . . 12

**Z.**

Zand-plandt . . . 72
Zand-ruite . . . 231
Zavel-boom, of *ze-
  ven-boom* . . . 170
Zee-fucus . . . . 307
Zee-gas . . . . 301
Zee-lapathum . . 62
Zeep-kruid . . . 191
Zeeplandt . . . 221
Zee-rakette . . . 235
Zee-sterre . . . 243
Zee-winde . . . 222
Zeur-doorn . . . 60
Zeur-klaver . . . 73
Zeven-bladts-kruid 86
Zigt-maer-kruid . 116
Zilver-kruid . . . 86
— *ander-zilver-
  kruid* . . . . 311
Zostera . . . . 307
Zurkel :
— *gemeene-zurkel*. 62
— *schaep-zurkel*. 62
Zward-doorn, v.
  *prunus-spinosa*. 81
Zweerd-kruid . . 181
Zwyne-gas . . . 67

FIN DE LA TABLE.

---

SUPPLÉMENT A LA TABLE CI-DESSUS.

*Fistule-kruid*, 104. — *Zonne-bloeme*, 145. — *Zonne-dauw*, 54-225.
  *Zonne-wende*, 182-183.

## OUVRAGES DU MÊME AUTEUR.

*Mémoire sur les maladies des graminées* et sur les moyens de préserver ces végétaux du danger qui les menace. — Travail couronné par la Société d'Agriculture de l'arrondissement d'Hazebrouck, dans sa séance solennelle du 1er Octobre 1838. br. in-8°.

*Tableau des combinaisons chimiques*, dédié à la Société de Chimie médicale de Paris. — Février 1840. 1 volume in-4° de 92 pages (inédit.)

*Flore du Nord*, du *Pas-de-Calais* et de la *Belgique*. 1 volume in-8° de 340 pages.—Paris et Hazebrouck. 1850—1854—1860. Prix : 6 f.

Cet ouvrage intitulé *Flore complète de l'arrondissement d'Hazebrouck* étant divisé en trois parties, chaque partie peut être vendue séparément au gré des amateurs.

SAINT-OMER : IMP. DE L. VAN ELSLANDT.

www.ingramcontent.com/pod-product-compliance
Lightning Source LLC
Chambersburg PA
CBHW072019150426
43194CB00008B/1177